コリアン・ネットワーク

Korean Networks: メディア・移動の歴史と空間

The history and spaces of the diaspora and its media

玄武岩

Hyun Mooam

北海道大学出版会

目次

凡　例

（1）注は章ごとに、その章末に付した。
（2）資料の引用にあたり、漢字は原則として常用漢字等の通行の字体に改めた。
（3）「韓人」「京城」「満洲」「樺太」などの語句は、歴史的な資料のなかに出てくる場合はそのままの表記とした。
（4）引用資料中での筆者(引用者)による注記は〔　〕で括って示した。
（5）朝鮮民族の呼称については、時代、政治状況、国籍にこだわらない総括的な呼び方として「コリアン」(Korean)を用いる。ただし、時代状況や南北分断後の政治情勢を反映する必要がある場合、「韓人」「韓国人」「朝鮮人」を併用することもある。
（6）写真説明文末尾の［　］内は、写真の提供者・所蔵機関を示す。

序章　東アジアとコリアン・ディアスポラ
――共同体からネットワークへ――

1　コリアン・ネットワーク論の構築――本書の課題

本書の課題は、二〇世紀において東アジアで展開されたコリアンの越境・メディア・故郷の再生をネットワークの視点から捉え、さまざまな地域における移動と定住、そしてアイデンティティの諸相を考察することで、コリアン・ディアスポラのネットワークをあぶり出すことにある。

コリアンの越境はグローバル化によって急に起こったのではない。朝鮮半島の人々を取り巻く二〇世紀の大規模な移住は、東アジア地域だけでも三〇〇万人を超える「海外同胞」を生み出した。その越境の歴史的軌跡は、移動が近代とともに可能になり、また不可能になるという、帝国と国民国家の時代を潜り抜けてきた人々の実践に見出すことができるのである。

だとするならば、植民地からの解放、そして冷戦へと向かう連続性と断絶性の状況を現在に引き受けて過去と歴史を振り返ったとき、ネットワークという概念をとおして見えてくるものがある。帝国のなかで越境を存在意義とするようなコリアン系のマイノリティのネットワークとしかいいようがないものが、そこにはあるのである。とくに、韓半島(朝鮮半島)中心主義的な認識では見えなかった、歴史のなかに存在した在外朝鮮人の越境的な実践に光をあてると、そこには本国人とディアスポラのさまざまな相互作用としてコリアンのネットワークが形成されていたことが浮かび上がってくる。

そこで本書は、ネットワークという方法概念を通じてコリアン・ディアスポラの多層的な歴史的位相を明らかにすることを目的とする。そういう意味から、コリアンのネットワークが歴史的に存在してきたという仮説を提示することができる。それをコリアンのトランスナショナルなメディア実践と移住・移動をとおして実証していくことになるだろう。

このように歴史的に形成され、そして再び活性化する朝鮮民族の関係の構造を「コリアン・ネットワーク」とするならば、コリアンのメディア・ネットワークは、「帝国の空間」においてどのように植民地主義に対抗したのだろうか。また、帝国が解体し、国境線が引き直され、人の移動が最も制限された「冷戦の空間」を潜り抜けて、コリアンはネットワークをとおしてどのように越境的な生活空間を(再)創造したのだろうか。さらに、冷戦が崩壊した「グローバル化の空間」で再発見される「韓民族」というアイデンティティが再生する故郷とはいかなるものなのだろうか。

こうした朝鮮半島の内と外が相互作用する日常的実践から見えてくるのは、ディアスポラとしてのコリアンは、たんに移民やホスト社会におけるマイノリティとしてのみ存在するのではない、トランスナショナルな主体として歴史のなかに埋め込まれていることであろう。ナショナルな枠組みでは捉えられないコリアン・ディアスポラの越境性が、そこにはあるのだ。言い換えれば、朝鮮半島における近現代の移動の体験は、トランスナショナル・ヒストリーとして展開されたのである。

以上のような問題設定に対して、本書では、メディアと人の移動のトランスナショナルな視点から、二〇世紀におけるコリアン・ディアスポラが東アジアで展開したネットワークの歴史的軌跡を検討する。時代的には二〇世紀の黎明からグローバル化する現在にいたる時期を対象にし、領域的にも朝鮮半島をはじめ、日本、中国東北部、極東ロシアの沿海州およびサハリンにいたる幅広い地域を扱うことになる。このような二〇世紀全般に及ぶ時代と東アジアという広範な地域からコリアン・ネットワークを研究対象にすることの意義は、以下のように示すことができる。

二〇世紀初頭、帝国化する日本は、朝鮮半島の領有には成功したものの、朝鮮民族全体を帝国臣民として抱え込むことはできなかった。それは、日本が影響力を及ぼしながらも統治権を完全に行使できなかった帝国の外に居住する在外朝鮮人がいたからである。それに対処するために、日本は在外朝鮮人を「日本臣民朝鮮人」として包摂するさまざまな工作を繰り広げた。だが、植民地支配に抗うコリアン・ネットワークは、帝国的な秩序形成を拒否し、同時に、朝鮮半島を含む越境的なネットワークとしての可能性を秘めていたのである。この意味で、朝鮮民族の対抗ネットワークには、朝鮮の独立のみならず、さらにそれを超えた地域連帯の地平が絡んでいるといえる。(1)

そしていま、東アジア共同体が論議される状況において、再びコリアン・ディアスポラが注目されながら「韓民族共同体」論が浮上している。韓国では一九八〇年代に朝鮮半島の統一方案として提起された「韓民族共同体」の論議が、一九九〇年代に入り、グローバル時代の民族的生存戦略として新たに位置づけられた。(2)在外コリアンもそのようなグローバル戦略の一端を担う存在として関心を呼び起こしている。それが近年、いわゆる「韓民族共同体」もしくは「韓民族ネットワーク共同体」という概念として浮上しているのである。

だとするならば、植民地と冷戦、そして脱冷戦のグローバル化の時代を貫通してコリアン・ネットワークのあり方を問うことの意味は、決して小さくない。東アジアの地域秩序が帝国を超え、共同体への未来像を描く過程において、コリアン・ディアスポラはリージョナルな構想をつなぎ合わせていくうえで重要な意味を持つ。このような東アジアにおける将来的ビジョンのためにも、帝国主義と東西冷戦という世界的な変動の渦に常に巻き込まれてきたコリアンの移動および文化やコミュニケーションのさまざまな交流の歴史と、それが照射するオルタナティブとしての地域主義の可能性は切り離せない。したがって、ここにコリアン・ネットワークを研究する現代的な意義がある。

それではなぜ「共同体」としてではなく、「ネットワーク」としてのコリアンのあり方が模索されなければならないのだろうか。それは現代韓国のナショナリズムに亀裂を生じさせながらも、内と外へ向かっていくコリアンの連帯の二つのベクトルを射程に入れるためにほかならない。

第一に、歴史へのアプローチを可能にするトランスナショナルな視点である。近年の韓国における韓民族共同体論は、グローバル化の時代に対応した民族的戦略という未来のビジョンとして構想されることが多い。しかし、このような未来志向型の共同体イデオロギーにもとづいた論議では、二〇世紀に各地で多くのコリアンが形成してきたコミュニケーション的状況を見逃すことになる。事実、「海外同胞」の独立運動を除けば、植民地であった本国と在外コリアン社会との活発な交流や情緒的なむすびつき、人の移動が制限された冷戦時代に国民国家システムを潜り抜けて展開した非合法的・社会運動的ネットワークは無視されてきた。そうしたコリアンの連帯は、必ずしも民族共同体としてのみ存在したのではなく、そのネットワークは歴史をとおしてむしろ民族的な意味を超える東アジア地域の脱国家的な実践として見ることができる。

第二に、韓半島中心主義を相対化する多元性に向けた視点である。韓民族共同体論における共同体という意味には、朝鮮民族同士がそのアイデンティティにもとづいて集団の連帯と発展を図るという目的意識が見てとれる。

したがってそこでは、ホスト国と本国への重複するアイデンティティや忠誠が同質的な韓民族としてのアイデンティティに吸収され、逸脱したものは周辺に追いやられてしまう。しかし海外に移住した朝鮮人は、たんに近代の波にさらされたのではなく、むしろ近代のシステムに能動的にアプローチすることで、あらゆるかたちで民族の独立と祖国の建設に参画した。朝鮮のナショナリズムは、朝鮮半島の人々と海外に移住した人々が相互作用する過程において築き上げられたものである。

このようにコリアンの連帯を将来に向けた共同体の形成という投企ではなく、歴史的に存在するネットワークという視点から眺めた場合、東アジアにおいて歴史的・空間的に展開したダイナミックな動きを捉えることができる。また、周辺的で劣った存在としての在外コリアンのイメージを払拭することにもつながると思われる。コリアン・ネットワークの歴史的顕在化は、ナショナルな物語を超えて、東アジアにまたがるコリアンの越境的な社会空間を浮き彫りにするのである。

さらに、今日、アクチュアルなテーマとして南北朝鮮の統一や東アジア共同体の形成というリージョナリズムの問題が浮上しているが、コリアンのネットワークはそのような現代的なコンテクストを読み解くうえで極めて重要な手がかりを与えてくれるのではないかと思われる。この点は、本書を通じて明らかにされていくはずである。

では、コリアン・ネットワーク論の構築に向け、韓民族共同体の議論を批判的に検討してネットワーク概念を提示するため、まずは共同体ではなくネットワークとしてのコリアンのあり方を視野に入れることにする。

2　方法概念としてのネットワーク

2-1　共同体からネットワークへ

コミュニティ（共同体）に対するそもそもの関心は、資本主義のシステムにより伝統的秩序の安定した社会関係が揺らぐことによって促された。コミュニティはモダニティにとって失われたもの、回復しなければならないものと考えられている。つまり、喪失と回復の言説としてのコミュニティは、ユートピア的であると同時に、ノスタルジックでもありうるのである(3)。そしてコミュニティは今日の社会・政治状況のなかで復活を遂げつつあり、世界規模でルーツ探しやアイデンティティの探求、帰属に対する欲求を生み出している(4)。

このようにコミュニティはグローバル化のなかで大きく変貌しているのであるが、それは韓民族共同体論においても重要な根拠を与えている。韓民族共同体の議論は、グローバル化により国民国家の規定性が相対化される状況において、新たに「発見」された韓民族というアイデンティティをとおして、グローバル時代に対応する国境を越えた共同体の可能性を模索しながら浮上しているのである。韓国学中央研究院の鄭栄薫は、グローバル競争を切り抜けていくオルタナティブとして韓民族共同体論が力を増しつつあるとし、次のように定義している。「韓民族共同体とは、いわばグローバル・ビレッジの韓民族が同胞意識にもとづいて結束し、共同繁栄するために相互協調する一つの凝縮された連結網として発展することを想定した仮想共同体であり、現実のなかに実在する実体を指すよりも未来に向けて追求していくべき一種のビジョンであり、設計図にあたる言葉だといえよう(5)」。

この定義が示すのは、一方では「韓民族共同体」の過去志向的な虚構（ノスタルジー）への警戒でもあるが、他方では、現実ではなくビジョン（ユートピア）としての「韓民族共同体」には歴史がなく、人々の日常的実践もないということだ。つまり、それなりに洗練された「韓民族共同体」の定義に、コリアン・ディアスポラの多彩な歴史的実践を引き受ける視点は備わっていない。

ところで、この定義に見られるように、コリアンの新たな共同体の構築は、固有性というより一定の普遍性を帯びていることがわかるだろう。ジェラード・デランティは、ローカルなコミュニティの形式が断片化するなかで再発明される新たな形式のコミュニティの表現形態としてコスモポリタン・コミュニティがあらわれているとし、それには「世界コミュニティ」と「トランスナショナル・コミュニティ」の二種類があるという。移住から成り立つトランスナショナル・コミュニティは、グローバルな市民社会とは違って、言説の収斂を前提とせず、ディアスポラ的で、その構成面では混成的である。[6] トランスナショナル・コミュニティがローカルなものに由来し、グローバルな望みを叶える手段として考えられているのであるが、そういう意味で韓民族共同体もここでいうトランスナショナル・コミュニティにあてはまるといえる。

ただしデランティは、トランスナショナル・コミュニティにはハイブリッドでないものも多く見られると指摘するのであるが、まさしく韓民族共同体論がこうしたハイブリッド性に裏づけられていないことにも注意しなければならない。ましてや、デランティのいう「対話的コミュニティ」としてのトランスナショナル・コミュニティとも、必ずしも重なり合うものではない。近年の韓民族共同体に関する論議や実践は、在外コリアン社会の現実が反映されていないばかりか、今後の見通しにも現実性を欠くように思われるからである。それは民族という総体的な価値と、そこから得られるアイデンティティが前提となる共同体概念に対する再考もなく、それをグローバル時代の民族的連帯のあるべき姿として理想化することに見出すことができる。すなわち、ジークムント・バウマンが「あらゆる共同体はつくられた共同体であり、現実というより計画」(傍点原文)だとしたように[7]、規範的な実体として韓民族共同体を認識しているのである。

脱領土的な空間における文化的単位として共同体の形成を目指すのであれば、規範的な概念としての韓民族共同体だけでも事足りるだろう。しかし、二〇世紀の朝鮮民族の関係の構造は、共同体という理念型だけでは把握することができず、このような紐帯の経験を省察するためにもネットワークの概念が必要となる。さらに、コリアンの紐帯が国家と資本が主導する東アジアの市場統合に対応して、域内の相互理解を深め、平和へのビジョンを提示し、市民的な開放性と連帯性を志向する立場にあるならば、韓民族共同体論のなかで位置づけられている共同体の意味も再検討されなければならない。

一九八〇年代以降、リベラリズムの波及がそれに対立するコミュニタリアニズムの登場をもたらし、両者の間に論争が起きたことは周知のとおりである。ただし、コミュニタリアニズムに代表される今日のコミュニティ論の潮流も、近代批判の文脈に位置しつつ、「共同体」的な閉鎖的親密性とは異なる社会関係を模索している[8]。デランティも、ジョン・ロールズに代表されるリベラリズムの潮流は、当初からの関心からして、古典的リベラリズムというよりもむしろ社会的公正に近かったと指摘する[9]。

とはいえ、共同体主義者は自分よりも大きな集団への帰属を通じて、集合的なアイデンティティを回復する必要性を強調している。社会を維持するためには社会に帰属し、その社会を支持していくという「いい意味」でのナショナリズムが不可欠であるというのである[10]。韓民族共同体論では、このような「いい意味」でのナショナリズムが可能だとする。植民地時代の抵抗ナショナリズム、もしくは「侵略的でない」とされる歴史が「いい意味」のナショナリズムとして「共同体の共通善」[11]を支えている。ところが、「他なるもの」を吸収してしまう「共同体の共通善」は、現実に多国籍・多言語的に構成されており、複合的で多層的なアイデンティティから成り立つ在外コリアン社会にも重くのしかかってくる。

それは韓国社会が韓民族共同体の構成員となる在外コリアンを受け入れる態度によくあらわれている。経済学者のアマルティア・センは、共同体的アイデンティティが選択されるものなのか、または発見されるものなのかと問いながら、社会的アイデンティティは単一なものでなく、帰属する複数のアイデンティティが互いに競合したり葛藤したりすることがあると指摘している。(12) 共同体としてのコリアン意識は、確かに、本国の人々や在外コリアンにおいてもグローバル時代に「発見」されたものかもしれない。ただし、このような「発見」されたアイデンティティは本国では自明であっても、多国籍・多言語的なコリアンとしては、センが指摘するように選択の問題でもあるのだ。

にもかかわらず、このようなアイデンティティの競合や葛藤は、発見されたアイデンティティの間で現実に表面化している。韓国に来た中国朝鮮族（朝鮮半島からの移住者およびその子孫で中国東北三省を中心に居住する少数民族）は、均質的な文化的・言語的空間を形成する民族的アイデンティティを疑わない「故国」の人々から、忠誠を誓う対象について問われると、自分たちが余計物に過ぎないことに気づくのである。それは、韓民族共同体が、デランティがコミュニタリアニズムの欠点として指摘するように、行為主体としての能力を持った、自給自足で相当程度同質的な集団にもとづくコミュニティという観点に固執しているからであろう。コミュニティの現実が実際には成員資格の重複、アイデンティティと忠誠の複合性であっても、コミュニティは比較的に同質的であると見なされてしまうのである。(13)

2-2　接近可能性としてのネットワーク——開放性・脱中心性・流用性

以上で示したように本書は、自己完結する同質化した構造への帰属を強調するコミュニティではなく、複合的なアイデンティティをもってあらゆる方面からリンケージすることができる接近可能性(accessibility)としてのネットワークの視点に立つ。それでは、本書におけるネットワークを構成する基本的要素を提示してみよう。

近年、「韓民族ネットワーク共同体」という言葉が使用されていることからも察せられるように、韓民族共同体論にもネットワークの概念が導入されている。とはいえ、このような韓民族ネットワーク共同体論がネットワークの意味をそれなりに活用した、新たな関係構築によって構成される民族同士のコミュニケーションを保障しているとは言い難い。一九九〇年代後半から急速に普及した衛星放送やインターネットというコミュニケーション技術の登場に後押しされた韓民族ネットワーク共同体の議論にもまた、韓半島中心主義や技術決定論が色濃く投影されている。すなわち、自発的で分散的なコリアン・ネットワークというよりも、本国の「韓民族」を頂点に据えた逆ピラミッド型のヒエラルキー構造を想定しているように思われるのである。

こうした韓民族共同体論における韓半島中心主義は、結局本国による在外コリアンの手段化に帰着する。韓民族ネットワーク共同体の論議においても開放性と包容的な姿勢が求められているが、ほとんどが韓民族としてのアイデンティティの確立や韓国語教育の強化を強調しているように、ネットワークの意味が生かされていない。在日コリアン一世の財産を韓国企業が国内に持ち込む事業を推進すべきだとする主張は[14]、ネットワークの意味を台無しにしている。沿海州において、中央アジアから帰還した高麗人(旧ソ連在住の朝鮮系の人々)と協力して行う農業進出の背景にも、今後の朝鮮半島における「食料基地」として活用しようとする思惑が見てとれる。

ネットワークの用語は、それが使われるディシプリン、また適用する対象や方法によってさまざまな意味合いを帯びている。つまり、それは個人やネットワークからなる集団間の関係を形成する物理的なインフラでもあれば、価値や関心の共有を媒介するプロセス、あるいはその制度や組織でもある。とくに社会的ネットワーク論においては、アクターおよび彼らの行動は自立的単位として独立しているのではなく相互依存し、アクター間の紐帯関係は資源が移転、流通するチャンネルとされる。さらにネットワーク構造の環境は個人の行動に機会を与えるとともに束縛するものであり、そうしたアクター間の持続する関係のパターンがネットワークのモデルとして位置づけられている。(15)

しかしネットワークがこうした相互依存的な個人や組織間の社会関係一般を指すのであれば、ネットワークと階層組織や官僚組織との区別が曖昧になる。それでジェシカ・リップナックとジェフリー・スタンプスは『ネットワーキング』で、ネットワークがメンバーの自主性、そしてそのメンバーの共通な価値観によって規定されるとしている。(16)また、朴容寛もネットワークの中核にある性格として、自立性、目的・価値の共有・共感、分権性をあげており、(17)近年のネットワーク論では、それが自発的に形成され、自立的・相互作用的で分散的な構造をなしているという側面が強調されている。

さらに金子郁容は、全体の目的のために個々のメンバーが存在するという考えにもとづく、あるいは自分たちの価値観と相容れないものに対して排他的になる既成の組織の生成原理とネットワークを明確に区別している。すなわち、お互いを認識し、積極的に評価し合い、協力できるところでは協力し、対立するところでは対立しながら、自発性を基本に交流することがネットワークの原則なのである。(18)ネットワークはメンバー一人ひとりの自発性と差異性を重視していることがわかるだろう。

このことはネットワーク・モデルのゆるやかな構造を示すが、こうしたネットワークの柔軟性を強調したのが

「弱い紐帯の強さ」の仮説で知られるマーク・グラノヴェターであろう。ネットワーク論においては、社会関係資本が開放的なネットワークと閉鎖的なネットワークのどちらにおいて効果的に作用するのかについての論争がある。グラノヴェターは、社会関係を「強い紐帯」と「弱い紐帯」に区別したうえで、「弱い紐帯」の効果に着目した。つまり「弱い紐帯」のほうが情報や影響力、アイデアがよりスムーズにネットワーク全体に循環し、それによって「コミュニティ感覚」が芽生え社会的凝集性をもたらすと主張するのである。反面、連帯感や凝集性が高い「強い紐帯」においては、局所的に凝集した部分を生み出すがゆえに情報が拡散せず、全体としては断片的になると指摘する。[19]

「弱い紐帯」仮説については、それぞれの社会状況のなかで異なる調査結果も提示されているが、そのほかにも「まばらな密度のネットワーク」(バリー・ウェルマン)、「構造的隙間」(ロナルド・バート)は、ネットワーク閉鎖論(network closure)に対して、ネットワーク・モデルの開放性の意味を示しているといえよう。緊密に編まれたネットワークからなるクラスターが、協働的な活動基盤になる一方で、多岐に枝分かれしたネットワークと互酬性の面で非対称的なリンケージは、そうしたクラスターの外にある別の社会圏への接続を促すのである。[20] このように、ネットワークが開放的・柔軟的であることは、ネットワークが共通の価値のみを追求するのではなく、異なる目的や行動にも拡張可能であることを示してくれる。こうしたネットワークの柔軟性・拡張性を「開放性」と位置づけよう。

以上のごとく、ネットワークが文脈依存的で複合的な意味合いを含んでいるように、コリアンのネットワークは時代とともに多様なパターンをなしてきた。コリアン・ネットワークにおけるネットワークの意味は、その時代の国内政治や国際情勢、ナショナリズムや民主主義の成熟度によって微妙に変化する。つまりネットワークの結合の度合と性質の変化により、さまざまなコリアン・ネットワークの形態を見ることができるのである。

したがって、コリアンのネットワークについて、「帝国の空間」「冷戦の空間」「グローバル化の空間」という二〇世紀における東アジアを取り巻く三つの世界史的な局面からそのパターンを導き出すことができる。

帝国のなかの植民地であった朝鮮半島は、ナショナリズムの生成期にあっただけでなく、植民地的な近代化のなかで交通や郵便など帝国ネットワークを支えるインフラが張りめぐらされる時期でもあった。この「帝国の空間」におけるコリアン・ネットワークは、朝鮮の独立が最大の課題ではあっても、国権回復運動の主導権は政治的中心性のなかった「朝鮮内地」よりも帝国の外延部にあった。すなわち、まがりなりにもネットワークの自立性と分権性がそこには存在したのである。だとするならば、ポール・バランのネットワーク・モデル（図序-1）からすれば、この時期のコリアンのネットワークは（c）分散型にあたるだろう。

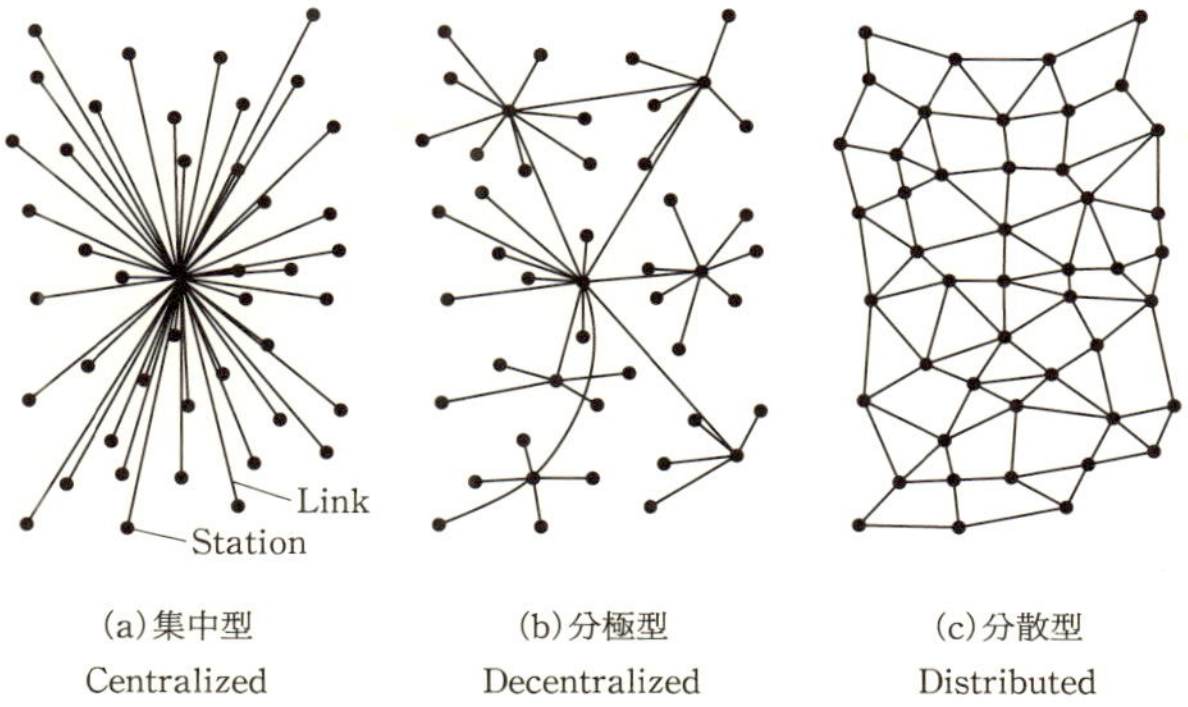

図序-1　ネットワークパターン図

出典）Paul Baran, *Memorandum RM-3420-PR, On Distributed Communications: I. Introduction to Distributed Communications Networks,* RAND Corporation, 1964, pp. 1-2（毛里和子・森川裕二編『東アジア共同体の構築 4 ――図説ネットワーク分析』岩波書店，2006 年より再引用）。

　ところが、帝国の崩壊後、植民地からの独立や分断という人為的な境界線の引き直しによって、日常の世界は国家権力によって寸断され、冷戦構造は再編された境界を揺るぎないものとした。しかし人の移動が最も制約された「冷戦の空間」においても、国境の管理や統制に抗いながら越境的な空間の実践が行われた。朝鮮半島が南北に分断されるなか、各地のディアスポラ社会において非合法で社会運動的に外部に開かれていったネットワークは（b）分極型といえよう。

こうした冷戦的な越境の空間は、冷戦の崩壊とグローバル化とともに劇的に変化する。分断という状況を抱えているとはいえ、国民国家としての政治的意味を持ち、東アジアのなかで最大の人口と経済力を占めている民族的コミュニティの韓国がネットワークの結節点として浮上しているのである。これは、コリアン・ネットワークが韓国を中心にして人と情報の移動を促す(a)集中型になりつつあることを意味する。そして韓国が「冷戦の空間」で断絶されたネットワークを新たに再構築する過程において中心性を表明することで、ネットワークを韓半島中心の共同体へと転換してしまう。これが「韓民族ネットワーク共同体」にほかならない。

もちろんここで示したそれぞれのフェイズにおけるコリアン・ネットワークのドミナントな流れとは異なる、別の力学も働いたことはいうまでもない。「帝国の空間」においては、実際には植民地ゆえの中心性のない分散型のネットワークであっても、理念として独立国家を目指す中心化へのさまざまな動きがあった。「冷戦の空間」では、南北の激しい対立状況のなかで、ネットワークが暴力的に遮断されることもしばしばあった。さらに「グローバル化の空間」においては、一極中心的なモデルがグローバル化のもたらす遠心的なベクトルとせめぎ合いつつ共存するダイナミズムがあり、支配的なモデルとは相反する、中心に包摂されない交流も生まれつつある。にもかかわらず、こうした空間のフェイズを設定してそのモデルを図式的に示すことで、コリアン・ネットワークの理念型の変遷を示し、ディアスポラのダイナミックな移動から成り立つ多様な関係の構造を捉えることができるのである。

以上の論点を踏まえ、本書では、韓半島中心主義的な集権型のネットワークを批判的に考察しつつ、コリアン・ディアスポラのネットワークを、自発的かつ分権的で、しかも目的の異なる他のネットワークともつながっていくような開放的なネットワークの観点から考察することにしたい。このような仮説的な方法概念としてのネットワークが実際に具体的な歴史の厚みのなかでどのように形成され、変容し、発展してきたのか、この点を明らかにすることによって、集権的で一元的なナショナル・アイデンティティへの包摂を批判的に考察しつつ、むしろその解体と再構築を迫るような人や情報の流れを示し、越境的な市民同士の連帯の可能性を浮き彫りにすることができるはずである。

こうしたネットワークの視点を歴史的な文脈のなかに位置づければ、帝国のインフラや制度・組織が、その統治のシステムにとどまらず、同時に対抗ネットワークをも生み出していく経緯をあぶり出すことができると考えられる。つまり、支配的なネットワークの転用可能性が、そこには存在した。後述するように、コリアンのネットワークは、「外地」としての満州や沿海州の在外朝鮮人における保護撫育政策をめぐる日本帝国側と朝鮮人との間の模倣と反発、ズレと吸引とを含む複雑な交渉過程のなかで、帝国主義の文化を「流用」(占有)していくプロセスでもあったのである。(21)

すると、歴史のなかで構築されたコリアンのネットワークは、ネットワークの開放性・脱中心性・流用性をもって再定義することができるだろう。この三つの特性が、本書における接近可能性としてのネットワークの基本的な構成要素をかたちづくることになる。

これまでの論述から明らかなように、本書ではネットワークを客観的な実体概念としてではなく、具体的に発見されていく経験の層として問題発見的に捉えていく索出的な(heuristic)方法概念として想定している。なぜなら、本書の目的は、こうした参照概念としてのコリアン・ネットワークをとおして、コリアン・ディアスポラのトランスナショナルな社会空間の歴史的な有意性を歴史=社会学的に明らかにし、その現代的なアクチャリティを浮かび上がらせることにあるからである。

本書の各章では、以上のようなネットワークの概念にもとづいて、コリアン・ディアスポラのネットワークの歴史的な展開を跡づけている。要約していえば、このような方法概念としてのネットワークの視点に立つことで、韓民族中心主義的な共同体から越境的なコリアン・ディアスポラのネットワークへのパラダイム転換を図ること、これが本書のライトモティーフにほかならない。

3 メディアと移動のトランスナショナルなネットワーク――先行研究および分析枠組み

3-1 移民研究におけるトランスナショナリズム

本書は、東アジアにおけるコリアン・ディアスポラのネットワークに焦点をあて、生きている過去を問い直すことになる。同時に、二〇世紀全般という歴史と現在、そして東アジアという広範な時代と地域を対象にしている。それは必然的に植民地と冷戦の時代を歴史的背景とすることになるが、帝国(とその解体)から歴史・国境・民族を投射すると、それらの問題は、国家社会を分析単位として自明視することはできないことに気づく。

したがって、東アジアの人の移動とネットワークを植民地という時間と空間の奥行きから考察するためには、二〇世紀にこの地域で展開されたさまざまな移動の理論的アプローチが参考にされなければならない。そのなかで従来の移民・移住研究におけるナショナルな方法論を超え、出身地と移住先との領域横断的に形成された生活空間と、移住のみならず還流・往来する越境的な社会空間から人の移動を捉える視点が、近年影響力を広めつつあるトランスナショナリズムである。

新天地へと向かう移民が出身国から切り離されるようにして境界を越え、移住前のネットワークや文化、帰属から根こそぎ断絶されるという視点に立った従来のアプローチは、移民現象がインターナショナルからトランスナショナルへとシフトすることで、新しい局面を迎えることになる。[22] 移民はもはや出身国から移住先へと直線的に移動し、適応していく過程に置かれているのでなく、ナショナルな領域を越えて緊密な社会的ネットワークを維持しつつ、双方向で相互作用的に多様なコミュニティを構築するのである。移民研究におけるトランスナショナルな意義を先鋭的に追究するリンダ・バシュらは、移民が移住前のもとの社会と定住地をつなぎ、多層的に絡まり合う社会的関係をむすび維持するプロセスをトランスナショナリズムと呼び、今日の多くの移民が地理的・文化的・政治的境界をまたぐ社会的領域を築いていることを強調した。[23]

バシュらのいうトランスナショナルな社会的領域は、こうしたネットワークが重層的に張りめぐらされ、(公式・非公式を問わず)パターン化することで一種の制度として機能するときに形成される。ここ二〇年ほど、移民研究における多くの成果が社会的ネットワークのパースペクティブを活用してきた。それは、多方向的でダイナミックな移動を展開する移民におけるホームと移民先とのコミュニケーションのパターンが、これまで以上に相互作用性・同時性・多層性・反復性を帯び、密度・持続度・到達度を高めることで、[24] ネットワークそのものが移民の本質や意味において変容をもたらしているからであろう。ホームと移民先との距離が情報テクノロジーによって再定義され、それにともなう時間と空間の意味の変化は、その帰属やアイデンティティにも影響を及ぼしている。

こうした移民・移住者のトランスナショナルな形態に着目し、彼らの主体性および混淆性をあらわすべく、近年は「ディアスポラ」が出身地と移住先とをむすぶ概念として注目されるようになった。

ディアスポラ現象を、越境的な移動の主体である他の移住の形態やメタファーと区別するのは、その転地には離散やトラウマという苦難の表象、ホームとは感情および物質面で連なる懐古の表象、他のエスニック・コミュニティと紐帯する連帯の表象、さらにホスト社会と共生するハイブリッドな表象が複雑に交差しているからであろう。このように相容れないようにも見えるディアスポラの多様な表象が接合するのは、ディアスポラ研究が従来の国際移民研究におけるアプローチとは異なる意味合いを含むようになったからである。

ディアスポラが、もはやホームと切り離された存在ではなくそれが郷土との強いむすびつきを示していることは、ディアスポラの概念化に貢献したウィリアム・サフランの定義にもあらわれる。ロジャース・ブルーベイカーのいうように、郷土が価値、アイデンティティ、忠誠の源泉として権威を持った実際の「郷土」ないしは想像上の「郷土」であるとすれば、サフランの定義する郷土はたんに帰りうる、あるいは帰るべき場所として存在するのではなく、「郷土の維持ないし回復や、その安全と繁栄に献身」することや、郷土との「個人的ないし間接的な関係を保つ」こともそれには含まれる。(25)

ところが、サフランが強調したディアスポラにおける古典的な意味を構成する故郷志向性は、ほとんど言及されることがなくなり、ディアスポラ概念も拡大する。(26) なかでもジェイムズ・クリフォードは、サフランの「中心化された」ディアスポラのモデルが、継続する源流との文化的むすびつきと「帰郷」の目的論によって導かれていると批判し、起源や帰郷への欲望以上に、むしろさまざまなロケーションでの文化の再創造の力へと導かれていることを強調して、その概念におけるユダヤ人ディアスポラ的な理念型の解体を試みた。(27) つまり、ディアスポラの概念における起源／帰郷への志向よりも、ホスト社会における文化的な実践を重視するハイブリッドな存在意義を示したのである。また、ステュアート・ホールは類似性と継続性のベクトルと、差異と断絶のベクトルによって本質主義を超える、「差異を通じて生きる「アイデンティティ」の概念」＝「雑種混淆性《ハイブリディティ》」をもってディアスポラを再定義する。(28)

とはいえ、ディアスポラ概念の拡大がディアスポラ・ネットワークの実体や形態への関心を保障しはしない。

ディアスポラ研究の浮上にもかかわらず、移動と定住のダイナミックな関係性のなかに生きる空間的創造者として彼らを捉える視点は十分ではなかった。シンド人（Sindhis）のディアスポラ・ネットワークを研究したディーター・ハラーは、サフランはもちろん、クリフォードもディアスポラの共同体が示す空間とコミュニティの基礎的な関係性を軽視してきたと指摘する。(29)起源／帰郷への目的論や異種混淆性だけでは、コミュニティの「基礎的な関係性」を捉えることができないのである。

それは、クリフォードらの文化批評的アプローチが、ディアスポラの脱領域性を強調することで、国民国家体制や支配的言説を批判的に考察するための思想的道筋を示しながらも、ディアスポラが逆にそうした国民国家の正当性を強化する方向に作用しうる点についての考察が不十分だったからであろう。(30)またサフランの定義にある「個人的ないし間接的な関係」は、情報テクノロジーの革新的変化が促す出身国とホスト社会との相互作用的なネットワークによって「集団的で直接的な関係」へと具体化している。トランスナショナルな移動とネットワークの発展による再領域化は新たな国や新たな地域を含むだけでなく、出身国をも含むのである。(31)

その一方で、国際移民研究におけるトランスナショナリズムは、新しい移民現象に対する分析枠組みとしての独自性に疑問も投げかけられている。(32)トランスナショナルな空間における内部の異質性と国民国家との相互作用性を指摘する小井土彰宏は、そうした複雑な関係を現代の局面だけで理解することは困難だとして、マクロの歴史構造のなかでのトランスナショナルな社会空間の変容を視野に入れ、リージョナルな多様性を含めて考察する必要性を説く。(33)

コリアン・ネットワークもその内部と外部の緊張関係を視野に入れつつ、トランスナショナリズムの歴史的文脈のなかで把握されなければならない。マイケル・スミスはトランスナショナリズムが下から突き上げていくポストナショナルな現象の民衆的実践による圧力だとするが、(34)コリアンのネットワークは、帝国・冷戦・グローバル化の空間で通時的に存在していることからも、ポストナショナルな現象と同一視することはできないのだ。

そもそも東アジアにおける植民地帝国というマクロな構造的枠組みのなかでの人の移動は、アメリカ移民研究における資本主義のグローバルな発展過程のなかでのみ考察できる現象ではない。すなわち、東アジアにおけるコリアンのディアスポラは、故国から引き裂かれた存在として、新天地でマイノリティとして定着してコミュニティを作り、彼の地の言語や文化を習得する従来の移民のイメージには収まりきれない多様な移動の実践を経験している。本書でも取り上げるように、大阪の済州島人は、「帝国の空間」はもちろん「冷戦の空間」や「グローバル化の空間」においても、出身地との強い絆を維持してきた。反面、中国朝鮮族と「本国」との関係は、今日さまざまな問題を露呈しているが、それは朝鮮族の移動が植民地帝国という「移民システム」の下で行われたことに起因するだろう。サハリンの場合、その移動と定住にはさらに南北の分断が絡んでいるように、これらの三つの局面における本国との関係は極端に異なる。

こうした東アジアにおけるコリアン・ディアスポラのさまざまな様相を捉えるためにも、植民地帝国という支配―被支配の「移民システム」のなかで作動する社会的ネットワークがあったことに注目しなければならない。そうしたネットワークは、帝国の崩壊によって消滅するのではなく、新たな国際政治的・経済的局面のなかでさまざまなバリエーションとして復元・再生されていくのだ。「移動の経験が否応なしに孕む歴史性、政治性、集団性を見据えたうえでのディアスポラ論」[35]としてナショナルな境界線を横断する断絶性と連続性の多様なプロセスと可能性が、そこにはある。

次項では、トランスナショナリズムやネットワークの概念が、具体的に歴史研究のなかでどのように活用されてきたのかを見てみよう。

3-2　歴史研究のなかのトランスナショナリズム

歴史的に考察した場合、人の移動は、必ずしもナショナルな圧力や、あるいはその反作用としてのみ拡散したのではなく、ときには帝国のネットワークを流用し、また私的利益を求めていく、生活の実践過程でもあった。それは、帝国的な国家と社会の構造を視野に入れながら、民族的抵抗運動の存在のみに特化するのではなく、日常生活全般の変容、帝国の外部世界との関係、そして社会経済的変容をともなう人の移動・移住にも適切な考慮を払う研究傾向と符合する。(36)

ロバート・ビッカーズとクリスティアン・ヘンリオット編の *New Frontiers* は、東アジアで展開された帝国主義と重なり合う複合的なネットワークを、帝国と植民地の二項対立を超え、移動する越境的なエイジェンシーの活動から再考している。(37)そうしたエイジェンシーには、日和見主義的な商人や移民および難民も含まれる。ただ同書は、開港場における朝鮮人や台湾人のシティズンシップの問題を扱っているものを除けば、ほとんどが帝国側の移住者に主眼が置かれているという限界がある。しかしながら、ナショナルな記述ではなく、帝国のはざまで自らの生活と利益を追求する多様な国籍と国籍なき人々へのまなざしは、本書においても共有する重要な視点である。

国民国家の登場以前に活発な交流を見せていた東アジアにおける商業的ネットワークを実証的に検証することで、ユーロセントリックな歴史認識を問題化し、国家中心の歴史像に対するオルタナティブを提示しようとする濱下武志や古田和子らによる一連の研究は、(38)歴史研究においてネットワークの視点からその越境的な展開を描いた画期的な成果である。

こうしたネットワークの視点からディアスポラを研究したものとしては、華僑・華人研究に多く見られる。ところで、陳天璽が『華人ディアスポラ』で指摘するように、これまでの華人ネットワーク研究は、華商のネットワークが実在するということを前提とした、内向きの世界観にもとづくものであった。こうした華商が有している排他的なイメージを批判的に考察する陳は、ネットワークの視点に立ち、世界各地に散在し、国境をまたいで活動する華商を外向きの世界観から分析する。そして華商ネットワークの実体をあらゆる角度から把握し、ネットワークの形成の無意識性を浮き彫りにしながら、ダイナミックなアクターとしての華商のネットワークとアイデンティティの全体像に迫っている(39)。

トランスナショナルな視点から華僑のアイデンティティを研究したのがアイワ・オングである。オングは、カルチュラル・スタディーズにおけるディアスポラ研究が強調する離散や文化的混合性よりもむしろ地理的多様性の側面から、華人ディアスポラが移住と定住の場所を往来して、家族の紐帯や商業、そして価値のネットワークがいまでも展開されていることを重視する。そこでトランスナショナルな現象と国民国家には、多様な相互依存と絡み合いの形態があるとし、国民国家と移動する資本、ディアスポラとナショナリズム、移民と多文化主義との間の複雑な順応や連携、あるいは創造的な緊張を考察する。オングはこうした柔軟性に富む実践と戦略を「フレキシブルな市民権」(Flexible Citizenship)と呼び、トランスナショナルな資本主義の規律を探索して、主体形成の新しいモードと新たな主体性への統制を明らかにしようとしている(40)。

こうした華僑ネットワークの研究は、コリアン・ネットワーク研究においても重要な視座を提供する。しかし、コリアン・ネットワークが華僑ネットワークと比較して、その歴史的形成過程や構造的性格を異にするため、本書はこれらの華僑ネットワーク研究とは異なる方向性を模索しなければならない。華僑・華人に比べて比較的移住の歴史が浅いコリアンは、東南アジア方面に進出した華人系とは違って、日本や中国、極東ロシアなど朝鮮半島より進んだ資本主義システムのなかで商業資本を形成することができず、移住形態も農業移民や労働移民が中心であった。また前項で述べたように、越境自体が植民地帝国という「移民システム」に依拠するものであった。

しかしながら、オングがドナルド・ノニとともに編集した *Ungrounded Empires* が、さまざまな領域とパースペクティブをもって、華人のトランスナショナリズムに関するエスノグラフィックで歴史的な考察を行ったことには注目しなければならない。そこでは、位置づけられた場所(locales or sites)ではなく、想像され記憶された華人のトランスナショナルな実践と言説の物語によってつながる場所(places)から、フレキシブルな条件を背負って生きる華人ディアスポラの広範囲に移動する経験が描かれている。それを通じて同書は、ネガティブに定義される劣った現象であった従来の海外中国人(Overseas Chinese)ではなく、空間的に離れたコミュニティ、人々、グループの共通する条件を示すパターンとしてのディアスポラという肯定的な視点に立ち、植民地主義やポスト植民地主義の歴史的条件において華人ディアスポラ研究を確立しようとしている。[41] 園田節子もトランスナショナルな視点から一九世紀の南北アメリカにおける「華民」のネットワークを歴史的に考察している。[42]

歴史研究におけるトランスナショナルな視座の導入は、日本人移民・日系人研究においても影響を及ぼしている。菅(七戸)美弥が指摘するように、日系人をめぐるトランスナショナルな視点からの歴史研究は、移民・移住に関係する社会科学の諸分野に比べると希薄であったが、トランスナショナリズム論の成果を受けて、近年日本人移住者、在米日本人についての研究が次々と発表されるようになってきている。[43] 東アジアにおいては、米山裕・河原典史『日系人の経験と国際移動』が、移住者の主体性に注目するとともに、「海外移住者と本国とのつながり」を意識して、環太平洋地域における日本人の移動性を歴史的にたどっている。[44] 蘭信三編『中国残留日本人という経験』においても「中国帰国者」の「悲劇性」だけでなく、彼らのトランスナショナルな主体としての歴史と現在を考察する多様な視点からの分析がなされている。[45]

貴志俊彦編『近代アジアの自画像と他者』は、日系人のみではなく、東アジアあるいは東南アジアにおける移動化現象において、「外国人」あるいはディアスポラを国民国家から排除される存在ではなく生活者として扱うことで、その主体的な存在性を明らかにし、歴史学におけるトランスナショナリティ研究を提起する。既存の移民研究からの脱却に必ずしも成功しているとはいえないが、ディアスポラの所在する時代や地域における制度的特徴から、可変的・選択的に変容する彼らのアイデンティティに着目して、トランスナショナルな視点の必要性を説いている。(46) トランスナショナリズムは、徐々に歴史研究のなかに取り込まれつつある。

では、韓国におけるコリアン・ディアスポラ研究についての特徴を見てみよう。

在外コリアンに関する研究は、独立運動や移住の歴史、エスニシティと法的地位、文化とアイデンティティ、そして社会・経済の領域にいたるまで多岐にわたり、韓国に限らず、日本や米国、中国やロシアでも数多く見られる。コリアンの越境的ネットワークに関しても、近年韓国では多くの成果が出され、さまざまな実践的プロジェクトも展開されている。

とはいえ、韓国の歴史記述において、本項の冒頭で述べたような、民族的抵抗運動のみに特化せず、日常生活全般の変容や社会経済的変容をともなう人の移動・移住に注目する研究は緒についたばかりである。しかもコリアン・ディアスポラ研究として、トランスナショナルな視角に立つ研究はほとんど見当たらないのが現状である。本書の問題意識があらわしているように、多くの研究は総じていえば、それぞれの在外コリアン社会を個別・分散的に把握する国境によって分断された歴史叙述が中心で、なおかつ韓半島中心主義的な発想の域から脱していない。

最新の重要な研究成果として、韓国学術振興財団の支援を受ける全南大学の世界韓商文化研究団が二〇〇六年に発刊した世界韓商文化研究叢書(全一〇巻)が、在外コリアンの経済と文化を集大成したものとして評価される。

このプロジェクトは、日本、中国、米国、ロシアおよび旧ソ連における在外コリアン社会の経済活動、法的地位、社会文化、メディア、女性問題にいたる基礎調査を網羅している。ただし、韓商ネットワークや韓民族文化共同体のネットワークの構築を目指しているものの、厳密にはネットワークからのアプローチではない。そこでのネットワークの位置づけは、「究極的には共同体内部の行為者たちの間における自由な疎通と連帯を志向する実践的概念」（傍点筆者）である。[47] つまりそれは「共同体世界の内的調和」（バウマン）のためのネットワークなのである。

そして前述したように、「コリアン・ネットワーク」を標榜する代表的な研究では、「韓民族ネットワーク共同体は、グローバル化と情報化の趨勢が深化することで未来に登場する共同体」とあるように歴史は捨象され、将来の戦略と課題の導出に重点が置かれている。[48]

3-3　メディアとディアスポラ・ネットワーク

本書におけるもう一つの重要な視座が、ディアスポラとメディアの研究である。

情報テクノロジーの飛躍的な発展は、移民研究やエスニシティ研究にも新たな方法的視点の導入を促した。故郷と異郷、ネイティブ（本国人）とディアスポラとのつながりは、私的レベルの通信を超えて、さまざまなメディアによって担われるようになったのである。ここに、メディアが媒介するネットワークをとおしてトランスナショナルなディアスポラの公共圏が浮上しているとすれば、ディアスポラとメディアの研究は切り離すことのできないグローバルな問題領域を提供する。

いうまでもなく、ディアスポラのネットワークはデジタル・メディアに限らず、伝統的メディアによっても築かれてきた。日本において、ディアスポラとメディア研究の重要な接点がエスニック・メディア論であろう。ところが、主にホスト社会におけるエスニック・マイノリティのメディア実践に注目するこのアプローチでは、越境的なメディアが果たす故郷と移住先との相互作用的なつながりや空間形成の意味については問われなかった。エスニシティ研究のアプローチも、マイノリティを取り巻く情報環境の変化や彼らの越境的なメディア実践についての関心は薄く、故国との磁場のなかでアイデンティティに作用する社会的・文化的意味への問いは乏しかった。

他方、移民研究とは問題領域を共有しつつも特異性を強調する近年のディアスポラ研究も、カルチュラル・スタディーズとの親和性にもかかわらず[49]、メディアとの関係を体系的に論じることはなかった。ディアスポラ・メディアは、メディア研究とディアスポラ研究の視界の外に置かれてきたのである。このことは、移民やエスニック集団を、ホームと切り離された存在として扱ってきたことを意味する。だが、国民国家の内部的存在としてのマイノリティは皆、国民国家の境界を越えて広がるより巨大なコミュニティに所属しているという感覚を共有し、想像的であれ実際的であれ、一定の関係を保ってきた[50]。

デジタル時代におけるエスニック・マイノリティのメディア実践は、ポストコロニアリズムやトランスナショナリズムの視点の導入と相まって、諸外国では一九九〇年代以降、移民研究・ディアスポラ研究の主要なテーマとなりつつある。グローバリゼーションの輪郭とメカニズムを描く研究ラッシュは、とくに新たなテクノロジーの衝撃をとおして行われ、電子メールやインターネット、電子掲示板、衛星放送などハイテクの進化に関係する数多くの研究を目の当たりにすることができる[51]。

近代世界システムの形成と植民地帝国の台頭がディアスポラを生み出したとするならば、個々のディアスポラがメディアを活用して移住前の故郷との物理的距離を克服しようとする試みは普遍的現象だといえる[52]。ディアスポラは自らのメディア実践において、往々にしてテクノロジーを導入する際の最先端を走っていたのである。そして今日、労働移民、国外追放／亡命、政治的難民として越境する人々が故郷とむすびつくコミュニケーション状況は、政治的・社会的にも重要な分析課題である。その一方で、日本ではディアスポラ現象とメディアについての研究が蓄積されず、そういう視点も欠けていた。エスニック・メディア論の動向についても、近年になってグローバルな視点からの見直しが徐々に進められている。[53]

もちろん日本において、マイノリティによるトランスナショナルなメディアの研究がなかったわけではない。ブラジル移民において、「移民が映画を追いかけ、映画が移民を追いかけて」いくような、日本とブラジル移民社会をむすぶ映画や大衆音楽の流通と興業を描いた細川周平の研究や、[54]越境性と多文化的公共性から「在日音楽」を歴史的にたどった宋安鍾の研究は、[55]移民のメディア・ネットワーク研究としても画期的であるが、それをディアスポラとメディアの研究として位置づける土壌が日本にはない。

こうした歴史社会学的な研究以外にも、白水繁彦の「エスニック・エンターテイメント」[56]やアンジェロ・イシの「エスニック・カレンダー」[57]の研究はユニークであり、近年はエスニック・メディアが持つグローバルな役割の意義について指摘されているが、[58]必ずしもトランスナショナルな視点が意識されているわけではない。こうした状況もあって、日本マス・コミュニケーション学会の学会誌『マス・コミュニケーション研究』七九号(二〇一一年七月)は、ディアスポラとメディアをテーマに特集を組んだ。[59]同じく、在日コリアンのさまざまなメディア実践に関しても、トランスナショナルなメディア・ネットワークとしての探求は不十分で、結局それらは文学、歴史学、政治学、文化研究など個別の領域で論じられるしかなかった。こうした状況は、東アジアにおいて多くのディアスポラを生み出したコリアンのメディア・ネットワークに関しても変わりはない。

エスニック・マイノリティとメディアの研究にディアスポラの概念が求められるのは、ディアスポラとメディアが織りなす関係性に注目することで、アイデンティティにおけるナショナルとトランスナショナル、目的志向性における帰還と定住、表象としての脅威と礼讃および実在としての中心と周辺の二項対立を超える地平を提供するからである。さらにそれは、ディアスポラのメディア実践における生産と消費、メディア構造における主流と非主流、公的領域と私的領域の対立的思考を超えることにより、今日のメディアとマイノリティをめぐってダイナミックに展開する現象を学際的で多面的に捉えることを可能にする。

言い換えれば、本質主義的な態度としてあらわれる帰郷の志向性と、その本質主義を「差異によるアイデンティティの政治」へと導くハイブリディティがネットワークとして立ちあらわれるとき、そこにディアスポラのポリティクスが浮上する。欧米におけるギリシャ系キプロス人ディアスポラを研究するミリヤ・ジョルジオウは、カルチュラル・スタディーズによって展開されたディアスポラにおけるハイブリディティの戦略を取り入れ、ディアスポラ・メディアはこうしたディアスポラのアイデンティティの境界をめぐる普遍主義と特殊主義の二項対立を超えると指摘する。この普遍主義と特殊主義がディアスポラ・メディアを理解する際の中心的な分析概念なのである。(60)

メディアと移動の結合が、近代的な主体性の「想像力の作動」にどのように作用するのかを探求したアルジュン・アパデュライは、移動するイメージと脱領土化するオーディエンスとの邂逅によって創出される現象を、ディアスポラの公共圏 (diasporic public sphere) と呼ぶ。(61) 国民国家の理論に亀裂をもたらすことで、その広範な出現がグローバルな近代の特殊性を構成するというディアスポラの公共圏は、まず電子メディアの個人的な活用と絡んで登場する。身体的な近接性や地域的な密接度をこれ以上必要としないパーソナル・コミュニケーションによって形成される「ヴァーチャル・エスニック・コミュニティ」(62) は、ディアスポラのメディア実践として具体化されるのだ。ホームビデオという映像記録装置は、ディアスポラ・コミュニティと本国との媒介物となって、アイデンティティの維持と文化的連携を可能にすることでその社会的・文化的・政治的領域における役割がすで

に指摘されてきた。(63)

衛星放送やインターネットの登場は、パーソナルなかたちで展開されてきたディアスポラのメディア実践に革命的な変化をもたらす。一九九五年にロンドン在住のクルド系市民によって設立されたMed-TVは、トルコ政府の厳しい統制下に置かれているクルド人はもとより、ヨーロッパに散在するクルド人において「国営放送」の役割を果たしているという。(64) インターネット上では、アルゼンチンの海外移住者が一九九〇年代後半から「アルゼンチン・メーリングリスト」をとおしてネットワークを形成し、「ナショナル・ヴァーチャル・コミュニティ」を築いた。(65)

ディアスポラの公共圏は、インターネットなどソーシャルメディアの発達にともなって「デジタル・ディアスポラ」(digital diaspora)という、より本格的にディアスポラのヴァーチャル・コミュニティの形成と行動に移行する。(66) こうした「デジタル・ディアスポラ」によるディアスポラの公共圏は、サイバースペースを介した情報の共有、アイデンティティの維持、政治的な動員のためのネットワークとして、ディアスポラが空間と時間を超え、ダイナミックに結びつく状況を示唆する。

ダニエル・ダヤーンは、こうしたディアスポラをむすぶメディアの実践にいち早く注目し、それを「インターディアスポラ・メディア」(interdiasporic media)と呼んだ。こうした「特殊主義のメディア」(particularistic media)は普遍主義への拒否を内包することもあるが、それは必然的ではなく、アイデンティティの構築と維持は多様なプロセスを含んでいると指摘する。(67)「インターディアスポラ・メディア」はたんにディアスポラ的なものを理想化するのではなく、緊張や対立をも包含するその概念の両義性を引き受けるメディア実践なのである。

だからこそ、ディアスポラのネットワークは、グローバル時代のコスモポリタン社会における政治と文化を理解するうえで重要な問いへとつながっていく。ディアスポラのネットワーク内部でさまざまな結節点が自立性を増していくことは、ディアスポラ・コミュニティ内の民主化を高め、定住国における政治参加を可能にするのか、それともそうしたコミュニティが選択した、あるいは強制された排除をさらに促すことになるのかという、公的領域や政治的・文化的参加についての重要な政治的・政策的議論に貢献することができるからである。(68)

グローバル化する資本主義と日本の植民地支配の下で離散を余儀なくされ、東アジアの越境的な主体として存在するディアスポラのコリアンは、帝国主義への抵抗、ナショナリズムの形成、家族との再会、アイデンティティの継承／交渉においてさまざまなメディアを駆使し、いまやそうしたナショナルな空間を脱構築している。その多元的なフィールドの一つであるコリアン・ディアスポラにおけるメディア文化の生産および消費の歴史と現在に目を向ければ、グローバルなメディア環境の変化に対応して展開する、移動する人々のアイデンティティの表出・競合・折衝と、そうした空間の実践が創出する新たな文化政治の領域に踏み込むことができる。

3-4　研究の方法について

このようなさまざまな先行研究から理論的示唆を得る本書は、ネットワークを方法概念として、二〇世紀の東アジアという広範な時間と空間において歴史的に展開したさまざまなコリアン・ディアスポラのトランスナショナリズムを射程に置く。それは、トランスナショナルな移民研究におけるネットワーク概念が比喩的に用いられてきたと指摘されるように、ネットワークをたんなるメタファーとして導入することを意味しない。

さまざまな「関係」のパターンをネットワークとして捉え、その構造を記述・分析するのが社会的ネットワーク分析である。ところが本書は、「行為者の行動や思考にネットワークが影響を及ぼす、メカニズムを明らかにする」ことや、「特定の行為者を取り囲むネットワークの構造を把握する」(69)ことを意図しているのではない。つまり、経験的データを分析して東アジアにおけるコリアンの関係構造の実態を把握したり、コリアン社会を貫通するネットワークの構造的分析やネットワーク・モデルの構築を目指したりするものではない。

にもかかわらず、帝国・冷戦・グローバル化の空間のなかで、新たな生活空間を切り開いていくメディアの実践や人の移動が生まれ、維持され、役割を終えてやがて消えていくダイナミックな諸活動が、個人あるいは諸集合体の間の関係の構造として、それぞれの時代のなかに埋め込まれているのである。こうした実践の集積としてコリアン・ネットワークがあり、それは時代の要請のなかで姿を変えながら、ネイティブとディアスポラの相互作用をとおしてのみ見えてくるコリアン・ディアスポラの歴史と現在を映し出している。

その歴史と現在にのしかかる問題の根源には、「韓民族共同体」をめぐる議論のように、朝鮮民族を取り巻くコミュニティの問題が立ちはだかっている。こうした「コミュニティ問題」(The Community Question)について、ネットワーク分析をとおしてその解明を試みたウェルマンは、社会的連帯が一緒に社会化されることによって培われた感情を共有しているから生じるのではなく、ネットワークが生成・作動する過程でともに協調的な活動を行った結果として生じるものではないかと指摘する。(70)

ウェルマンが産業化・都市化のなかで伝統的なコミュニティは消滅するのではなく、空間的に拡散し、構造的に分岐したネットワークとして存在するとしたように、帝国・冷戦・グローバル化の空間のなかで連帯するコリアンのコミュニティとしての意味は変容し、トランスナショナルなネットワークとして表現されるのである。「パーソナル・ネットワーク」を分析概念とするウェルマンの方法論的基盤とは異なるとしても、本書はウェルマンが示したネットワーク分析の特徴を共有しつつ、(71) 東アジアのなかで張りめぐらされているコリアン・ディアスポラの関係の構造とその歴史的変動に注目して、「韓民族共同体」という「コミュニティ問題」に迫る。

したがって、本書は、国民国家のホスト社会におけるエスニック集団に関するマイノリティ研究や移民研究ではない。ここではネットワークの視点から人の移動とメディアの越境性にかかわるさまざまな試みと形態を考察することで、朝鮮半島と在外コリアン社会の越境する主体を視野に入れ、その相互関連に焦点を定める。そうしたコリアン・ディアスポラをめぐる関係の構造の生成・拮抗・変容を歴史社会学的に分析することで、コリアンのネットワークとしかいいようがないものが東アジアにあり続けたことを明らかにする。

そのためには、歴史社会学、国際政治学、メディア研究などの学問領域や、カルチュラル・スタディーズ、ポストコロニアル研究などの視点および参与観察を含んだ学際的なアプローチが求められる。本書は、歴史研究だけでは捉えられない生きた存在を対象にしており、その対象自体が要請する複合性により、さまざまな方法論とアプローチをもって研究対象にあたらなければならない。

ただし、それはたんなる方法論的な雑居状態を意味しているのではない。本書では、歴史という縦軸を立て、そこからネットワークの歴史的厚みを明らかにすることにした。「歴史的軸心」と「人とメディア」に焦点をあて、学際的なアプローチをこの二つの側面から収斂させていくことで、明確な座標軸を設定することが可能となった。管見の限りではあるが、こうしたネットワーク的な方法概念にもとづいて、コリアン・ディアスポラを歴史的にさかのぼった研究はほとんどなかった。そこに本書のオリジナリティがあると考える。

4　本書の構成

本書は大きく二部に分けられる。第一部では、メディアを中心にコリアンのネットワークを追究する。ここで対象にするメディアは、新聞やラジオなどのマスメディアやインターネットというコミュニケーション・メディアなどの装置だけでなく、旅行や巡回講演、音楽公演など広い意味でのメディアも視野に入れる。
第一章では、植民地期における在外朝鮮人をめぐる帝国側と民族側のまなざしを、帝国のネットワークを利用した在外朝鮮人による「朝鮮内地」への観光訪問、そして在外朝鮮人に対する「朝鮮内地」からの慰問旅行およびそのための巡回講演会という相互作用の関係、さらにレコード産業や楽劇団の海外巡演から問うてみた。それは、在外朝鮮人が、一方では「民族」と「帝国」のはざまで言説として存在し、他方では日本帝国主義の在外朝鮮人に対する帝国のイデオロギーやそのネットワークを流用する過程にあったことを示すことになるだろう。

こうした植民地にされていく過程は、朝鮮におけるナショナリズムが形成される時期であった。朝鮮のナショナリズムは、朝鮮半島と在外コリアン社会との相互作用のなかで築き上げられていくことになるが、その媒介の役割を果たしたのが、在外コリアン社会で発行されたエスニック新聞、すなわち「在外韓人新聞」である。第二章では、朝鮮半島が日本の植民地となる一九一〇年に相前後にして極東ロシアの沿海州で発行された『海朝新聞』『大東共報』『勧業新聞』を分析し、これらのエスニック新聞が在米コリアン社会や本国と一つのメディア空間を形成し、ネットワークを構築する過程について考察する。

第三章では、ラジオのネットワークを取り上げる。戦後、サハリンにはおよそ四万人の朝鮮人が帰還できないまま取り残されることになった。数十年にわたり生死の消息すらつかめない状況下で、サハリンの朝鮮人に飛び込んできたのが韓国からの「尋ね人」番組であった。人の移動が最も制限された冷戦下において、サハリンの朝鮮人と彼らの故郷は、手紙や「離散家族捜し」放送を通じて情報交換を行い、それはやがてテレビ中継や人的交流にもつながることで、韓国とソ連の国交正常化の下地を作ることになる。また日本の帰還運動団体や支援組織の活動は、日本の戦後補償問題を提起するさきがけとなった。

インターネットの登場は、領域を横断する仮想的な民族空間を築き上げようとする試みを促した。しかし現実には、コリアンのヴァーチャルなコミュニティが合理的なコミュニケーション行為の場として機能するよりも、むしろ本国人とディアスポラとが対決する場となった。第四章では、延辺(中国延辺朝鮮族自治州)を戯画化する韓国のコメディ番組に反対して在韓朝鮮族が開設したウェブサイトの掲示板における言説分析をとおして、トランスナショナルなコリアンのネットワークとしてのインターネット空間の意味を批判的に検討する。

第二部は、帝国が崩壊した戦後の帰還(引き揚げ)や「密航」という移動による生活空間の創造、あるいは冷戦崩壊後のグローバル化の状況における中国朝鮮族や旧ソ連の高麗人の故郷の再生について追究する。

第五章は、最近日本でも可視化されるようになった中国朝鮮族に焦点をあて、グローバル化のなかで「自己決定」に挑む朝鮮族社会の激変する現状を考察するものである。朝鮮族の移動をたんなる経済的問題ではなく、日本の植民地政策の連続性のなかで理解し、延辺において、衛星放送など韓国メディアの影響がホスト社会と「故国」との間で生み出す緊張関係の考察を通じて、「再交渉され再定義され」る延辺というエスニック空間の変容について検証する。

エスニック空間の揺らぎは旧ソ連の高麗人にも押し寄せてくる。ソ連の崩壊後、スターリン時代に中央アジアに強制移住させられた高麗人のなかには、移住前の居住地である沿海州に戻る人たちがあらわれた。ところで沿海州という場所は記憶としての「故郷」にほかならない。そこには、強制移住前に高麗人が築き上げた民族の組織や学校、メディアなどは面影もないからである。第六章では、「歴史なきマイノリティ」の高麗人が、ロシアと韓国のはざまで沿海州において故郷を再生する過程について考察する。

最後の二つの章は、朝鮮半島と日本における移動に関するものである。

朝鮮半島において、解放後の引き揚げる日本人と帰還する朝鮮人の入れ替えは、ダイナミックな社会変動であった。そうした「海外同胞」の「原状復帰」は民族解放の具体的な表現であって、朝鮮ではさまざまな帰還事業や帰還者に対する救護活動が展開された。第七章では、本国では在外朝鮮人の帰還をどのように受け止め、とくに在日朝鮮人の帰還が本国と在日朝鮮人社会とのネットワークのなかでどのように展開されたのかを考察する。そこからは、在日朝鮮人を解放民族のバロメータとして認識する本国のまなざしが浮かび上がってくる。

ところで、帝国の崩壊による人為的な領土変更は、生活空間の縮小と家族の離散をともなうものであった。とくに済州島は、一九二〇年代から大阪との定期船によって、戦前から「国境をまたぐ生活圏」を形成していた。第八章では、こうした空間的矛盾を解消するべく「内地」から故郷に帰還した人々が再び日本へ渡航し、それが「不法入国」として扱われることで本国に強制送還される過程に注目する。その過程には、戦後の日本の出入国管理政策の形成とともに生み出された長崎県の大村収容所があった。この「不法密入国朝鮮人」の「追放基地」を、フーコーのいう「ヘテロトピア〔混在郷〕」の概念から分析することで、「密航」を移動の形態として概念化し、済州島と大阪をむすんだ「密航」のネットワークを描き出す。

終章では、それまで考察した議論にもとづいて、東アジアで展開されたコリアン・ネットワークの歴史的性格と現在的意味について、近年政治理論の分野で活発化しつつある「リベラル・ナショナリズム」論の視点から問い直し、コリアン・ディアスポラが朝鮮半島における統一過程と東アジアにおける地域統合の形成にどうコミットして生きていくことができるのかについて展望する。

（1）　コリアンのネットワークで共有された基本的な目標は、いうまでもなく朝鮮の独立と国民国家の樹立であっただろう。しかし、米谷匡史がいうように、日本帝国主義による暴力行為が「東亜」の連帯と解放という名目の下で繰り返され、朝鮮と中国、台湾の抗日運動・民族自決権に応えようとした日本の思想家や社会主義者、そして植民地である朝鮮の知識人までもがこのような暴力の連鎖へと引き込まれていったことを無視することはできない。米谷匡史「ポスト東アジア——新たな連帯の条件」『現代思想』三三巻六号、二〇〇五年六月、七五頁。すると朝鮮民族の対抗ネットワークには、朝鮮の独立を超えた地域連帯の意味が含まれていたといえるだろう。

（2）南北朝鮮がそれぞれ民族統一における統一方案を競い合うなか、北朝鮮（朝鮮民主主義人民共和国）は一九八〇年に「高麗民主連邦共和国統一方案」を提唱した。ここでは、南北双方の同数の代表と海外同胞代表が「最高民族連邦会議」を構成するとして、海外同胞の地位を公式化している。そうした北朝鮮側の統一方案に対応して、全斗煥政権は一九八二年に「民族和合民主統一方案」を提案し、盧泰愚政権も一九八九年に「韓民族共同体統一方案」を打ち出した。韓国側の統一方案は、南北統一に海外同胞の参加を促すものではなかったが、「韓民族共同体」は、南北の領土的統合の意味を超え、世界中の韓（朝鮮）民族が同胞としての情緒的連帯を基盤に民族的な共同体を追求する概念として注目されるようになる。

（3）ジェラード・デランティ（山之内靖・伊藤茂訳）『コミュニティ――グローバル化と社会理論の変容』NTT出版、二〇〇六年、一六―一七頁。

（4）同右、三頁。

（5）鄭栄薫「韓民族共同体の理想と課題」韓国現代史研究会『近現代史講座』一三号、二〇〇二年、九頁。

（6）デランティ『コミュニティ』二〇八―二三二頁。

（7）ジークムント・バウマン（森田典正訳）『リキッド・モダニティ――液状化する社会』大月書店、二〇〇一年、二一九頁。

（8）権安理「開かれたコミュニティの可能性――コミュニティ論の新たな視座」田村正勝編『蘇るコミュニティ――哲学と社会科学の対話』文眞堂、二〇〇三年、二四二頁。

（9）デランティ『コミュニティ』一〇四頁。

（10）杉田敦『権力の系譜学――フーコー以後の政治理論に向けて』岩波書店、一九九八年、一七四―一七五頁。

（11）現代のリベラリズムは、個人の自立や自己決定権、選択の自由などを重視する自由主義の側面と、社会民主主義による差別の是正や福祉国家を追求する平等主義の側面とが複雑に絡まり合って、多様なヴァリエントを含んでいる。しかしいずれもこれらは、独立した自由な個人の合意によって社会制度の成立を説く社会契約説の現代的再構成を前提としている点で共通している。リベラリズムが依拠するのが「正義論」にもとづいた「自由な選択を行う意思主体としての人格概念」であるが、共同体主義者はそれが社会から遊離した自我を前提としていると批判する。それに対して提示された主体概念が、共同体的紐帯を構成要素とする他者との相互依存的な自我、つまり「位置づけられた自我」であり、その基礎となるものが「共同体の共通善」である。青木孝平『コミュニタリアニズムへ——家族・私的所有・国家の社会哲学』社会評論社、二〇〇二年、四七—五六頁。

(12) アマルティア・セン(細見和志訳)『アイデンティティに先行する理性』関西学院大学出版会、二〇〇三年。

(13) デランティ『コミュニティ』一二六頁。

(14) 金容浩・劉載天編『民族統合の新たな概念と戦略(上)』翰林大学校出版部、二〇〇二年の議論を参照。

(15) Stanley Wasserman and Katherine Faust, *Social Network Analysis: Methods and Applications*, Cambridge University Press, 1994, p. 4.

(16) ジェシカ・リップナック／ジェフリー・スタンプス(社会開発統計研究所訳)『ネットワーキング——ヨコ型情報社会への潮流』プレジデント社、一九八四年。

(17) 朴容寛『ネットワーク組織論』ミネルヴァ書房、二〇〇三年、一九頁。

(18) 金子郁容『ネットワーキングへの招待』中公新書、一九八六年、九頁。

(19) マーク・S・グラノヴェター(大岡栄美訳)「弱い紐帯の強さ」野沢慎司編・監訳『リーディングス　ネットワーク論——家族・コミュニティ・社会関係資本』勁草書房、二〇〇六年。

(20) バリー・ウェルマン(野沢慎司・立山徳子訳)「コミュニティ問題——イースト・ヨーク住民の親密なネットワーク」野沢編・監訳『リーディングス　ネットワーク論』一八八頁。

(21) 文学理論では、「占有とは言語を捕獲し、それを自己の文化的経験の「重荷を担う」ものとすること」として、ポストコロニアルな知識人の文学的実践から意味の生産の領域に焦点をあてているが、むしろ消費(受容)の段階に注目することで流用の意味ははっきり見えてくる。それにはステュアート・ホールが「エンコーディング・ディコーディング」のモデルをとおして意味の生成が解読の領域で行われることを理論化したように、カルチュラル・スタディーズの影響が無視できない。太田好信はディック・ヘブディジのサブカルチャー研究にならい、支配的なグループから自己のアイデンティティを構築するための要素を流用する戦術を使った権力関係における交渉と抵抗の契機を説明している。太田好信『民族誌的近代の介入——文化を語る権利は誰にあるのか』人文書院、二〇〇一年、六四—六六頁。さらにホミー・バーバは植民地的主体形成の過程において、被植民者が支配者を真似ることが支配者の権威に不安やアンビヴァレンスをもたらす、類似であると同時に脅威となるような「模倣」の概念を提示している。このような模倣と、それによって植民地言説が直面する異種混淆は、植民地権力の同一化の過程を転覆の戦略のなかに巻き込むことによって、差別された者たちのまなざしを権力者の視線に投げ返すのである。ホミー・K・バーバ（本橋哲也ほか訳）『文化の場所――ポストコロニアリズムの位相』法政大学出版局、二〇〇五年、一九一―一九九頁。

(22) John Lie, "From International Migration to Transnational Diaspora," *Contemporary Sociology*, Vol. 24 (4), 1995.

(23) Linda Basch, Nina G. Schiller and Cristina S. Blanc (eds.), *Nations Unbound: Transnational Projects, Postcolonial Predicaments, and Deterritorialized Nation-States*, Routledge, 1994, p. 7.

(24) Steven Vertovec, *Transnationalism*, Routledge, 2009, pp. 34-38.

(25) ロジャース・ブルーベイカー（赤尾光春訳）「「ディアスポラ」のディアスポラ」臼杵陽監修／赤尾光春・早尾貴紀編『ディアスポラから世界を読む――離散を架橋するために』明石書店、二〇〇九年、三八三頁。

(26) 同右、三七八頁。

(27) ジェイムズ・クリフォード（毛利嘉孝ほか訳）『ルーツ――20世紀後期の旅と翻訳』月曜社、二〇〇二年、二八二頁。

(28) スチュアート・ホール（小笠原博毅訳）「文化的アイデンティティとディアスポラ」『現代思想』二六巻四号、一九九八年三月臨時増刊、一〇一頁。

(29) Dieter Haller, "Let it flow: Economy, Spirituality and Gender in the Sindhi Network," in Waltraud Kokot, Khachig Tölölyan and Carolin Alfonso (eds.), *Diaspora, Identity and Religion: New Directions in Theory and Research*, Routledge, 2004, pp. 191-192.

(30) 武者小路公秀監修／浜邦彦・早尾貴紀編『ディアスポラと社会変容――アジア系・アフリカ系移住者と多文化共生の課題』国際書院、二〇〇八年、二〇六頁。

(31) Myria Georgiou, *Diaspora, Identity and the Media: Diasporic Transnationalism and Mediated Spatialities*, Hampton Press, 2006, pp. 10-11.

(32) 村井忠政「現代アメリカにおける移民研究の新動向（上）――トランスナショナリズム論の系譜を中心に」『名古屋市立大学人文社会学部研究紀要』二〇号、二〇〇六年三月、六二―六三頁、小井土彰宏「グローバル化と越境的な社会空間の編成――移民研究におけるトランスナショナル視角の諸問題」『社会学評論』（日本社会学会）、五六巻二号、二〇〇五年九月。

(33) 小井土「グローバル化と越境的な社会空間の編成」三九三―三九五頁。

(34) マイケル・P・スミス（ナム・ヨンホほか訳）『超国的都市理論――グローバル化の新しい理解』ハヌル、二〇一〇年。
(35) 武者小路監修／浜・早尾編『ディアスポラと社会変容』二五一頁。
(36) 浅野豊美監修・解説／明田川融訳『故郷へ――帝国の解体・米軍が見た日本人と朝鮮人の引揚げ』現代史料出版、二〇〇五年、I頁。こうしたアプローチの在外朝鮮人研究として、孫安石「一九二〇年代、上海の朝鮮人コミュニティ研究」東京大学大学院総合文化研究科博士論文、一九九八年がある。
(37) Robert Bickers and Christian Henriot (eds.), *New Frontiers: Imperialism's New Communities in East Asia, 1842-1953*, Manchester University Press, 2000.
(38) 濱下武志編『東アジア世界の地域ネットワーク』山川出版社、一九九九年、杉山伸也／リンダ・グローブ編『近代アジアの流通ネットワーク』創文社、一九九九年、古田和子『上海ネットワークと近代東アジア』東京大学出版会、二〇〇〇年、川勝平太編『グローバル・ヒストリーに向けて』藤原書店、二〇〇二年。
(39) 陳天璽『華人ディアスポラ――華商のネットワークとアイデンティティ』明石書店、二〇〇一年。
(40) Aihwa Ong, *Flexible Citizenship: the Cultural Logics of Transnationality*, Duke University Press, 1999.
(41) Aihwa Ong and Donald M. Nonini (eds.), *Ungrounded Empires: The Cultural Politics of Modern Chinese Transnationalism*, Routledge, 1997.
(42) 園田節子『南北アメリカ華民と近代中国――19世紀トランスナショナル・マイグレーション』東京大学出版会、二〇〇九年。
(43) 菅（七戸）美弥「人の移動をめぐるトランスナショナル・ヒストリー（越境史）――日本における研究動向」『アメリカ史研究』（日本アメリカ史学会）、三〇号、二〇〇七年七月。
(44) 米山裕・河原典史『日系人の経験と国際移動――在外日本人・移民の近現代史』人文書院、二〇〇七年。
(45) 蘭信三編『中国残留日本人という経験――「満洲」と日本を問い続けて』勉誠出版、二〇〇九年。
(46) 貴志俊彦編『近代アジアの自画像と他者――地域社会と「外国人」問題』京都大学学術出版会、二〇一一年。
(47) 林采完・田亨権『在外韓人とグローバル・ネットワーク』ハヌルアカデミー、二〇〇六年、七五頁。
(48) たとえば、金・劉編『民族統合の新たな概念と戦略（上）』、金仁寧編『民族統合の新たな概念と戦略（下）――世界化と情報化時代の民族統合』翰林大学校出版部、二〇〇二年。

(49) 臼杵陽「「方法としてのディアスポラ」の可能性」臼杵監修／赤尾・早尾編『ディアスポラから世界を読む』。

(50) Myria Georgiou, "Diasporic Media Across Europe: Multicultural Societies and the Universalism-Particularism Continuum," *Journal of Ethnic and Migration Studies*, Vol. 31 (3), 2005, p. 483.

(51) Vertovec, *Transnationalism*, p. 54.

(52) Karim H. Karim, "Mapping diasporic mediascapes," in id. (ed.), *The Media of Diaspora*, Routledge, 2003, p. 12.

(53) 関根政美「グローバル・メディアとしてのエスニック・メディア――グローバル・メディアとエスニシティ」『KEIO SFC REVIEW』(慶應義塾大学湘南藤沢学会)、三号、一九九八年一〇月、玄武岩「グローバル時代における「ナショナル・メディア」の台頭――エスニック・メディアの発展と変容」『東京大学社会情報研究所紀要』五九号、二〇〇〇年三月、藤田結子「グローバル時代におけるエスニック・メディアの社会的機能――ニューヨーク市の日系新聞読者調査から」『マス・コミュニケーション研究』(日本マス・コミュニケーション学会)、六四号、二〇〇四年一月、藤田結子『文化移民――越境する日本の若者とメディア』新曜社、二〇〇八年、田中東子「ディアスポラとメディア――調査研究のための視角とフィールド」『放送メディア研究』(ＮＨＫ放送文化研究所)、六号、二〇〇九年三月。

(54) 細川周平『サンバの国に演歌は流れる――音楽にみる日系ブラジル移民史』中公新書、一九九五年、細川周平『シネマ屋、ブラジルを行く――日系移民の郷愁とアイデンティティ』新潮社、一九九九年。

(55) 宋安鍾『在日音楽一〇〇年』青土社、二〇〇九年。

(56) 白水繁彦「在日ベトナム人向けメディア――メディア・イベントとエンターテイメント」同『エスニック・メディア研究――越境・多文化・アイデンティティ』明石書店、二〇〇四年。

(57) アンジェロ・イシ「もう一つのエスニック・メディア――日伯両国における日系ブラジル人のカレンダー」国立民族学博物館中牧研究室『マルチカレンダー文化の研究』二〇〇六年。

(58) 中野克彦「エスニック・メディアとグローバル・コミュニケーション――中国語エスニック・メディアを中心に」小野善邦編『グローバル・コミュニケーション論――メディア社会の共生・連帯をめざして』世界思想社、二〇〇七年。

(59) 『マス・コミュニケーション研究』(日本マス・コミュニケーション学会)、七九号、二〇一一年七月は、特集「多文化社会とメディア」でディアスポラ・メディアをテーマにしている。

(60) Georgiou, "Diasporic Media Across Europe," p. 482.

(61) アルジュン・アパデュライ（門田健一訳）『さまよえる近代――グローバル化の文化研究』平凡社、二〇〇四年、二〇一―二一頁。

(62) David J. Elkins, "Globalization, Telecommunication, and Virtual Ethnic Communities," *International Political Science Review*, Vol. 18 (2), 1997.

(63) Marie Gillespie, *Television, Ethnicity and Cultural Change*, Routledge, 1995; Dona Kolar-Panov, *Video, War and the Diasporic Imagination*, Routledge, 1997.

(64) Amir Hassanpour, "Diaspora, Homeland and Communication," in Karim (ed.), *The Media of Diaspora*.

(65) Pablo J. Boczkowski, "Mutual Shaping of Users and Technologies in a National Virtual Community," *Journal of Communication*, Vol. 49 (2), 1999, pp. 86-108.

(66) Jennifer M. Brinkerhoff, *Digital Diasporas: Identity and Transnational Engagement*, Cambridge University Press, 2009; Andoni Alonso and Pedro J. Oiarzabal (eds.), *Diasporas in The New Media Age: Identity, Politics and Community*, University of Nevada Press, 2010.

(67) Daniel Dayan, "Media and Diaspora," in Jostein Gripsrud (ed.), *Television and Common Knowledge*, Routledge, 1999, p. 20.

(68) ミリヤ・ジョルジオウ（田中東子監訳）「メディアとディアスポラのためのトランスナショナルな十字路」『放送メディア研究』（NHK放送文化研究所）、六号、二〇〇九年七月、二四三頁。

(69) 安田雪『ネットワーク分析――何が行為を決定するか』新曜社、一九九七年、四頁。

(70) ウェルマン「コミュニティ問題」一八八頁。

(71) 同右、一九〇頁。ウェルマンは、広く合意された定義ではないと限定しつつ、ネットワーク分析の顕著な特徴として次の点をあげている。①ユニット間の相互関係を無視して、個々のユニットの特徴を総計したものを分析するのではなく、ユニット間の関係が構造化されているパターンに注目する。②二者間の関係だけでなく、複雑なネットワーク構造に着目する。③権力、従属、調整の具体的なシステムをとおして、希少資源が配分される点に注目する。④ネットワーク境界（network boundaries）、クラスター（clusters）、橋架け結合（cross-linkages）などに着目する。⑤対称的な関係や単純なヒエラルヒーだけでなく、双方向的関係の複雑な構造に目を向ける。

第一部　メディアのコリアン・ネットワーク

第一章　東アジアのなかのコリアン・ネットワーク

——その歴史的生成——

1　朝鮮の越境的・多層的ナショナリズム

日本の帝国主義支配は、朝鮮において抵抗ナショナリズムの支配的言説を構成し、そのようなナショナリズムに正当性を与える根拠にもなってきた。最近のナショナリズムを見直す雰囲気のなかで、抵抗ナショナリズムそれ自体も自明性が問われるようになるが、いずれにしてもそれらがナショナル・ヒストリーに収斂していることには変わりはない。しかし日本帝国の外縁部における在外朝鮮人社会に目を向けるのであれば、そこでは朝鮮半島という空間を超えたナショナリズムの契機を見てとることができる。すなわち、ナショナルな一体性が実は、帝国日本とさまざまなコリアンとの「重なり合い」や「絡まり合い」のなかで、帝国のネットワークを主体的に活用し、それが在外コリアンとネットワークを形成することで補強されていったのである。

それは植民地期の朝鮮人がすでに領域的に規定される存在でなかったことによる。帝国日本が朝鮮人に対する支配を徹底するためには「朝鮮内地」と「朝鮮外地」との一体性を強調せざるをえず、そのことがかえって内外が連帯する朝鮮民族の姿を浮き彫りにした。いわば、日本の植民地政策に矛盾をもたらすような契機を、在外朝鮮人は提供したのである。「非公式帝国」の「朝鮮外地」は日本の帝国支配に極めて重要な位置を占め、だからこそ日本は在外朝鮮人を代表＝表象することで植民地統治の正当性を確保しようとしたのである。日本の在外朝鮮人政策の意図はそこにあり、内外の朝鮮人も日本のそのような政策に対抗するべくあらゆるかたちで関係を築くことで「合法的」に一体性を示した。日本と朝鮮はそれぞれ在外朝鮮人を言説化し、それをめぐって争ったのである。

朝鮮のナショナリズムを「朝鮮内地」と海外のコリアン社会とのネットワークから捉え直すことの意味は、朝鮮のナショナルな一体性の形成が越境的で多層的に展開したことだけにあるのではない。なぜそれが重要かというと、帝国主義に対抗する空間として歴史的にかたちづくられたコリアンのネットワークがいま再び東アジアであらわれており、それらは密接にかかわっているからである。中国の延辺を中心とする朝鮮族社会、中央アジアや沿海州の高麗人社会、サハリン残留韓国・朝鮮人社会、そして日本における在日韓国・朝鮮人社会などコリアン・ディアスポラは冷戦構造のなかで表面化することがなかったが、冷戦の解体以後にコリアンの越境的なネットワークが形成されようとしている。

このコリアン・ネットワークが帝国のネットワークと断絶するのではなく、歴史的に「絡まり合い」ながらこの地域のグローバル化とともに活性化されつつある。その意味で歴史的なパースペクティブによってコリアン・ネットワークを位置づけ直す必要がある。本章ではこうしたことを念頭に置き、「巡礼」「巡行」「巡演」をキーワードにして、植民地期に見られるコリアン・ネットワークの歴史的な生成のプロセスを探ってみたい。

2　在外同胞の誕生

2-1　同胞意識の生成

コリアンのネットワークの形成には同胞意識が極めて重要な要素として作用した。それでは、そもそも朝鮮において「在外同胞」はどのような歴史的背景のなかで形成されてきたのだろうか。

朝鮮半島から国外への移住・移動は、一八六〇年代以後、飢饉や封建政府の虐政を逃れ「露領（ロシア）」や「満州」に足を踏み入れた人たちから始まった。非公式的なかたちで行われていた沿海州への移住は、一八八四年の朝露修好通商条約を契機にして両国間の法律上の扱いの対象となる。これにより公式に認められた在外朝鮮人があらわれたのである。もちろん合法的な越境だけが在外同胞を生み出すわけではない。それは朝鮮におけるナショナリズムの進展と深くかかわっている。同胞意識が形成されるということにおいては、移住者に対する送出国と受入国の認知と政策のほか、一般民衆の民族的自覚と移住者の祖国に対する感情が問われるべきであろう。それでは一九世紀の移住者であるロシアの朝鮮人はいつから「在外同胞」になったのだろうか。それを示す具体的な事例を紹介したい。

一八九六年のロシア皇帝ニコライ二世の戴冠式への出席を名目に朝鮮政府から派遣された特使閔泳煥は、ペテルブルクでの任務を終えた後、行きの太平洋と大西洋の経路でなくシベリアを横断して帰途についた。一行はロシアでの最終経由地であるウラジオストクで移住朝鮮人に遭遇する。閔泳煥の随員の一人である金道一はロシアに移住した帰化朝鮮人であった。「露領」の朝鮮人は、閔泳煥のウラジオストク訪問を当局が国賓として迎え入れ、軍艦の礼砲が撃たれるのを見て朝鮮も立派な国であるとわかって大いに喜んだ。(1) 閔泳煥のウラジオストク訪問が在露朝鮮人において、朝鮮を「祖国」として意識する一つの契機となったのであろう。

さらに、ウラジオストクで発行された『勧業新聞』一九一四年二月八日付の論説に記述された同胞意識に関する記事を紹介することができる。そこでは、移住五〇年が過ぎたいま、ロシアの朝鮮人が居留民会や新聞などを通じて「檀君大皇祖」が民族の始祖であること、「露領」が故郷ではなく朝鮮半島が祖国であること、そして日本は壬辰倭乱(文禄の役)だけでなく現在の仇であることがわかったとして、中国や米州の同胞よりもわが「俄領(露領)同胞」がもっと踏ん張らなくてはならないと唱えている。このように初期の移住者、とくにロシア国籍を取得したオールドカマーの移住者は自らの民族運動、そして一九〇五年の日韓保護条約(第二次日韓協約、乙巳保護条約)以降「露領」に亡命・移住したニューカマーとの接触によって彼らと歴史を共有し、これらの過程において、民族的アイデンティティが芽生え、育まれていったのである。

また、朝鮮で発行された『独立新聞』(一八九六〜九九年)の次のような記事からも同胞意識の生成過程が浮かび上がってくる。一八九六年二月に、朝鮮国王がロシア公使館に移り(露館播遷)、親露派内閣が組織されると、五二人のロシア国籍の朝鮮人青年たちが通訳官として登用された。ところが、彼ら以外にも朝鮮にはロシアに帰化した朝鮮人が多数いたようである。在韓ロシア公使館は一八九九年一〇月三〇日から一二月四日までのおよそ一カ月にわたり、『独立新聞』にロシア国籍を取得したロシア人だとする「大韓の人」たちに騙されないように注意を促す広告を出した。他方ウラジオストクの朝鮮人も、今日の外務省にあたる大韓帝国の外部に請願書を出し官憲の派遣を要求した。さらに、それらの朝鮮人に対して『独立新聞』は「大韓国人民」と呼び、政府の対策を求めた。このような個所は、明らかに民族的な一体性と同胞意識の存在を裏づけている。

この『独立新聞』では、「大韓同胞兄弟」「全国二千万同胞」という表現を使っており、それを見る限り、近代的な国民意識としての「同胞」概念は、すでに芽生えていたことがわかる。しかし、海外移住者に対して「同胞」と呼んだのは、二〇世紀に入ってからであった。「俄領移民」「俄領韓人」という言葉は一九世紀末にも使われていたが、「在外同胞」「海外同胞」として在外朝鮮人全体を「在内」朝鮮人と対比して一体化したのはその後のことである。

2-2　近代の先駆者としての在外同胞

このような「在外同胞」を眺める「朝鮮内地」からのまなざしは複雑なものであった。つまり同胞として在外朝鮮人を意識するようになった朝鮮半島の人々は、彼らを一方では「朝鮮内地」中心主義的な視線で眺めながらも、他方では朝鮮より進んだ近代化の先駆者として受け止めていたのである。

たとえば、イギリス人旅行家のイザベラ・バードは朝鮮旅行記のなかで、沿海州の朝鮮人は朝鮮半島の朝鮮人よりも堂々としてより豊かに暮らしているという印象を書き記している[2]。バードはソウルでたまたま講演会を開いた。当時の『独立新聞』(一八九七年一月二六日付)は、沿海州の朝鮮人は選挙を通じて官民が良好な関係を築き、学校、病院、礼拝堂などを建て生き生きとしているというバードの講演内容を伝えている。さらに「一身一家の観念でなく、国家民族の思想をもって国外に移住」することを求める『大韓毎日申報』(一九一〇年四月一四日付)の記事のように、「朝鮮内地」中心のまなざしがある一方、他方では「留外同胞は数千人に過ぎない桑港(サンフランシスコ)・布哇(ハワイ)等の地の留民と数万に過ぎない海蔘威(ウラジオストク)等の留民でも会館が数カ所、新聞が数紙、学校が数校あり、歌を歌っても国家のために歌い、哭をしても国家のために哭する。内地を見ると数万人の大邑でも学校がなく、数千人の大村でも新聞を購読せず……」といった記事(『大韓毎日申報』一九〇九年一二月四日付)も見られる。このように在外朝鮮人は近代的・啓蒙的・愛国的な存在として表象されていたのである。

歴史学者の趙景達がいうように、朝鮮において民衆のナショナリズムが本格的に形成されるのが日韓保護条約の締結後のことであるとすれば(3)、朝鮮のナショナリズムは半島内だけでなく、海外に移住したコリアンの人々との相互交渉のなかで発展していったといえる。この意味で朝鮮のナショナリズムはその形成から「多国籍ナショナリズム」だったのである。そのような移動と帰属の地域的なつながりの構築に能動的にアプローチしたエグザイルのコリアンは、国籍や旅券という近代的装置を最も早く体験し、独自の力で学校や新聞を作った、朝鮮半島の本国人に劣らない近代プロジェクトの推進者であった。たとえば、次章で詳しく述べるように、米国のサンフランシスコで発行された共和制を主張する『共立新報』は、沿海州や朝鮮半島に運ばれることで、「朝鮮内地」にも大きな思想的影響を与えた。さらに沿海州の朝鮮人は、日韓併合後には積極的にロシア国籍を取得し、第一次世界大戦が勃発すると旧来者を中心に四〇〇〇人以上が徴兵され、そのような経験をとおして近代的主体として生まれ変わったのである。

3　朝鮮の代表=表象と保護撫育政策

こうした在外朝鮮人は、朝鮮を植民地化していく日本においてどのように扱われたのだろうか。朝鮮を代表=表象しようとする日本帝国の試みは、在外朝鮮人に対する保護の実体化として象徴的にあらわれる。なぜならば、在外朝鮮人に対する保護撫育の実効性こそが日本の植民地権力を占うカギであったからだ。そうした懐柔政策のため、日本はまず間島(豆満江以北の朝鮮民族居住地域の旧名)や沿海州の朝鮮独立運動の根拠地に打撃を与え、朝鮮人会を親日的な団体に改編していった。この意味で帝国周辺の空間は、日本とロシアおよび中国、そして在外朝鮮人との間の重層的な対立と交渉の場であった。その対立および交渉は、まず在外朝鮮人の移民をめぐってあらわれる。

朝鮮半島における公式的な計画移民は、一九〇二～〇五年のハワイ移民、そして一九〇五年の一回のみで終わった一〇三三人からなるメキシコ移民から始まった。ハワイへの移住民はさらに米国本土へと渡り、サンフランシスコを中心にした朝鮮人コミュニティの基盤を作った。こうした移民業務を管掌するために一九〇二年には綏民院が設置された。これらの移民は公認された移民送出機関によるものであって政府の管理下に置かれていた。ところが、当時は外交関係もなく、ほとんど伝えられたものがない未知なる地であったメキシコへの移民は、最初から不法的なものであった。(4)

一九〇五年七月末からメキシコ移民の惨状が『皇城新聞』や『大韓毎日申報』『万歳報』などの新聞で報じられた。(5) 世論が沸騰するなか、高宗はそれらの移民を取り戻すべく、ハワイとメキシコへの移住民の現状調査のために外部協辨(次官)尹致昊を派遣した。しかし韓国の外交を掌握しようとする日本は、それが韓国とメキシコとの外交関係へと発展することを懸念して妨害したため、尹致昊のメキシコ移民の調査は失敗に終わる。(6) ハワイでは圧力を加えることで日本総領事が韓国の名誉領事を兼任することになっても、当地の朝鮮人移民はあくまでも韓国の領事の派遣を要求した。(7) ハワイの朝鮮人が本土に渡ってサンフランシスコで結成した共立協会も、震災に見舞われた在米朝鮮人に送られてきた韓国政府からの救恤金が、日本領事館を経由していることを理由に受け取りを拒否した。(8)

朝鮮を代表＝表象しようとする日本帝国の試みが、そのような代表性が顕示される在外朝鮮人のいる場所で行われるのは自然なことであろう。在外朝鮮人社会に対する韓国と日本の管轄権をめぐる争いは、日本が韓国の外交権を掌握する日韓保護条約が締結される以前に、すでに始まっていたのである。言い換えれば、在外朝鮮人に対する現実的な保護状態の名分を積み重ねた代表＝表象政策をもって、日本が外交権の掌握にまでこぎ着けたと見ることもできるだろう。朝鮮人のハワイ移民を研究したウェイン・パターソンが述べるように、移民の時代における韓国政府の粗末な移民政策と外交的対応が、日本の朝鮮人移民に対する干渉を許したことも指摘しなければならない(9)。

ところが日本による朝鮮人の代表＝表象の問題は、むしろ朝鮮人を完全な日本帝国の臣民にするというところから矛盾を露呈することになる。日本の韓国併合によって日本帝国臣民になるはずの朝鮮人が、沿海州や間島ではホスト社会に帰化することで帝国臣民たることを拒絶したのである。日本は在外朝鮮人の帰化を認めず、朝鮮人には日本国籍に変更することで日本領事館の管轄を受けることを求めたものの、併合の一報が伝わった当日にウラジオストクの朝鮮人は、「日本領事館ノ支配ハ死ヲ以テ之ヲ拒マサルヘカラス」(10)として日本帝国臣民たることを拒否したのである。

一方、間島における朝鮮人に対する取り扱いは、極東ロシアとは打って変わって帰化者に対しても日本帝国臣民であることが強要された。間島は領有権の不分明な地域であり、人口面で朝鮮人の占める割合が高く、また力学的に日本の勢力が優勢であるという、「露領」とはいくつかの点で決定的な違いがあった。なによりも間島は、高まる失業率ゆえに日本内地に向かう朝鮮人の吸収地として、日本帝国の朝鮮統治に直接かかわる地域でもあった(11)。こうした背景もあって、日本は朝鮮人の帰化の如何にかかわらず国籍の離脱を否定し、保護撫育政策を展開したのである。

日韓保護条約後、朝鮮人の保護を名目に間島に統監府派出所が置かれると、中国側は朝鮮人に帰化を慫慂する。

それは国籍条例による帰化というよりも、地方官憲に帰化料を支払い、「薙髪易服」、つまり外見を中国式に変えることを促すことであった(12)。一九〇九年二月一〇日には大清国籍条例が制定され帰化には条件が設けられる(13)。さらに一九一二年に中華民国の国籍法が制定されるのであるが、そこで中国への帰化はもとの国籍を放棄した者だけに許されたため、朝鮮人の国籍の離脱を認めない日本の措置と真っ向から衝突したのである。ただ、実際は地方政府の裁量で帰化が認められ、そのような朝鮮人は二重国籍状態に置かれるようになった(14)。

国籍の問題は朝鮮人において土地の所有・賃借問題が絡む重大事であった。中国側からすると、水田の技術を有する朝鮮人の開拓上の必要性は認めるものの、後には保護を名目に必ず日本がついてくるため、朝鮮人は厄介な存在でもあった。日本にとっては、管轄権の及ばない外国籍の「排日鮮人」は許されざる存在であった。その一方で、「帝国が其の過剰せる人口と不足せる食糧問題を解決せんが為め、大陸への進出発展を希念する」日本にとって、満州、モンゴル、ロシアなど各地に移住した新附弟妹(朝鮮人)は帝国臣民として擁護されるべき存在でもあった(15)。そこで在外朝鮮人社会に対する保護政策が施行されるのであるが、学校、医療、金融など保護撫育政策としての社会事業は在満朝鮮人の生活の安定を図るものでありながらも、法的地位からはむしろそれを不安定にするものであった。

在満朝鮮人に対する社会事業の目的は、申奎燮が指摘するように朝鮮独立運動を封じ込め、朝鮮国内の政治的・経済的安定を図るとともに、間島朝鮮人を事実上日本の勢力の下で掌握し、間島における日本の勢力づくりを推し進めることであったといえよう(16)。なるほどこのような目的が社会事業の本質であったとしても、それだけでは在外朝鮮人という立場における植民地本国の政策に対する意味への問いは不十分である。その意味とはすなわち、日本の懐柔政策が持っている近代性が、同時に朝鮮人側の主体的活用によって朝鮮ナショナリズムに影響を与える可能性が「朝鮮内地」以上に「朝鮮外地」にも存在していたということである。それは「朝鮮外地」では「朝鮮内地」と違った民族的な対立構図があったからにほかならない。

ただし、このような保護撫育政策は「不逞鮮人」の取り締まりと常にセットになっていた。「善良ナル鮮人ヲ保護シ不逞鮮人ノ圧迫誅求ヨリ脱セシムルコトハ在満鮮人ヲシテ我ニ帰依セシムル最良ノ手段」であり、「同時ニ又不逞者ヲ取締ル効果アルモノ」とされていたのである。(17) そこで在満朝鮮人の保護上の価値は「善良無知なる鮮農」と「不逞鮮人」とを隔離することにあった。しかし実際は、「良不良」の区別は独立運動の武力弾圧においてさほど意味を持たなかった。日本のシベリア出兵の最中に行われた、一九二〇年のウラジオストクの新韓村における討伐作戦や間島事件では、多数の朝鮮人民が犠牲となり、建物・穀物などに多大な被害を受け、この「討伐」によって生み出された多数の帰順者に対しても、官憲による厳しい監視を行うなど朝鮮人相互間の監視体制を作っていった。(18) こうして間島や沿海州の朝鮮独立運動の根拠地に打撃を与え、親日的な朝鮮人民会を組織していったのである。

それではこのような重層的な空間のなかで、「朝鮮内地」の朝鮮人以上に近代を体現した「在外同胞」たちがナショナルな一体性を発見し創造(想像)していった契機を、冒頭で述べたとおり「巡礼」「巡行」「巡演」をキーワードにして追ってみよう。

4　「巡り」のネットワーク——日常のなかの抵抗

4-1　巡礼する朝鮮内地視察団

ロシア革命後の沿海州における朝鮮人の状況は、日本からすると不可視の領域であり、朝鮮人団体とはほとんど没交渉のままであることから、その生活の内情や心理状態も把握できないあり様であった。しかし間島や沿海州は、外地管轄権の試金石であり、したがって彼の地における朝鮮人への対応は緊要な課題だったのである。そのために朝鮮総督府はシベリア・満州在住の朝鮮人の調査を実施し、調査報告書では在住朝鮮人の保護懐柔のための具体的な案を提示している。そのねらいは「朝鮮内ニ在ルモノノ如ク均シク皇化ニ浴セシメ生活ニ教育ニ其ノ他有ユル改善ヲ試ミ品性ヲ矯メ異域ニ生活シ得ル所以ハ畢竟我国威ノ恩沢ニ外ナラサルヲ覚ラシメ以テ須ラク新附民ヲシテ衷心ヨリ帰服セシム」[19]ことであった。

こうした保護撫育政策は、法的手続きの簡素化、無料病院の設置、朝鮮人団体との連絡開始、教育補助、「朝鮮内地」の新聞寄贈、産業の育成、金融支援、観光団派遣など領事館への要請と、旅券や居住権の整理などロシア側への要請を含んでいた[20]。そして、一九一九年に朝鮮で三・一運動が起きてからは、「当面ノ時局ヲ収拾シ進テ又今般ノ禍根ヲ除カント」[21]するため、本格的に懐柔政策が実施されることになる。その実行についてはシベリア派兵中が好機とされ、そこに機密費が充てられた。その機密費は、密偵費や買収を含めた懐柔費、有力者に新聞や各種印刷物を配布するための印刷物配布費、そして人件費に使われた。

三・一運動の翌年の一九二〇年三月二四日にはシベリア出兵中の浦潮(ウラジオストク)派遣軍によって「朝鮮人取締ニ関スル規定」が設けられ、それに準拠した朝鮮人の取り締まりは、「愛撫」「懐柔」「取締」の三つに分けられていた。「愛撫」としては医療の実行、経済上の便宜、学校支援を行うとし、「取締」についてはロシア官憲へ取り締まりを要請し、国家防衛上の手段として断然たる制裁も加えるべきだとした。そして「懐柔」としては、親日団体を組織し、朝鮮や日本の進歩した施設を周知させるため幻灯活動写真を用い、平易に記述したハングルや漢文の小冊子、「カード」式挿画の配布、朝鮮および日本内地の観光、講話会の開催などによって懐柔を

試みるということであった。(22)

しかし派遣軍の朝鮮人の取り締まりと懐柔の方針は、「一撃ヲ加ヘテ威信ヲ示シ彼ニ畏敬ノ念ノ生スルヲ俟テ余ニ本方針ニ依リ懐柔ノ途ニ出ツル」ことであった。(23) このような方針の報告から一週間足らずで始まった「革命軍武装解除」作戦の過程で、日本は約四〇人の憲兵と一五人の歩兵をもってウラジオストクの新韓村を襲撃し、ニコリスク-ウスリスク(現・ウスリスク)でも「不逞鮮人」の捜索が展開された。このいわゆる「新韓村事件」(四月惨変)では、最初から「不逞鮮人」の主要人物をとらえ、排日的な朝鮮人社会に打撃を与えて親日的な朝鮮人会を組織することが計画されていたのである。沿海州の朝鮮人社会は手痛い打撃を被ることになり、民族団体は解散させられ、代わりに上から親日団体が各地に作られた。(24) 排日の気勢が衰退した新韓村では、軍が親日派擁護の目的の下に新韓村居留民会を設立し、「前排日派の巨頭」である趙永晋を会長に推戴した。(25)

一撃を加えて懐柔にあたるという方針は、速やかに実行される。朝鮮総督府の派遣員である山崎真雄事務官は、事件後まもなく総督府に新韓村における慈恵医院開設の件について報告した。病院の建設が急がれたのは、在米朝鮮人が新韓村に二万円の資金を出して無料診療を行う慈恵医院の開設が差し迫っていたなかで、それに「機先ヲ制セラルルニ於テハ懐柔上多大ノ齟齬ヲ来ス」(26) と思われたからである。医療所は軍医一人、看護長一人、看護卒二人、通訳二人をもって一九二〇年五月二〇日に開所した。しかし事件の過程で焼失した韓民学校の校舎は、領事館と総督府の立場の違いによってすぐに修復されることはなかった。

朝鮮総督府が組織した内地視察団もこうした懐柔策の一環であった。日韓併合後、日本は積極的に朝鮮人の「内地」(日本)視察を奨励する。各道別に郡守や末端の面職員などの官公吏、実業家や地域の有志、学校の教員などが「内地」を視察し、「発達した内地文化と広壮なる建築物に驚きを示した」のであった。一九二二年には、三月一〇日から五月二〇日までだけでも一四七団体、三五一九人(在朝日本人五一七人、朝鮮人三〇〇二人)が東京を訪れ、訪問者数は七月の終了時までに八〇〇〇人が見込まれた(27)。ここでは、朝鮮総督府が進めたもう一つの視察、すなわち「朝鮮外地」から「朝鮮内地」への視察団を取り上げる。

朝鮮総督府が補助金を出し、「国境外の朝鮮人として朝鮮内地における施設の改善、教育、衛生、産業、金融及交通の進歩発達、民度向上の実況を周知する為」組織された「在外朝鮮人視察団」がそれである(28)。総督府による在外朝鮮人視察団の組織は一九一七年の間島視察団から始まり、一九二〇年の浦潮視察団は、三二人からなる間島視察団と一九一八年の二一人からなる琿春視察団に続く第三回目の視察団であった。ほとんどが二、三十年ぶりに「帰国」する者であって、ロシア生まれではじめて母国の風景を見る者も含まれていた。視察団はウラジオストクを出発して、ソウルの南大門に到着したときは朝鮮楽隊の奏楽のなか、京城府尹(市長)や総督府官吏など官民有志者に出迎えられ、各界の宴会に招待されるなど手厚い歓待を受けた(29)。

視察団一行は朝鮮総督府をはじめ、朝鮮銀行や京城郵便局など官公署、東亜煙草株式会社、製糸場など産業施設や発電所、鉄道局工場などインフラ設備、軍練兵場、研究・学校施設、総督府医院・済生院盲唖部など社会事業施設を見学した。視察の目的はまさしく在外朝鮮人に対して、「朝鮮内地」の近代的な社会的インフラを見聞させせることであった。視察団が「予期以上の目的を達して帰途に就ける喜悦の色満面に洩らし」たという表現にも見られるように、総督府の試みは視察団に対して有意義な感を与えるものであった(30)。視察団は一一月八日、官民多数に見送られて、南大門を出発した。市民代表と朝鮮楽隊が清涼里まで同行し、同日の夜に元山を出港した。一一日ウラジオストクに帰着した視察団は、派遣軍参謀長官邸で開かれた慰労宴を終えて解散したが、以後も総領事や朝鮮人民会などの慰労宴が続いた(31)。

「在外朝鮮人視察団」は、その後主に在満朝鮮人を対象にして進められるが、『全満朝鮮人民会連合会会報』に載っている「在外朝鮮人視察団」に参加した人たちの感想文も主催者の評価とさほど変わりはなく、参加者のまなざしのズレや葛藤は定かではない。しかし視察団が朝鮮で開いた講演会や在露朝鮮人青年の故国訪問からはそうした評価とのズレが垣間見られる。そのズレあるいは逸脱は次のような具合であった。

浦潮視察団の訪問に合わせ、ソウルでは毎日申報社の主催で「海蔘威視察団講演会」が開かれた。団長の趙永晋が「西伯利亜と朝鮮人同胞の現状」という題目で演説を行ったのだが、旧劇の公演劇場であった光武台には立錐の余地がないほど多くの人が詰めかけた。このような歓待ぶりに、視察団は『毎日申報』を通じて「満天下朝鮮同胞に感謝して健康を祝福するという礼辞」を表した[32]。それは、「在外同胞」においても「朝鮮内地」の人たちにおいても新たな発見であり、相互連携の意識を育むことであった。

さらに、一九二一年四月に男女一一人の学生で構成された海蔘威在留朝鮮青年音楽団は音楽大会を開くために朝鮮を訪れたのであるが、そのほとんどの学生は朝鮮語を解せなかった。団員の一人である朴ソフィアは『毎日申報』(一九二二年五月五日付)のインタビューで、故国に留学したいという意気込みを語りながらも、朝鮮人として朝鮮語が喋れないことが恥ずかしいと語った。翌年の四月にもウラジオストクから天道教演芸団が訪朝し、舞踏、声楽、演奏、演劇を披露したが、二日間のソウルでの公演を観衆の要求により一日延長するほどであった[33]。

在外朝鮮人の「朝鮮内地」への視察は、それが日本の威容を誇示し啓蒙撫育を図るものであっても、そのベクトルは必ずしも一様に帝国の中心に向かうものではなかった。朝鮮視察は在外朝鮮人の居住地域における懐柔として効果はあっても、そのまなざしは帝国というよりも故国としての朝鮮に向かうことで、ナショナルな空間を確認する契機でもあった。

ベネディクト・アンダーソンは、中心が経験される「実演される」旅としての巡礼を通じて、行政官がどのようにしてナショナルな空間を想像(創造)していったのかについて語っているが[34]、在外朝鮮人における朝鮮の訪問はまさに「巡礼」であったといえよう。だとすると、次項に述べる「在外同胞慰問会」は在外朝鮮人をもって

「朝鮮内地」のナショナルな一体性を確立する旅、すなわち中心そのものが移動して各地を回る「政」としての「巡行」と同様であった。このようにして、帝国が築こうとしたネットワークに包摂されながら、そこから逸脱したナショナルな一体感を発見していった在外コリアンの主体的なまなざしと帝国ネットワークの活用が浮上してきたのである。

4-2　言説としての在外同胞――巡行する在外同胞慰問会

三・一運動後の「文化政治」により反体制側も朝鮮内で一定の社会的・文化的活動が可能となり、民衆の社会生活の意識や世論の形成に大きな影響を与えることができた。しかしそれは日本における対朝鮮の宣伝活動の強化をも意味した。

植民地朝鮮における日本の施政広報は、それまで各種ビラや絵葉書が主に用いられてきたが、一九二〇年あたりからは記録映画を製作して、巡回上映会を活発に開催し、地方各地でも講演会を開いた[35]。とくに、「内地〔日本〕に朝鮮の実情を紹介して之れが理解を求め又朝鮮に内地の文化を紹介して母国に対する親しみと信頼の念を抱かしむる施設として最も平易に又各階級に対して普遍的に効果を与え而も相当の吸引性を持つ魅力あるものとしては活動写真を利用するに如かずと認め」られ、一九二〇年四月には朝鮮総督府に活動写真班が設置された[36]。満州や沿海州には、朝鮮の現状と朝鮮統治の実況を周知させるために、最新の朝鮮事情を撮影した「活動写真機携帯」の巡回講話者が派遣された[37]。

このような新しいテクノロジーを活用する朝鮮総督府の宣伝活動に対抗したのが、「文化政治」の宥和政策のなかで創刊された『東亜日報』である。『東亜日報』は一九二二年二月に「在外同胞慰問会」を発起する。翌月

東亞日報發起在外同胞慰問會

贊하라此民族的初有의一大精神事業에

幻燈映寫講演會

第一回巡講日程

來하라我同族相愛의自覺을促하는會合에

全朝鮮巡廻幻燈映寫大講演會

図 1-1　「在外同胞慰問会」のキャンペーン広告
（『東亜日報』1922 年 3 月 15 日付）

の六日から「全朝鮮巡廻幻灯映写大講演会」を開催し、およそ一〇カ月にわたって全土を駆け巡った。在外同胞慰問会は海外の同胞を訪問して記念品を贈呈し、「平素の抱懐する遺憾の万一でも減ずる」ことを目的として、その宣伝と募金のために各地で巡回講演会を開始したのである。

イベントのターゲットはそれだけではない。前述したように、当時は沿海州や満州の朝鮮人社会を日本軍が襲った新韓村事件や間島事件が相次ぐなかで、現地の朝鮮人の惨状が朝鮮半島にも伝わってきていた。とくに総督府の御用新聞であった『毎日申報』は三・一運動以降に在外朝鮮人関連の記事を積極的に掲載し、満州・露領の朝鮮人の困窮状況と保護の必要性を唱えた。また『毎日申報』は、前述した浦潮視察団の訪問に際しても新聞社主催の講演会を開き、その講演記録を四回にわたって掲載した。さらに、一九二一年一二月一一日から一三回にわたって「在外朝鮮人事情」という連載記事を掲載した。このシリーズは在外朝鮮人事情研究会の会報『在外朝鮮人事情』二号（一九二一年一〇月）の内容を翻訳転載したものである。(38)

このように『毎日申報』が在外朝鮮人社会に対する懐柔政策を施す総督府の庇護の下、民間の研究機関とも提携して在外朝鮮人問題を取り上げるなか、「民族の表現機関を自任する」というモットーを掲げる『東亜日報』は、それらに対抗するイベントの必要性を意識していたのだろう。『東亜日報』は「在外朝鮮人視察団」に対しても、「朝鮮を観光するというよりも朝鮮総督政治に感服する機会を作るのがその動機ではないか」としながら、各官庁で報告書を作成するための「報告観光」だと皮肉っている。(39) もちろんこうした事情が『東亜日報』をして在外同胞関係の企画に乗り出す直接的な理由になったという記述は見当たらない。しかし、『東亜日報』が在外同胞慰問会を発足させる背景には、新しいメディアの登場とそれを利用した総督府の宣伝活動、ライバル新聞社による講演会など多彩なイベントの開催、在外朝鮮人問題の浮上などの状況があったことは十分に考えられる。

一方、朝鮮総督府は、前述した朝鮮人の内地(日本)視察の様子をフィルムに収め、それをもって全国を回って巡回活動写真会を開いた。一例として、朝鮮総督府の活動写真班が、一九二〇年五月に行われた各道選抜の郡守視察団の内地視察状況を撮影した映画は、同年八月二六日から九月二二日までの一カ月間に全国一七カ所で上映され、約六万八〇〇〇人が観覧した。(40) ところがこうした上映会においても、「最も歓迎される映画は、朝鮮の関係深きものにして即ち大阪紡績工場に於ける鮮人女工の活動振りと其の遊戯埼玉県の高麗村に於ける高句麗時代の朝鮮移住部落の状況及内地各地に於ける郡守歓待の状況等」であった。主催側の意図といえる「各種工場及公設市場、簡易食堂、軍艦及飛行の状況等」は「之につぐもの」であって、観覧者は「内地に労働する朝鮮人の近親者の如き常に之等の者の生活に付憂慮」していたのである。(41) このように総督府の報告からも、上映会の盛況とは裏腹に、主催側の意図と観覧する人々の関心との間にはズレが見え隠れする。

さて、『東亜日報』の在外同胞慰問会では、主筆の張徳秀や社長の宋鎮禹などが演士となり、調査部長金東成が一九二一年一〇月に派遣されたホノルルで撮影した世界記者大会関係の写真と「在外同胞の活動する写真」が映写された。こうして本格的な活動に乗り出すわけだが、『東亜日報』の思惑は実質的な在外同胞への援助というよりも、そのようなイベントをとおして「朝鮮内地」の民族意識を鼓吹することであったといえよう。慰問金を募って在外同胞を訪問するという当初の計画を取りやめて、各地にハングル教育のための費用として分配することになった歯切れの悪い慰問金の処理経過を見ても、(42)在外同胞慰問の実績より事業のイベント性が重視されたことがわかる。講演内容も初期の「在外同胞慰問について」から、次第に「国際的朝鮮と文化的朝鮮」「時代的覚醒の必要」「新時代と新生活」など時局的・啓蒙的内容へと移り変わっていく。

講演会開始後の在外同胞慰問に対する「全朝鮮の熱狂」についても『東亜日報』は次のように説明している。「……これは貴方も朝鮮人で私も朝鮮人だという意識から新生命が躍動した所以である……同族間で門閥を樹立し地方を区分し闘争を行い、相互が嫉視し合い、各自が踏みつけ合うことで、果たして朝鮮人という意識を自覚できたのだろうか……それで吾人は「朝鮮人」という三文字がいかに意味深長で、いかに貴重な価値を持つのかを論究し、民族的覚醒を歩一歩促進して社会的結合を一層堅固にする」(43)。

在外同胞慰問会の講演会は京義線を下り新義州を皮切りに西鮮地方から始まった。一度帰京して次に講演隊が向かったのは、京釜線沿いの領南地方、そして湖南線沿いを中心とする湖南地方で、その次に「北鮮地方」を巡って済州島にも出かけた。最終的に約一〇カ月にわたって八五カ所で講演を行い、六万人余りを動員し、四八一六人の会員から二三万四〇一〇円八一銭の入会金が集められた。朝鮮総督府の活動写真会が無料であったのに対し、在外同胞慰問会の「幻灯大講演会」は有料であったが、講演隊は予告された場所に着くと地域民から歓迎され、講演会も盛況で、在外同胞慰問会にも多くの人が入会して会費を払った。入場料は講演会の諸経費に充てられ、入会費は慰問金として積み立てられて新聞紙上に公表された。

『東亜日報』の在外同胞慰問会の講演会は、創刊後まもなく無期停刊処分とされながらも『京城日報』や『毎日申報』を抜く発行部数を記録した「有力紙」のイベントでもあったことで、期待は小さくなかっただろう。同紙が巡回講演を「「朝鮮人」意識の発端」にしようとした意味づけを考えれば、その訪問は「巡行」としての儀式性を持っていたともいえるのかもしれない。そこで「在外同胞」は制限された民族空間における民族的アイデンティティ形成の媒介体となった。すなわち「在外同胞」に対する語りは「在内同胞」の存在を浮き彫りにし、それらが一体となって「朝鮮人」を作り上げていったのである。このような「在外同胞」は言説として存在し、その言説の転位をめぐって『東亜日報』と『毎日申報』は競い合った。

それでは在外コリアンへの「慰問」によるもう一つのナショナルなモメントとして、巡演する歌のネットワークについて見てみよう。

4-3　巡演のネットワーク

一九二〇年代が映画の時代だったとすれば、三〇年代にはラジオとともにレコード産業が新たなメディアの時代を切り開いていく。無声映画や舞台演劇から大衆歌手が育ち、そこに日本のレコード資本が流入することで流行歌という新たなスタイルの文化現象が誕生したのである。しかし日本帝国は歌謡などの音楽を皇民化の手段として管理しようとし、逆に植民地の民衆はそれぞれのコードをもって意味を再生産する。この時期の朝鮮の流行歌は、こうした両者のせめぎ合いのなかで普及していった大衆文化であった。

一九三五年に総合雑誌『三千里』が実施した「レコード歌手人気投票」では、投票数が五カ月で三万票を超える盛況ぶりで、「新京(長春)、ハルビン、ウラジオストク、上海、ハワイ、北米に至るまで、白衣人士(朝鮮民族)がいる至るところから」投票用紙が届いた(44)。いまも愛唱される「木浦の涙」や「他郷ぐらし」はこのときの人気投票で選ばれた李蘭影と高福寿の曲であり、このような郷里を偲ぶ「故郷もの」が日本への抵抗意識を含みつつ、満州や沿海州、日本の朝鮮人にも流れ込んでいったのだろう。とくに一九三〇年代後半からは各レコード会社が競って自社の専属歌手からなる演芸団を結成して相次いで満州や日本で「実演」を行い、日本と朝鮮半島、そして満州には一つの大衆文化圏が形成される。演歌風の「故郷もの」が植民地という社会空間のなかで対抗的な言説を作り出すのだが、こうした流行歌が含むのは伝統的な旋律としての故郷というより、歌詞に潜む失われた故郷であった。

このような懐古的で故郷を想起させるもの、あるいは離郷・放浪を暗示するものは、一九三三年に公布された「レコード取締規則」によって検閲の対象となる。取り締まりの根拠は「風紀壊乱」と「治安妨害」だったが、後者が主であった。(45) 翌年の出版法の改正でレコードの検閲が始まる日本よりも先んじて朝鮮で規制が講じられたことからも、その意図は明らかであろう。とはいえ、音楽をはじめとする文学や演劇・映画など文芸娯楽は、民衆生活の慰安はもとより「国民精神」の作興、さらには「国体明徴」の一助にも欠かせないものである。国民精神総動員朝鮮連盟が募集した「朝鮮聯盟行進歌」のような時局歌謡を普及させるために官制音楽運動が展開された。そして歌謡をとおして朝鮮人の満州移住を奨励するべく「満州もの」が登場すると、さらに朝鮮人開拓村には開拓民慰安演芸隊が派遣された。こうした文化動員政策は究極的に炭鉱や工場に徴用された労働者や皇軍慰問のための厚生音楽運動、音楽報国運動へと進んでいく。

オーケーレコード社の演芸団であるオーケー・グランド・ショウは、こうした役割をこなした代表的な演芸団であった。東亜・朝鮮・朝鮮中央など在京新聞支社の後援で一九三六年二月に日本で在留同胞慰問音楽演奏会を開いたオーケーレコード社は、三八年にオーケー・グランド・ショウを設立し、翌年には二度にわたる日本での長期公演を果たしている。その対外的な呼称が朝鮮楽劇団であった。朝鮮楽劇団は日本公演にとどまらず満州にも巡回公演に出かけ、「世界的水準に完成したグランドショウ」(46) として宣伝されるように好評を博した。日本の朝鮮人による芸術団としては、労働者や留学生による朝鮮芸術座、東京学生芸術座などの文化運動組織や、吉本興業系列の劇場で活躍したレビュー団であった裵亀子楽劇団が活動していたが、「内地朝鮮人」としては、故郷の人気歌手からなる芸術団にはそれらとは違う妙味があったに違いない。

　さて、このような「故郷」からやってきた演芸団の公演に、現地の朝鮮人が詰めかけたことは容易に予想される。大阪で発行された朝鮮語新聞『民衆時報』は、「故国を離れ遠く玄界灘を渡って各地の労働市場で苦労されている数十万在留同胞と学窓で学ぶ朝鮮人学生たちのための慰安と、公演から上がる収益を在留同胞たちの有益な事業に万分の一でも加えられればという趣旨」で開催される在留同胞慰問音楽演奏会について次のように報じた。「大阪公演が終わった後、すぐに京都朝日会館でさる一〇日、昼夜二回の公演を行ったが、ここでも観客の大歓声のうちに幕を閉じ、神戸ではさる一三日、昼夜二回の公演があったが、劇場が狭く、大混乱の様相を呈した」（一九三六年二月二一日付）[47]。作家の金史良も郷愁にかられたときは、「朝鮮歌謡の夕」などをさがしては出かけたとエッセイのなかで述べている[48]。

　しかし時局はますます戦時体制に入り、満州国にも延長された「内鮮一体」は在満朝鮮人にも適用され、日本内地でも朝鮮人政策が「融和」から「同化」へと進んでいった。にもかかわらず、演芸団という特性からして、実際に朝鮮的なものを排除することはできない。日本人観客はエキゾチックなものを求めるため、「濃厚なる朝鮮彩の描出方の希望」があったし、朝鮮人であっても故郷の歌を望むであろう。こうして日本で巡業する朝鮮楽劇団の「朝鮮色」は「興行界を風靡」したのである[49]。

　朝鮮楽劇団は、一九三九年三月に吉本興業と提携して東京の浅

図 1-2　朝鮮楽劇団日本公演(1939 年)(『モダン日本』1940 年 3 月号)［韓国コンテンツ振興院］

草に進出し、およそ三カ月間、日本全国を駆け巡った。しかし、松竹と提携した同年一二月から始まる二度目の内地公演の際には、とくに大阪では「朝鮮語は如何なる場合においても全然使用してはなら」ず、「朝鮮の衣裳も原則としては使用できない」状況であった。[50]第一回目の経験から、朝鮮語歌詞の歌曲には日本語の歌詞をつけ、衣装も西洋風にしたにもかかわらず、大阪府警察部から注意を受けた。朝鮮人の数からするとソウルに次ぐ大都市である大阪では、朝鮮人を徹底的に皇国臣民化しようとする状況下で、「内地化する演出」に反することは許されなかったのである。[51]

二カ月にわたり四七回の長期公演が行われた大阪では、朝鮮風のものは認められなかったものの、東京や京都では朝鮮の服装で歌と踊りが披露できたし、「公演事故」もしばしば起きた。[52]たとえば、演劇中の舞踊「僧舞」の舞台背景に太極旗の紋様が使用されたとして撤去命令を受けた。[53]この時期は「内鮮一体の具現の為に舞台を通じての演芸報国」が求められ、創氏改名が強要される時期でもあったが、一九四〇年初頭の『モダン日本』に掲載された座談会では、朝鮮楽劇団の女性たちは全員チマチョゴリ姿をして朝鮮名で参加した。[54]こうして朝鮮人の観客は、「中間の幕の時と最後の一緒に歌った時の舞台の白衣を纏った女史は実は女神の様に三千里全体の光明の様に思はれ、何かしら忘れられて居た我国のものが思い出されて来」るのであった。[55]満州巡演においても、日本での経験から朝鮮風を控えたことに対し、主催者の満鮮日報社からは、「衣装や踊りを日本のものを模倣してはだめで、朝鮮の味をそのまま味わいたい」として、むしろより民族的になるよう求められた。[56]

歌はそれを受け入れる側においてそれぞれコードを持っている。だからこそ、日本の唱歌が歌詞を替えることで独立運動の歌にもなり、「別れ」「涙」「港」などは「拡大された故郷」の喪失として受け止められた。中央アジアの高麗人が、およそ一〇〇年前に生まれた田中穂積作曲の「美しき天然」のメロディーに望郷の朝鮮語詞をつけた「故国山川」を朝鮮伝来の歌として信じてやまないのもその所以であろう。[57]芸術による「内鮮一体」のために巡演する演芸団は、それ自体が統治者側の意図に反するある種のナショナルなメッセージであった。

5　コリアン・ネットワークの歴史的意味

「在外同胞」としてのコリアンは朝鮮のナショナリズムの進展とともに形成され、同時に「在内同胞」とナショナルな関係を築き上げつつ「朝鮮内地」のナショナルな一体性を補強していった。本章では主に在外朝鮮人をめぐる民族側と帝国側のまなざしを、帝国のネットワークを利用した在外朝鮮人による「朝鮮内地」への訪問、そして在外朝鮮人に対する「朝鮮内地」からの慰問という相互作用の関係から問いただしてみた。それは日本帝国主義の在外朝鮮人に対する保護懐柔政策や帝国主義イデオロギーを流用する過程であり、そういう意味で逸脱した帝国ネットワークとしての対抗的なコリアンのネットワークであったといえよう。

こうした対抗ネットワークは、必ずしも日本の植民地支配に対する「抵抗ナショナリズム」を意味しない。朝鮮総督府が主催する「在外朝鮮人視察団」、『東亜日報』が総督府の宣伝政策に対抗して自ら組織した在外同胞慰問会、「内鮮一体の演芸報国」を求められる朝鮮楽劇団は、それ自体が抵抗の契機を含むものではなかった。しかし朝鮮半島が植民地となり、その過程で多くの人が海外へ流れ込んでいくなかで、統治権力が彼らを包摂するために「朝鮮外地」を「朝鮮内地」の延長として捉えようとしたことは、朝鮮内外が一体となって「朝鮮」を際立たせることにむすびつくものであった。そこで朝鮮というエスニックなアイデンティティにもとづくナショナリズムが帝国のネットワークを流用しながら作り上げられていったのである。すなわち、植民地期に形成された朝鮮のナショナリズムは「抵抗ナショナリズム」だけではなく、日常性のなかにも存在した。主流メディアが公共空間において主としてエスニック・マイノリティの表象を定義しようとするのであれば、ディアスポラのメディアはアイデンティティの主張のみならず、抵抗と流用をとおして、そうした公共空間における対抗表象に備えるのである。(58)

今日、植民地時代における在外コリアン研究が、主に抗日闘争や独立運動に集中してきたのは、帝国主義への抵抗運動としてのみ在外朝鮮人社会を捉えてきたからであろう。するとコリアン・ネットワークは領域的支配への対抗手段であったことで、その役目は帝国主義の崩壊とともに終わりを告げることになる。分断の状況で南北朝鮮の両政府はそれぞれネットワークの回復を試みるが、そのねじれは、結局、分断によるいびつな国民国家を中心とする在外コリアンの周辺化としてあらわれた。

しかし、近年のポストコロニアル研究が軍事・経済・政治を中心とする領域的支配ではなく、むしろ文化的および精神的、さらに感情構造における支配の問題領域に目を向けていることを考えると、これまで見てきたようなコリアン・ネットワークの意味はさらに注目されなければならない。その意味において、文化的および情緒的なむすびつきとしての朝鮮のナショナリズムにとって在外コリアンは重要なファクターであった。しかも今日、国民国家の限界が明らかになり、東アジアの広域的な空間があらためて注目されつつあることを考えれば、そのような空間に広がっていたコリアンのネットワークの歴史的意味は極めて重要であると思われる。

［小　括］

第一章では、コリアン・ネットワークの歴史的生成過程に注目した。そのネットワークは、「在外同胞」が誕生する朝鮮半島における移民時代の始まりとともにかたちづくられ、朝鮮が日本の植民地となる時期に、植民地統治に抗うナショナリズムを朝鮮の「内地」と「外地」が相互作用するなかで形成することで最盛期を迎えた。とくに本章で描いたのは、帝国主義に対抗する独立運動という直接的な行動としての「抵抗ナショナリズム」ではなく、むしろ観光訪問団や講演会、映画上映会、楽劇団などの各種イベントによるナショナリズムの構築過程である。それは帝国のネットワークを流用し、それを主体的に活用することで朝鮮内外の一体性を示す、エスニックなアイデンティティにもとづくナショナリズムの表現であった。

それでは、次は逆に植民地化の過程で「抵抗ナショナリズム」として展開されるコリアンのメディア・ネットワークを、二〇世紀初頭に極東ロシア沿海州の在外コリアン社会で発行された朝鮮語新聞をとおして見てみよう。それが第二章のテーマである。

（1）『韓人新報』一九一七年九月三日付。

（2）イザベラ・バード（時岡敬子訳）『朝鮮紀行』講談社、一九九八年。

（3）趙景達「大韓帝国期の民衆運動」『歴史学研究』（歴史学研究会）、六七七号、一九九五年一〇月、一〇一頁。

（4）日本の移民送出会社である大陸殖民会社は、一九〇四年一二月一七日から翌年一月一四日まで数回にわたり『皇城新聞』に移民募集の広告を出し、政府の許可なしに移民者を募集した。さらにこれらの移民者はパスポートさえ持っていなかった。これらの移民者がメキシコに奴隷として売られるという噂も広まった。韓国政府が移民禁止令を出す（一九〇五年四月四日）直前に、天然痘患者が発見されたにもかかわらず移民船は出発した。Wayne Patterson, *The Korean Frontier in America: Immigration to Hawaii, 1896–1910*, University of Hawaii Press, 1988, p. 146.

（5）『皇城新聞』「墨国移住民の惨状」（一九〇五年七月二七日付）「墨西哥移住民の状況の惨不忍聞」（一九〇五年七月三一日付）「墨西哥住民状況」（一九〇五年一一月一六〜一八日付）、『大韓毎日申報』「墨国韓人苦境」（一九〇五年一二月二〇日付）、『万歳報』「墨西哥韓人移民状況」（一九〇七年六月一四〜二二日付・六回）。

（6）Patterson, *The Korean Frontier in America*, pp. 149-162.

（7）*Ibid.*, p. 156.
（8）金度勲「共立協会（一九〇五～一九〇九）の民族運動研究」韓国独立運動史研究会編『韓国民族運動史研究4』知識産業社、一九八九年、一四頁。
（9）Patterson, *The Korean Frontier in America*, p. 143.
（10）朝鮮総督府『朝鮮ノ保護及併合』一九一八年、三五八―三六九頁。
（11）末松吉次『朝鮮人の間島琿春及同接壌地方移住に関する調査』一九二六年、一二―一四頁。
（12）牛丸潤亮・村田懋麿編『最近間嶋事情――附露支移住鮮人発達史』朝鮮及朝鮮人社出版部、一九二七年、二二二頁。
（13）大清国籍条例の三条では帰化の条件として中国に一〇年以上継続して居住する者、二〇歳以上の者、品行端正な者、相当な財産を有するか自立する芸能がある者、帰化後すぐにもとの国籍を離脱する者としている。拓殖局『朝鮮外ニ於ケル朝鮮人状況一般』一九一八年、二二―二三頁（韓国国会図書館データベース〈海外所在韓国関連資料〉）。
（14）赤塚正助「在満鮮人問題」一九二一年、韓国史料研究所編『朝鮮統治史料　第10巻　在外韓人』一九七二年、二三一―二三二頁。
（15）細井肇『鮮満の経営――朝鮮問題の根本解決』自由討究社、一九二一年、四〇五―四〇六頁。
（16）申奎燮「日本の間島政策と朝鮮人社会――一九二〇年代前半までの懐柔政策を中心として」『朝鮮史研究会論文集』（朝鮮史研究会）、三一集、一九九三年一〇月、一五八頁。
（17）赤塚「在満鮮人問題」二二九―二三〇頁。
（18）東尾和子「琿春事件と間島出兵」『朝鮮史研究会論文集』（朝鮮史研究会）、一四集、一九七七年三月、七五頁。
（19）大島忠恕「復命書　第二巻　西伯利及満洲在住朝鮮人保護ニ関スル卑見」大正七年二月十八日、『朝鮮統治史料　第10巻』（注14）、五七頁。
（20）同右、五八―六二頁。
（21）「西伯利及満洲地方ニ在住スル朝鮮人ノ懐柔ニ関シ経費支出ノ件」大正八年五月一日、内務部長官より政務総監あて、朝鮮総督府「在外鮮人関係綴」大正九年、『朝鮮統治史料　第10巻』（注14）、一〇〇頁。
（22）「朝鮮人取締ニ関スル件」大正九年三月二十四日、浦潮派遣軍参謀長発、同右、一一〇―一一一頁。
（23）「朝鮮人取締及懐柔方針ニ関スル件」大正九年三月三十日、浦塩派遣軍政務部嘱託より朝鮮総督あて、同右、一〇九頁。

(24)　原暉之『シベリア出兵──革命と干渉　一九一七─一九二二』筑摩書房、一九八九年、五三五頁。
(25)　「四月四日ノ事変ニ際シ朝鮮人ニ対シテ執リタル我軍ノ措置ニ関スル件」姜徳相編『現代史資料27』みすず書房、一九七〇年、三二六頁。新居留民会は山崎真雄事務官の工作によって一九二〇年四月一三日に結成されるが、日本領事館ではそれに反発して届出の受理を拒否しただけでなく、軍にも働きかけて二一日の第二次新韓村捜索ではこれら新民会の会長を含む八人を逮捕した。外務省と朝鮮総督府との間に意見の食い違いがあったことが窺われる。「鮮人再検挙ト鮮人思想ノ動揺」(浦塩派遣軍政務部)嘱託より(朝鮮総督府内務局第二)課長あて、朝鮮総督府「在外鮮人関係綴」、『朝鮮統治史料　第10巻』(注14)、一二九─一三三頁。
(26)　「新韓村ニ慈恵医院開設ノ件」大正九年四月十三日、浦塩派遣軍政務部嘱託事務官より朝鮮総督あて、同右、一二二─一二三頁。
(27)　「東京に於ける内地観光団概況」『朝鮮』(朝鮮総督府)、八七号、一九二二年六月、一二一─一二二頁。
(28)　朝鮮総督府内務局社会課『満洲及西比利亜地方に於ける朝鮮人事情』一九二八年、三二〇─三二一頁。
(29)　伊藤藤太郎「在外鮮人団の祖国観光」『朝鮮』(朝鮮総督府)、七二号、一九二一年二月。
(30)　同右。
(31)　同右。
(32)　『毎日申報』一九二〇年一一月九日付。
(33)　『東亜日報』一九二二年四月二五日・二七日付。
(34)　ベネディクト・アンダーソン(白石隆・白石さや訳)『定本　想像の共同体──ナショナリズムの起源と流行』書籍工房早山、二〇〇七年、九八─一〇三頁。
(35)　金圭煥『日帝の対韓言論・宣伝政策』二友出版社、一九七八年、一八六─一九三頁。
(36)　朝鮮総督府内務局社会課『朝鮮社会事業』六巻七号、一九二八年七月、五三頁。朝鮮における一般人を対象にした映写会の回数は、一九二〇年四九回、二一年六六回、二二年九三回、二三年一三二回、二四年一二三回、二五年一九二回、二六年一九三回、二七年二〇三回、二八年上半期だけで一三三回と、毎年増えていった。同、五五頁。
(37)　朝鮮総督府内務局社会課『満洲及西比利亜地方における朝鮮人事情』三〇〇頁。
(38)　在外朝鮮人事情研究会は、李王職に勤めた牛丸潤亮が発起人となり、主に満州・モンゴルやシベリア地方に居住する在外朝鮮人に関する事情調査を目的として、一九二一年四月に発足した民間の調査研究組織である。研究会の趣旨書によれば、牛丸は「従来彼我当局者及在留内地人の是等朝鮮人に対する態度は甚た不親切であったことは否むことは出来」ない状況で、「朝鮮人に関する機関を民間に組織しまして極めて誠実に在外朝鮮人事情を調査研究し其獲たる資料を当局及民間に提供して聊かでも統治上の利益を図って見たいなどと私共従来から考へて居」たことから、研究会を発起した。研究会はソウルに本部を置き、ハルビン・奉天・鄭家屯・琿春・局子街(延吉)などに支部を置いた。一九二一年七月から幹事牛丸潤亮の編集で会報『在外朝鮮人事情』を発行したが途中発行禁止処分となり、一九二四年三月の復刊号より『朝鮮及朝鮮人』と改題し、以降月刊雑誌として再出発した。在外朝鮮人事情研究会『在外朝鮮人事情』一号、一九二一年を参照。

(39)『東亜日報』一九二一年四月三日付。

(40)「郡守内地視察状況の活動写真映写」『朝鮮』(朝鮮総督府)、七〇号、一九二〇年一一月、一六七頁。

(41)同右、一六九頁。

(42)集められた慰問金の使途については、『毎日申報』から「悪徳新聞」と非難されるほど長引いた。最初の支出は一九二三年東京で震災に見舞われた在日朝鮮人への緊急救護費である。翌年、慰問金が在外同胞の教育のため各地の学校や団体に配分されることが決定すると、巡回講演開始の当初から多くの関心を示した米国の大韓人国民会は「海外同胞慰問金分配委員会」を結成し、八月に米国・メキシコ・キューバの「国語学校」に配分した。ときを同じくして米州で集められた一九二二年夏の黄海道水害に対する、慰問金とほぼ同額の救済金(一二〇〇ドル)が朝鮮に送られた。慰問金はそのほかに、間島や北京、南京、上海など中国各地と、東京の朝鮮人学生団体、ドイツの留学生会、そしてハワイ、ウラジオストクの教育機関などに配分された。

(43)『東亜日報』一九二二年三月八日付。

(44)『三千里』(三千里社)、一九三五年六月号。

(45)一九三三年六月以降の三年間の禁止目録を見ると、三三年が治安妨害二三種・風紀壊乱二一種、三四年一一種・一二種、三五年一〇種・一三種で、風紀壊乱で禁止された曲の多くは日本からのものである。『三千里』(三千里社)、一九三六年四月号。

(46)『満鮮日報』一九四〇年八月二日付。

(47)金賛汀『検証・幻の新聞「民衆時報」——ファシズムの台頭と報道の原点』三五館、二〇〇一年、二四〇頁。

(48)金史良「故郷を想う」同『光の中に』講談社文芸文庫、一九九九年、二八七頁。

(49)『朝鮮日報』一九四〇年一月九日付。
(50)『京城日報』一九四〇年二月一三日付。
(51)同右。
(52)朴燦鎬『韓国歌謡史――一八九五～一九四五』晶文社、一九八七年、二九四頁。
(53)「朝鮮楽劇団の不穏舞台装置に依る策動」、金正明編『朝鮮独立運動Ⅲ』原書房、一九六七年、七一一頁。
(54)『モダン日本』(モダン日本社)、一九四〇年三月号、一三二―一三七頁。
(55)「朝鮮楽劇団の不穏舞台装置に依る策動」(注53)、七一二―七一三頁。
(56)『満鮮日報』一九四〇年八月一九日付。
(57)岡野弁『演歌源流・考――日韓大衆歌謡の相異と相似』学芸書林、一九八八年、九四―九六頁。姜信子も『安住しない私たちの文化――東アジア流浪』(晶文社、二〇〇二年)のなかで、中央アジアの高麗人社会で歌い継がれる「美しき天然」の跡をたどっている。
(58)Olga G. Bailey, "Transnational Identities and the Media," in Olga G. Bailey, Myria Georgiou and Ramaswami Harindranath (eds.), *Transnational Lives and the Media: Re-Imagining Diaspora*, Routledge, 2007, p. 212.

第二章　越境するエスニック・メディア

――極東ロシアの沿海州を中心とするコリアンのメディア・ネットワーク――

1　エスニック新聞のトランスナショナリズム

本章では、第一に、二〇世紀初頭の極東ロシアの「沿海州」[1]における朝鮮人社会のアイデンティティが、本国や海外の同胞社会とネットワークを構築するなかでいかに変容していったのかを検証する。第二に、そうしたなかで朝鮮人社会がホスト社会との交渉を通じて民族運動を展開していく過程について考察する。

主に一九〇〇年代後半から沿海州で朝鮮人が発行した「在外韓人新聞」を取り上げ、そこにあらわれる言説と、それがむすびつけるネットワークの越境性から、コリアン・ディアスポラのエスニック新聞の発刊というメディア史における意味を問うことになるだろう。時期的には、韓国(大韓帝国)が日本の「保護国」となり多くの朝鮮人が政治・経済的理由により沿海州へ流れ込む一九〇五年頃から、第一次世界大戦が始まる一九一四年までを対象にする。それは、韓国が日本に併合される一九一〇年前後が、独立運動の拠点を求め沿海州に渡る、ある種のナショナリズムに支えられたニューカマーの移住者と、生活のために故郷を離れ「露領」に足を踏み入れたオールドカマーの定住者たちとの間で緊張関係が表面化し、多層的なアイデンティティが交錯するなかでナショナリズムが形成されていく時期だからである。

すでに第一章で述べたように、韓国を併合することで帝国主義を確立した日本は、朝鮮半島の地理的な領有には成功したものの、朝鮮民族全体を帝国臣民として組み入れることはできなかった。したがって、間島や沿海州、または上海や米国のように、日本の統治権力が完全に及ばない帝国の外延部あるいは海外に居住する帝国臣民でない朝鮮人は、朝鮮支配を根幹にする植民地帝国の足場を常に揺るがす存在であった。

帝国版図の拡大は、それに抗う在外朝鮮人社会の動きをも活発にする。植民地を横断する鉄道・海運・郵便など帝国ネットワークの拡張は、それに付随しながら対抗するネットワークを構築し、そのネットワークをとおして朝鮮人の反日運動や近代思想が、朝鮮半島はもちろん、他の朝鮮人社会に波及したのである。こうした対抗ネットワークはそれぞれの朝鮮人社会をむすび、人やモノ、そして情報の流通経路となった。そのなかで朝鮮人社会のネットワークとして最も大きな役割を演じたのが、在外朝鮮人のエスニック新聞、すなわち「在外韓人新聞」である。当時、「新聞紙法」などによって統制されていた朝鮮国内の新聞に代わって、「在外韓人新聞」は愛国啓蒙・独立思想の震源地となり、形成されつつあった朝鮮のナショナリズムを主導した。

そうであるならば、一九〇〇年代半ばから米国や極東ロシアの沿海州など朝鮮人コミュニティで発行された「在外韓人新聞」は、もはやエスニック・メディア論の範疇に収まらない問題領域を提示していることになる。トランスナショナリズムは、地理的・文化的・政治的境界線を越えたつながりやネットワークの発展と維持を認めると同時に、ローカル、ナショナル、そしてグローバルな連携と共存を認める。[(2)] すると、朝鮮が植民地化されつつある時代状況のなかで、米国や沿海州の朝鮮人コミュニティで発行されて、本国や他の在外朝鮮人コミュニティをむすぶネットワークとして機能した「在外韓人新聞」は、まさにこうしたトランスナショナルなメディアであった。当時、朝鮮半島では「民族紙」がほとんど姿を消していたことを鑑みれば、この時期を「在外韓人新聞」の時代と呼ぶことができるだろう。

この時期における沿海州の朝鮮人に関する研究は、韓国の場合、主に日本に対抗する義兵運動や独立運動という視点から論じられることが多い。そうでない場合にも沿海州の朝鮮人コミュニティが閉塞した空間として捉えられており、本国と海外の朝鮮人社会が形成した活発なコミュニケーション的状況についての考察はほとんどない。(3) 本章は東アジアにおけるコリアンの越境的なメディア・ネットワークをとおして、植民地のネットワークと並行してそれに対抗するネットワークが張りめぐらされていたことを示すことになるだろう。それによって、本国とディアスポラ社会の関係が一方的でも従属的でもなく、相互作用的に存在したことを明らかにしたい。

2　日露関係のなかの朝鮮

極東ロシアという名はロシアの東方政策としてあらわれた植民事業の産物である。しかし東アジア諸国からすると、ここは極東(あるいは遠東)という地理的位置が示すような、はるかなる距離感を感じさせる場所ではなかった。朝鮮においては、そこはせいぜい「江東」と呼ばれた豆満江の東対岸として認識されたに過ぎず、封建王朝の圧制や飢饉から逃れるための生活の地にほかならなかった。一九世紀半ばから、この江東の地に自然なかたちで移住して村を形成し住み着いた朝鮮人が、組織的な開拓政策によって進出する西洋と遭遇することになる。すでに沿海州は中国との北京条約(一八六〇年)によってロシア領として編入されており、朝鮮人の移住者は「外国人」として帝政ロシアの行政的な管理の対象に組み入れられていく。

一八六一年のロシアの移民規定は外国人にも開かれていて、主に経済的な理由からロシアに越境した初期の朝鮮人は、労働力、食料、その他の有力な供給源となっていった。[4] 人口が希薄なこの極東地域において開墾民として重宝されたのである。同時に朝鮮人は、政治的・軍事的に重要である、手に入れたばかりの新領土の居住民としては不適切な存在でもあった。移住者とはいえ、地理的に故郷は近場であり、しかも宗教的になじみのない古い生活風習を保持するとされた朝鮮人は、当局からすると厄介な存在でもあった。

当時のロシアの極東統治機関であった東シベリア総督管区は、開拓と防衛を同時に行うために排除と同化政策をもって朝鮮人を扱った。国境付近の朝鮮人を奥まった地に移住させる政策がこの時期から行われていた。東シベリア総督シネーリコフは朝鮮人の一部をアムール州に移すことを決断する。一八七一年の春、朝鮮人一〇三家族三四一人をブラゴヴェシチェンスク近くに移し、帰化改宗させ、その代わりにロシア移民と同様に、一世帯あたり一〇〇デシャチーナ(一〇九・二ヘクタール)の土地を与えた。[5]

一八八二年のロシアの移民規定では、外国人への門戸開放は削除された。[6] ロシア人およびスラブ系の移民において、初期の陸路による開拓移民が一段落してからは、オデッサからウラジオストクへの海路による農業移民が本格化した。沿海州に増える一方の中国人や朝鮮人、そして日本人は、地域の防衛上、危険な存在でもあったのである。極東ロシアにおける「黄色人種問題」はこうした背景から生まれ、それが今日まで残る「黄禍論」の始まりであろう。[7]

一方、朝鮮半島が列強の勢力争いの場になると、国境を接する西洋国であるロシアは朝露修好通商条約(一八八四年)をとおして、清国や日本に対する牽制勢力になるなど、朝鮮にとって重要な政治的・経済的パートナーとして浮上する。[8] それを機にロシアは自国領内の朝鮮人に対する整備にとりかかり、ロシア国籍の朝鮮人が誕生することになる。そうした政策は、コルフ総督のように移民を制限し管理しようとすることもあったが、後任者であるドゥホスコイ総督は、むしろ開拓における朝鮮人の必要性を認め、土地と国籍を付与する積極的な政策をとった(9)。その結果、朝鮮人の数は一八九二年の一万六四五七人から、一〇年後の一九〇二年には倍の三万二四一〇人に増加した(10)。

こうしてエスニック・コミュニティを形成してきた沿海州の朝鮮人社会に動揺が起きるのは、朝鮮半島における日本の勢力拡大がその背景としてあった。一九〇五年、日露戦争に勝利した日本が朝鮮を保護下に置くと、朝鮮各地では義兵運動が頻発する。同時に反日行為に対する取り締まりも厳しくなり、日本の影響力や支配力が及ばない間島や沿海州には多くの人々が流れていくようになった。

一方、緊張感が続く日露関係のなかで、沿海州の朝鮮人はロシア側から敵国のスパイの温床になりかねないとして抑圧されることになる。一九〇五年に沿アムール総督に昇進した元沿海州軍務知事パーヴェル・ウンテルベルゲルは、日本の保護国となった朝鮮半島からの移民に対して強い偏見を抱いていた(11)。帝政ロシアは、ロシアが日本と衝突した場合、朝鮮人はロシアの利益を擁護するか否かという観点から、朝鮮人移民の体制に対する政治的忠実性を極めて真剣に吟味していたのである(12)。日本の勢力が朝鮮半島で強まるにつれ、沿海州の朝鮮人は日本との関係をとおして見られるようになるが、朝鮮人対策も日露関係の進展具合によって弾力的に実行された。日本のスパイになりかねないとする朝鮮人への不信感は、究極的にはスターリンによる一九三七年の中央アジアへの強制移住として帰着する。

一八九五年に日清戦争が終結して清国の勢力が朝鮮半島から退いた後、朝鮮半島は日本とロシアのはざまで帝国の時代を潜り抜けていく。逆にいえば、当時の日露関係は朝鮮をめぐるヘゲモニー争いの関係であったといえよう。一九世紀末からの日露間における一連の協定や二〇世紀初頭の日露交渉では常に朝鮮問題が絡んでいた(13)。日本においては、日清戦争の結果領有した台湾、日露戦争の結果領有した樺太、関東州、満鉄付属地と比較すると、両戦争にまたがった朝鮮の領有は長くかつ複雑であった。[14]ポーツマス条約によって朝鮮半島における日本の優位が名実ともに確立されても、朝鮮にとってロシアは日本に併合されるまで最後の砦であった。

このような朝鮮半島をめぐる日露間の情勢は、必然的に沿海州に居住する朝鮮人にも影響する。日本からすると、日露戦争を経て外交権を奪い、軍隊解散・警察権剝奪によって朝鮮内での治安対策は整いつつあったが、問題は間島や沿海州など国外に移住した朝鮮人であった。「主権の中立地帯」であった間島とは異なり、沿海州はロシアの厳然たる支配下にあったため、在露朝鮮人の管理をロシア側に求めた。一方でロシアにおいても一九〇五年の革命後日本に逃亡中である革命家の身柄確保のため、日本の協力が必要であった。

こうした思惑が一致して日露間では「逃亡犯罪人引渡条約」が交渉中であったこともあり、日本は沿海州の朝鮮独立運動の取り締まりをロシアに求めたのである。一九〇五年の日韓保護条約以降は、日本領事館の管轄となった在外朝鮮人に対して日本は帰化を認めず、次のように在露朝鮮人の帰属を主張した。「帰化ニ関シテハ従来咸鏡南北道ヨリ露領ニ出稼スル労働者ハ毎年一万人ヲ下ラス……韓国ニ於テハ最初ヨリ帰化ヲ認ムル制度ナク韓国臣民ニシテ任意ニ他国籍ヲ取得スルモ政府ニ於テ特ニ之ヲ認ムルニアラサレハ他国籍ノ取得ニ依リ直ニ韓国籍ヲ喪失シタリト為スヲ得ス明治三十九年以来露国及仏国ニ帰化シタリト称ス韓国人ニ関シ多少ノ交渉ヲ惹起シタルモ右ノ見解ニ依リテ帰化ヲ否認シ越テ四十一年五月ニ至リ韓国政府ヲシテ右ノ趣ヲ関係各官憲ニ訓令セシメタリ」。[15]しかし、後述するように、こうした方針は日本の思惑どおりにはいかなかった。

かくして沿海州は朝鮮独立運動の根拠地となって民族運動を主導していく。それは、すでに一九世紀半ばからこの地域に移住していたオールドカマーが築き上げた朝鮮人コミュニティの存在によって可能であった。そうした基盤のうえに、亡命移民として、あるいは独立運動を目指して「露領」に足を踏み入れたニューカマーの朝鮮人は、帰化朝鮮人と協力して朝鮮人団体を結成し、新聞・雑誌を発行した。その過程でそれぞれの思惑にズレがあっても、「祖国独立」という大義は常に貫かれていた。

以下では、一九〇〇年代後半から沿海州で発行された『海朝新聞』『大東共報』『勧業新聞』などの朝鮮語新聞をとおして、沿海州で展開された朝鮮人の生活と民族運動について考察する。ただし、それは沿海州だけにとどまらず、当時の沿海州で発行された朝鮮人のエスニック新聞が、いかに本国との関係でナショナリズムの思想的影響を伝播し、さらに米国の朝鮮人組織といかにネットワークとしてむすびついていたのかが浮き彫りになるだろう。

3　在外韓人新聞の時代——植民地化のなかのメディア空間(16)

日露戦争後、朝鮮では多くの新聞があらわれる。そのなかには『大韓毎日申報』のような「反日新聞」もあれば、『大韓日報』のような日本の統治を支持する「親日紙」も登場して、既存の『帝国新聞』『皇城新聞』などの「民族紙」と競合した。

ところで日露戦争を機に韓国に駐留した帝国日本の韓国駐箚軍は、各地で電信・鉄道などの軍事施設が破壊されると、作戦遂行のための治安維持を口実にソウルおよびその付近における治安業務を日本軍の憲兵隊が執行することを韓国側に通告した。当時はすでに「日韓議定書」(一九〇四年)によって「大韓帝国の皇室の安寧或は領土の保全に危険がある場合」は、「軍略上必要な地点の臨時収用」ができるとされていた(17)。以後各種の軍律や取締規則を発布することで軍事警察を強化していく。そして治安維持の対象は集会や新聞発行にまで及び、韓国駐箚憲兵隊長と京城舎営司令官には、新聞の検閲と発行停止にかかわる訓令が下された(18)。それによって「京城内ニ於テ韓国人ノ発行スル韓字新聞ニ対シテハ旧警務顧問部ニ於テ原稿ヲ校閲シ事実無根ニ係ルモノ又ハ治安妨害ノ惧アリト認ムルモノハ其ノ掲載ヲ禁シ禍害ヲ未萌ニ防止スルノ方法ヲ取」ることになる。[19]

こうした措置による代表的な事件が、日韓保護条約（一九〇五年）の締結直後、『皇城新聞』の発行人である張志淵が保護条約を批判する論説「是日也放声大哭」を同紙に掲載して検閲なしに配布したことをめぐる筆禍事件である。それによって張志淵は逮捕され、新聞は押収されるとともに三カ月に及ぶ発行停止処分を受ける。張志淵は、後にウラジオストクで発行される朝鮮語新聞『海朝新聞』の創刊に深くかかわり、沿海州に渡ることになる。

保護条約の翌年に日本公使館に代わって統監府が設置されると、実定法にもとづいた体系的な言論統制のため、一九〇七年には韓国政府に「新聞紙法」を公布させる。それによって事前検閲による削除処分中心の統制が、押収・発行停止を行う政策へと転換した。[20]この時期に「反日論調」を披露したのが、英国人ベセルが発行した『大韓毎日申報』であったが、「新聞紙法」は外国人が発行する新聞には規制が及ばなかったのである。それで翌年には「新聞紙法」を改正し、外国人が国内で発行する新聞および外国発行の朝鮮語新聞の発売頒布禁止と押収処分を可能にした。

ところで改正された「新聞紙法」は、たんに外国人所有の新聞だけを取り締まるのが目的ではなかった。統監府がそれ以上に問題視したのは、むしろ国外で発行されて朝鮮に流入する在外韓人新聞であった。統監府は次のように沿海州や米国で発行される新聞に対する取り締まりの必要性を示している。

従来ノ韓国新聞紙法ハ外国ニ於テ韓人ノ発行スル新聞紙及韓国内ニ於テ外国人ノ発行スル新聞紙ノ取締ニ関スル規定ヲ欠ケルヲ以テ韓国政府ハ明治四十一年四月法律ヲ以テ新聞紙法中ニ改正ヲ加ヘ……治安ヲ妨害シ

表 2-1　新聞押収および発売頒布禁止回数(1908 年)

	大韓毎日申報		共立新報	合成新報	海朝新報《ママ》	大同公報	計
	諺　文	漢諺文					
発売頒布禁止回数	5	8	19	10	20	3	63
押収紙数	49,328	6,724	10,264	542	1,569	668	24,706

注)『警察事務概要』の同年 4〜12 月の統計では,『大韓毎日申報』の「諺文」版における押収紙数は 4936 部となっており,上記表の「49,328」は誤記であろう。
出典) 統監府『第二次韓国施政年報 明治四十一年』1909 年,62 頁。

又ハ風俗ヲ壊乱スルモノアリト認ムルトキハ内務大臣ハ該新聞紙ノ韓国内ニ於ケル発売頒布ヲ禁止シ且之ヲ押収スルヲ得ノ規定……ヲ追加セリ従来其ノ取締ノ必要ヲ認メタル米国桑港ニ於テ発行スル共立新報、大同公報、布哇「ホノルル」ニ於テ発行スル合成新報、露国浦塩斯徳ニ於テ発行スル海潮《ママ》新聞及京城ニ於テ発行スル英国人経営ノ大韓毎日申報等ニ就テハ爾後其ノ記事治安ヲ妨害スルモノト認メタル時ハ厳重ニ差押ノ処分ヲスルコト……(21)。

このように改正「新聞紙法」では、『大韓毎日申報』もさることながら、その主たる標的はサンフランシスコの『共立新報』や『大同公報』(大同報国会の機関紙)、ハワイの『合成新報』、ウラジオストクの『海朝新聞』など海外で発行される朝鮮語新聞であった。それは「新聞紙法」が改正された一九〇八年の取り締まりの状況でも確認できる。表2-1は「新聞紙法」によって一九〇八年に発売頒布禁止処分となった新聞の発禁回数と押収新聞の数を示したものである。

在外韓人新聞は国内に持ち込まれる数が限られていたにもかかわらず、発売頒布禁止処分の回数ではむしろ『大韓毎日申報』を上回っていた。このように在外朝鮮人社会で発行される新聞が活発に本国へと流入していたことがわかる。その分、在外韓人新聞は規制の対象となり、当局の監視も厳しかった。実際、米国やロシアの日本領事館は在外朝鮮人の動静、とくに「排日運動」の動向を詳細に調査して外務省に報告していた。それを外務省は統監府へと送付したのである。そこで在外朝鮮人が発行した新聞が注視されていたことはいうまでもない。

植民地化の過程におけるメディア統制は、国内の新聞や在外韓人新聞だけに限られるものではなかった。日本人経営の新聞もまた「新聞紙規則」により規制されたのである。このようにメディア統制は徹底していたが、そのなかでも在外韓人新聞は部数の限界や流通経路の制限にもかかわらず、国内では「排日思想を鼓吹」する有力なメディアであった。たとえば、日本人発行の『京城新報』が「共立新聞《ママ》は果して桑港にて印刷するか」という見出しの記事で、『共立新報』について「当京城某所にて窃かに印刷しつつあり或は桑港にて発行する者と同名異体の者たるやも未だ知る可らざれど」と伝えたように(22)、それは身近な新聞だったのである。

上記の新聞のうち、最も多く発売頒布禁止処分を被ったのが、「一般国民ノ普通知識ヲ発達シ国権ヲ回復シ独立ヲ完全ナラシムル事ヲ目的」として、ウラジオストクで創刊された『海朝新聞』(23)である。ところで、朝鮮語でウラジオストクをあらわす海蔘威と朝鮮の頭文字からなる『海朝新聞』が発行されたのは、一九〇八年二月二六日から同年五月二六日までのわずか三カ月間で、総計七五号に過ぎない。にもかかわらず同年最多の発禁処分となったのは、新聞が展開した抗日論調の所以であろう。一九〇八年四月の「新聞紙法」の改正は、『海朝新聞』が発刊されて朝鮮に流入する時期と重なっている。

一九〇七年八月に韓国軍隊が解散されると、軍人を中心にした義兵活動が活発化する。さらに韓国駐箚憲兵隊司令部が警察権を握り治安維持を担うようになると、義兵活動は国境を越え沿海州にも拡散した。沿海州は民族運動の中心地になると同時に、抗日思想を持つ亡命者と、それ以前の在留朝鮮人が入り交じることになる。

当時の沿アムール総督は黄禍論者として名高いウンテルベルゲルであった。彼は歴代総督のなかでも朝鮮人に対して最も排斥的であったことで知られる。その根拠とされたのが、「朝鮮人は定住性が強く、しかも国民性を保つことで容易に露国に同化しないということ、そして露国が日本或は支那と開戦する時、この分子は敵国の間牒となる危険がある」ということであった[24]。こうした方針は帰化者・非帰化者を問わず、土地の利用や就労制限など朝鮮人の権利一般を規制する政策へと転じることで、朝鮮人移民社会全体を圧迫する方向に向かうのであるが、それはロシアの朝鮮人社会において市民的権利の獲得が重大な課題であることを示すものでもあった。『海朝新聞』はこのようなオールドカマーとニューカマーの協力によって、そして互いの思惑の微妙なズレのなかで、創刊された。

4　『海朝新聞』――旧来者と新来者のコラボレーション

4-1　『海朝新聞』のナショナリズム

新聞創刊の準備段階で専門のジャーナリストを必要としていた『海朝新聞』の実質的オーナーである崔鳳俊は、『皇城新聞』の反日記事による筆禍事件で名を馳せた張志淵を主筆として招聘するため元山で会談した。『海朝新聞』の発行に関しては、統監府と警視庁およびウラジオストクの日本領事館が、新聞創刊の動きについて詳細な情報交換を行い、準備段階からその動向を把握していた[25]。崔鳳俊は元山で廃刊となった日本人経営の新聞社から印刷機および活版を購入し、新聞経営に乗り出すことになる[26]。では、『海朝新聞』はどのようにしてウラジオストクから朝鮮に持ち込まれたのだろうか。

崔鳳俊は帰化朝鮮人で、日露戦争時に軍需品の納入で巨富を築いた沿海州朝鮮人社会の有力者であった[27]。当時、崔鳳俊は日本から購入した汽船俊昌号を利用して、ウラジオストク―清津―城津―元山間の海運業を営み、生牛の輸入にも携わっていた。朝鮮の北東地方の咸鏡道は「全国に冠絶する牛産地」であって[28]、一八八〇年代末からすでに元山からウラジオストクへの海路をとおした生牛の輸出が始まっていた[29]。崔鳳俊はウラジオストク、ニコリスク-ウスリスク、元山でそれぞれ雑貨店も経営していた。『海朝新聞』は「韓国内ニ頒布スル分ハ元山浦汐間ヲ往復スル汽船俊昌号ニテ浦汐ヨリ帰航ノ際搭載シ来リ当地ヨリ各内地ニ発送[30]」されていたように、こうしたネットワークを利用してウラジオストクから持ち込まれ、朝鮮内に流入していったのである。ソウルには各地に『海朝新聞』の発売所が置かれていた。

俊昌号が到着すると、現地の警察署は「輸入スルヤ直ニ検閲ヲナシ治安ニ妨害アルモノト認ムル時ハ内部ニ電報シ発売禁止ヲナス手続[31]」をとり、内部(日本の内務省にあたる)の指示を受けて新聞を押収した。通信管理局長への通達には「追テ浦塩ヨリ敦賀経由当国ニ逓送セラル、新聞紙ハ其ノ配達地区ノ如何ニ係ハラス一応悉ク京城ニ集メタル上本文ノ趣旨ニ依リ御措置相成度申添候[32]」とされており、元山経由の輸送に対する取り締まりが厳しくなってからは、敦賀や長崎経由でも『海朝新聞』は朝鮮内に持ち込まれていたことがわかる。

ちなみに、敦賀―ウラジオストク間の直行便は一九〇七年から大阪商船が運航し、長崎―ウラジオストク間は日本郵船が一八八五年にすでに命令航路として運航していた[33]。ウラジオストクと京城との通信連絡は敦賀を経ても元山を経ても大差はなく、むしろ敦賀の便が確実で速かった[34]。

こうした商船や帝国日本のネットワークを活用して、在外韓人新聞のネットワークが形成されることになる。図２-１は朝鮮総督府警務局が一九二二年に作成した「過激派朝鮮宣伝予想経路図」である。図の作成時期は『海朝新聞』が発行された時代の後であるが、まさしくこれは朝鮮人のメディアのネットワークを示しているといえよう。

『海朝新聞』は日刊で発行され(日曜日および祝日は休刊)、朝鮮語による四頁構成であった。発行人および編集人は崔晩学（崔鳳俊の甥）とロシア人であるI・F・デューコフという歩兵隊の中尉であったが、この人物が沿海州軍務知事に朝鮮語新聞の発行の請願書を出している(35)。デューコフは東洋学院の中国・朝鮮語科で修学しており、そうした経緯もあって『海朝新聞』の創刊に協力することになったのだろう。現在の極東連邦大学の前身である東洋学院は、制度上正規生とは別途に総督によって任命される軍将校の聴講生枠が設けられていた(36)。このように表向きには帰化朝鮮人やロシア人を立てながらも、本国からは「韓人間健筆雄弁ノ名アリ由来日本ノ政策ニ極力反対スルモノ」であった張志淵を迎え入れたことからも、『海朝新聞』の発行を取り巻く状況と発刊の趣旨を窺い知ることができる。

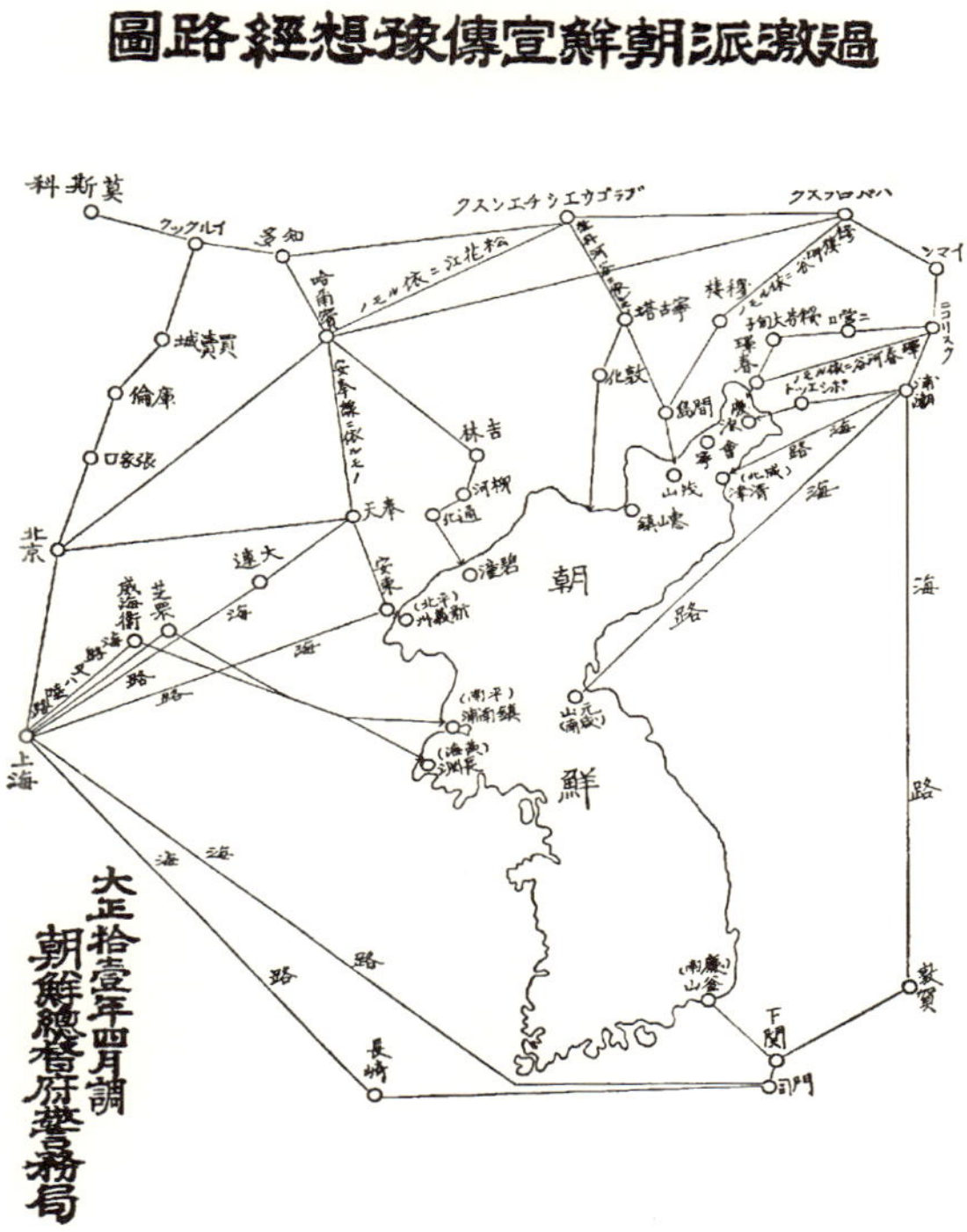

図 2-1 「過激派朝鮮宣伝予想経路図」

出典）朝鮮総督府警務局「朝鮮治安状況（国外）」1922 年，韓国史料研究所編『朝鮮統治史料 第 7 巻』1971 年所収。

『海朝新聞』は、当時朝鮮で発行されていた新聞と類似の編集方式を取り入れていた。紙面は論説、各地電報、本国歴史、雑報、本国通信、本港情報、外報、寄書、小説、広告などの欄で構成された。「義兵消息」欄では毎日のように義兵活動を紹介し、米国で統監府外交顧問のスティーブンスが狙撃されると、『海朝新聞』は事件に関連して逮捕された二人の「義士」のための義捐金を募集し、募

해됴신문
ХАЕ-ТЕШЕН-БО
ВЛАДИВОСТОКЪ

図 2-2 『海朝新聞』

金者の氏名と金額を紙面に公表した。日付は当時の大韓帝国の年号「隆熙」を使用し、一九〇八年四月九日付からは「檀君開国」や「大韓開国」というものも併用している。四月一一日付から欄名の記号には「〇」に代えて太極マークを使っているように、随所にナショナルな表象があらわれている。

日本側が最も注視したのは、国権回復や排日思想の拡散であったことはいうまでもない。ウラジオストク総領事が外務大臣にあてた報告「韓国外部顧問スチーブンス氏被害事件ニ関シ当地韓字新聞ノ論調ニ関スル件」では、次のように『海朝新聞』を分析している。

同新聞発行ノ義ニ関シテハ……主トシテ母国ノ政治問題ニ関スル評論ヲ掲載シ本国通信トシテハ主トシテ暴徒ニ関スル記事ヲ蒐メ乃至中央政府若クハ地方官ノ行動等動モスレハ其私行ヲ剔発シ大概母国又ハ本邦ノ各新聞紙ヲ訳載シ来リ居リ殊ニ暴徒ノ記事ニ於テハ之ヲ「義兵」ト称シテ暴徒側ニ有利ナル記事ニ重キヲ置キ寄書ハ概シテ排日的口調ノモノ多ク……全紙面ヲ通シテ国民教育ノ普及ニ関シテハ之カ報道・奨励・評論等大ニ力ヲ致シタルノ跡相見ヘ候……。

元来頑迷固陋ニシテ時勢ノ如何ヲ知ラサル韓人輩カ其国権恢復、大韓独立等ノ文字ノ美ニシテ其ノ辞ノ彼等ヲ魅スルヨリシテ何等深謀底意アルナク唯単ニ空文傲語ニ雷同シテ以テ快トナスハ其ノ母国ニ在ルト外国ニアルトヲ論セス一般韓民ノ常性ニ有之微々タル一韓字新報「海朝」ノ如キカ……。(37)

官憲の記録には在外朝鮮人の結社やメディアに対する誇張もしくは過小評価という矛盾した評価も見られるが、いずれにしてもそれには『海朝新聞』における「問題性」があらわれている。

「論説」には上記のように本国の状況や海外同胞事情が多く、抗日的あるいは独立を訴える論調が主であった。教育問題や衛生など沿海州の朝鮮人コミュニティにおける当面の課題に関する記事はわずかに過ぎない。新聞発行の趣旨書を見ても、知識の向上と国権回復、世界情勢と政治経済および実業における新情報の取得を目的としている。しかしながら、広告面や雑報・本港情報などの記事を通じて、朝鮮人コミュニティにおける『海朝新聞』の社会的位置を窺うことができる。

『海朝新聞』は各地に投書函を設置し一般読者からの投稿を受けていた。それを郵便箱と勘違いする人もいたようである。広告には調髪、衣服、印鑑など一般の営業案内から労働者の募集、売家・賃屋、薬局・医療や旅館のサービス案内など商業上の利用が多く見られ、「断煙同盟会」の会員募集や家族捜し、遺失物捜しという一般人の生活に密着したものもある。

海朝新聞社自らの広告にも興味深いものがある。ウンテルベルゲル総督は一九〇八年から金鉱業者に対して、朝鮮人の雇用を必要としない程度に事業を縮小するよう命令を下し、それを徹底させるため沿海州軍務知事には砂金場の朝鮮人を全員放逐する訓令を発した(38)。海朝新聞社はそうした状況を知らずにやってくる人々に注意を促す広告を出した。これは明らかに本国朝鮮に向けたメッセージである。また本国から多数の新学問の書籍を取り寄せて広告を出し、直接発売もしていた。朝鮮からの書籍だけでなく、『愛国精神談』『瑞西建国地』など自社出版の書籍も販売した。

ロシア人の農業労働者の募集や日本人の病院営業案内の広告もあるが、逆に日本人の理髪店を利用せずに「大韓の人」の運営する店の利用を要望する広告もあり、当時のウラジオストクにおける日本人と朝鮮人との関係を垣間見ることができる。広告を切り抜いてくると一割安くなる割引クーポン付きの衣服店の広告も見られる。俊昌号や日本・朝鮮を往来する弘前丸などの船舶運航状況、東清鉄道の時刻表も載っており、生活上の情報手段としての機能も果たしていた。

当時の在外韓人新聞は、当該エスニック・コミュニティだけが流通範囲ではなかった。在外韓人新聞のメディア・ネットワークについては次節で詳しく述べることになるが、韓国の『大韓毎日申報』などがウラジオストクや米国にまで配達されたように、サンフランシスコやウラジオストクの朝鮮語新聞も本国または互いの朝鮮人コミュニティで配布されていた。『海朝新聞』の沿海州における発売所はウラジオストクだけでなく、そのほかにもウスリスク、パルチザンスク、スイフン、クラスキノ、チヂンへ、ニコラエフカなど一四カ所に及んだ。「本国各地発売所」は、俊昌号が寄航する元山、城津はもとより、平壌、ソウル、仁川、大邱、開城、順川など一六カ所に置かれていた。ウラジオストクの朝鮮人学校である啓東学校では、サンフランシスコで発行する『共立新報』『大同公報』やハワイの『合成新報』を代理発売していた。(39)

4-2　路線の対立と日本の懐柔による廃刊

わずか三カ月で『海朝新聞』が廃刊に追い込まれた経緯については、いくつかの要因が考えられる。(40) オーナーである崔鳳俊が張志淵との交渉で新聞事業に一〇年間の投資を約束したことからも、決して短期的な視野をもって新聞の発行を始めたのではないことがわかる。『海朝新聞』の廃刊後、新聞復刊の資金集めのためにソウルに潜入して逮捕された社員の趙昌容と朴永鎮は調書のなかで、廃刊にいたった理由について述べている。一つは経営面での不振がある。

文選工であった朴永鎮の帰国理由は次のとおりである。「韓国ヨリ日本ノ勢力ヲ駆逐セントノ目的ヲ以テ毎ニ過激ナル筆ヲ弄シタル結果本国ニ於ケル発売頒布ヲ禁止セラレ之レカ為メ忽チ社ノ財政ニ打撃ヲ受ケ加フルニ出資者タル崔鳳俊ヨリモ亦之カ関係ヲ拒絶セラレ本年陰暦四月二八日終ニ廃刊ノ已ムヲ得サルニ至レリ依テ今回帰国セリ云々」(41)。これを見る限り、本国での新聞の取り締まりによる販売部数の低下が財政難を引き起こし、それが新聞廃刊の一つの要因になったと考えられる。

しかし原因はそれだけではなかった。ともに逮捕された趙昌容は、「急進派」との路線の対立が新聞発行を中止に追い込んだと供述している。「今回帰京ノ理由ハ浦港ニ於ケル急進党ハ頻リニ義兵蜂起説ヲ絶叫シ国権ノ回復ハ教育新聞ノ如キ緩慢ナル手段ニ委スルノ時期ニアラス旺カンニ義兵ヲ起シ上下騒擾ヲ極メシメ此間ニ乗シ国権回収ノ機会ヲ作ルヘシトノ急激ナル議論ヲ主張シ為メニ終ニ新聞発行、弟子教育共ニ中止セリ」(42)。

『海朝新聞』が朝鮮人コミュニティより「国権回復」に比重を置いていたことは明らかで、それをめぐる対立が表面化したとしても決して不思議ではない。在留朝鮮人は、「当地方面へ移住スル韓人ノ生地ニ就テ見ルニ北韓地方ヨリ来ルモノ最モ多ク南部ヨリ来ルモノハ至テ稀レナリ」(43)とされたように、朝鮮半島の西北地方の出身者がほとんどで、反面一九〇五年以降の「亡命志士」のなかにはソウルなど南地方の出身者も多くなり、地域間の対立は少なくなかったのである。

しかし崔鳳俊が新聞社を手放すことになったのは、日本の懐柔策も働いたようである。内部警務局長が朝鮮統監の伊藤博文に送った報告には次のように記されている。「元山警察署長ハ崔ノ近親ニシテ崔ノ所有汽船俊昌号ノ事務長タル朴応相ニ会見シタル際海朝新聞記事往々国安ニ害アル旨ヲ談シ朴ヨリシテ崔ノ反省ヲ促スヘキノ意ヲ以テシタルニ朴之ヲ諾セリ」(44)。これに対して崔鳳俊は「大ニ反省スル」のであるが、朝鮮から生牛を購入しウラジオストクに輸入するだけでなく、沿海州と朝鮮半島との海運業を営む事業家として日本の「意向」は無視し難いことだったに違いない。それが編集方向をめぐる対立を惹起し、朝鮮での新聞発売も取り締まりによって閉ざされたことで、新聞経営から手を引くことを決心したのだろう。

『海朝新聞』のメディア史における意義として、それがエスニック新聞でありながらも、活版を利用した日刊で発行され、民族組織の機関紙でなく一般紙であったことがあげられる。発行期間は三カ月の短命に終わったものの、後の『大東共報』や『勧業新聞』に引き継がれる在露朝鮮人メディアの嚆矢となった。(45) 最終号の「特別社告」として掲載された廃刊の辞で、『海朝新聞』は読者への「容赦」を求めながら次のようにほのめかしている。

……切実に求むのは、本社には活版と機械と物品が備わっており、同胞の中でもし新聞事業に志があり、資本金を備えて本新聞を引き続き発刊するのであれば、わが民族の幸福莫大にして、意向があれば直ちに本社へ向かい相談することを望む。(46)

この社告からは、『海朝新聞』の廃刊の主な要因が内部の財政問題にあると読み取れる。崔鳳俊という一資産家に大きく依存していた『海朝新聞』は最大のスポンサーを失うことで廃刊に追い込まれることになるが、それは逆に財政面の問題が解決すれば復刊が可能である状況を意味することでもあった。

『海朝新聞』の廃刊直後の一九〇八年五月二八日には、朝鮮人社会の指導的位置にいた兪鎮律が『大東共報』という新しい新聞の創刊の許可を沿海州軍務知事に請願した。新聞発行の許可が下りると、八月一五日には発起人総会を開き、財政問題など紆余曲折を経て一一月一八日に創刊号を発行した。

5　『大東共報』のエスニック・メディア・ネットワーク

5-1　ネットワークとしての『大東共報』

『大東共報』は株式形式で資金を調達し、週二回の四頁構成で発行された。編集人は兪鎮律が担当し、発行人は『海朝新聞』と同様、K・P・ミハイロフというロシア人を表に立てた。退役軍人で弁護士でもあったミハイロフは、伊藤博文を狙撃した安重根の弁護のため旅順に向かうまで発行人を務めた。兪鎮律は朝鮮で「露館播遷」(一八九六年)によって親露派内閣が組織された際に通訳官として登用された五二人の在露朝鮮人のなかの一人である。『大東共報』は資金難や内部の派閥間の軋轢によってたびたび休刊を余儀なくされながらも、日本の圧力によって当局から発行禁止処分を被る日韓併合直後の一九一〇年九月一日まで発行を続けた(47)。国権回復を新聞発刊の趣旨として掲げた『大東共報』は、祖国の喪失を目の当たりにして運命をともにした不運な新聞だったといえよう。

『大東共報』は日刊紙であった『海朝新聞』とは違って週二回の発行だったが、株式会社であり、一般の読者からも株主を募集していたように、より進んだ経営形態を保持していた(48)。

紙面構成は基本的に『海朝新聞』を踏襲した。変化が見られるのは一九〇九年四月二一日付(第三〇号)からであり、それまでの四頁構成から六頁へと増頁している。そして五月二三日付(第三九号)からは、題号のデザインを一新するとともに、再び四頁に戻しているが、段組はそれまでの六段から八段に増やしている。このような量的拡張を受け、『大東共報』の五月二六日付では「普通知識を啓発し導くために必要な書籍を翻訳し、わが国本朝略史、家政教育学、農学を翻訳掲載する」として、『東国史略』『家政教育』『農学入門』などの連載を始めた。朝鮮王朝の歴史を記述した『東国史略』は、朝鮮で一九〇九年に一二六六冊が押収された歴史書である。

『大東共報』が資金難による一カ月余りの休刊から復刊したのは、独立運動家で資産家でもあった崔在亨が社長に就任して発行を再開した一九〇九年三月三日付からである。日本からは「最モ有力ナル排日首謀者」と目されていた崔在亨は、[49] 幼少時にロシアに渡った帰化朝鮮人で、ロシア皇帝ニコライ二世の戴冠式にも出席し皇帝にも謁見した朝鮮人社会の有力者であった。ロシア地域の民族運動を積極的に主導し、後に上海で発足する大韓民国臨時政府の財務総長にも任命された。こうして『大東共報』は崔在亨の社長就任で転機を迎えることになる。

それでは、『大東共報』が米国の『共立新報』とどのようにネットワークを構築したのかを見てみよう。

一九〇三年から一九〇五年にかけて朝鮮からおよそ七〇〇〇人がハワイに移住した。ハワイ在住の朝鮮人が再び米国本土に渡り、当地の留学生とともに自助組織として共立協会を結成したのは一九〇五年である。共立協会は日韓保護条約の締結直後に機関紙として『共立新報』を創刊した。こうして共立協会は米国での組織が整うと、韓国内の拠点を確保するために新民会を組織し、安昌浩を全権委員として派遣する。同時に統一連合機関の設立のため、共立協会は極東ロシアで遠東支会の設置を模索し、代理人を派遣して沿海州の朝鮮人有力者との接触を図った。沿海州に赴いた李剛は『共立新報』の主筆であったこともあり、『海朝新聞』の発刊にもかかわっている。在外朝鮮人社会でいち早く新聞を発行していた共立協会は、民族運動におけるコミュニティ内の新聞の役割を十分認識していたのだろう。

ウラジオストクの居留民長として、朝鮮人学校である啓東学校の校長でもあった崔晩学は、一九〇七年九月二〇日に共立新報社に書簡を送った。『共立新報』は朝鮮の『大韓毎日申報』を通じて義捐金を募集していたこともあり、書簡では義捐金と購読料を送金する旨を伝えるとともに、沿海州での『共立新報』の発売認可を要請したのである。[50] こうして一九〇七年一二月一二日から同校は『共立新報』の発売所となり新聞を販売した。その後『海朝新聞』が創刊されるのであるが、ウラジオストクにおける韓人新聞の発行は、在米コリアンが発行する新聞に触発されたことも予想できる。崔晩学は『海朝新聞』の共同発行人であった。

一九〇九年二月に共立協会はハワイの合成協会と統合して国民会となる。さらに翌年に、共立協会から分離していた大同保国会を吸収して大韓人国民会となった。国民会は沿海州に要員を派遣するが、その一人が鄭在寛である。鄭在寛は共立協会の中心的人物として、『共立新報』の発行人を歴任し、それを改題した『新韓民報』では主筆を務めたジャーナリストでもあった。米国での経歴を生かして鄭在寛は『大東共報』でも主筆として活躍し、安重根の伊藤博文殺害にもかかわっている。[51]

『海朝新聞』や『大東共報』が米国の共立協会とネットワークを形成していたことは、たんに派遣員が加わっていたということだけではない。それは共立協会が標榜する理念がともに流入する蓋然性をも意味した。つまり、米国の政治的風土で育まれた共和主義が沿海州にも影響したのである。一九世紀末期に朝鮮の独立協会が展開した民権運動は君主制を否定するものではなく、日韓保護条約以降に満州や沿海州で義兵運動を展開した主導的人物も、大韓帝国政府の官僚や王族の出身者など儒生が多かった。第一章でも述べたように、朝鮮において民衆のナショナリズムが本格的に形成されるのが、保護条約の締結後のことであるとすれば、共和制を受容して国民国家を樹立しようとした共立協会の思想的影響は決して小さくなかっただろう。

本格的な共和制の主張ではないが、一九〇九年六月一三日付および一四日付の論説「皇室非滅国之利器」で『大東共報』は、イギリス・フランス革命を取り上げ、社会契約説にもとづき国家と皇室を区別することを呼びかけた。これは『新韓民報』の同年三月三〇日付論説の転載である。『共立新報』＝『新韓民報』は「国民の階級を打破して、自由平等を主張すること」（一九〇七年一一月一日付）、「国民の義務」（一九〇八年二月一九日付）、「国民論」（一九〇八年一〇月九日付）、「国民説」（一九〇九年一一月一七日付）などの論説をとおして君主制を批判しながら共和制をほのめかした。

両者の関係は沿海州に共立協会の支部が設置されることで一段と深まった。水青（パルチザンスク）に共立協会の支部が設置されたのは一九〇八年九月二九日のことである。同時に『共立新報』の支社が二カ所に置かれた。[52] 翌年の一月七日にはウラジオストクでも地方会が結成された。そして二月一日には前述したように国民会が結成され、これに合わせて『共立新報』は『新韓民報』へ、ハワイの『合成新報』は『新韓国報』へと改題した。沿海州の共立協会の支部も国民会の支部へと転換する。

こうした組織統合を受けて、沿海州と米国の朝鮮人社会は同一のメディア空間を形成することになる。それは互いの論説や記事を転載するだけでなく、たとえば『大東共報』一九一〇年五月一五日付が、『新韓民報』第一七八号に掲載されたロンドン留学生の投稿文に対する論駁の投稿文を掲載したように、太平洋を隔てて紙上論争が行われた。『新韓民報』一九一〇年五月二五日付は沿海州における李範允の義兵運動を辛辣に批判した。

しかしこのような組織とメディアのネットワークは、両者における思想的な隔たりを浮き彫りにし、かつてからの党派競争を一層複雑にする状況を招いたことも看過できない。ロシアの朝鮮人社会における「畿湖派」と「西道派」との派閥争いは鄭淳万による梁成春殺害事件に発展し、それによって『大東共報』は一九一〇年一月三日付をもって、同年四月二四日に復刊するまで三カ月以上の休刊を余儀なくされた。両者はともに共立協会に加入し、鄭淳万はウラジオストク地方支会の副会長、梁成春も応接係を担当する幹部であったが、[53] 両派の地域的・政治的理念の違いが表面化したのがこの事件であった。[54] 復刊以降の『大東共報』の論説や投書を見ると、党派の団結を求めるものが多く、それが当時の朝鮮人社会で深刻な問題になっていたことが窺える。[55] 韓国の『大韓毎日申報』もこのような事態に憂慮を示した。[56] 李範允を批判した『新韓民報』は大東共報社に届いても配布されずに焼却された。[57]

義兵運動に携わるニューカマーの「亡命志士」とオールドカマーの在留朝鮮人との軋轢も、『大東共報』一九一〇年四月二八日付の論説「本港にいる同胞志士は党派の紛争を速やかにやめよ」を見る限り、激しい様相を呈していたことがわかる。そこでは「数年来、東西南から来た志士どもが、内国で争う一種の悪習を植え付け伝播することで、今日のような悪しき結果を生み出した」として、沿海州における独立運動家を批判している。[58] 実際に社長の崔在亨は「内国渡来者の分党行為」を理由に、毎月一〇〇ルーブルの補助金の打ち切りをほのめかした。[59] 大韓帝国の高位官僚や朝鮮王朝の王族が主導する義兵運動に対し、ロシアに根を下ろした朝鮮人たちの不信感が増幅されたのである。

しかし沿海州の民族運動は、本国からの亡命者だけが主役ではなく、在留朝鮮人においても生活権を確保するために切実であった。それはマイノリティとしての自らの権益のためにも必要だったのである。したがって、沿海州で朝鮮人社会の亀裂が民族運動の萎縮をもたらしたとしても、朝鮮が日本に併合される危機のなかで、在外朝鮮人の民衆のナショナリズムは新たな段階に入っていくことになる。

5-2　日韓併合と運命をともに

この時期は『大東共報』も、迫りくる日本の韓国併合を意識していた。沿海州における朝鮮人の義兵運動に対して中立的な立場を堅持してきたロシア政府であるが、一九〇八年以降は日本の要求を受け入れるようになり、それに合わせて朝鮮人に対する風当たりも一層厳しくなった。一九〇九年六月一四日には、ロシアは朝鮮人および中国人の沿アムール州での労働を禁止する法案を用意し、一九一〇年七月四日にはその法律が成立した。こうしてロシア側の朝鮮人排斥は強まることになる。となると、朝鮮人や中国人に排斥的なウンテルベルゲル総督の下でホスト社会の不信感を払拭することは、朝鮮人社会において生存にかかわる重大な問題であった。

一九一〇年五月六日付の論説「俄人〔ロシア人〕の誤解を説明する」では、朝鮮人がいかに日本人と対立関係にあるかということをロシアの官民に向けて訴えている。一九一〇年五月一九日付の論説が、日本の「偵探者〔密偵〕」を厳密に調査して朝鮮人社会から駆逐することで、「俄人の信望を回復」することができるとしたことからも、当時の朝鮮人が置かれた状況を垣間見ることができる。さらに、それによって金銭・教育・団体の目的を達成できるとしたうえ、そのためには「偵探者がいれば父兄でも殺し、子弟でも殺し、親戚でも殺すことができるだろう」としており、朝鮮人社会の切迫した状況が窺われる。一九一〇年七月二四日付の論説「希臘正教と韓人」では、国交がない亡国人民がロシア人と親密になるためにはギリシャ正教が朝鮮人に広く伝播することであるとして、積極的に改宗を促した。

ところで、新聞社の内情はともかく、度重なる『大東共報』の休刊は一般の読者からすると「長い夜に灯りが消えたよう」なことであった。新聞が復刊すると、「長らく会えなかった先生と朋友に出会えて喜楽を抑えきれなかった[60]」というような様相であった。外報や帝国通信(本国情報)もさることながら、地元情報からの遮断は読者に大いに不便をもたらしたのだろう。

一九〇七年より沿海州では多くの朝鮮人学校が設立されていて、ほとんどは住民の義捐金によって支えられた。新聞は学校支援だけでなく、新聞社、団体組織、「義士」への寄付金など各種の募金活動を展開し、義捐金を公開することで透明性を確保した。また『大東共報』は、沿海州はもちろん間島、ハルビンなど満州地域やハワイの朝鮮人学校の設立に関する情報も重視していた。そして学生の試験成績を公表し、連合運動会に際しては大いに盛り上がりを見せた。

連合運動会は一九〇九年七月一日に開催され、ロシア人経営の大韓学校と、啓東、新東、世東学校などウラジオストクの開拓里にある朝鮮人学校が参加した。『大東共報』は七月四日付の論説で連合運動会の意義を唱え、各種目の入賞者を紹介している。七月一五日付の「大運動会経費の出入」を見ると、沿海州朝鮮人社会の有力者だけでなく一般の人々の寄付金をもって運動会の経費を賄っていることがわかる。ロシアの朝鮮人社会ではじめて開かれた連合運動会に先駆けて、朝鮮半島では六月二五日に城津で二〇校から一三〇〇人の学生が集まり、「北韓初」の連合大運動会が開催されていた。(61) ところが、日本の文部省にあたる韓国学部からすると「学校連合大運動会はその規模が大きいだけでなく、ラッパを吹き太鼓を鳴らし宛然なる武装的示威」であって、「放漫軽佻の域に趣くに過ぎない」としてその開催を慎むよう訓令を発し、連合の規模が郡を越えることを禁止する方針を決めていた。(62) このように連合運動会はたんに学校の行事でなく、沿海州の韓人社会においても「独立運動の第一回の準備会」(63)として位置づけられていた。

『大東共報』も『海朝新聞』や他地域の朝鮮人社会の新聞と同様、厳しい取り締まりの対象となった。一九〇九年だけでも五七回にわたり二二三五部が押収され、『新韓民報』(三五回・一二一七部)や『新韓国報』(三一回・一一八一部)をはるかに上回っている。(64) 販売網は『海朝新聞』よりさらに広がり、発売所はシベリア・満州で五五カ所、朝鮮では「北韓地域」を中心に六カ所、米国ではサンフランシスコ、ロサンゼルス、フィラデルフィア、ニューヨークなどに一二カ所、ハワイに九カ所が置かれ、そしてメキシコのユカタン、ロンドン、東京、上海などにも及んだ。

日韓併合を目前にした一九一〇年七月四日に締結された第二次日露協約は、併合における国際的承認過程の最終段階であったが、沿海州では予想される朝鮮人の反発を未然に封じる手順の始まりであった。日露協約の交渉が進行中であった六月二日付の論説「論俄日協約」では、この協約が「第一に、ロシアの同情を得て韓日合邦《ママ》を実行し、第二に、露領にいる韓人の活動を束縛」するとして、それまでになかった厳しい口調でロシアの対応を批判した。やがて迫ってくるロシア側の圧迫を予感していたのだろう。

そして八月二三日にウラジオストクに「日韓合併」の第一報が伝わると、朝鮮人社会は動揺する。すると、翌日に在ウラジオストク日本領事館の大島富士太郎総領事は沿海州軍務知事を訪問して、朝鮮人の取り締まりと邦人保護をロシア側に要請した。[65]『大東共報』もそれを免れることはできなかった。『大東共報』は日本の韓国併合に抗議する声明会の檄文一〇〇〇枚を印刷して各地に配布するが、八月二四日に発行停止処分を受け[66]、九月一日付を最終号にして廃刊に追い込まれる。続いて九月一二日には朝鮮人社会の多くの指導者が逮捕され、後に逮捕された李範允を含む七人がイルクーツクに追放された。[67]

6　『勧業新聞』——勧業会の機関紙

6-1　亡国のなかの在露朝鮮人

日韓併合と抗日運動指導者の追放・分散によって、沿海州の民族運動は沈滞を余儀なくされるかに見えた。ところがこのとき、朝鮮から国民会系列の新民会のメンバーが「青島会議」を経て、独立運動の根拠地を求めウラジオストクに潜入していた。[68]そのなかには安昌浩や申采浩、李鍾浩、李甲など民族指導者も含まれていた。さらに、一九一一年にはウンテルベルゲル総督に代わり、朝鮮人に好意的なニコライ・ゴンダッチが沿アムール州の新総督に赴任した。新総督は民俗学者から官界に転じ、アムール遠征調査隊(一九〇九〜一一年)の長官でもあり、沿アムール総督管区の歴史上初の文官総督であった(69)。同調査隊が出した極東ロシアの朝鮮人に対する見解は、ウンテルベルゲル総督の見方とは正反対に朝鮮人の有用性を評価し、そうした前総督の見解によって硬直化した政府の態度を緩和させた(70)。それは新総督の対朝鮮人政策にも反映され、ゴンダッチ総督は朝鮮人の帰化を積極的に促していく。

ところで一九一一年の初頭にはウラジオストクの朝鮮人居留地である開拓里に再び動揺が走る。二月に入ってから開拓里を移転するという噂が広まっていたのである。公式には一九一一年四月に、衛生問題を理由にしてウラジオストクの朝鮮人居留地を西北部へと移転することが決定された(71)。しかし新指定地に家屋を新築する資力のある者は全体の三割にも及ばず、その他は親戚を訪ね地方の村落に行くか、それもままならない者は天幕住居を余儀なくされるなど惨状を極めた(72)。この新しい指定地を朝鮮人は新開拓里と呼び、やがて新韓村と名づけられる。この移転計画は米州にも伝えられ、メキシコからは一三〇ルーブル余りの義捐金が居留民会に送られてきた(73)。

このように沿海州の朝鮮人社会は再び動き出すことになるが、本国が日本の植民地となる時代状況のなかで、朝鮮人社会は新たな運動の方向性を模索しなければならなかった。その一つがロシア国籍の取得をめぐる問題である。

併合が現実となった状況において、帰化朝鮮人は別にしても、外国籍の朝鮮人は日本国籍に替わると同時に日本領事館の管轄を受けるはずであった。日韓併合後、朝鮮人は日本国籍を持つものとされたが、他方では日本の国籍法が朝鮮には施行されなかったため、日本国籍離脱権は認められなかったのである(74)。

しかし併合の一報が伝わった当日にウラジオストクの朝鮮人が決意したのは、「日本領事館ノ支配ハ死ヲ以テ之ヲ拒マサルヘカラス」として「日本帝国臣民」を拒否することであった。当時の沿海州は間島の状況とは違い、日本が朝鮮人の管轄権を主張できる空間ではなく、「多数ノ朝鮮人等ハ其旅券ニ日本臣民ノ字句ヲ記載セサル様露官ニ嘆願セリト伝ヘラレ当館ニ旅券ノ下付ヲ願出ツル者ハ併合前ト同様殆ント絶無ノ姿」(75)という状況であった。日本領事館に行き旅券の露訳を申請した者が殴打されることもあったと、朝鮮総督府から派遣されたウラジオストク領事館の鳥居忠恕通訳官は報告している(76)。さらに同通訳官は「早晩日本ノ治下ニ立タサルヘカラサルヲ察知シ今日ニ於テ可成露国ニ帰化セントスルノ傾向アルハ日韓併合以来露領各地ニ於ケル朝鮮人ノ希臘正教入門、帰化ノ請願等ニ依リテ見ルモ明ラカナリ」と伝えている(77)。

帰化請願運動は、当時のゴンダッチ総督による朝鮮人に対する帰化奨励政策と噛み合った結果ではあるが、それ以上に日本の支配を認めないという政治的意図が働いていたといえよう(78)。この時期の帰化民には以前とは違って土地は与えられなかったのである(79)。もちろん現実問題として、「亡国民」という不安定な状況から逃れるためにも、居住や職業における安定した社会的地位の確保が必要であったことは容易に推察できる。

それは国権回復を推進しようとする勢力にしても、エスニック・コミュニティを重視する定住勢力にしても共通する認識であった。朝鮮人社会は本国での出身地域による移住者の分派に加え、主に亡命者である「過激派」と米国の国民会から派遣された「穏健派」が絡み合っていくつかの派閥を形成し、それぞれのグループの志向する地点が必ずしも一致していたとはいえない。そこで「国亡」という政治的変化が新たな状況を生み出すこととなった。朝鮮人社会の基盤を強固にすることの必要性は立場の違いはあれ熟知されていたはずである。だとするならば、朝鮮人社会の安定した生活基盤のうえに、長期的な戦術をもって民族運動を展開することが当面の課題であっただろう。

6-2　勧業会の設立と申采浩の活躍

一九一一年六月に創立された勧業会はこうした時代的状況から生まれた朝鮮人組織である。公式的な発足は当局の認可を得て組織総会を開催した一二月一九日となっている。会の目的としては「人々において労働に対する愛着心と尊重心を高揚し、生活のなかで倹約を遵守することを教え、啓蒙精神を植え付け、大ロシア帝国の臣民に対して固有の理解力と感情を醸成することにある」(80)とされており、祖国の国権回復という意図は表にはあらわれていない。

しかし組織総会において議長に李相卨、副議長に李鍾浩が選ばれ、特別役員として首席総裁には義兵運動の中心人物であった柳麟錫、総裁には朝鮮人社会の有力者である金学万と崔在亨、そしてイルクーツクから放免された李範允が選出されたことからも(81)、派閥を超えた民族運動という共通認識の下で勧業会が成り立っていたことがわかる(82)。大韓民国臨時政府が上海で発行する『独立新聞』に連載された桂奉瑀の「俄領実記」も勧業会について、「その会名を勧業としたのは、倭寇との交渉上妨害を避けるためであり、実際の内容は光復事業の大機関になるものである」と記している(83)。

では、勧業会はどのように実力養成と独立精神涵養という命題を貫いたか、それを勧業会の機関紙である『勧業新聞』をとおして見てみよう。

『勧業新聞』は兪鎮律が発行許可を得て一九一一年六月から発行されていた『大洋報』を引き継ぎ、勧業会の機関紙として発行された。『大東共報』が廃刊されてからも安昌浩・崔在亨らは新聞の再刊を試み、『大東共報』の発行人であった兪鎮律が一九一一年四月二六日、軍務知事に『大洋報』という新たな新聞発行の請願書を提出することで[84]、五月五日に許可証明書を受け取ることができた。

『大洋報』については原紙が発見されていないため詳細を知ることはできないが、日本領事館は、およそ九カ月ぶりに発行された朝鮮人社会の新聞発行の動きと内容を詳細に記録している[85]。それによると、『大洋報』は「其ノ体裁ハ前ノ大東共報ト壱モ異ナラス全紙諺文ノ四頁ニシテ日本ノ施政ニ対シ毒筆ヲ弄シ排日思想鼓吹ノ文字ヲ連ネ」ていた[86]。新聞社は新韓村に新築され、一部を図書館として使用するが、財源は崔在亨と李鍾浩の両者が負担した。

『勧業新聞』の一周年記念号（一九一三年一二月一九日付）に掲載された「勧業会沿革」によれば、『大洋報』は勧業会と組織統合した青年勤業会によって発行されたものであった。新聞発行の資金として「在米国ノ同胞ノ有志」から三〇〇〇ルーブルが寄付された。社長は崔在亨、主筆は申采浩が担い、兪鎮律は露文訳を担当した。一九一一年六月一八日から発行された『大洋報』は毎号六〇〇部が印刷された[87]。発行許可では週二回の発行とされたが、実際には毎週日曜日の週一回の発行となった。資金難により七月三〇日の第七号をもって一時休刊することもあったが、八月二九日の「国恥記念日」には一四〇〇部を印刷して無料で配布した。

ウラジオストクの日本領事館は、こうした『大洋報』の発行を座視するわけにはいかなかった。九月一八日の夜、『大洋報』の発行を阻止するために朝鮮総督府から派遣された通訳官と内通する密偵厳仁燮を使って、新聞社所有の活字一万五〇〇〇個を盗み出したのである。それは活字全体の三分の二にあたり、新聞の発行はもはや不可能となった[88]。それによって『大洋報』は第九号を出して再び休刊となる。前述の「勧業会沿革」には、『大洋報』が「何らかの事故」によって停刊になったとされているが、日本領事館による窃盗であることは思いもよらなかったであろう。実際に窃盗事件は、新聞編集の方向性をめぐる兪鎮律と李鍾浩の衝突が「今ニ絶ヘサルニ乗シ」て断行され、そうした両派の軋轢によるものと考えられていた。さらに新聞再発行のために米国もしくは日本に活字を注文するだろうと考えた日本領事館は、「本邦内地ニ於テ当地方鮮人ヨリノ注文ト認メラルヘキ朝鮮字活字ノ輸出ニ就テハ可能内密ノ方法ヲ以テ之ヲ差止ムル様御取計相候ハハ好都合ト存候」[89]として、活字の取り寄せまで阻止しようとしたのである。

『大洋報』の編集人は、『海朝新聞』でも編集人であったデューコフにまかされた。『皇城新聞』や『大韓毎日申報』などの論説記者として言論活動を展開し、歴史家としても名高い申采浩が新聞にかかわるのは自然な成り行きであった。『大洋報』の主筆であった申采浩は、勧業会が発足するとその書籍部長と『勧業新聞』の主筆を務めることになる。韓国で抗日の論筆を振るい、歴史学において民族主義史観の基礎を構築した申采浩が主筆を担当することで[90]、『勧業新聞』はそうした歴史観を色濃くあらわすことになる。申采浩は一九一一年から一九一三年までのおよそ三年間沿海州で言論活動を展開し、その後は上海に渡り文筆活動と抗日活動を継続した[91]。

ウラジオストクに渡航する前、申采浩は論説記者として『大韓毎日申報』に多くの論説を書き、「水軍第一偉人李舜臣伝」「読史新論」などの歴史物も連載した。また当時の愛国啓蒙団体の会報であった『大韓協会月報』『畿湖興学会月報』などにも論説を発表した。とくに、『読史新論』は檀君時代から渤海時代までの朝鮮の歴史を体系化したものであり、中世史学・植民史学を克服し、近代民族主義史学を確立したとされる著作である[92]。

こうした申采浩が主筆として活躍した『勧業新聞』は、「檀君」を打ち出すことで民族意識を鼓吹することになる。「檀君大皇祖生誕節」(一九一二年一一月一〇日付)、「檀君紀元四二四六年一月一日にて」(一九一三年一月五日付)などの論説は申采浩の民族主義歴史学の表出である。一九一二年一一月一六日には勧業会主催で「檀君大皇祖生誕日慶祝礼式」が開かれた。勧業会では檀君の「御真影」も販売した。そのほかの論説においても国粋主義や国語・国文の愛用を唱えている[93]。また以前の新聞とは異なり、『勧業新聞』がほとんど漢字を交えていないことも、ハングルのみで「李舜臣伝」を連載し、ハングル雑誌『家政雑誌』を編集するなど「諺文」を重視した申采浩の影響であろう。読者にもハングルで投稿するよう求めた。高句麗の「広開土大王」の碑文を掲載(一九一二年一〇月三〇日付)したところにも歴史家としての申采浩の面目躍如たるものがあった。

申采浩の近代民族史学は歴史の主体を民に求めることで、近代的な国民国家意識をはらむものであった。独立後の祖国は王朝の復古ではなく新韓国であって、国の名が消えてもその国の人が消えなければ消えた名は回復できるとした。『大東共報』は米国の『共立新報』や『新韓民報』をとおして共和制の影響を受けたが、『勧業新聞』は申采浩を主筆にして独自のナショナリズム論を展開したのである。連載記事であった「中国革命略史」も辛亥革命の影響を受けたものと見られる。

『勧業新聞』もこれまでの新聞と同様、論説、各国通信、本国通信、雑報、寄書、広告などで構成されていた。『勧業新聞』が創刊された当時は、朝鮮では新民会が絡んだ「寺内総督暗殺未遂事件」の公判の最中でもあって、その公判過程を詳細に報道した。各国通信ではバルカン半島情勢を含め世界の動きを伝えた。しかし申采浩が沿海州を発ってからは「排日的字句ノ量極メテ少ナ」くなり、論説においても抗日思想や民族意識の積極的主張よりむしろ生活改善、実業、共同体意識、子女教育、悪習の打破などの啓蒙的論調が次第に増えていく。

6-3　勧業会の機関紙として

『勧業新聞』は勧業会という組織の機関紙であったことで、以前の新聞とは決定的に区別される。当然のごとく、会における公示事項や関連事業の案内、各支部の動静など組織関連の情報に紙面の多くが割かれている。そこで目を引くのが、勧業会の重要事業であったロシア国籍の帰化請願関連問題と、イマン(現・ダリネレチェンスク)における農業移住政策に関連する記事である。

一九一〇年の沿海州における朝鮮人の人口は、帰化人が一万四七九九人、非帰化人が三万六六五五人とされていたが、実際には把握されていない数を合わせるとそれをはるかに上回ると推定される(94)。ところがゴンダッチ総督の赴任以来、「帰化ヲ請願スル朝鮮人ニ対シテハ規定ニ拘ラス之ヲ特許スル」との噂により朝鮮人の帰化請願者が急増する。また帰化者および帰化請願書を提出した者だけが「官業労働」に従事できるという状況もそれを促した。その数は一九一二年の五月まで沿海州とアムール州の両方で一万八〇〇〇人に上ったとされる(95)。

このような朝鮮人に対する帰化奨励政策も勧業会をとおして行われた。『勧業新聞』は一九一二年一二月一日付から帰化勧告の広告を出し、一二月二二日付には勧業会が当局からの委託を受けたとしたうえで、その手続きにおける注意事項を掲載している。そして一九一三年三月から帰化許可者の名簿を掲載し、その数は一三〇〇人以上に上った。帰化が認められた者は警察署に出頭し署長の立ち会いの下で、皇帝に忠実なる者として法令に従うという宣誓を行わなければならなかった。帰化許可者の掲載はそれを促すためであった。

また、勧業会はイマンの「ラヴリュー」地域に沿アムール総督管区との交渉で広大な未開墾地の下付を受け、大々的な土地開墾計画を打ち出した(96)。移住を手助けし「株式団」を募っての大型移住プロジェクトであったが、初年度であった一九一三年には準備不足に加え、水害にも見舞われることで、結局は移住民のための救済金を募集する状況に陥ってしまった(97)。

旧開拓里には朝鮮人組織として居留民会があり、新韓村に移ることで新韓村民会と改称した。新韓村の朝鮮人は民会に毎月戸別課金、夜警費、清潔費、学校費、衛生費などを納めていた(98)。しかしそれはあくまでも新韓村に限られた朝鮮人社会内部の自治組織であって、当局は行政的な指導と監督を沿海州の朝鮮人社会を網羅する公認組織である勧業会をとおして行おうとした。勧業会が公式に認可される前は民会でも帰化請願を受け付けていたが、結局それも次第に勧業会の主力事業となっていく。

このように勧業会の事業が拡大して漸次民会の領域に手を伸ばしていくと、両者の間に対抗意識が芽生えてくる。民会は管理下にある韓民学校で開かれた勧業会の演説会に対しても不快感を示した。演説会が、実業だけでなく国権回復を唱えることは集会法に抵触するというのがその理由であった[99]。しかし民会会長の金秉学が地域住民からの信頼を失い、さらに憲兵隊長や軍務知事に呼び出されて認可団体である勧業会に反対の態度をとることについて叱責されたように[100]、民会は苦境に立たされる。そもそもゴンダッチ総督をはじめ軍務知事や警察署長という有力な官憲が勧業会の名誉会員になっていたのである。

そして民会の存立基盤を揺るがす決定的なきっかけとなったのが、渡航来者と帰国者にそれぞれ清潔費と学校経費を徴収する規則の問題であった。勧業会は民会にこの規則の廃止を要求し、民会内部でもそれに対する議論が行われた[101]。結局このような「出入港税」は廃止されることになるが、まだ民会の重点事業ともいえる清潔事業の問題が残っていた。清潔事業の勧業会への移譲は民会を自滅に導くものであった。ところが民会は財政難のため事務員を減らし清掃人の給料も払えず、清潔法違反で数名の罰金者を出すという内患に加え[102]、外部の圧力にもさらされた。結局一九一四年三月一五日に勧業会館で行われた総会で、勧業会に衛生部を置き従来の清潔事業を取り扱うことを決定し[103]、当日の午後に開かれた勧業会の総会で民会は勧業会に統合を申し入れ、両組織は統合されることになる[104]。

ロシア当局の勧業会に示した信頼の余波は、ただ朝鮮人社会の内部だけに及んだのではない。ゴンダッチ総督が自ら進んで勧業会の名誉会員になることで驚いたのは、むしろ日本であった[105]。日本は韓国併合直後の朝鮮人に対するロシアの積極的な対応には肯定的に評価したものの、ゴンダッチ総督が赴任して以来、「朝鮮人ニ対スル露国官憲ノ取締振ハ兎ニ角緩慢ニ流ル」として困惑していた。日本はロシア当局が『大洋報』の発行を許可し、米国の『新韓民報』の輸入を放置するだけでなく、李範允を放免するなど排日団体を容認することに苛立ちを隠さなかった。

こうした状況から、内田康哉外務大臣は大島総領事に向けて、上記のような事実を指摘して沿アムール州総督に注意を喚起するよう訓令を発した[106]。こうした事態は、日本からすれば日露間で多年間に交渉の末に締結した「日露犯罪人引渡条約」と、国際法にそぐわない政治犯の引き渡しを想定した「秘密宣言書」(一九一一年六月一日)が機能しないことを意味し[107]、沿海州における朝鮮人の独立運動および民族運動の制御に多大な支障を来すものだったのである。事態を重く見た寺内正毅朝鮮総督も、「政治上ノ意味ヲ有スル犯罪ト解釈シ得ヘキ浦塩排日鮮人ニ退去又ハ引渡方ヲ請求スルコトハ穏当ニアラストノ御意見ノ由ナルモ如斯解釈スルトキハ該秘密宣言書ハ全然無意味ノ空文ニ属スヘシ」(傍点原文)と指摘し、政府レベルで交渉を行うよう内田外務大臣に要請した[108]。

もちろんロシアが日本による「排日鮮人」の取り締まりの要請にまったくそっぽを向いたわけではない。一九一二年七月桂太郎前首相のペテルブルク訪問の際、「暗殺計画」の嫌疑でウラジオストクとチタで朝鮮人の指導者が逮捕され、ハルビンでも八八人が逮捕される事件が発生したが、そのうち一八人が日本領事館をとおして朝鮮総督府に引き渡された[109]。ただ、それ以後は寺内総督の苛立ちが示すように、第一次世界大戦が勃発し日本とロシアの関係が緊密になって、最終的に勧業会が解散されるまで、ロシア当局は「排日鮮人」の引き渡しや国外追放という措置をとらなかった。

ここで重要なことは、その過程で日本はロシア国籍の朝鮮人と日本臣民たる朝鮮人を明確に区別するしかなく、ロシア国籍を取得した朝鮮人がロシアの保護下にあることを認めざるをえなかったことである。それは日本がこれまで否認してきた朝鮮人の国籍離脱権を、沿海州という空間で公式化することであった。他方でロシア側からすると、初期移住の朝鮮人を辺境の開拓と防衛のため戦略的に利用してきたが、次第にそれに加え、日本に対する牽制という政治的取り引きのなかで扱うようになったのである。

『勧業新聞』は『大洋報』時代に活字を失うことで活版ではなく謄写版で発行されたが、創刊以来第一次世界大戦が勃発して発行停止になるまで休刊することなく発行を続けた。また勧業会の機関紙という立場ではあったものの、各地から多くの義捐金が集められ、それが新聞の支えとなった。読者数は初年度の一九一二年には七〇〇〜八〇〇人で、翌年の一九一三年には一四〇〇〜一五〇〇人に上った(110)。しかし発行部数はそれより多く、鳥居通訳官の調査によれば一九一二年五月一二日の第二号の印刷部数は一五〇〇部で、第一号の地方への発送は明瞭な分だけでもノヴォキノエフスク八〇部、ポシエット三〇部、ニコリスク五〇部、スイフン一〇〇部、ハバロフスク一〇〇部、パルチザンスク二〇〇部、そして中国の琿春が五〇部、間島が五〇部であった。「朝鮮内地及米国」への発送は不明としている(111)。一九一四年には発行部数が二〇〇〇部を超えている(112)。

いくつかの朝鮮人学校が統合した韓民学校は、新韓村に移転してから『勧業新聞』をとおして間島からも学生を募集し(113)、また間島の学校も同紙に広告を出して学生を募った(114)。間島は学費が安く、学制や設備が整備されていて、多くの学生が間島で学んだ(115)。延吉など間島地方だけでなく、朝鮮半島やハワイからも家族や知人を捜す広告が掲載された。そして『勧業新聞』が募った李甲の治療費は中国からも届き(116)、メキシコからも新聞義捐金が送られてきた(117)。

『勧業新聞』は、米国の独立運動家で後に韓国の初代大統領となる李承晩がハワイで発行した『太平洋雑誌』と論戦を交わした(118)。『勧業新聞』一九一四年一月二五日付が『太平洋雑誌』第四号を「奇怪言論」として批判すると、『太平洋雑誌』第八号は『勧業新聞』が排日思想と愛国心を区別せず、敵国とはいえ呼称において国際慣例を無視するような新聞であるとして、その思想が五〇〇年前にとどまっていると論駁した。それについて『勧業新聞』一九一四年五月二四日付は再び反論し、天皇の呼称をめぐる問題などについて論争を繰り広げた。

一九一四年は日露戦争の開戦一〇周年として、日本とロシアが再戦するのではという期待感が朝鮮人社会で高まっていた。しかし状況は正反対で、むしろ日本とロシアは友好な関係となり、日本との関係を重視するロシアは朝鮮人に対する取り締まりを強化した。まず朝鮮人社会が移住五〇周年を記念して企画していた「露領移住五〇周年紀念祭」が延期となる。[119]『勧業新聞』は戦争義捐金を募集するなど「忠実性」をあらわすが、結局勧業会は解散させられ、『勧業新聞』とチタで発行されていた『大韓人正教報』は停刊になる。

勧業会の解散はソウルにも伝えられ、「失望落胆ノ情著シキモノ」が漂ったという。[120]

7　在外韓人新聞とコリアン・ネットワーク

極東ロシアの朝鮮人社会における新聞は、本国や米国の朝鮮語新聞と緊密な関係のなかで流通し購読されるトランスナショナルなディアスポラ・メディアであった。それは当該地域のコミュニティに限定されたエスニック新聞にとどまらず、グローバルなコリアンのネットワークとして一つのメディア空間を形成した。そうしたメディア空間をとおして、各地のコリアンは情報を交換し、ナショナルな思想を伝播し、民族運動を展開した。

このように在外韓人新聞は、グローバル・メディアの時代を待たずとも、エスニック社会が置かれた社会・政治的状況のなかで、エスニック新聞というメディアがいかに本国や他の朝鮮人コミュニティに影響を与え、越境性を持っていたのかを示している。新聞というオールドなメディアであっても、それは当時の最新の輸送手段を駆使してエスニック新聞の越境的な流通網を構築したのである。

これらの新聞はそれぞれの持ち味を生かすかたちで役割分担を行っていた。米国の『共立新報』『新韓民報』は、米国の政治体制の下で君主制を批判し共和制を唱え、沿海州の『大東共報』にも影響を与えた。また統監府外交顧問スティーブンス狙撃事件の公判過程は、これらの新聞をとおして朝鮮に伝えられた。さらにメキシコに移住した朝鮮人の動向を伝えることで、各地の朝鮮人社会の橋渡し役を果たした。その一方で、『大東共報』『勧業新聞』は朝鮮あるいは間島の状況をしばしば取り上げ、安重根の公判や李完用を襲撃した李在明の公判過程を詳細に報じた。共立協会から派遣された李在明の公判が、とくに米国の朝鮮人社会では重大な関心事であったことは予想に難くない。『勧業新聞』は、すでに朝鮮ではほとんどの「民族紙」が買収あるいは廃刊された「親日紙独占期」のなかで、「寺内総督暗殺未遂事件」(一〇五人事件)の公判過程を詳細に報じた唯一の新聞であった。

こうしたトランスナショナルな在外韓人新聞のネットワークは、民族主義的なイデオロギーに閉ざされていたのではない。ミリヤ・ジョルジオウは、ディアスポラ・メディアはヨーロッパやグローバル・コミュニケーションの普遍性に対抗する企画として出現したのではなく、自分たちが獲得し依存するアイデンティティのイデオロギーや排他性以上に、グローバル化のイデオロギーおよび民主的な参加に依存すると主張する。[121] 実際、沿海州の大東共報社で販売された『新韓民報』の購読勧誘のセールスポイントは、米国、ハワイ、メキシコにいる同胞の詳細よりも、むしろ「世界で第一文明の米国の景色と風俗」であった。在外韓人新聞のネットワークは「文明」への通路でもあったのである。すなわち在外韓人新聞は、たんなる「特殊主義のメディア」ではなかった。

在外コリアンの研究は、植民地期における帝国主義への闘争を中心とした独立運動研究にしても、また今日における中国東北部の朝鮮族、沿海州や中央アジアの高麗人、在日韓国・朝鮮人、そして在米コリアン社会の研究にしても、それぞれの社会が孤立・分散したかたちで扱われてきた。しかしコリアン・ディアスポラは、植民地化の過程でその多くが周辺大国に移住し居住範囲が朝鮮半島を越えるなか、互いのコミュニティを活発に行き来することでネットワークを形成した。沿海州の朝鮮人コミュニティの変容過程が反映されるメディアの分析をとおして、二〇世紀初頭の在外朝鮮人のエスニック新聞が構築した本国と各地のコリアン社会をむすぶネットワークが見えてくる。

［小　括］

第二章では新聞に焦点をあてた。ここでは、朝鮮国内よりも在外朝鮮人社会で発行された新聞が活発であった時期を「在外韓人新聞」時代と呼んだ。一九〇五年の日韓保護条約以降、極東ロシアの沿海州で『海朝新聞』『大東共報』『勧業新聞』などが発刊される時期は、朝鮮のナショナリズムが形成される時期であった。こうした時期にこれらの新聞は、愛国啓蒙・近代思想の震源地となり、形成されつつあった朝鮮のナショナリズムを主導したのである。それは在外韓人新聞というエスニック・メディアが沿海州にとどまらず、朝鮮にも流入したばかりか、太平洋を隔てて米国の『共立新報』『新韓民報』と提携し、ハワイの『太平洋雑誌』と紙上論争を展開するなど、コリアン・ネットワークとして機能することで、本国と在外朝鮮人社会の一大メディア空間を形成したからである。第四章で示すような、インターネットを駆使することで活発になった「韓民族ネットワーク共同体」の議論を待たなくても、新聞というオールドなメディアを利用して、この時期にもコリアン・ネットワークが形成されていたのである。

その第四章に入る前に、第三章ではラジオのネットワークについて考察する。舞台は戦後のサハリンに移る。

(1)　沿海州とは、一八六〇年の北京条約によって、ロシア帝国の領土となったウスリー川以東から日本海までの地域を指す。当初の行政区分では、ハバロフスクからアムール川下流域までと、後のサハリン州およびカムチャツカ州の全域を含んでいた。後に、一九〇九年にこの両州が沿海州から分離された。ロシア科学アカデミー極東支部歴史・考古・民族学研究所編（村上昌敬訳）『ロシア沿海地方の歴史――ロシア沿海地方高校歴史教科書』明石書店、二〇〇三年、一六七頁。ただし、ここでいう「沿海州」は、現在の沿海地方のことを指す。

（2）ミリヤ・ジョルジオウ（田中東子監訳）「メディアとディアスポラのためのトランスナショナルな十字路」『放送メディア研究』（NHK放送文化研究所）、六号、二〇〇九年七月、二三六頁。

（3）本章で考察する『海朝新聞』『大東共報』『勧業新聞』に関する研究としては、朴烜『ロシア韓人民族運動史』探求堂、一九九六年がある。ロシア地域の朝鮮人の独立運動史を専門とする朴烜は、主に民族運動・独立運動という視点からこれらの新聞を分析している。本章は、こうした先行研究を踏まえながら、朴烜の研究で扱われていない日本の官憲記録や外交史料を活用するとともに、「在外韓人新聞」の越境的な展開からアプローチし、当時のコリアンのメディア・ネットワークについて考察する。

（4）ユ・ヒョヂョン「利用と排除の構図――一九世紀末、極東ロシアにおける「黄色人種問題」の展開」原田勝正編『「国民」形成における統合と隔離』日本経済評論社、二〇〇二年、二〇三頁。

（5）和田春樹「ロシア領極東の朝鮮人 一八六三―一九三七」『社會科學研究』（東京大学社会科学研究所）、四〇巻六号、一九八九年三月、二二九頁。

（6）原暉之『ウラジオストク物語――ロシアとアジアが交わる街』三省堂、一九九八年、一一二頁。

（7）プーチンロシア大統領は二〇〇〇年の九州・沖縄サミットに先立って立ち寄った極東ロシアのブラゴヴェシチェンスクで、ロシアの極東地域が数十年のうちに中国語、韓国語、日本語で占められ、東方国家によって喪失する恐れがあると危機感を募らせた。『朝日新聞』二〇〇〇年七月二二日付。

（8）朝鮮人への国籍付与の権限は、朝露修好通商条約直後に連邦政府から沿アムール総督に与えられ、基本原則が作られた。その内容は、移住者を三つのカテゴリーに分け、第一のカテゴリーは、一八八四年までに移住しロシア国籍への編入を希望する者で、彼らには居住権および国籍と土地の分与が行われる。第二のカテゴリーは、一八八四年以降に移住して定住している者、およびロシア国籍への編入を希望しないそれ以前の移住者であり、二年間の猶予期間が与えられ期間満了までに帰国させられる。第三のカテゴリーは、朝鮮政府発行の旅券を所持する一時滞在者で、居住規則の適用を受けて在留できるが、国有地での入植や耕作は禁じられる、というものであった。国籍を付与する作業は、一八九二年にまず移住者ひとりひとりを三つのカテゴリーに振り分け、名簿を作る作業から始められた。ユ・ヒョヂョン「利用と排除の構図」二三四―二三五頁。

（9）　玄圭煥『韓国流移民史（上巻）』語文閣、一九六七年、七八八―七八九頁。

（10）　ウエ・グラーウェ（南満洲鉄道株式会社庶務部調査課訳）『極東露領に於ける黄色人種問題』大阪毎日新聞社・東京日日新聞社、一九二九年、一二〇―一二一頁。

（11）　イゴリ・R・サヴェリエフ『移民と国家――極東ロシアにおける中国人、朝鮮人、日本人移民』御茶の水書房、二〇〇五年、一五三頁。沿アムール総督管区は、一八八二年一月に陸軍省の会議でアムール州と沿海州を東シベリア総督管区から分離し、沿アムール地方を新しい行政単位とすることが提案され、一八八四年に新しい行政区分が導入されることで成立した。

（12）　アナトーリー・T・クージン（岡奈津子・田中水絵訳）『沿海州・サハリン近い昔の話――翻弄された朝鮮人の歴史』凱風社、一九九八年、四三頁。

（13）　一八九六年、朝鮮国王がロシア公使館に移ると（露館播遷）、親露派内閣が組織され、朝鮮におけるロシアの影響力が増した。そこで日本は朝鮮における地位を確保しようとして、日露間の交渉が始まる。一八九六年五月、日露代表は、朝鮮国王の王宮還御、電信線保護のための日本憲兵の駐屯、京城および開港場での両国軍の駐箚に関する覚書を交換し（小村・ウェーバー覚書）、同年六月にモスクワで両国全権は、朝鮮に対する財政救済、軍隊および警察の独立、電信線の架設などについて協定を結んだ（山県・ロバノフ協定）。さらに一八九八年には朝鮮内政に関して直接に干渉しないこと、軍事・財政顧問の任命については相互協議を行うこと、ロシアは日本の商工業上の優位性を認めることについて協約した（西・ローゼン協定）。韓国史料研究所編『朝鮮統治史料　第3巻　韓日合邦』一九七〇年、八二三―八二八頁を参照。さらに、一九〇〇年の義和団事件をきっかけにロシアが満州に進駐すると、日露は韓国と満州における勢力圏をめぐり交渉を始めるが、そこでは朝鮮半島における勢力範囲の画定が焦点であった。

（14）　小林英夫「植民地経営の特質」『近代日本と植民地3　植民地化と産業化』岩波書店、一九九三年、四頁。

（15）　朝鮮総督府『朝鮮ノ保護及併合』一九一八年、二三三頁。

（16）　本章で取り上げる新聞資料は、『海朝新聞』（翰林大学校アジア文化研究所、一九九五年）、『大東共報』（国家報勲処、一九九三年）、『勧業新聞』（翰林大学校アジア文化研究所、一九九五年）、『共立新報』（景仁文化社、一九九一年）、『新韓民報』（亜細亜文化社、一九八一年）など、韓国で製作された影印本を利用した。

（17）　日韓議定書（一九〇四年二月二三日）の条項に関しては、鹿島守之助『日本外交史　7巻　日露戦争と三国干渉』鹿島研究所出版会、一九七〇年、二三一―二三二頁を参照。

(18) 「訓令」明治三十七年七月二十日、韓国駐箚軍司令官より韓国駐箚憲兵隊長あて、同京城舎営司令官あて、金正明編『朝鮮駐箚軍歴史』巌南堂書店、一九六七年、二二一―二二四頁。
(19) 統監官房『韓国施政年報　明治三十九年明治四十年』一九〇八年、一四九頁。
(20) 金珉煥『韓国言論史』社会批評社、一九九六年、一九三頁。
(21) 統監府『第二次韓国施政年報　明治四十一年』一九一〇年、六一頁。
(22) 『京城新報』一九〇八年四月二六日付。
(23) 『海朝新聞』の題号は、日本の官憲記録では「海潮新聞」「海塩新聞」と記されている場合もあるが、これらは「海朝新聞」に改める。
(24) グラーヴェ『極東露領に於ける黄色人種問題』一一四頁。
(25) 韓国国史編纂委員会編『統監府文書5』一九九九年の「二．在露韓人発行新聞紙並排日行動」篇を参照。
(26) 朴『ロシア韓人民族運動史』三三頁。
(27) 一九一七年にウラジオストクで発行された朝鮮語新聞『韓人新報』の「露領韓人」の五〇年の歩みを記録した連載記事「江東五十年」(一九一七年九月二四日付)および同年九月一七日付の崔鳳俊の死亡記事。なお、崔鳳俊についての最新の研究成果として、石川亮太「二十世紀初頭の沿海州における朝鮮人商人の活動――崔鳳俊を中心に」今西一編『北東アジアのコリアン・ディアスポラ――サハリン・樺太を中心に』小樽商科大学出版会、二〇一二年がある。
(28) 高尾新右衛門編『元山発展史』一九一六年、五二六頁。
(29) 一八八八年に朝鮮を旅行したウェーバリーは、「過去数年間、われわれが購入した牛の年間総頭数は次第に増加をみせて、現在は一万頭に達するが、その内の五千頭から六千頭は元山からの海路で運ばれてくる」としていることからも、すでに当時は海路による生牛の搬出が頻繁に行われていたことがわかる。ゲ・デ・チャガイ編(井上紘一訳)『朝鮮旅行記』平凡社、一九九二年、一四五頁。
(30) 「海朝新聞発行及普及ニ関スル件」明治四十一年五月七日、城津理事庁副理事官より統監府総務長官あて、『統監府文書5』(注25)、七〇頁。
(31) 同右。
(32) 「通信管理局ニ於テ外国新聞一時留置ノ件」明治四十一年五月九日、(統監府総務)長官より通信管理局長あて、韓国国史

編纂委員会編『統監府文書8』一九九九年、二四〇―二四一頁。
(33) 大阪商船三井船舶株式会社編『大阪商船株式会社八〇年史』大阪商船三井船舶、一九六六年。
(34) 韓国国史編纂委員会編『韓国独立運動史1』一九六五年、九八四頁。
(35) 朴『ロシア韓人民族運動史』三七頁。
(36) 原『ウラジオストク物語』二二二―二二四頁。
(37) 「韓国外部顧問スチーブンス氏被害事件ニ関シ当地韓字新聞ノ論調ニ関スル件」明治四十一年四月十七日、浦潮総領事より外務大臣あて(別紙)、『統監府文書5』(注25)、六七―六八頁。
(38) グラーウェ『極東露領に於ける黄色人種問題』一二五頁。
(39) 『海朝新聞』一九〇八年五月三日・五日付、共立新報支社移転の広告。
(40) 「外国新聞発行其他ノ件」隆熙二年二月二十日、警視総監より副統監あて、『統監府文書5』(注25)、六一―六二頁。
(41) 「海朝新聞社員ノ申供」隆熙二年七月九日、警視統監より外務部長あて、同右、七五―七六頁。
(42) 「海朝新聞社員取締ノ件」隆熙二年七月八日、警視統監より外務部長あて、同右、七四―七五頁。
(43) 統監府外務部『露領極東ニ於ケル韓国人の状態』一九〇七年、三二頁。
(44) 「海朝新聞廃刊ニ関スル元山警察署長報告」隆熙二年五月五日、内部警務局長より統監あて、『統監府文書5』(注25)、七三頁。
(45) 『海朝新聞』の発刊前に『晨鐘』という雑誌が車錫甫らによって発刊されたという記録がある。『韓人新報』一九一七年九月二四日付、「江東五十年」。
(46) 『海朝新聞』一九〇八年五月二六日付。ただし、日本側の記録によれば、「知人ヨリ忠告ヲ受ケ愈廃刊ニ決シ印刷機器ハ所有者タル元山吉田秀次郎へ返戻シ為メ昨日出帆ノ俊昌号ニ搭載致シ居リ候趣ニ有之候」とあるが、直後に次の新聞発行計画が進められたように、印刷設備は所持していたように思われる。「海朝新聞廃刊ニ対スル情報ノ件」明治四十一年五月二十七日、城津理事庁副理事官より統監府総務長官あて、『統監府文書5』(注25)、七二頁。
(47) 大東共報社の兪鎮律は一九一〇年七月一七日に新聞の題号を『大東共報』から『大東新報』への変更を申請している。韓国国史編纂委員会編『韓国独立運動史資料34』一九九七年、九四頁。そして八月一八日付から『大東新報』へと変更されたが、号数は『大東共報』を受け継いでいる。

(48)『大東共報』一九〇九年六月二七日付の広告を参照。朝鮮総督府の記録によれば、大東共報社は一万ルーブルの株式を募集し、一株の額面は五〇ルーブルであった。一九〇九年に一株を十分割して一般人から株主を募集した。朝鮮総督府『朝鮮ノ保護及併合』二九三頁。

(49)一九二〇年四月にニコリスク(尼市、現・ウスリスク)で逮捕された崔在亨に対する取り調べでは、「元露国海軍少尉、警務官附属通訳官、元尼市々長等ノ経歴ヲ有シ露国ノ勲章記章等ヲ有ス曾テ国民会長及同会総裁タリシコトアリ」とされ、日本は「最モ有力ナル排日首謀者」と見なしていた。「尼市排日鮮人検挙ニ関スル件」大正九年四月二十日、浦塩派遣軍政務部嘱託事務官より朝鮮総督あて、朝鮮総督府『大正九年　在外鮮人関係綴』一九二〇年、韓国史料研究所編『朝鮮統治史料　第10巻　在外韓人』一九七二年、一二四―一二六頁。

(50)『共立新報』一九〇七年一二月二〇日付。

(51)朴烜「鄭在寛――米州の共立協会総会長からロシアの革命家へ」韓国民族運動史学会編『米州地域の韓人社会と民族運動』国学資料院、二〇〇四年、一七二頁。

(52)『共立新報』一九〇八年一一月一八日付。

(53)『新韓民報』一九〇九年二月一七日付。

(54)潘炳律「露領沿海州韓人社会と韓人民族運動(一九〇五―一九一一)」韓国近現代史研究会編『韓国近現代史研究』七号、ハヌル、一九九七年、八九―九〇頁。潘炳律はこれらの事件が地域的な対立だけでなく、君主制と共和制という政治的理念の違いによるものだとしている。沿海州における朝鮮人社会の派閥対立についてはこの論文が詳しい。また劉孝鐘「極東ロシアにおける朝鮮民族運動――「韓国併合」から第一次世界大戦の勃発まで」『朝鮮史研究会論文集』(朝鮮史研究会)、二二集、一九八五年三月が参考になる。

(55)『大東共報』論説「未開党派論の可懼」(一九〇九年四月二二日付)、「本報の再刊を祝賀する」(一九一〇年四月二四日付)、寄書「祝合心同力」(一九一〇年七月一〇日付)など。

(56)『大韓毎日申報』一九一〇年三月九日付、「海蔘威居留韓人同胞の党派紛争に対して」。

(57)「韓人近況報告ノ件」明治四十三年八月十八日、浦潮総領事より外務大臣あて、外務省外交史料館所蔵『不逞団関係雑件――朝鮮人ノ部――在西比利亜(一九一〇―一九二六)』。この資料(一六冊一万三〇〇〇頁)は、韓国国史編纂委員会編『韓国独立運動史資料36』二〇〇〇年として製作されたCD-ROMにその原文が収録されている。本書ではこのCD-ROMを使用した。

(58)『大東共報』一九一〇年四月二八日付。
(59)『大東共報』一九一〇年五月一五日付。
(60)『大東共報』一九〇九年五月一五日付。
(61)『大東共報』一九〇九年八月五日付。
(62)韓国国史編纂委員会編『韓国独立運動史１』九一九―九二〇頁。
(63)『大東共報』一九〇九年七月四日付、論説「連合運動会に対する観念」。
(64)朝鮮総督府『第三次施政年報　明治四十二年』一九一一年、六九頁。
(65)朝鮮総督府『朝鮮ノ保護及併合』三五九頁。
(66)「ウラジオストク警察部長殿」一九一〇年八月二五日、(沿海州陸軍)総督代理参事官よりウラジオストク警察部長あて、『韓国独立運動史資料34』(注47)、九八―九九頁。
(67)劉「極東ロシアにおける朝鮮民族運動」一四二頁。
(68)新民会については姜在彦『朝鮮の開化思想』岩波書店、一九八〇年の第六章「新民会の活動と百五人事件――李朝末期の国権回復運動と開化思想」を参照。
(69)原『ウラジオストク物語』二六七頁。
(70)グラーウェ『極東露領に於ける黄色人種問題』一一六頁。
(71)一九一一年にペストが猖獗を極めると、沿海州軍務知事は沿アムール総督の命を受け、ウラジオストクの中心部にある開拓里の朝鮮人に四月一五日まで新たに選定された地区へ移転することを命じた。朝鮮人の請願によってその期限は五月二八日まで猶予された。それによって新たにできた朝鮮人の居留地が新韓村である。朝鮮駐箚憲兵隊司令部『明治四十五年六月調露領沿海州移住鮮人ノ状態』一九一二年、五四―五五頁。
(72)「五月二十三日以降浦潮斯徳地方朝鮮人動静ノ件」明治四十四年六月六日、在浦潮通訳官発、『不逞団関係雑件』(注57)。
(73)『勧業新聞』一九一三年七月六日付。
(74)水野直樹「国籍をめぐる東アジア関係――植民地期朝鮮人国籍問題の位相」古屋哲夫・山室信一編『近代日本における東アジア問題』吉川弘文館、二〇〇一年、二一二頁。

(75)「朝鮮人近況報告ノ件」明治四十三年九月二十七日、浦潮総領事より外務大臣あて、『不逞団関係雑件』(注57)。
(76) 朝鮮総督府は在ウラジオストク日本領事館に二人の要員を派遣していた。主に朝鮮人社会内部の動向を調査して総督府に報告していた鳥居忠恕通訳官は、沿海州に居住する朝鮮人の政治犯の送還問題を協議するためにウラジオストクに派遣されたと見られ、独立運動勢力からは暗殺指示が出されていた。「日本人通訳官暗殺指示書」一九一〇年(月日未詳)、高麗文化学術財団『ロシア国立極東歴史文書保管所 韓人関連資料解題集』二〇〇四年、一一七頁。鳥居通訳官は、こうした経歴を生かし、後に満州およびシベリアにおける朝鮮人の状態を実地調査して「西伯利及満洲出張復命書」を朝鮮総督に提出している。『朝鮮統治史料 第10巻』(注49)。
(77)「十二月十六日以降浦潮斯徳地方朝鮮人ノ動静」明治四十三年十二月二十三日、在浦潮通訳官発、『不逞団関係雑件』(注57)。
(78) 日本側も当時の朝鮮人の帰化について「露国の強盛なりし時代に在りては露国に帰化して其の臣民たるを欲したる者多く殊に朝鮮併合の際此の地方に在りて未た帰化せさる者七千余人は日本臣民たるを快とせす連署して露国に帰化を出願したる等の事実あり」としている。「浦潮方面に於ける排日鮮人に関する件」大正八年九月十日、浦潮派遣軍(政務事務)嘱託より軍司令官あて、金正明編『朝鮮独立運動Ⅲ』原書房、一九六七年、四四四頁。
(79) 十月革命一〇周年記念準備委員会『十月革命とソビエト高麗民族』一九二七年、七八―七九頁、鄭東柱『カレイスキ、もう一つの民族史』ウリ文学社、一九九三年所収。
(80)「勧業会規約」、『韓国独立運動史資料34』(注47)、七六頁。
(81)『勧業新聞』一九一二年一二月一九日付、「勧業会の沿革」。
(82) 劉孝鐘は、勧業会が「義兵派」と帰化朝鮮人指導者などによって設立され、ロシア当局の積極的な支援を受けることになった背景として、国民会勢力の排除という両者の共通した利害があったと指摘している。米国の朝鮮人社会を基盤にする国民会の組織拡大は、満州の利権をめぐって米国と対抗関係にあり、また朝鮮人に対する積極的なロシア化を推進していたロシア当局にとっては極めて不都合であって、「義兵派」および帰化朝鮮人が中心の勧業会を通じて国民会の活動を抑制しようとしたのである。劉「極東ロシアにおける朝鮮民族運動」一五二―一五三頁。
(83)『(上海)独立新聞』一九二〇年三月四日付、「俄領実記３」。
(84)「沿海州軍総督閣下殿」一九一一年四月二六日、ニコライ・ペトロビッチ・ユガイより沿海州軍総督あて、『韓国独立運動史資料34』(注47)、一〇〇―一〇一頁。ニコライ・ペトロビッチ・ユガイ(兪鎮律)の請願書には「『大洋報』が進歩的な経済的傾向と道徳性啓蒙の唯一の道具になり、同時にスパイ行為に依拠した日本の極東政策を暴露し西欧文明世界の視点に対する強力な武器になるアジア唯一の親露的新聞になる」と記されている。

(85) 朝鮮駐箚憲兵隊司令部『明治四十五年六月調 露領沿海州移住鮮人ノ状態』八八―九一頁。

(86) 李鍾浩は資産家で大韓帝国高官であった李容翊の孫で、教育家として日韓併合後沿海州に亡命した。親露派の李容翊は亡命先のウラジオストクで一九〇七年に死亡するが、李鍾浩は亡命した祖父の莫大な資産を引き継いでいた。

(87) 「朝鮮人状況報告」明治四十四年八月十九日、浦潮総領事より外務大臣あて、『不逞団関係雑件』(注57)。

(88) 「排日新聞「大洋報」活字窃取ノ件」明治四十四年九月二十二日、浦潮総領事より外務大臣あて、外務省外交史料館所蔵『不逞団関係雑件――朝鮮人ノ部――新聞雑誌』(韓国国史編纂委員会編『韓国独立運動史資料37』二〇〇一年所収)。

(89) 同右。

(90) 申采浩の民族主義については、安秉直(宮嶋博史訳)『日本帝国主義と朝鮮民衆』御茶の水書房、一九八六年の第八章「申采浩の民族運動」および第九章「申采浩の民族思想」を参照。

(91) 呉世昌「申采浩の海外言論活動――一九一〇年代露領を中心に」丹斎申采浩先生記念事業会編『申采浩の思想と民族独立運動』蛍雪出版社、一九八六年。

(92) 愼鏞廈『韓国近代先駆者と民族運動』集文堂、一九九四年。

(93) 「国粋主義と海外同胞」(一九一二年六月一三日付)、「外国語を学ぶ者に告ぐ」(一九一二年一〇月二七日付)、「人は皆国文を知るべし」(一九一三年六月一五日付)。

(94) 李尚根『韓人露領移住史研究』探求堂、一九九六年、五四頁。

(95) 「当地方朝鮮人動静報告」明治四十五年五月六日、浦潮総領事代理より外務大臣あて、『不逞団関係雑件』(注57)。

(96) 『勧業新聞』一九一二年一二月八日付。

(97) 『勧業新聞』一九一三年一二月一四日付。

(98) 朝鮮駐箚憲兵隊司令部『明治四十五年六月調 露領沿海州移住鮮人ノ状態』一〇七頁。

(99) 「二月中旬浦潮斯徳地方朝鮮人動静」明治四十五年二月二十八日、在浦潮通訳官発、『不逞団関係雑件』(注57)。

(100) 「当地方朝鮮人動静報告」明治四十五年五月六日、浦潮総領事代理より外務大臣あて、『不逞団関係雑件』(注57)。

(101)『勧業新聞』一九一三年八月三一日付。
(102)「十月以降当地方朝鮮人ノ状態報告」明治四十四年十一月十三日、浦潮総領事より外務大臣あて、『不逞団関係雑件』(注57)。
(103)「三月四日浦潮発情報」大正三年四月一日、『不逞団関係雑件』(注57)。
(104)『勧業新聞』一九一四年三月二二日付。
(105)警保局保安課「大正五年六月三十日調 朝鮮人概況」韓国史料研究所編『朝鮮統治史料 第7巻 独立運動』一九七一年、六一八頁。
(106)「在露領排日朝鮮人取締方ニ関シ露国官憲ニ交渉ノ件」明治四十五年一月二十四日、外務大臣より浦潮総領事あて、『不逞団関係雑件』(注57)。
(107)「日露犯罪人引渡条約」および「秘密宣言書」については、和田春樹「日露犯罪人引渡条約附属秘密宣言書」『社會科學研究』(東京大学社会科学研究所)、二七巻四号、一九七六年二月を参照。
(108)「浦塩地方ニ於ケル排日鮮人首領処分ニ付露国政府へ交渉ニ関スル件」大正元年八月二十日、朝鮮総督より外務大臣あて、『不逞団関係雑件』(注57)。
(109)潘「露領沿海州韓人社会と韓人民族運動」一〇九頁。
(110)『勧業新聞』一九一四年五月五日付。
(111)「最近浦潮斯徳地方在留朝鮮人ノ状態」明治四十五年五月二十二日、在浦潮通訳官発、『不逞団関係雑件』(注57)。
(112)「管内朝鮮人状況調査書進達ノ件」(別冊「露領極東ニ於ケル朝鮮人」)大正三年四月二十八日、浦潮総領事代理より外務大臣あて、『不逞団関係雑件』(注57)。
(113)「七月十一日以後浦塩地方朝鮮人ノ動静」明治四十四年七月二十五日、在浦潮通訳官発、『不逞団関係雑件』(注57)。
(114)『勧業新聞』一九一四年四月一二日付。
(115)『勧業新聞』一九一三年一〇月一九日付。
(116)『勧業新聞』一九一四年三月二二日付。
(117)『勧業新聞』一九一二年一〇月六日付。
(118)『太平洋雑誌』(*The Korea Pacific Magazine*)は一九一三年六月二〇日、ハワイのホノルルで創刊された雑誌である。キム・ウォンヨン『在美韓人五〇年史』一九五九年、二六二―二六三頁。

(119)『勧業新聞』ではこの記念祭の見送りが戦争勃発にともなう極東総督の訓令によるものだとしているが(一九一四年八月一六日付)、移住五〇周年記念祭は七月一〇日に無期延期が決定している。日本側の記録によれば、記念祭延期の理由として、寄付金募集についてのロシア官憲の干渉が甚だしく、朝鮮人の自由行動を制限するためであると報告されている。「鮮人露領移住五十年紀念祭ノ件」大正三年七月二十一日、(朝鮮)総督他あて、『不逞団関係雑件』(注57)。

(120)「京城民情彙報」大正三年九月二十一日、同右。

(121) Myria Georgiou, "Diasporic Media Across Europe: Multicultural Societies and the Universalism-Particularism Continuum," *Journal of Ethnic and Migration Studies*, Vol. 31 (3), 2005, p. 481.

第三章　「尋ね人」番組のネットワーク
——サハリンと故郷をむすぶ離散家族捜し放送——

1　ラジオを聴く人たち

戦前、強制的にサハリン（旧・樺太）に動員され、日本人が引き揚げるなかでその対象になれなかったサハリン残留韓国・朝鮮人（以下、サハリン残留朝鮮人）は、戦後数十年にわたり異国での生活を強いられた。冷戦時代に、サハリン残留朝鮮人と故郷をむすんだのが、日本を経由した手紙のやりとりと、サハリンに向けた韓国の離散家族を捜すラジオ放送という、「尋ね人」番組のネットワークである。

その放送とは、当時国営放送のＫＢＳ（中央放送局）が開始した「尋ね人」番組の「サハリンの同胞へ」である。一九七二年四月三日に開始された同番組は、まず韓国内の留守家族が出演したり、放送局に届いた手紙を紹介したりすることで消息を伝え、最後に手紙を受け付ける宛先として東京の「樺太帰還在日韓国人会」の住所が読み上げられた。(1)　樺太帰還在日韓国人会とは、一九五〇年代末に妻が日本人であることから同伴で日本に引き揚げた人たちが結成した帰還促進の運動団体である。数十年にわたって生死の消息すらつかめない状況のなかで、同会は冷戦下で国交関係のなかったソ連と韓国の離散家族が送る手紙の中継地となって、サハリン残留朝鮮人と韓国の留守家族をむすんだ。「サハリンの同胞へ」は、こうした同会の中継した手紙によって成り立ったのである。

サハリン残留朝鮮人のある経済学者は、戦後サハリンに残された人たちには二つの道があったと述べている。出世するか、あるいはラジオを聴くか、である。「出世」がソ連の主流社会への参入を意味するならば、「ラジオを聴く」ことは、韓国からの「尋ね人」番組に耳を傾け、祖国に帰る日を待ちわびることにほかならない。祖国から届く唯一の絆であるラジオ放送は、そういう意味で帰還を目的にする「特殊主義のメディア」であった。

東アジアにおいて、人の移動が最も抑制された、「帝国の空間」と「グローバル化の空間」に挟まれた「冷戦の空間」においても、コリアンは、手紙や「離散家族捜し」放送を通じて、さまざまな制限はあるものの情報の交換を行っていた。コミュニケーションの手段は伝統的なメディアに依拠するものであった。だが、それは韓国とサハリンの朝鮮人において、家族の安否が確認できる唯一の方法として、やがてテレビ中継や人的交流につながり、韓国とソ連の国交正常化の下地になる。

本章ではまず、なぜサハリン残留朝鮮人の帰還が阻まれたのか、これまで究明されていなかった一九五〇年代から七〇年代の彼らの帰還をめぐる日本と韓国の交渉過程を検討し、それが成果をあげることなく終わった歴史的背景を明らかにする。その次に、日本の帰還運動団体の活動と、サハリンに向けて韓国が放送した「尋ね人」番組が、どのように冷戦という時期に故郷と異郷をつないでいったのかについて検討する。最後に、一九八〇年代に日本での家族の再会が細々と実現し、その後半からは相互訪問も可能となった状況において、民族文化の再生のなか、北朝鮮と韓国のはざまで揺れるサハリン残留朝鮮人のアイデンティティの変容について考察する。

2 置き去りにされた朝鮮人

2-1 国際政治のなかのサハリン残留朝鮮人問題

サハリン残留朝鮮人の問題は、その重大さゆえに日本の戦後責任を提起する起点となり、今日まで続いている。一九八〇年代後半になって、日韓両赤十字社の共同事業による相互訪問や、わずかながらに永住帰国が実現したものの、日韓の政府事業として一部の集団帰国が行われるのは、二〇〇〇年のことであった。それも、新たな家族の離散をもたらし、なお数千人の永住帰国希望者が受け入れ施設の「空き」＝入居者の死を待っているだけでなく、近年では戦時中の郵便貯金の返還を求める訴訟が起こるなど、サハリン残留朝鮮人の問題は根本的に解決していない。

サハリン残留朝鮮人の帰還をめぐっては、日ソ共同宣言(一九五六年)によって、日本人の妻とともに日本に引き揚げた人たちが結成した樺太帰還在日韓国人会が運動を展開し、冷戦時代に国交関係がなかった韓国とソ連を日本の政府や民間が仲介する政治的な動きをも引き起こした。だが、彼らの国際的な移動に不可欠な国家間の取り決めはなされず、それが実現することはなかった。この時期、国家の論理は、こうした戦争によって引き裂かれた人たちの原状復帰をめぐる交渉を頓挫させ、個別の帰還すら許すことがなかったのである。

とりわけ国交正常化交渉を進める日韓両国は、一九六五年の日韓基本条約および付随協定(以下、「日韓条約」)の締結前からことの重大性を認識していたが、サハリン残留朝鮮人問題は日韓会談で協議の対象になることはなかった。日韓会談が進み妥結にいたる過程は、終戦時に続き彼らの運命を決定づけるもう一つの重要な分岐点となった。この過程で日韓両国がサハリン残留朝鮮人をどのように理解し、また彼らの帰還要求にどう対応したのかを検討することは、いまだ解決されていないこの問題の本質を理解するうえで重要なカギとなるはずである。

「日韓条約」後、両国はサハリン残留朝鮮人の帰還を外交的課題として交渉を開始する。その根源的な責任は日本帝国主義の植民地支配にあるものの、分断と冷戦という状況にあって、彼らの帰還は韓国と日本、そしてソ連および北朝鮮という各国の利害関係が一致してこそ実現する問題であった。したがって日韓関係、日朝関係、日ソ関係のなかでサハリン残留朝鮮人問題が放置されてきた状況を検討することが、もう一つの課題となる。

戦後のサハリン残留朝鮮人に関しては、社会経済的な生活史や文化変容など人類学的視点、戦後責任の視点から考察され、生活実態調査や証言記録、ノンフィクションなどさまざまなかたちで論じられてきたが[2]、外交史料を駆使した戦後の国際関係の実証的研究はほとんど行われていない。

国際政治的な分析として、「樺太残留者帰還請求裁判」(サハリン裁判)にもかかわった国際法学者大沼保昭の『サハリン棄民』がある。同著では、終戦直後のＧＨＱ(連合国総司令部)・日本政府・ソ連のサハリンの朝鮮人をめぐる対応について、米国立公文書館の史料や関係者へのインタビューなどを通じ、残留に帰結する過程を当時の国際情勢から検討している[3]。しかし一九五〇年代から七〇年代における日ソ・日韓の交渉についての言及は、表面にあらわれた政治的動向や立場の分析にとどまっている。とくにその受入先となる韓国も重要なアクターであったにもかかわらず、韓国側の認識と対応および日韓の外交的な交渉過程については十分に解明されていない。

したがって、まずは一九五〇年代から七〇年代という、サハリン残留朝鮮人の帰還をめぐって市民運動が展開され、日韓両政府を突き動かしていくことで政府間の交渉が行われる時期に、外交レベルでどのような駆け引きが展開されたのかを近年公開された外交文書を中心に検討することで、そうした交渉を支える日韓政府のサハリン残留朝鮮人問題への対応および戦後認識の深層に迫ることにしたい。

サハリンに取り残された朝鮮人からすれば、日本人だけの引き揚げは理解に苦しむ出来事であった。募集や官斡旋、戦時徴用など強制動員によって連れてこられ、過酷な労働条件の下で給与まで貯金を名目に取り上げられただけでなく、「現地徴用」や「二重徴用」[4]によって引き裂かれた人たちにとって、日本人のみの引き揚げは背信的な行為として映った。サハリン残留朝鮮人の日本に対する「恨み」は、サハリン出身の在日作家李恢成がいうように、「素朴ながら、まともな感情」であった。

しかし、サハリンの朝鮮人の「棄民」に関しては、より国際政治的な観点からの検討が必要となる。なぜなら、これら朝鮮人の「抑留」が長引くことで、問題の解決は多国間の利害の歯車が嚙み合わねば実現されえないものとなったからだ。その歯車が動き出すには、冷戦崩壊という世界史的な変動のときを待たなければならなかった。すなわち、一九八〇年代後半になってようやく関係国の思惑が一致するようになり、サハリン残留朝鮮人の永住帰国や本国との相互訪問が可能となったのである。

ただし、それはすでに戦後四〇年を経た「遅すぎた帰還」であった。南北朝鮮の分断と冷戦という国際政治の構造的な問題があったにせよ、そうしたなかで行われた活動と交渉にはさまざまな可能性があったはずだ。結局これらは現実に嚙み合うことがなかったのであるが、関係国の政策は、人道とはほど遠い、数百・数千人の望郷の念すら叶えられない徹底して国家の利害にのっとった扱いであった。

2-2 なぜサハリンの朝鮮人は引き揚げられなかったのか

戦後、南朝鮮では在外同胞の帰還を重要な課題として受け止めていた。しかし、各地の帰還者の数が毎日のように新聞に掲載されるなかでも、サハリンの朝鮮人は大きな注目を集めることもなく、一九三七年に沿海州から中央アジアに強制移住させられた高麗人とともに、祖国の人々の関心から遠ざかっていく（第七章の表７－１参照）。もちろん、戦後の国際秩序を構想する統治権力からすると、民族問題の「解決」のため、帝国各地に拡散した人々を国民国家の枠に収束させることは喫緊の課題であった。米国は、数の誤りこそあったものの、中央アジアに強制移住させられた朝鮮人の存在を認識していたし、サハリンにも、日本人のみならず多数の朝鮮人が引き揚げられずにいることはつかんでいた。

ソ連軍が南サハリンを制圧したため内地に引き揚げられなくなっていた日本人は、一九四六年一一月の「ソ連地区米ソ引揚暫定協定」によって、翌月から集団的に引き揚げることになった。日本は真岡（ホルムスク）に引揚船を送るが、朝鮮人の乗船は認められなかった。これがサハリンの朝鮮人の「棄民」に帰着する最初の分岐点となる。

終戦直前に対日参戦したソ連は、南サハリンおよび千島列島の領有を連合国から取り付けていた。スターリンはその勢いで北海道（北部）まで占領することを打診したが、それは米国によって拒否される[5]。このときサハリンでは、女性や子供を中心に北海道への脱出が始まっていたが、ソ連軍が引揚港の大泊（コルサコフ）や真岡を制圧した一九四五年八月二三日には、それでもなお三五万人余りの日本人と四万人余りの朝鮮人が残ったままであった[6]。

連合国軍の占領地区では、戦後まもなく引き揚げが開始されるが、ソ連占領地域の引き揚げは、正式には一九四六年一二月「ソ連地区米ソ引揚協定」によって取り決められ、集団引き揚げが始まる。しかし前述したとおり、朝鮮人および朝鮮人と婚姻関係にあった日本人の女性は置き去りにされた。

連合国の占領下にあったとはいえ、日本人の引き揚げを積極的にＧＨＱに要求していた日本政府が、それと同等に朝鮮人の引き揚げを要請していたならば、事態は大きく変わっていたかもしれない。引き揚げが米ソ間の交渉に委ねられたとしても、「ソ連地区米ソ引揚協定」の追加交渉を要求する日本政府の計画案は緻密であった。たとえば、サハリンの場合、GHQには、最小限の要求として、使用船舶に米船の使用と燃料の支給、使用港として稚内と大泊を追加すること、送出人数を月一万五〇〇〇人から、春季以降は三万八二五〇人に増加させることを交渉するよう求めたのである。それによって、一年一〇カ月かかる引き揚げ期間を一〇カ月に短縮して、越冬の回数を減らすことができるとしたのである。[7] GHQはその追加交渉案をもってソ連側に打診するが、拒否された。

後に、参議院決算委員会で、「昭和二二年の米ソ引揚げ協定……の際当時の日本政府としてアメリカ占領軍に対して〔朝鮮人の帰還に関連する〕意見とか、あるいは話し合いというものの機会があったのかなかったのか」との質問に対して、外務省は「現在調査をしているところ」であると答えたが、[8] そうした痕跡は見当たらない。

GHQもサハリンに二万から四万人に上る朝鮮人が引き揚げを待っていることは把握していた。サハリンに家族を残したまま「二重徴用」で内地転用された炭鉱夫一八人は、終戦直後GHQに家族の引き揚げを嘆願し、一九四七年には南朝鮮でも樺太在留同胞帰国促進会という救護団体がサハリンの朝鮮人の帰還を請願する書簡を送った。[9]

こうした陳情を受けて、GHQでは参謀第三部が、朝鮮人を乗せて真岡から佐世保に寄港して釜山に帰るという具体的な方策を外交局に提案するが、その計画は断念された。それには在朝鮮の占領アメリカ当局の反対が影響した。朝鮮内の秩序安定が最大の課題であって、在外朝鮮人の帰還を好ましく思わなかった現地の占領軍は、南朝鮮の食料や住宅事情を理由に、引揚計画のソ連への申し入れには否定的だったのである。[10]

ただし、そうした占領当局の立場は一般的な原則であって、他の地域からは帰還が急がれていたことを考えれば、それがサハリンの朝鮮人の運命を決定づける要因になったとは思えない。解放とともに各地から帰還する朝鮮人の数は、非公式に帰還した六〇万人余りを除いても、およそ二年間で二〇〇万人を超えた状況で[11]、多く見積もっても数万のサハリンに残された朝鮮人の帰還だけが拒否される理由はなかったのである。

ソ連も当然ながらサハリンの朝鮮人の状況については把握していた。極東軍管区引揚課で実施した人口調査では、サハリンには二万二七七人の朝鮮人が居住しており、これらの朝鮮人が本国への送還を望んでいることを内閣引揚問題全権委員会の副議長がマリク外務次官に報告し、そこで朝鮮人の北朝鮮への送還について問い合わせている[12]。また、引揚問題全権委員陸軍大将が、一九四七年に数回にわたり朝鮮人が本国への送還を要求していることに関する引揚送還課の報告を受けて、一九四八年の下半期に朝鮮人を送還する可能性のあることを明らかにした。彼は朝鮮人を労働力確保のために抑留することはソ連にとって有益ではないとしつつも、その送還先については北朝鮮にするべきだと主張した[13]。

それに対してマリク外務次官は、朝鮮人のうち南部出身者たちは南への送還を望んでおり、サハリンにいる二万三〇〇〇人の朝鮮人全員が北への送還を望んでいるという結論を下すことはできないと指摘した。そして朝鮮人の送還の如何は、日本人の送還が完了した後に決定するが、南サハリンの産業および漁業労働力に与える打撃を考慮して、一九四八年には集団送還を行わないことを示したのである[14]。

サハリン在住の研究者アナトーリー・クージンは、「ソ連地区米ソ引揚協定」による引き揚げに、なぜサハリンの朝鮮人が含まれなかったかという問題に関するソ連側(政府および党中央委員会)の公文書は公表されず、この問題の解答を明らかにすることはできなかったとしながらも、サハリンの朝鮮人の帰還に対するソ連の立場についてこう述べている。「ソ連に関していえば、その立場は静観者以外の何ものでもなかった。そのわけは明白である。ソ連は朝鮮人の運命に同情しながらも、日本からの解放後、労働力が不足していた南サハリンの開発のために、労働力に優れて仕事の選り好みをしない朝鮮人を使おうとしたのである」[15]。

当時サハリンには北朝鮮から労働者が派遣されていたこともあり、マリク外務次官がほのめかす労働力問題は重大であったに違いない。しかし一方では、「朝鮮人を労働力確保のために抑留することはソ連にとって有益ではない」とする意見があったことについても注意を払う必要があるだろう。

南朝鮮では、前述の樺太在留同胞帰国促進会が民政長官や過渡立法議院(第七章注81参照)に日本との交渉に臨むよう陳情書を送り、四万人の同胞の救出対策を求めた。また韓国政府樹立後の一九四九年五月にも国会に陳情書が提出され、政府からは国会に現状を調査してGHQと対策を協議中であるという報告があったものの、具体的な措置が講じられることはなかった[16]。

2-3 朝鮮ダモイ――「恵まれた帰還」

日本人のサハリンからの引き揚げは、一九四九年七月二三日に最終引揚船が出港することでひとまず終了する。その後、日本人女性が引き揚げを求めるなか、一九五六年一〇月に戦犯容疑で有罪が宣告された日本人の釈放と帰還が盛り込まれた日ソ共同宣言が締結されたことで、彼らの引き揚げが実現した。一九五七年八月から五九年九月にかけて、七六六人の日本人女性と、一五四一人の朝鮮人の夫およびその子供が日本に引き揚げることとなった。いびつなかたちであるが、一部朝鮮人の引き揚げが認められたのである。

ところで、一九五〇年代後半はまだ日韓の国交関係が正常化されておらず、植民地統治の「過去」をめぐって日韓会談で激しく争われた時期である。日本において、韓国・朝鮮に対する植民地支配や戦後補償問題への認識は、ないに等しい状況だったといえよう。それだけに、日本からすれば朝鮮人を引き揚げさせることは想定外のことであった。むしろ入国を認めると「不法入国」を容認することになるとして、対策を講じるという具合であった。

ソ連に日本人未帰還者の調査を依頼していた日本は、サハリンの状況をほとんどつかんでいなかった。ソ連から通告された帰還希望者に多数の朝鮮人が含まれていることを知った日本政府は戸惑った。その処理をめぐって外務省は、法務省、厚生省および警察庁など関係省庁間の会議を開き、朝鮮人は原則として受け入れることにした。ただし、それはあくまでもやむをえない選択としてであった。

日本は、引揚船に乗せるのは日本国籍を有する者に限ることをソ連側に申し入れるのが望ましいとしつつ、「一部でも受け入れを拒んだ場合、日本人引揚に及ぼす悪影響を考慮し、今回はかかる要求乃至申し入れを行わないことに」したのである。[17]「引揚という観念において当然に受け入れられる者は日本国籍を有する者に限られる[18]」のであって、つまり朝鮮人は引揚者というより「付随品」に過ぎなかった。それが方針であっただけに、日本人と家族関係を持たない朝鮮人に対しては、終戦前より引き続きサハリンに居住している場合においても入国審査の対象にせず、不法入国者扱いにするとしたのである。[19]

日本は一九五七年三月下旬、ソ連から正式に日本人二二五人と朝鮮人一四六人の計三七一人の帰国希望者の名簿を渡される。それによって彼らの帰国準備が進められることになる。ソ連地区の「未帰還邦人」の第一二次の引き揚げが、サハリンからの引き揚げとなった。サハリンのホルムスクを出航した引揚船は、二一九人の引揚者を乗せて八月一日に舞鶴に入港したが、ほとんどが朝鮮人であったこともあって、「出迎えもいつになくさびしかった」と当時の新聞は伝えている。[20]このように日本人の引揚者が少なかったことから、世間ではこの第一二次船が最後の集団帰国になると見込まれた。もちろん日本政府は、ソ連の引揚者名簿の通告以来引き揚げにいたる諸般の事情から、朝鮮人の引き揚げが今後も続くだろうと感じとっていた。

日ソ共同宣言によるサハリンからの引き揚げは、いびつなかたちではあったものの、実質的には朝鮮人の引き揚げであった。ある日刊紙の見出しのように、「朝鮮ダモイ(家へ帰る)」だったのである。[21] それは、置き去りにされた朝鮮人が帰国を待ち望んでいる限り、集団引き揚げがこれで終わらないことを意味した。続いてソ連側から三一二人を帰すとの通告があり、配船を要求してきたが、その七割以上が朝鮮人であった。第一三次引き揚げも、引揚者を待つ人がわずか数人に過ぎない「寂しい出迎え」であった。

結局、この時期の朝鮮人の引き揚げは、一部の「恵まれた帰還」であって、朝鮮人全体の集団引き揚げの糸口にはならなかった。ただ、一九五八年一月に日本人の妻とともに日本に引き揚げた朴魯学や李羲八らが結成した「樺太帰還在日韓国人会」(以下、帰還韓国人会)は、その後のサハリン残留朝鮮人の帰還運動に重大な役割を果たすことになる。後述するように、出国の際に現地の人々から帰還の夢を託された彼らは、帰還運動のために東京で居住することを決めるや、腰を据えるまもなく陳情書を駐日韓国代表部に届けるなど、活動を開始した。

それでは、日本人妻との同伴で帰還した朝鮮人が提起したサハリン残留朝鮮人問題をめぐり、日本と韓国との間でどのような駆け引きが展開されたのかを見てみよう。

前述したように、「恵まれた帰還」を果たした朝鮮人は、「日本人の家族であるという了解のもとにその入国を認めること」で上陸を許可されたに過ぎなかった。[22] したがって、日本人妻との同伴で引き

図 3-1　舞鶴に入港する引揚船(1958 年)
(『京郷新聞』2006 年 11 月 25 日付)

揚げた朝鮮人をめぐる駐日韓国代表部からの申し入れについては、「見当違いも甚だし」いと考えられていた。

駐日韓国代表部は一九五七年八月六日、日本の外務省に口上書を送り、サハリンから引き揚げた日本人に支給される一万円の引揚手当および帰郷旅費が韓国人には支給されないことに抗議し、韓国人引揚者に対しても日本人と同等の処遇を求めた。戦時中、日本政府によりサハリンへと強制徴用された朝鮮人の差別待遇は、不当かつ人道主義に反するものだとして問題提起し、同時に未帰還者の情報提供と早期の引き揚げを要請したのである(23)。これが、韓国政府がサハリン残留朝鮮人の帰還をめぐって日本政府に対応を要求した最初のケースであろう。

しかし、日韓間の接触が始まる段階での両者の認識の隔たりは大きかった。日本側からすると、駐日韓国代表部の口上書は「引揚げと入国とを完全に混同している」ものであった。つまり、「朝鮮人は原則として、その母国である韓国に引揚げるべきであり、今回の朝鮮人の場合は、本人の入国の申請に対し、わが方がその入国を自主的に許可したもの」だったのである。朝鮮人の引き揚げは、特別に日本在留を認めたケースであって、したがって引揚手当や帰郷旅費の支給の対象にならないことは「法律的にも明らか」とされた。さらに引き揚げ促進の要請についても、当時の日韓関係から、世論の反発を憂慮してなんらかの措置をとることは適切でないと考えられた(24)。

こうした日本政府の立場は、国会での討議（衆議院予算委員会第二分科会、一九五八年二月一七日）においても確認できる。日本人妻に同伴して引き揚げた朝鮮人に対する帰国手当や生活保護の問題を提起した島上善五郎衆議院議員の質問に対して、引揚援護局長は、「第三国人を引揚者というふうな観念で考えますことは非常に無理がございます」と答弁している(25)。

当時の日本の認識としては、サハリンで朝鮮人は日本人と比して差別待遇を受けていたわけでなく、むしろ終戦間際まで兵役免除の特典を受け、ソ連進駐後は解放者として逆に威張りだした存在だったのである(26)。

3 帰還交渉の始動

3-1 一体化する「北送阻止」と「樺太僑胞救出」

サハリン残留朝鮮人の引き揚げに対する韓国の促進要求について、日本の外務省では内部調整を経て、「日本政府が関与すべき問題ではない」とする口上書の起案が一九五七年九月二七日付で作成されている。口上書は韓国の要請に対して、「これら韓国人の問題は韓国政府が在外臣民《ママ》保護権に基き在留国との間に解決すべき性質のものであって、直接には第三国たる日本国政府の関与すべき問題ではない」として、基本的に拒否の立場を示している。[27]

ただし、日本政府は駐日韓国代表部にこの口上書を送付しなかったようである。駐日韓国代表部は、一九五八年に帰還韓国人会の訪問を受け、一九五九年七月に再び口上書を送っているが、そこでは一九五七年八月に送付した口上書への返答がなかったことに遺憾の意を示しているからである。[28] 日本側の返答が保留されたのは、岸信介政権で再開の兆しがあった日韓会談に与える影響を考慮してのことであろう。韓国側の口上書に対して、「書簡をもって回答するときは、右の通り相互の見解が全く対立するため或程度刺戟的な表現を使はざるを得ないので日韓交渉の成行きも勘案しつつ、口頭にて簡単にわが方の立場を説明しおくことが適当なりと考え」られたのである。[29]

その間、一九五八年七月に帰還韓国人会は日本赤十字社(以下、日赤)をとおして赤十字国際委員会(以下、国際委員会）に嘆願書を送っている。ところで、国際委員会としては、戦争によって引き裂かれた家族に対して行動できるというのが基本的立場であり、したがって韓国あるいはサハリンの離散家族が直接申し出ることが望ましいと伝えてきた。それに対して帰還韓国人会は、「第二次世界大戦時韓国人犠牲者連合会」という団体名で再び嘆願書を送付する。(30)国際委員会は日本代表をとおして第二次世界大戦時韓国人犠牲者連合会の関係者を呼び出し、一九五九年五月一五日に自らの立場を詳しく説明するのであるが、とくに離散家族の名前や住所など実体的な資料が必要であることを強調した。すると第二次世界大戦時韓国人犠牲者連合会は、およそ一年後の一九六〇年七月七日、今度はサハリンから送られてきた手紙をもとに作成した二〇四八人の名簿を国際委員会に送付した。(31)

一方、大韓赤十字社（以下、韓赤）も国際委員会から韓国の留守家族が個別申請するようにと要請され、一九五九年六月より一カ月間、サハリンからの未帰還者の申告を受け付けることになる。(32)その結果、およそ一〇〇〇人から帰還措置を要望する申請があった。(33)それによって韓国は、一〇〇〇人の留守家族が個別申請を希望していることを国際委員会代表団が訪韓した際に伝えた。(34)

ところで、一九五九年からの在日朝鮮人の北朝鮮への「帰国事業」は、サハリン残留朝鮮人の帰還にも重大な影響を及ぼすことになる。日本政府が閣議了解し、日赤と朝鮮赤十字会（以下、朝赤）が帰還協定を締結することで同年一二月に開始された「帰国事業」は、最初の二年間でおよそ七万五〇〇〇人余りが北朝鮮に移住する大規模なプロジェクトであった。韓国はこれを在日同胞の「北送」と呼んで激しく反発した。「北送」を阻止するために韓赤代表が国際委員会を訪問した際、サハリン残留朝鮮人問題も併せて提起し、協力を要請した。(35)

しかし「帰国事業」が現実となれば体制競争で北朝鮮に引けを取ることになる韓国としては、なによりも「北送阻止」が優先課題であって、サハリン残留朝鮮人問題は二の次であった。

そもそも韓国はジレンマに陥っていた。日本が「人道的問題」として国際委員会に「帰国事業」への参入を求めていたが、韓国はこれが「政治的問題」であると主張し、国際委員会には関与しないよう要求した。「帰国事業」をめぐって日韓両政府が激しく対立するなかで、韓国がサハリン残留朝鮮人の帰還に「人道的立場」を示して交渉を展開することは、日本の「北送」を容認する結果になりかねない状況だったのである。したがって韓国政府としては、「人道主義」や「居住地選択の自由原則」をもって、国際委員会との交渉の基礎にすることができず、具体的な方針の樹立にもいたらなかった。それに加えて、当時の韓国政府は「長期間ソ連政府の洗脳を受けた者」を積極的に帰還させるつもりはなく、サハリン残留朝鮮人の帰還についてはいかなる対策も整えていなかったのである(36)。

結局「帰国事業」が一段落してから、韓国は「居住地選択の自由原則」を逆手にとって、サハリン残留朝鮮人の帰還を積極的に日本政府や国際委員会に求めていく。しかしそれも、彼らの帰還自体を目的にしたものとは思えない。

それは、韓国政府がどれほどサハリン残留朝鮮人の帰還問題を真剣に考えていたかを見ても浮き彫りになる。民間からの請願や韓国側の問題提起を受けて、国際委員会が韓国政府に、一九六〇年一〇月から数回にわたり、先に提示された一〇〇〇人の帰還申請あるいは消息伝達申請の送付を要請したところ、前述したような理由で韓国はそれに対応できずにいた。また、一九六八年に日本およびジュネーブに派遣された国会議員からなる「樺太僑胞救出交渉使節団」も「北送阻止」と「樺太僑胞救出」の問題を交渉するものであったが、韓国紙が批判したように、「国会使節団のかばんは空っぽ」であって、「駐日大使館で帰還韓国人会の幹部と面談したメモとサハリンからの帰還を訴える手紙数通がすべて」だったのである(37)。

このように、韓国にとって「サハリン僑胞問題」は「北送阻止」のための、国際委員会および日本に圧迫を加える手段であって、その交渉において「北送阻止」と「サハリン僑胞救出」が一体となって進められたのである。

したがって、帰還韓国人会が後に韓国の朴正熙大統領に、日本が朝赤を通じて在日朝鮮人の帰国とサハリン残留朝鮮人の帰還を交換条件として交渉すれば、サハリン残留朝鮮人が帰還できる可能性が十分にあると陳情したことは[38]、関係国が謳う人道主義に対する過信であったといえるだろう。もっとも、帰還韓国人会は「北送問題」を活用してサハリン残留朝鮮人の帰還を図ろうとしたが、韓国政府は逆に、サハリン残留朝鮮人の帰還問題を利用して「北送」を中止させようとしたのである。

　こうしたサハリン残留朝鮮人の帰還問題への態度から、すでに日韓の間では問題が提起され、国際委員会との交渉まで行われていたにもかかわらず、この件が日韓会談の議題に上ることはなかった。それどころか、会談が妥結に向けて進行するこの時期は、政府レベルで本件が取り上げられることすらなかったのである。

　サハリン残留朝鮮人問題が日韓会談の過程で排除された経緯について外交史料上で確認することはできないが、後述するように日韓会談の妥結を急ぐ過程で無視されたか、そもそも日韓会談の争点に値すると考えられていなかったこともありうるだろう。いずれにしろサハリン残留朝鮮人問題が排除された「日韓条約」は、その後の帰還交渉に影を落とすことになる。

3-2　日韓条約後の展開

　一九六一年五月にクーデターをとおして権力を掌握した朴正熙政権における最大の外交課題は、日韓国交正常化であった。帰還韓国人会は、日韓の国交交渉が進展するのを見て、日韓会談でサハリン残留朝鮮人の帰還問題を議題として取り上げるよう両国に陳情を続けた[39]。しかし帰還問題が棚上げにされて「日韓条約」が締結されたため、帰還韓国人会は憤慨に堪えなかったという[40]。こうしてサハリン残留朝鮮人問題は、「日韓条約」の締結後ようやく両国の懸案事項として浮上することになる。

この時期の日韓の交渉は、帰還問題が「帰国事業」と一体となって扱われる状況に変わりはなかった。在日朝鮮人による日本から北朝鮮への「集団帰国」の決定によって、「憤怒と緊張一色」(『東亜日報』一九五九年二月一三日付)に包まれた韓国としては、在日朝鮮人の「北送阻止」とサハリンからの同胞の帰還は、人の移動という体制競争の象徴的な出来事として、なんとしても実現しなければならない課題であったのである。しかし、結果的に韓国は、両方において外交的成果を得ることはできなかった。ただし、韓国側の要請に日本が応答することで、サハリン残留朝鮮人の帰還交渉が現実味を帯びながら進められていく。

「日韓条約」の締結を受けて、サハリン残留朝鮮人をめぐる韓国と日本との駆け引きが本格化する。一九六六年一月一七日に『東亜日報』がサハリン残留朝鮮人問題を報じ、同年二月二日には『朝日新聞』もこの問題を取り上げるようになり、風向きも変わってきた。なによりも、無国籍者を日本側が引き受けるならソ連政府は出国を許可するとされた状況が帰還運動に弾みをつけた。サハリン残留朝鮮人は、「本国」(北朝鮮)やソ連の国籍を取得しないほうが帰還に有利に働くと考え、多くが無国籍のままでいたのである。

サハリンと韓国間の書信を日本で中継していた帰還韓国人会は、一九六五年末から帰還希望者を募ることになる。すると一九六六年には帰還を希望する膨大な手紙が殺到するようになった。それをもとに約七〇〇〇人の帰還希望者の名簿を作成した(41)。こうして一九六五、六六年は、帰還韓国人会のサハリン残留朝鮮人の帰還要求運動の最初のピークとなる(42)。

韓国政府が動き始めたのはこの時期であった。一九六六年一月に帰還韓国人会が駐日韓国大使館に陳情書を出したことをきっかけに、日本政府にソ連との交渉を行うよう正式に要請する。韓国外務部も前年末に韓赤を通じて帰還韓国人会の陳情書を受け付けていた。日本もこれまでの立場を変えて、同年の三月には、韓国側が帰国希望者を全員引き受け、所要費用を負担するという条件を受諾すれば、ソ連政府と交渉を開始する用意があると公式に表明した。[43]

こうした帰還韓国人会の活動によって、日韓両国は問題を共有する状況にまでいたる。しかしその方法については、両者の認識の隔たりはなお大きかった。

韓国の立場は、サハリン残留朝鮮人の救出は日本に一次的な責任があり、まずは彼らを日本に上陸させた後に、希望する定住地を決定させるということであった。歴史的に見れば、サハリンの朝鮮人は在日韓国人と区別されることはなく、サハリンが日本の領土であったならば、在日韓国人の法的地位協定によって日本に永住する権利が付与されていると見なしていたのである。そこからは、サハリンからの帰還者は日本に定着してほしいという思惑が見てとれる。

実際、韓国外務部は、韓国行きの希望者がいれば受け入れるとしつつも、日本に帰還した人を相当期間は日本に定着させ、その間に帰還者の思想や身元を調査し、日本への定着を誘導するという交渉指針を駐日大使に下していた。[44]韓国がサハリン残留朝鮮人の日本への帰還を前提にしたのも、ソ連が韓国への出国を認めない可能性を考慮すれば、それなりの理屈づけにはなった。しかし国際委員会との交渉において、外務部は駐ジュネーブ大使に、いかなることがあっても韓国が受け入れないような印象を与えてはならないと注意を促したように、[45]それは在外同胞を受け入れられない、あくまでも国内的な事情からであった。韓国政府はこのとき、ブラジルやパラグアイなど南米への移民計画を立てていた。

他方、外務部は日本の非協力的な対応に不満をあらわしていた。日本が「居住地選択の自由原則」を尊重するとして北朝鮮への「帰国事業」を推進しながらも、サハリン残留朝鮮人の帰還問題については韓国側の引き受けを前提にするダブルスタンダードを非難したのである。このとき韓国は在外同胞の帰還問題を、「政治的問題」

から「人道的問題」に切り替えていた。

当時の日本の立場をあらわす象徴的な事件が、孫鐘運の帰還をめぐる出来事である。日ソ共同宣言による集団引き揚げは一九五九年九月に第一八次(樺太第七次)をもって終了するが、その後は大陸を経由して個別に行われた。一九六五年に日本人の妻を持つ孫鐘運一家は、ソ連政府が日本の入国許可がある朝鮮人については出国を認める方針であったこともあって、比較的容易に家族全員の出国許可を得ることができた。ところが、日本は従来の方針どおり、孫鐘運の父である孫致奎には入国許可を出さず、結局父を残したままの帰還となったのである。(46)

3-3　日韓会談からの排除という分岐点

帰還韓国人会は、日本の政界に陳情書を送り、署名運動も展開した。また、帰還希望者約七〇〇〇人のリストを作成して国際委員会や日韓両政府にも送り付けた。在日本大韓民国居留民団も「サハリン抑留韓国人問題」にかかわるようになり、共同で陳情書を提出するようになる。

政治レベルでは、駐日韓国大使館の公使が日本外務省のアジア局を訪問して帰還促進を要請する。そして韓国政府は、「サハリン僑胞帰還」と「北送中止」を求めて日本および国際委員会に超党派の使節団を派遣した。この樺太僑胞救出交渉使節団は、一九六八年一月四日から一一日まで日本を訪問して政界との接触を図るが、日本のサハリン残留朝鮮人に対する理解は乏しく、「問題検討」あるいは「慎重に考慮」するという答弁にとどまった。(47)

日本のこうした立場は、「日韓条約」がサハリン残留朝鮮人問題を棚上げにして結ばれたこと、しかも韓国が対日請求権を放棄したことにもとづいている。帰還韓国人会会長の朴魯学の手記によれば、サハリン残留朝鮮人問題が日韓交渉の過程で無視されたことについて、「樺太問題を議題にすると、韓日条約の締結が遅れるので、あとまわしにした」という回答を韓国大使館から受けている。逆に、日本の外務省からは、「今度の日韓会談で、韓国政府は請求権を放棄した。その条件の中には樺太問題も含まれているので、すべて解決した」との答弁を受けた。[48]

日韓の言い分は明らかに食い違っており、ここにはサハリン残留朝鮮人の帰還問題を解決しようとする姿勢は見当たらない。韓国を訪問した朴魯学会長は、駐韓日本大使館に陳情に行った際、参事官から「日韓会談に一行だけでもサハリンの韓国人問題が記入されていたのであれば、後の交渉に役立った」と伝えられた。[49] このように、サハリン残留朝鮮人問題が日韓会談から排除されたため、その結末はこれらの人たちの運命を決定づける、もう一つの分岐点となった。

韓国の使節団は、次の予定地であるジュネーブに向かい、国際委員会と会談を行う。国際委員会からも、韓国が帰国希望者全員を受け入れることを確約する前になんらかの措置をとることはできないと伝えられた。しかし、「北送問題」との衡平性を絡めた「居住地選択の自由原則」の提起は功を奏し、韓国は徐々に国際委員会を自らのほうへ引き寄せていく。

韓国の外務次官が、一九六八年四月に駐韓日本大使を招致し、日本の立場を再確認したところ、全員を韓国が受け入れるという確約が必要だとする従来の立場を崩さなかったが、七月には国際委員会が帰還問題の解決のために協力するよう日本に正式に申し入れた。こうして八月にソウルで開催された第二回日韓定期閣僚会議では、韓国の要求により、共同声明に「これら韓国人が早急に樺太から出境しうるようできる限りの協力を行う旨を表明した」[50]とする項目が含まれた。

韓国とソ連の国交関係がなかったこの時期に、日本がサハリン残留朝鮮人の帰還問題について「できる限りの協力を行う旨」を示したことによって、多国的な枠組みで議論される土壌が整えられるはずであった。しかし、日本が自らソ連にサハリン残留朝鮮人の帰還問題を提起するには、戦後処理に対して一歩踏み込んだ意識の変化が必要であった。

一九六九年七月四日、韓国外務部が駐韓日本大使館を通じて公式に約七〇〇〇人の帰還希望者の名簿を日本政府に渡すと、日本はそのことをソ連側に通告した。しかし日本のソ連への接触は非公式な打診であって、公式的な問題提起はなされていない。

国会でも、サハリン残留朝鮮人問題が「日本に直接関係ない」としながらも、「人道的な責任」という視点から対策樹立の追及があった。外務大臣も前向きに検討するという姿勢を示したように[51]、日本にしてもこの問題はもはや避けて通れない段階にまで進んでいたのである。

一九七一年には、一九六五年に日本の入国許可が下りず、息子夫婦とともに帰還できなかった孫致奎が、集団帰国以後では、渡航証明書を得た一般朝鮮人としてははじめて日本の地を踏んだ。これは、帰国費用の自己負担はもちろん、在日家族の努力と、韓国行きの誓約があって実現したものであった。当時の新聞などでサハリン残留朝鮮人問題が大きく報じられたため日韓の世論が沸騰し、その圧力も作用しただろう。

ただし、孫致奎の引き揚げをサハリン残留朝鮮人の帰還の試験的ケースにしたい帰還韓国人会の期待とは裏腹に、日韓両政府は、あくまでも特殊なケースとして取り扱う立場であった。韓国は「在樺太僑胞全般の帰還問題に影響を及ぼさないようにする」とし、また日本も「本件を単独ケースとして取り扱う」とすることで両政府は合意していた[52]。日韓ともに孫致奎の件が帰還モデルになることは、都合のよいことではなかったのである。

孫鐘運は、帰国費用は日本に負担させるという韓国の方針に従う一方、日本には通過するだけで滞在しないこと、また「通過帰国の必要経費は一切本人が捻出負担して、本国政府には迷惑をかけない」ことを誓約した[53]。ところが、それに対して外務部からは、「たとえ父親や貴下が単純に日本を経由地として韓国への帰還を希望し、またすべての経費まで負担するという意思表示をしたとしても、最初から日本を経由地として帰還を希望することは、樺太僑胞全体の帰還問題に対するわが国の方針とは相反することを理解しなければなりません」(傍点筆者)と念を押された[54]。

いかなるかたちであれ、こうした細々とした帰還の実現は、一九七〇年代初頭の国際情勢の変化とも相まって、帰還への期待を高めていく。一九七二年七月、操業中に拿捕され一年以上サハリンに抑留されていた文鍾河船長が持ち帰ったサハリンの情報は、再び世論を刺激した。一九七三年二月には洪万吉一家がサハリンから日本に引き揚げ、およそ半年後に韓国を訪問することで実現した老母との再会が感動を呼んだ。そして帰還韓国人会と連携して一九七一年八月には韓国の大邱で樺太抑留僑胞帰還促進会(現・中ソ離散家族会)が発足し、日韓政府および人権団体にサハリン同胞の「救出」を訴えた。

しかし、なによりも彼らを鼓舞したのは、日本が公式の場でソ連に問題解決を呼びかけることにより、外交的な交渉がこれから進んでいくだろうという期待であった。

一九七二年一月の第二回日ソ閣僚協議におけるグロムイコ外相と福田赳夫外務大臣の会談でも、サハリン残留朝鮮人問題についての言及があった。福田外相から問題の検討を要請されたグロムイコ外相は、「帰国の要請があれば、ソ連籍、外国籍など、それぞれに関するソ連の国内関係法規に従って検討することになる」と答えているが[55]、サハリン残留朝鮮人に対する認識があったとは思えない。

一九七三年五月の日ソ赤十字社総裁会談では、ソ連赤十字社トロヤン総裁が「日本の通過許可があれば出国を許可する」としたことが日赤の関係者の発言を通じて明らかになった。すると、韓国の新聞は、ソ連がサハリン僑胞を送還する用意を示したとして大々的に報じたのである。ただし、トロヤン総裁の話は一般的な原則を示したに過ぎず、日本外務省もそれをソ連政府の公式の立場とは見なしていなかった。しかし、一〇月に田中角栄首相の訪ソが予定されており、そこで正式に議題として取り上げられるだろうと観測された。

田中首相の訪ソによる日ソ首脳会談では、帰還問題について「外交経路を通じて交渉しよう」という提案をしていたことから、韓国ではブレジネフ共産党書記長が善処を約束したと報じられ、期待が高まった。実際は、平和条約や領土問題など諸懸案のなかにあって、サハリン残留朝鮮人の帰還問題は重視されたわけではない。にもかかわらず、このとき採択された日ソ共同声明には、人道主義の立場から「未帰還邦人の帰国」や「日本人墓地への墓参」が明記され、そうした「諸問題」にサハリン残留朝鮮人の帰還問題も含まれるものだとして、韓国では一層期待が膨らんでいった。

4 膠着する帰還交渉

4-1 守勢から攻勢へ転じる日本

韓国には伝えられていなかったが、一九七三年末に日本はソ連側の当局者にサハリン残留朝鮮人の帰還をめぐる交渉を打診していた。このときソ連は口頭で、「サハリン残留朝鮮人の帰還問題は日ソ間の協議対象になりえない」とする反応を示した(56)。その後の交渉が難航することの不吉な予言である。

一九七二年の田中首相の衆議院への答弁書に見られるように、日本がソ連と交渉する前提条件は、韓国への引き揚げと韓国の費用負担という従来の態度を堅持したままであった。しかし一連の状況から、帰還のカギは日本の入国許可にあると認識したサハリンの朝鮮人たちが、直接ナホトカにある日本総領事館に嘆願書を出すことになる。一九七三年三月から同年末まで送られてきた嘆願書にもとづき、日本は独自の帰還希望者名簿を作成し、この四五世帯二〇二人(後に四七世帯二〇一人)のリストをもって韓国政府に「攻勢」を仕掛けることになる。

外務省は一九七四年一月二二日に韓国大使館の一等書記官を招致して、二〇二人の名簿を渡すとともに、韓国が彼らを引き受けるならば対ソ交渉に臨むと韓国に提案した(57)。これに対して韓国側も二月一日、まず日本に引き揚げてから各人の帰国意思を確認するという従来の立場をもって応酬した(58)。日本はこうした韓国の主張に同意せず、両者の立場は平行線をたどる。外務省としては、自ら作成した帰還希望者名簿であっただけに、韓国が彼らの受け入れについて文書をもって公式に表明することが、帰還交渉のために必要であると強気で臨んだ。

日本は一九七四年三月二七日、こうした内容の口上書を、正式に駐韓大使館を通じて韓国外務部に送付した。これに対して韓国は、内務部、保健社会部、中央情報部など関係部局会議を開き、対応を議論した。この会議のやりとりから、韓国政府のサハリン残留朝鮮人問題に対する本音が見えてくる(59)。

まず韓国は、二〇一人を受け入れ、共産主義国から韓国に同胞が来ることが国内的にも国際的にも有利に働くと判断していた。在日朝鮮人の北朝鮮への帰国により、体制競争において劣位に立たされた韓国であるが、サハリン残留朝鮮人の帰還はそれを挽回する機会になると考えていたのである。

さらに、二〇一人が韓国に帰国すれば、ソ連と北朝鮮との関係を引き離す利点があると期待していた。しかし、それは逆に、北朝鮮がソ連との関係を利用して、サハリン残留朝鮮人の帰還を妨害する可能性を示すものであって、実際にそうした方向へ傾いていく。

他方、帰還者を受け入れる場合、二世の思想分析も重要で、状況によっては反共教育や「体制教養」(資本主義体制の教育)、産業視察などが必要だとされた。そしてそこには経済的な現実問題も横たわっていた。当時の韓国の財政状況では、帰国者に一日二五〇グラムの小麦粉しか提供できない状況であり、サハリンでの生活よりもよい生活が保障できるかどうかについては慎重だったのである。韓国政府はサハリン残留朝鮮人が中流以上の生活を営んでいると認識していた。

反面、日本の要求に応じず帰還者の受け入れを拒否することで交渉が進まなければ、韓国政府に理解を示す国際委員会に面目が立たないばかりか、日本に対ソ交渉を回避する口実を与えることが憂慮されたのである。

会議に同席した中央情報部第一局長は、「彼らが抑留地のソ連から自由世界に脱出できるよう積極的に援助することで十分であり、どこを最終定着地にするかはさほど重要なことではない」と語っている。字義どおりに解釈すれば、彼らのいう人道とは、共産主義国家からの脱出であって、故郷に戻って家族と再会することはどうでもよいことになる。内務部は、韓国への帰還自体には異議はないとしつつ、この二〇一人の帰還の実現が、その後の残留者帰還の基準になることを鑑み、国家的な利害得失を検討して慎重に処理することを外務部に要請している。[60]

最終的には、損得を勘定した結果、原則的には韓国が彼らを受け入れるとしながらも、従来の方針どおり日本に定着を希望する者には日本で暮らせるように帰還交渉を続けることにした。韓国にしても日本の要求を拒み続けることはもはや難しくなっていたのである。外務部は関係部局の意見を取りまとめ、一九七四年五月八日に口上書を日本側に送付した。

ところが韓国が出した返答は、二〇一人に入国許可(entry permit)を与える(grant)ということであって、それについて日本は明示的な確約を要求してきた。つまり、日本への入国許可によって、帰還者は別途の手続きもなく韓国への入国許可が下りるようにすることを求めたのである。[61] だが韓国は、彼らの日本到着後、駐日韓国公館を通じて旅行証明書を発給すると主張し、両者は帰還者を互いに押し付けようとしたのである。

いずれにしろ日本としては、自らが作成した二〇一人の名簿をもって、守勢から攻勢の立場へと転じることができた。日本はこの名簿をもって、ソ連との交渉に臨むことになる。

韓国が二〇一人の帰還希望者を受け入れることを確認した日本は、それを受けて、一九七四年九月までに省庁間の協議を終え、一〇月のはじめに、駐ソ日本大使館に帰還実現の協力を要請するように訓令を出した。[62] それにともなって、駐ソ大使館員は一一月四日、ソ連の外務省を訪問して、ロシア語で作成した二〇一人の帰還希望者の名簿を添付し、ソ連政府が彼らの出国を許可するよう要請する口上書を提示する。

しかしソ連は、サハリン残留朝鮮人の帰還問題は、日ソ間の交渉の対象ではないとして、口上書の受理を拒否した。ソ連は、「朝鮮半島における唯一の合法政府である北朝鮮以外の政権と関連する問題について、日本政府と交渉するつもりはない」として突っぱねたのである。[63] 日本は再度リストの受理を要請したが、ソ連が態度を変えることはなかった。

日本は、韓国側へ交渉結果の説明を行い、こうしたソ連の強硬な反応について北朝鮮の意向が影響している可能性を示唆する。[64] 北朝鮮としては、サハリン残留朝鮮人の韓国への帰還を望まないことは当然であった。それは、韓国が在日朝鮮人の「帰国事業」において、「北送」を阻止するため猛烈に反対したことと通じる。

そうすると、北朝鮮の「意向」は可能性ではなく、現実に作用したとしても不思議ではない。実際、北朝鮮は、「サハリン同胞を南朝鮮に送還させようとする日本の支配層の策動は、朝鮮民主主義人民共和国に敵対する政策の表れである。このような政治的ごまかしは実現不能な妄想にすぎない」として、日ソ首脳会談直後の『労働新聞』一九七三年一〇月一一日付の論説を通じて、日本とソ連の交渉を牽制したのである。[65]

北朝鮮はソ連と友好関係にあるだけに、サハリンには戦後まもない時期にソ連の要請によって派遣労働者を送り出し、その後も宣言活動を繰り広げた。とくに、一九五七年から日本人妻とともに朝鮮人の一部が日本に引き揚げることになり朝鮮人社会に動揺が走ると、ナホトカの北朝鮮の領事館は、北朝鮮の国籍の取得や帰国を慫慂する懐柔工作を公然と行った。[66] 実際に、一九五九年から一九六一年にかけてサハリンの西海岸地方では、大学進学などを目指して、少なからぬ人が北朝鮮に渡ったとされている。[67] 北朝鮮の「帰国事業」は、在日朝鮮人だけでなく、サハリンにも及んでいたのである。

在外同胞を勢力下に置こうとする南北の両政府は、それぞれの都合に合わせて在外朝鮮人の帰還を促し、また相手の帰還交渉には外交的圧力を加えた。こうした「奪還の政治」に在外朝鮮人の運命は翻弄されたのである。

4-2 交差する希望と絶望

サハリン残留朝鮮人の帰還交渉が日ソ間の問題ではないとするソ連の立場は、一九七五年一月および翌年一月にそれぞれモスクワと東京で開かれた日ソ外相会談でも繰り返された。それとは裏腹に、日本のサハリン残留朝鮮人に対する立場は、「同情」から「道義上の責任」へ変わっていく。法的責任はともかく、政治的な責任を感じつつあった日本としては、韓国への帰還と韓国側の費用負担という一〇年来の方針にも「こだわらないという態度で臨みたい」という姿勢を示したのである。[68]

折しも、サハリン残留朝鮮人を原告とする、いわゆる「サハリン裁判」が始まり、彼らの運命をめぐる日本の法的責任が裁判所で問われ始めようとしていた。[69] 日本の立場の変化は、サハリン残留朝鮮人問題や韓国人被爆者問題が公の場で語られることで、戦後責任の問題に直面するようになった結果でもあろう。

一九七〇年代半ばは、こうした希望と絶望が交差する時期であった。日本の入国許可とソ連の出国許可を得ることで、わずかであるが一般朝鮮人としては孫致奎以来はじめて帰還が実現する一方で、サハリンで帰還を求める家族が北朝鮮に強制追放されるという悲劇も発生したのである。

この時期の日本は、サハリンから多くの入国申請を受理していた。一九七五年八月、外務省は渡航証明書の発給申請書を、駐ソ日本大使館をとおして受け付ける方針を決めたのである。さらに、帰還韓国人会にも申請書を送付し、前記二〇一人には大使館が直接本人あてに送った。[70] 後に「サハリン裁判」でも訴えられたように、「渡航証明書というのは相手国と協定なしでは帰国希望者に出しても無駄で、一枚の紙切れに過ぎない」[71]にしても、こうした状況は日本の立場の変化を具体的に示す出来事であった。

しかし、帰還希望者の定着地をめぐる日韓の駆け引きは根本的に変わっていない。韓国は、母国への帰還希望者は受け入れるとしつつ、日本定着希望者については本人の事情を参酌して、日本に人道的考慮を求めるとしたように、やや前向きな姿勢を見せた。ただし、外務部は帰還者に対する日本入国査証が一五日から三〇日まで滞在可能な経由形式ではなく、六カ月程度の入国査証の発給を求めるという訓令を出していたのである。[72]

日本も、渡航申請書を送付し、国会では法務大臣が「通過して韓国へ帰るんだなどということを条件とせずに、まずここへ受け入れてその後……人道的に措置をする」としたように、[73] 日本入国後に希望にそって韓国への帰還を推進する方法の可能性を検討するとした。

だが、実際の入国許可は選別的に行われていた。一九七六年一〇月の段階で、日本政府は九五家族三三一人の入国審査を行っていたが、入国許可を出したのは一〇家族二四人のみであった。[74] 日本への永住希望者については、サハリン渡航前に日本に滞在していた経歴がある者に対しては許可を出していた。在日家族の献身的な努力によって、一九七六年六月に帰還が実現した金花春がこのケースにあたる。そのほかの帰還希望者九四家族三三〇人の審査においては、韓国政府の受け入れ保証があれば直ちに結論を出すという具合であった(75)。

数回にわたるソ連での出国申請の末、一九七五年一〇月に出国許可証を手にした崔正植は、一九七六年三月に日本から渡航証明書が発給され日本に入国した。韓国行きを希望して日本通過を陳情していることを、一九七六年二月に日本から知らされた韓国外務部は、同月末に崔正植の帰還を受け入れる旨の口上書を日本側に送付した。崔正植の帰還によって韓国ではサハリン残留朝鮮人の帰還が現実問題となった。それを受けて韓国は、僑胞帰還に関する関係部局の対策会議を開催し、さらに救済対策に関する関係部局間の業務調整計画を立てた(76)。

以降韓国は、サハリンから韓国へ帰還するために日本への入国申請があるという通報を頻繁に受けることになる。日本は韓国側に、一九七六年三月から七月にかけて八回にわたり、三二家族九五人の申請書受理に関する口上書を送付した。そこで韓国は、彼らの受け入れに関する如何を問われることになる。

ところで、韓国が帰還希望者の引き受けに消極的であると判断した日本は、強硬な態度で韓国にその保証を要求する。一九七六年七月に駐日韓国大使館公使と面談した際、中江要介外務省アジア局長は、「韓国側が真に帰還促進を希望しているのであれば、現段階で検討中の希望者並びに今後出てくる帰還希望者全員を引き受ける旨の意向の表明を直ちに行うべきである」とするトーキングペーパーを韓国側に手交した。そこでは次のように韓国に迫っている。

かかる意味から日本政府としては本件に関し、早急に韓国側の誠意ある回答を期待しており、若し納得のめ《マ》く《マ》回答を得られないならば、本件についてはかねての韓国からの要請はこれをなかったものとして、今後は対処せざるを得ない。また、今後対外的には、韓国側が自国民の帰還を認めていないと公表せざるを得ないと思われるので念の為申し上げておきたい[77]。

この時期に帰還を果たしたもう一人の特殊なケースが、一九七七年一月の大陸に移り住んでいた張田斗の帰還であろう。この三人（金花春、崔正植、張田斗）が一九七〇年代半ばに帰還への希望をもたらしたとすれば、ソ連政府から出国許可証を得ながらも日本から渡航証明書が発給されず帰還できなかった「ナホトカの四人」は帰還の絶望的な現実を物語る事件であった。ナホトカで入国許可を待っていたこの四人は、それが得られないまま一九七六年六月に出国許可の期限が切れることでサハリンに引き返していた。日本は韓国から受け入れの保証がなかったとしてこの四人には入国許可を出さず、七月三日に韓国から受け入れの連絡が届いて許可を出したときにはすでに手遅れであった。

さらに、サハリンで粘り強く出国を要求してきた都万相、柳吉秀一家が、それぞれ一九七七年と一九七八年に故郷の韓国ではなく北朝鮮へ送られたことは、サハリンの朝鮮人社会に衝撃を与えた。サハリンの朝鮮人がこうした北朝鮮への強制追放について抗議を示すことができたのは、ペレストロイカ以後であった。

これまで一九五〇年代から七〇年代にかけて、日韓両政府が戦後サハリンに残留を余儀なくされた朝鮮人の帰還をめぐって、どのように問題を認識し、外交交渉を展開してきたのかについて考察した。問題に関する日韓およびソ連の立場については、先行研究や帰還運動のなかで簡略に言及されてきたが、外交史料をとおして見えてくる帰還交渉の過程からは、人道問題が政治論理に呑み込まれていく生々しい現実が見えてくる。

いうまでもなくこの時期は冷戦という制約こそあったものの、国際政治の構造によって政策が一方的にかたちづくられるものではあるまい。変化する国際関係のなかで、人道に対する意識や戦後補償への認識をもって、国家の論理を超えていく余地もあったはずだ。実際、日ソ共同宣言、「日韓条約」、日中共同声明など国交正常化が実現し、在日朝鮮人の「帰国事業」が推進され、日ソ間は平和協定を目指すなど、積極的に外交交渉を行う時期でもあった。さらに戦後補償運動の原点ともいえる「サハリン裁判」が始まっていた。

しかしこうした諸条件は、サハリン残留朝鮮人の帰還を実現するモメンタムにはならなかった。韓国にとっての急務は、サハリン残留朝鮮人の帰還の実現よりも、在日朝鮮人の「帰国事業」の阻止であった。日本には戦後処理や戦後補償への認識がまだ形成されていなかった。国益を重視する日韓には、彼らを受け入れようとする道義的・政治的・法的責任意識に欠けていた。

さらに在外同胞を体制競争の手段にする南北の政権にとって、サハリン残留朝鮮人は体制の優位性を示すコマに過ぎなかった。人道主義あるいは居住地選択の自由という側面から見た場合、明らかに関連する国や組織の問題への取り組みは矛盾をはらむものであった。結局、サハリン残留朝鮮人にとって帰還をめぐる交渉が行われた時期は、希望と絶望が交差する桎梏の時期でしかなかった。

5　「尋ね人」番組のネットワーク

5-1　樺太帰還在日韓国人会の設立

サハリン残留朝鮮人の帰還運動において、その中心的役割を果たしてきたのが、「樺太帰還在日韓国人会」（帰還韓国人会）である。

日ソ共同宣言によって、日本人妻とともに「恵まれた帰還」を果たすことができた人たちは、その後も長期間残留を強いられることになる「恵まれざる」人々から、帰還の希望を託された。その希望を背負ったのが、一九五八年一月に日本に引き揚げた朴魯学と李羲八、そして一足先に引き揚げていた沈桂燮らである。彼らは引揚船のなかで韓国政府への陳情書を作成したとされている。

引き揚げの翌月には「樺太抑留帰還者同盟」を結成した。その後団体名を「樺太抑留帰還韓国人会」に改めて日韓両政府に積極的に帰還促進を働きかけ、冷戦時代に国交関係がなかった韓国とソ連を日本の政府や民間が仲介する政治的な動きをも引き出した。さらにソ連を刺激して運動の妨げにならないよう「抑留」が削られ、現在の名称にいたる。

ところで、残留者の引き揚げ促進が重大な問題ではあっても、急務は引揚者自身の生活の安定であった。それが運動の物的基盤になることはいうまでもなく、帰還韓国人会も引揚者に対する支援の獲得を緊急の課題とし、そうした情報を提供することで組織を整えていった。当初は、運動の具体的な方法すらつかんでいなかった彼らであったが、同じ引揚者寮に居住する満州引揚者の有川義雄から、運動方法や請願書の様式など、あらゆることについて指導を受けることができた。それによって、社会党と接触することができ、前述したように一九五八年二月末には国会で同党所属の島上議員がサハリン残留朝鮮人問題を提起することになる。そして樺太抑留帰還者同盟も嘆願書を提出する。

その嘆願書によれば、樺太抑留帰還者同盟の代表は李羲八となっているが、まもなく朴魯学が代表を務めることになり、名称も樺太抑留帰還韓国人会に改められた。こうして朴魯学は、全生涯をとおしてサハリン残留朝鮮人の帰還運動に身を投じることになる。

サハリンからの帰還運動を展開する帰還韓国人会からすれば、在日本大韓民国居留民団(以下、民団)と協力することは自然な成り行きであった。情勢はサハリン残留朝鮮人の帰還どころか、在日朝鮮人の北朝鮮への「帰国事業」が進められていたからである。帰還韓国人会は民団とともに「北送反対」運動にもかかわるようになり、さらに民団中央本部民生局の傘下に入ることで、財政的な支援を得ることができた。また、本国にも支援を要請して一時期は韓国政府の財政援助を受けるが、それは韓国政府の影響下に置かれることでもあった。実際に、帰還韓国人会は韓国政府から支援の打ち切りをほのめかされるなどの圧力を受けることもあった[78]。

帰還韓国人会の陳情は、駐日韓国代表部をはじめ、日本の国会や関係省庁、日韓の赤十字社や赤十字国際委員会、そして韓国政府にも及んだ。しかし、各界へ陳情・嘆願を繰り返す積極的な問題提起にもかかわらず、一九六五年の「日韓条約」まで具体的な動きを引き出すことはできなかった。

5-2 手紙のネットワーク——実体化される帰還への願望

帰還韓国人会の活動が注目されるきっかけとなったのは、サハリン残留朝鮮人の帰還希望者の名簿が作成され、その実体が明らかになってからである。国や国際機関、そして世論を動かすには、帰還希望者の実情を示す物的な証拠が必要であった。帰還韓国人会が作成した名簿によって、サハリンの残留者は実体としての交渉の対象とされるようになったのである。

帰還希望者の名簿は、帰還韓国人会がサハリンから送られてきた手紙をもとに作成したものである。帰還韓国人会としては、関係機関に陳情を繰り返しながらも、サハリンと韓国との手紙の中継は欠かせない業務であった。韓国とソ連が国交のない状況で、故郷の情報に飢えるサハリン残留朝鮮人にとって、家族と通じる唯一のルートは、帰還韓国人会が中継する手紙のやりとりだったのである。帰還韓国人会の活動がサハリンに知られるようになると、サハリンからは韓国の家族にあてた手紙が送られてくるようになる。初期は一日数通だった手紙が、月に数百通という数に増えていった。当時の郵便料金は、サハリンあてが一二〇円、韓国あてが五〇円程度の費用を要したという。それが月数百単位になると、かさむ費用だけでも財政的な困難を来した。

こうした状況でも、手紙の中継は、冷戦のまっただなかにある反共国家の韓国と共産主義の体制下にあるサハリンをむすぶネットワークとして機能することで、引き裂かれた家族をつなぎ、帰還への希望を支えた。そして、その手紙のやりとりをとおして作成された帰還希望者の名簿は、実体化された帰還への願望として、やがて日韓の政府間の交渉に用いられていくことになる。

帰還韓国人会が本格的に名簿の作成にとりかかるのは、サハリン残留朝鮮人における帰還への陳情が当局に出され、無国籍者に限って日本政府が入国を許可するなら、ソ連政府は出国の便宜を図るという情報が流れて帰還の兆しが差してきた一九六五年一月のことであった。こうした状況を受けて、帰還韓国人会はサハリンから帰還希望者を受け付けることになり、一九六六年の七月までの半年間だけでおよそ一〇〇〇世帯の帰還申請が殺到し、四四〇〇人余りの名簿を作成した(79)。最終的には前述した約七〇〇〇人の名簿が完成するわけであるが、一九六七年に国際委員会の要請に応じてそれを提出し、韓国政府やメディア機関などにも提供した。以来、しばらくの間、日韓の交渉においてこの約七〇〇〇人の名簿が帰還を求める物的根拠として用いられることになる。

日本での帰還韓国人会の活動に呼応して、韓国では樺太抑留僑胞帰還促進会(以下、帰還促進会)が結成された。初代会長を務めた韓栄相は、一九八八年に「永住帰国第一号」として日本経由で帰還した韓元洙の長男である。彼は、一九六九年に帰還韓国人会を通じて父からの手紙を受け取り、それ以来サハリン残留朝鮮人の帰還運動にかかわるようになる。しかし、帰還韓国人会の朴魯学のように、一生涯をサハリン残留朝鮮人の帰還運動に捧げたのは李斗勲である。李斗勲もまたサハリンにいる父親を捜すなかで同じ境遇の人たちに出会う。それらの留守家族が中心となって設立したのが、一九七一年八月に大邱で発足した帰還促進会である。李斗勲は一九七九年より会長を務めた。

韓国で帰還促進会が結成された意義は大きい。帰還韓国人会としては、韓国側のパートナーが誕生することで、韓国との連携が容易になった(80)。これまで帰還韓国人会が韓国の留守家族に直接送っていたサハリンからの手紙は、帰還促進会に集められることで効率的に中継されるようになる。帰還促進会は手紙を再発送しながら組織を整備していくことができた。そこに集められた手紙はたびたび新聞にも取り上げられ、とくに、帰還韓国人会が帰還促進会に送ったサハリン残留朝鮮人の「生存者」並びに「死亡者」(二三一人)の名簿が各新聞に掲載されるとたちまち反響を呼んだ。

帰還促進会は韓国の留守家族のかなめとなり、手紙の中継だけでなく、本章の冒頭で述べたように国営放送のKBSが実施する「尋ね人」番組で読み上げられる家族情報を放送局に提供した。後日、相互訪問が可能になってからは訪問団を組織するのであるが、そうした活動が韓国側の家族の帰還と再会を求める思いを代弁したのであった。

5-3 「尋ね人」番組、「サハリンの同胞へ」の開始

こうして東京の帰還韓国人会を経由して、サハリンと韓国で手紙のネットワークが形成されるのであるが、両者の歴史的・空間的・イデオロギー的距離をつなぐネットワークは、長い歳月の間途絶えていた肉親の消息を伝えることで、安否の確認はもちろん、帰還への希望をつなげることができた。さらに手紙によって作られた名簿

は、実体化された帰還への願望として国家間の交渉をつなぎ合わせていく。

こうした手紙のネットワークをより活発化したのが、離散家族を捜すKBSのラジオ放送である。韓国で一九八三年にテレビ放映された国内向けの「離散家族捜し」放送で、朝鮮戦争の最中で生き別れとなった離散家族の切実な思いと劇的な再会の場面が生中継されることで感動と衝撃を呼び起こしたことはまだ記憶に新しい。この「離散家族捜し」放送の原型が、「サハリンの同胞へ」という「尋ね人」番組だったのである。

「サハリンの同胞へ」が対北朝鮮チャンネルである「第三放送」で開始されたのは、一九七二年四月三日である。放送時間は午前一時五〇分から一〇分間で、午前六時五〇分から再放送された。二時間の時差があるサハリンでは午前三時五〇分と八時五〇分からの放送となり、日曜日を除いて毎日行われた。六月からはKBSラジオの第一放送と第二放送でも再放送された。番組では、まず韓国内の縁故者が出演したり、放送局に送られてきた手紙を紹介したりすることで、留守家族の消息が伝えられた。そして音楽が流れ、最後に手紙を受け付ける宛先として東京の帰還韓国人会の住所が読み上げられた(81)。

「尋ね人」番組に対する最初の反応は、後に「サハリン裁判」の原告となり、一九八九年に永住帰国を果たすことになる李徳林が息子にあてた手紙であった。李は放送開始直後の四月一八日にラジオから流れてくる息子の声を聴き手紙を出すことになるが、それが日本の帰還韓国人会を経由して放送局に届いたのは、三カ月後のことであった。

「サハリンの同胞へ」の開始は、手紙のネットワークと密接に絡みながらも、それを超える画期的な意味を持っている。これまでは、東京の帰還韓国人会が中継したサハリン残留朝鮮人からの手紙や名簿が情報の発信元であったが、番組の登場によって韓国国内から直接サハリンに向けて家族のメッセージを発信することができるようになった。戦前の記憶に頼るサハリンからの書信の宛先は、植民地支配からの解放にともなう地名の変更はともかく、朝鮮戦争やその後の産業化による社会変動の過程で不明な場合も多かった。実際に受取人不明の手紙も少なくなかった[82]。

さらに、反共主義を基盤にした国家主義イデオロギーにより、手紙が届いても身の上の安全を考えて受け取りを拒否することもあった当時の状況下で、国営放送の「共産圏同胞」向けの放送は、望郷の念がイデオロギーを超えるものであることを示した。国の基幹放送が「共産圏」との手紙の中継地になることは、それまで見えざる存在であった「共産圏同胞」の存在を可視化したのである。この時期から、「サハリン同胞」をはじめ、「中共同胞」（中国朝鮮族）や「ソ連同胞」（高麗人）の存在が細々と紹介されるようになる。在日韓国人が主な研究対象であった海外僑胞問題研究所も、ここにきてサハリンや中国の同胞も視野に入れるようになった。ちなみに外務部がソ連や中国の朝鮮人を海外同胞として統計に含むようになったのは一九九〇年代になってからである。

なお、共産主義圏への門戸開放を盛り込んだ一九七三年の六・二三特別宣言は、こうした動きを後押しし、それによって翌年の九月からは、一時期ではあるがソ連と直接郵便のやりとりが可能になった。

「中共同胞」の存在が浮上したのは、東京の帰還韓国人会を経由してKBSに届いた手紙がきっかけであった。黒龍江省に居住する姜性吾が「サハリンの同胞へ」を聴き、東京の帰還韓国人会が手紙を中継していることを知って韓国の兄あてに手紙を出したのである[83]。番組開始の一年後のことであったが、サハリン向けの放送が中国で受信され、意図せぬかたちで中国と韓国との離散家族のネットワークが形成されたのである。

中国からの手紙を受けて、KBSは「北間島の同胞へ」を新設する。それにともなって手紙の数も増え、一九七四年四二通、七五年四三通、七六年四五通、七七年一九六通、七八年二六五通、七九年には一一八二通と増加し、八〇年には上半期だけでも六五〇〇通にまで急増した[84]。ただし、中国では一九六〇年代にも韓国の放送が受信されていた。農林水産部長官であった息子の努力が実り、一九六五年に英国の仲介で瀋陽から車永煥夫婦が帰還していた。彼は、瀋陽ではKBSのラジオ放送がよく聴こえ、CMソングを残らず覚えたり連続ドラマを欠かさずに聴いたりしている人もいると、当地の様子を伝えた。[85] 一九六四年の東京オリンピックのときには、東京での南北離散家族再会のニュースを聴き、帰郷の念を募らせたという。

一般人としては、一九七八年に安鶴彬夫婦が帰国を果たした。KBSが中国向けに手紙のやりとりの方法を知らせると、互いの安否が確認され情報交換が行われた。中国の場合、とくに改革開放の時代に入ると手紙の交換が活発に行われるようになり、韓国への訪問も可能になった。一九七八年から一九八四年四月まで、一時および永住帰国した人の数は一九四人に上った。[86] しかし韓国政府としては、サハリン残留朝鮮人と同様、彼らの受け入れについては積極的ではなく、韓国内の縁故者の経済能力の調査を必要とするなど、慎重な立場であった。[87]

5-4　「親韓政策」のプロパガンダ

KBSの「サハリンの同胞へ」や「北間島の同胞へ」は、東西デタントの国際的な潮流のなかで、「共産圏」に居住する同胞への新たな対応であった。これらの番組は「対北放送」を担当する「第三放送」(社会教育放送を経て現・韓民族放送)で行われていたのである。社会教育放送は、一九七二年に南北対話の波に乗って「第三放送」から衣替えしたものの、「世界で類を見ない閉鎖社会である北韓の門戸開放を促し、金日成父子世襲体制の矛盾性を糾弾して外部世界の変化に従うように誘導する」ことを揚げるプロパガンダ放送であった。[88] サハリンや中国の在外同胞向けの放送は、国内の離散家族が出演して郷愁を誘発する「共産圏の同胞へ」という九〇分番組へと引き継がれ、夜七時から八時三〇分まで放送された(翌朝五時〜六時三〇分に再放送)。また、一九七九年一〇月からは「尋ね人」番組として主に手紙を朗読する「望郷の手紙」が新設され、本番組は午後一時から二時までの六〇分間、毎日放送された(89)。

もちろん「尋ね人」番組自体は体制の宣伝など政治的なメッセージを含むものではない。しかし、望郷の念をつづるサハリンからの手紙は、「共産治下」「地獄」「酷寒の地」で「呻吟」する同胞の訴えとして受け止められる。それがひとたびメディアで取り上げられると、過酷な生活を強いられるサハリン抑留の韓国人は「救出」すべき対象として注目されたのである。

帰還韓国人会の嘆願書が、必ずしも生活に苦しんでいるという内容ではなくても、政府の対応は政治的意図を帯びることになる。ソウル市は帰還韓国人会の嘆願書に対して、「いまだに冷たいサハリンの地で強制労働を強いられ故国の空を懐かしみながらため息をつくすべての同胞の早急な帰還」が「解決されることを願います」(傍点筆者)と回答している(90)。移動の自由の制限や子供の教育問題で不利益を被る無国籍者を別にすれば、朝鮮人に対して生活面では差別はなく、安定しているという内容の手紙や証言はほとんど伝えられなかった(91)。

こうして韓国における「サハリン同胞」の帰還をめぐる運動や放送は、共産主義国家へのプロパガンダ的な側面を帯びることになる。実際に、「離散家族捜し」放送の成果は「心理戦の輝かしい勝利」と評価されたように、それは北朝鮮の工作に対抗する「親韓政策」でもあったのである(92)。したがって「尋ね人」番組は、サハリンの朝鮮人社会では不安を来すものであった。たとえば、ホルムスク在住の李鍾河は韓国の帰還促進会に手紙を出し、KBSの放送内容を緩和するよう求めたのであるが、そこでは、「サハリン僑胞」が共産治下で苦労しているということは過ちで、生活は裕福で人権もソ連人と同様に保障され差別されることはないことを強調している。加えて、サハリン残留朝鮮人の帰還のためにはソ連との外交的な解決が必要で、放送内容はそれを阻害することになるため、自分たちが苦労しているという内容は削除してほしいと要請したのである。

実際、こうした韓国側の認識は次のような事態を引き起こしている。一九七三年に日本人の妻とともに引き揚げた洪万吉をめぐる韓国各紙の論調のほとんどが、「農業・重労働で骨を削る苦労」「サハリン五万同胞の惨状」という見出しを掲げたように、その「悲惨な生活ぶり」を強調した。それによってサハリンでは、韓国への帰還要求は「反ソ活動」と見なされた。サハリンの唯一の朝鮮語新聞『レーニンの道へ』(現・『セコリョ新聞』)は、朴魯学らを「ブルジョア宣伝家の下僕」だとして、連絡をとらないように求めた(一九七三年一二月一五日付、一九七四年四月一三日付)。また同紙は、サハリンで韓国への帰還を「扇動」する人に非難を浴びせ、韓国の家族から帰還しないように訴える手紙を紹介して、帰還の動きを牽制した。

こうした状況は韓国政府当局も感じとっていた。「尋ね人」番組が「反ソ活動」と見なされるという指摘を受けて外務部は、放送の主務官庁である文化広報部に対し、ソ連を刺激するサハリン向け放送の内容の緩和を要請した。一部の無責任な発言が帰還交渉に悪影響を与えるだけでなく、帰還実現の遅延が予想されるなか、近く帰還が実現するという根拠のない報道がサハリン残留朝鮮人たちにとりとめのない希望をもたらすということが憂慮されたのである(93)。

こうしてみると、反共のためのプロパガンダ放送をサハリン残留朝鮮人と故郷をつなぐ「尋ね人」番組のネットワークに「転用」したことは、それが韓国政府の「心理戦の輝かしい勝利」であったとしても、冷戦と反共主義の壁を突き破り支配的な公共空間に対抗した主流メディアの流用過程であったといえるだろう。サハリン残留朝鮮人とその留守家族は、韓国政府の「対北政策」に包摂されながらもそれを主体的に活用して、「冷戦の空間」を潜り抜ける情報空間を形成したのである。

5-5　韓国―サハリン間のテレブリッジ

サハリンを含めて中国など「共産圏同胞」への関心が高まると、他のメディアでも「共産圏同胞血縁捜し」の放送やキャンペーンを実施するようになる。『韓国日報』は一九七四年から一九七六年にかけて「離散家族捜し」キャンペーンを展開し、『ソウル新聞』も一九八〇年からKBSと共同で同様のキャンペーンを行った。海外宣教の一環としてアジア地域を対象に放送する極東放送・亜細亜放送もまた、中国から手紙が届くことでその中継地となり、故国と「共産圏居住同胞」をネットワークする役割を担うことになる。両放送局には、たんなる宣教関係のものも含めて、一九七九年四月から一九八二年五月までにおよそ二〇〇〇通の手紙が届いた。[94]

放送電波を利用した国内向けの「離散家族捜し」放送は、「サハリンの同胞へ」の開始後、一九七三年一〇月二七日から一九七四年四月三一日まで毎週一回、特別番組として編成されたのが最初である。同年四月一日からは「午後の交差路」という番組のなかで、日曜日を除き毎日五分間放送された。この「尋ね人」番組がテレビの特別番組として編成されたのが、一九八三年の「離散家族捜し」キャンペーンである。

この特別番組は、一九八三年六月三〇日から一一月一四日まで、延べ四五三時間四五分が放送され、五万三五三六件の家族を紹介し、一万一八九件の家族をむすぶ成果をあげた。番組は当初、朝鮮戦争休戦三〇周年を記念した連続企画シリーズの第二部「いまだ家族が見つからない」(六月二一日)として放映された三五分の番組であった。ところが、出演者の反応から離散家族の現実を目の当たりにした番組スタッフが、「離散家族を捜します」という二時間番組を六月三〇日に編成したのである。それが爆発的な反響を呼び、翌日には放送局に家族を捜す人たちが殺到した。KBSには即刻「離散家族捜し推進本部」が設置され、七月一日の午後一〇時一五分から急遽延長放送に突入したのである。それが一三六日間に及ぶ、最高八〇%に近い視聴率を記録した長期放送となった。[95]番組は地域放送局とも連結し、全国規模で離散家族がテレビに出演することになった。

一九八三年七月六日には米国のロサンゼルス、二九日にはドイツのフランクフルトと衛星中継されたように、生放送は海外にも広がった。八月一三日の深夜には「海外離散家族捜し」放送の時間枠が設けられ、九月三日には録画ではあるが、「中国同胞」が出演して家族を捜した。

しかし、この「離散家族捜し」放送で韓国とサハリンがつながることはなかった。一九八三年九月一日にサハリン近海の上空で大韓航空機が撃墜された事件は、さらに情勢を深刻化させた。ただし、こうしたラジオからテレビの時代への変化は、後にサハリンと韓国を衛星中継する「尋ね人」番組にもつながることになる。

「離散家族捜し」放送は、韓国において分断と離散の問題をあらためて露呈した「事件」であるが、それに続く「事件」が、南北の離散家族の再会であろう。一九八五年九月二〇日、南北赤十字会談で南北故郷訪問団と芸術公演団が相互訪問することで合意した。それを受けて南北の離散家族がそれぞれ相互訪問し、ソウルで三〇家族、平壌で三五家族が再会を果たした。北朝鮮から生で送られてくる映像は、それ自体が衝撃的なものであった。その後も離散家族の再会が議論されたものの、政治的理由でいずれも実現しなかった。それが再び行われるのは、二〇〇〇年六月の南北首脳会談で離散家族の再会が合意されてからである。

この時期の「離散家族捜し」放送はサハリンにまでは及ばなかったが、サハリン残留朝鮮人と韓国の家族との再会は、一九八一年に朴亨柱夫婦が韓国の親族との再会のため日本を訪問したように、東京の帰還韓国人会の活動によって日本で行われていた。以後、一九八八年までに日本を訪れたサハリン残留朝鮮人は二一六人に達した。一九八七年には日本で「サハリン残留韓国・朝鮮人問題議員懇談会」(以下、議員懇談会)が結成され、問題解決に向けてソ連に協力を要請した。ソ連はペレストロイカを進め、一九八八年にソウルオリンピックを開催した韓国も国際的な地位を高めることで、両国の関係が改善する国際的環境が整えられた。一九八八年七月に韓国の盧泰愚大統領は、ソ連や中国とも関係改善を追求することを表明する「七・七宣言」を発表していた。

ソウルオリンピックに代表団の一員として参加したサハリン州党委員の朴寿鎬は、中ソ離散家族会(旧・帰還促進会）の李斗勲会長から離散家族の名簿を渡された。それを受けて朴寿鎬がサハリンで離散家族会の必要性を提起し、サハリンで「朝日離散家族再会協力会」（現・サハリン韓人離散家族会）が組織される。その名称は、アイデンティティが「朝鮮」であること、家族再会が主に日本で行われていたことをあらわしている。サハリンの朝鮮語新聞『レーニンの道へ』の主筆の成点模もオリンピックの際にソウルを訪れ、韓国を紹介する連載記事を紙上に掲載した。そうすると『レーニンの道へ』には、親族や家族を捜す情報が大陸や中国、そして韓国からも多数寄せられるようになり、毎日のように「尋ね人」の広告が掲載された。こうしてサハリンでは家族再会の期待が高まっていく。

冷戦のなかで関係国の利害関係が噛み合わず、空回りしてきたサハリン残留朝鮮人の帰還の歯車は、ここにきてようやく歴史の波に乗り、動き出すことになる。ところが、日本での家族再会や韓国への永住帰国に力を注いできた帰還韓国人会の朴魯学会長は、その役割を終えたかのように、一九八八年三月に死去した。初の韓国への公式的な永住帰国が実現する五カ月前であった。やがて韓国とソ連の接触が始まり、政府レベルや赤十字社間の相互訪問事業が展開されるのである。

一九八九年四月、中ソ離散家族会の李斗勲会長は、議員懇談会とともにサハリンを訪れ、韓国からはＭＢＣ（文化放送）が同行して取材を行った。同年九月に、韓国がソウルオリンピック一周年記念として開催した世界韓民族体育大会には、サハリンからも代表団が招待された。そして一〇月には韓国から初の訪問団がサハリンを訪問することになる。ＫＢＳ大邱支局がこの訪問団に加わり、サハリン特集番組「恨《ハン》の望郷五〇年」を制作した。このようにテレビカメラがサハリンに入ることで、サハリンの朝鮮人はその素顔をあらわすことになる。

その極めつきが、一九九〇年の年明けに実現した、ＫＢＳが韓国とサハリンを衛星でむすんだ「尋ね人」番組であろう。サハリンでは「テレブリッジ」と呼ばれているこの「離散家族捜し」放送は、一月二日の午前一〇時より、ソウルおよび大邱とサハリンをむすぶ衛星中継で行われた。ソウルと大邱のスタジオにはそれぞれ三八家族と二〇家族、サハリン放送局のスタジオには四八家族が出演し、サハリンと韓国の家族一八組が「再会」した。当時、サハリンの朝鮮人は許可を得てテレビを視聴し、番組に釘付けになったという。一方、韓国では当日夜にKBSのメインニュース番組の特集として録画放送された。

6　サハリンを競う——韓国と北朝鮮のはざま

6-1　虚構の故郷

離散家族を媒介にした韓国とソ連の接近は、北朝鮮にとって都合のよいことではなかった。一九八六年一月、ソ連のシェワルナゼ外相が東京で開かれた日ソ外相会談で、サハリン残留朝鮮人の出国について前向きな発言をしながらも、その後、北朝鮮の反応を意識して解決は難しいと一歩引く姿勢をとった。とはいえ、北朝鮮の影が見え隠れするなか、実を結ぶことなく終わった一九五〇〜七〇年代の帰還交渉のときとは違って、ペレストロイカが進行するソ連では、もはや時代の流れに逆らうようなことは生じなかった。これまで毎年数人であった家族再会のための日本訪問者は、一九八六年には一三組二一人、八七年には二八組五〇人と増加し、一九八八年には一気に五三組一三四人と倍増した。(96) この年の八月には、日本経由であるが、公式の手続きを経て韓元洙が韓国に永住帰国した。「永住帰国第一号」とされるこの出来事は、その後の永住帰国および集団的な相互訪問のさきがけであった。

北朝鮮からすれば、在サハリン朝鮮人は自国の公民であった。一九五八年からはナホトカの総領事館員をサハリンに派遣し、まだ無国籍者が多かったサハリン残留朝鮮人に北朝鮮国籍の取得を慫慂するなど宣伝活動を展開した。そのため日本での「帰国事業」と同じように、サハリンでも北朝鮮に渡った人が少なくなく、実際、多くの人が北朝鮮の国籍を取得している。韓国地域の出身者にとって、北朝鮮は故郷ではないにしても、「本国」であることに違いはなかったのである。帰還のためにはソ連国籍でないほうが好ましいと思いつつも、無国籍状態は生活において厳しい状況を強いるものであった。そうした苦境から、多くの人にとって北朝鮮国籍の取得は現実的な選択肢だったのである。

ところが南北の体制競争が激化するなか、帰還者の思想状態や安保問題に懸念を抱いていた韓国の状況下で、北朝鮮国籍者は「救出」の対象になりえなかった。帰還韓国人会が作成した約七〇〇〇人の帰還希望者の名簿は、韓国では無国籍者として認識されていた。しかし現実には、一九七〇年代までに多くの人が北朝鮮かソ連の国籍を取得しており、無国籍者は一〇％程度に過ぎなかった。朴魯学が韓国の外務部長官に出した嘆願書のなかで、北朝鮮国籍者の帰還について言及したのも、無国籍者だけを帰還対象として扱う韓国内の風潮に切り込むためであったのだろう。(97)

だからこそ、「共産圏同胞」向けの「尋ね人」番組は、韓国にとっては対北朝鮮対策として最も効果的で、かつ唯一の宣伝手段であった。サハリン残留朝鮮人において、「朝鮮」は往来可能な「祖国」としての存在であったし、言語的にも北朝鮮の文法や表記法を使用していた。一方で、心理的な絆でむすばれているサハリンと韓国との空間的・イデオロギー的距離は、「尋ね人」番組のネットワークによってしか埋められなかった。サハリンの朝鮮人社会の人々の心象風景においては、北と南は常に虚構として共存する「故郷」であったといえよう。

しかしこのバランスも、一時訪問や永住帰国の道が徐々に開かれ、韓ソ関係が進展するなかで崩れていく。それは、サハリン残留朝鮮人のアイデンティティの動揺を意味するものであるが、言い換えれば、南北朝鮮にとってサハリン残留朝鮮人をめぐる「奪還の政治」が正念場を迎えることを意味した。

6-2　再生する民族文化

サハリンの「同胞」をめぐる韓国と北朝鮮の角逐は、朝鮮人社会における民族文化の再生と絡んで進行する。サハリンの朝鮮人社会では、終戦直後に民会が結成されたものの、まもなく解散させられたため、独自の民族団体は存在しなかった。朝鮮劇団が一九五〇年代に姿を消し、一九六四年には民族学校も閉鎖された。朝鮮語の新聞とラジオ放送が今日まで続いているが、それは民族文化の継承というより、党の宣伝道具としての役割を担わされるものであった。(98) ペレストロイカ以前は、新聞には「朝鮮の人々に関係する多くのことは掲載され」ず、テレビ番組に朝鮮人が映ることもなかった。新聞が「面白い新聞」になって、「読者たちに近づき貴重なものになった」のは一九八八年頃からであった。(99)

現在サハリンで発行されている朝鮮語新聞は『セコリョ(新高麗)新聞』である。一九四九年にハバロフスクで『朝鮮労働者』という題号で創刊されたが、一九五〇年九月に極東で朝鮮人が最も多いサハリンに拠点を移し、共産党サハリン州委員会の機関紙となる。『朝鮮労働者』は一九六一年五月、『レーニンの道へ』に改題した。さらに一九九一年には『セコリョ新聞』となるのであるが、それはソ連が市場経済へと移行するなかで、各種機関や企業も独立採算制へと転換されたため、党から財政的援助が得られなくなったことによる。

党から切り離された『レーニンの道へ』は、こうしてサハリン州社会政治新聞『セコリョ新聞』として生まれ変わった。それによって、発行回数は週五回から三回(四頁)に減り、購読料も引き上げられる。一方で、韓国の

『韓国日報』から印刷機が支援され、韓国で印刷技術の研修を受けることで紙面と活字が一新された。一九九二年には週二回(四頁)、九三年からは週一回(八頁)の週刊紙として発行されている。購読者は一九六一年には六七九人、六二年には七〇六人であったが、[100]「面白い新聞」になってから購読者は増加した。しかし、最大で二五〇〇部を発行した部数も、その後一五〇〇部程度にまで下降した。現在はサハリン韓人協会の機関紙となっている。

放送においては、一九五六年一〇月に開始した、一般チャンネルの時間枠を確保して放送されるサハリン州テレビ・ラジオ委員会の「朝鮮語ラジオ放送局」が現在まで続いている。一九九一年には「ウリマル(わが言葉)ラジオ放送局」に改称した。一九六〇年代には朝鮮語放送が日曜日を除いて午後七時三〇分から三〇分間毎日行われた。この時期の放送内容を見れば、社会主義国家の国際ニュースなどの「電報ニュース」、サハリンにおける産業関連の「州内ニュース」がまず報道され、民謡などの音楽の後に国内外の政治情勢の解説や談話があり、再び歌謡などが流れて最後に天気予報が伝えられた。[101]

ペレストロイカ以後は、朝鮮人の生活に密着した内容が見られるようになり、音楽も韓国の歌謡曲が中心となる。しかし割り当てられた放送時間枠は二五分からさらに一五分に減り、二〇〇五年秋からは毎週一回(月曜日)の放送となって、午後六時一〇分から四〇分間放送されている。二〇〇四年八月一五日からウリマルラジオ放送局はテレビ放送に挑んだ。テレビ放送は、週一回三〇分間放送される自主制作番組のほかは、KBSなど韓国から提供される音楽番組やドラマを中心に編成されたが、それも二〇〇九年に財政難で中止に追い込まれた。

「ソ連共産党の偉大な思想」のための宣伝道具であったサハリンの朝鮮人社会のメディアではあるが、「離散家族捜し」において果たした役割は無視できない。『セコリョ新聞』は、永住帰国や一時訪問が実現した一九八八年以来、「尋ね人」の広告や手紙のやりとりの方法を紹介し、帰国や訪問事業の進展状況および計画・展望に関する詳細な記事を掲載することで、さまざまな情報提供の場となった。ウリマルラジオ放送局も「離散家族・親族を捜す広告」を開始し、毎日二、三人の離散家族の境遇を紹介した。「尋ね人」広告の要請は、韓国からだけでなく、大陸や北朝鮮、中国からも寄せられた。

一九八九年に各民族の文化・伝統の再生を強調するソ連共産党の綱領草案「現状況下の党の民族政策について」が発表されると、朝鮮人社会でも民族文化の復興のための活発な議論が行われた。こうした民族文化の復権にともなって、これらのメディアは朝鮮文化の再生にも重要な役割を担うことになる。なによりも、一九六四年の民族学校の閉鎖によって失われつつある朝鮮語の回復が急務であった。

サハリンの学校で朝鮮語が選択できるようになったのも、民族文化の再生の欲求からであった。韓国や北朝鮮との交流が活発になっても、若い世代が「本国人」と言葉を交わすことができない状況が憂慮され、朝鮮語の教育の必要性が高まったのである。『レーニンの道へ』は、一九八九年から紙面に「朝鮮語学習」コーナーや「児童欄」を設け、「沈滞時期にほぼ失いかけていた朝鮮民族の言語、文化が回復され始めた」(一九八九年二月二日付)として、朝鮮語学習ムードを牽引した。サハリン朝鮮人文化センターが設立されて朝鮮語の講習会が開始されるが、民族学校が閉鎖されて以来、言語の喪失はいうまでもなく、教員すら存在しない状況のなか、朝鮮語の講習を担ったのが新聞社や放送局の社員たちであった。朝鮮語で発行される『レーニンの道へ』は、「朝鮮語の研究に熱中する子供、青年たち」の「教科書」であり、「それ以上の世代にとっては生活の必需品」(一九九〇年九月二〇日付)となったのである。

それにともなって民族団体の設立も相次ぐことになる。離散家族の永住帰国や相互訪問事業を円滑に行うため、一九八九年三月に「サハリン朝鮮人離散家族会」が設立された。一九九〇年には、「サハリン朝鮮人協会」(三月二四日)や「サハリン朝鮮人老人会」など民族団体が結成された。こうした民族文化の再生の雰囲気のなかで、一九九一年には「解放後はじめて迎える民族芸術祝典」といわれた「サハリン州第一次韓人民族芸術創作コンクール」が開催されるにいたる。

6-3　虚像から実像へ——サハリンをめぐる南北の角逐

ソウルオリンピックや世界韓民族体育大会の参加者による韓国訪問記が『レーニンの道へ』に連載されると、虚像であった故郷の韓国は、実像として再認識されるようになった。国家間ではまだ国交がない状況であっても、離散家族を媒介として韓国とソ連は公式・非公式なかたちで接触していた。日本や韓国のメディアによるサハリン取材もたびたび行われる。一九八八年末には訪日者の韓国訪問が可能になると、永住帰国も許される状況が現実となった。やがて一九八九年四月には、韓国とソ連は互いに貿易事務所を設置し、領事業務を開始した。その直後に、前述したように議員懇談会に同行して、韓国から中ソ離散家族会の李斗勲会長がサハリンを訪問している。これは、韓国の離散家族としては初のサハリン訪問でもあった。

こうした韓国とサハリンの接近に対して、北朝鮮が不安を感じたとしても不思議ではない。韓国がサハリンの朝鮮人への大規模な慰問公演を行うと、北朝鮮も負けじと芸術団や母国訪問団を組織するなど離散家族再会事業を展開したのである。メディア機関もサハリンを訪問するなど、サハリンにおける韓国の存在感の拡大に対して、積極的にサハリンとの関係構築に乗り出そうとする北朝鮮の様子が窺われる。それは次のような具合である。

一九八九年九月、韓国の世界韓民族体育大会にはサハリンから四〇人余りが招待された。北朝鮮の黄海北道の少年芸術団がサハリンで公演を行ったのは、その直後の一〇月初旬であった。黄海北道はサハリン州とは姉妹自治体関係にあったのである。また同月一四日に黄海北道党委員会代表団がサハリンを親善訪問した。(102) 同日はあいにく、韓国から団体としてははじめての親族訪問団が到着する日でもあった。こうしたニュースは両方とも

『レーニンの道へ』に大きく取り上げられた。しかし『レーニンの道へ』は共産党の機関紙でもあり、黄海北道党委員会代表団の動静が一面でまっさきに報じられた。翌月には黄海北道の社会主義労働青年同盟の代表団がサハリンを訪れている。

この時期、ソ連とは友邦国である北朝鮮は「民主朝鮮」と呼ばれ、韓国は「南朝鮮」と呼ばれていた。しかし、「南朝鮮」が「韓国」に変わるにはさほど時間を要しなかった。新聞では競うようにして祖国関連記事を取り上げ、「韓国」訪問記と「民主朝鮮」訪問記が同じ紙面に掲載されることもあった。民族文化の再生にとりかかるサハリンの朝鮮人からすれば、二つの「祖国」からの関心と支援はともに重要であった。北朝鮮もサハリンとの文化交流として民族楽器や民族舞踊の専門家の派遣、朝鮮語の辞書や教材の提供を約束した。その後もサハリンの教育代表団が黄海北道教育局の招待で北朝鮮を訪れたように、姉妹自治体間の交流に力を注いだ。

一九九〇年に韓国から飛来したチャーター機が母国訪問団を乗せて韓国に向かったことは、サハリンにおいて一大事件であった。それを受けて北朝鮮も離散家族再会事業を展開する。まずは、北朝鮮の「離散家族」が母親に会うためサハリンにやってきた。一九六〇年代に北朝鮮に渡った息子が三〇年ぶりに「一時訪問」したのである。続いてサハリンの親族訪問団が招待されるかたちで北朝鮮を訪問した。ただ、親族訪問団とはいえ、まずは平壌や金剛山、そして開城や板門店などへの観光があって、親族を訪問したのは二週間後のことであった。

韓国のMBCは一九九〇年、解放四五周年を記念して特集番組をサハリンで制作することにした。それは七月二八日と二九日の両日、韓国から人気歌手が参加する慰問公演の開催に合わせてのことであった。大規模な慰問公演はその準備段階から期待を集めた。彼らがサハリンに到着したときに、空港には「韓国人気歌手団を熱烈に歓迎する！」とする垂れ幕がかけられた。[103] 多くの人々が空港に出迎え、「名前を聞くだけでも笑みがこぼれる」韓国の歌手たちを拍手喝采で歓迎した。公演には一万五〇〇〇人の観客が集まり、会場は「州内各地から来た朝鮮住民であふれた」。そして、「サハリン同胞なら誰でも歌う曲」である「釜山港に帰れ」が流れるなかで、「待ちに待った祝日――韓国人気歌手公演」が始まった[104]。公演前には韓国の家族・親族を捜す「尋ね人」番組の収録があった。

これに対抗するかのように、一九九〇年八月一九日には黄海北道芸術団がサハリンで解放四五周年の記念公演を行った。これは二年ぶり二度目の巡回公演であったが、二日間で延べ三万人が集まった韓国の慰問公演との反応の違いは明らかであった。一部地域では公演団への歓待もなく、観客も集まらない無関心な態度であったと、『レーニンの道へ』はその様相を伝えている。

北朝鮮の統一新報社は『レーニンの道へ』の招請で一九九〇年六月にサハリンを訪問した。『統一新報』にはその訪問記としてサハリンの朝鮮人の生活が紹介された。また、実現することはなかったものの、サハリン高麗人協会が「高麗人文化センター」を建設する計画に、北朝鮮の対外経済事業部の朝鮮経済協調総会社が乗り出して契約をむすぶ一幕もあった。

このように、虚像として遠くに存在していた故郷＝韓国が実像としてあらわれてくるなかで、韓国と北朝鮮の競合は、サハリンの朝鮮人社会においても葛藤をもたらすものであった。永住帰国や離散家族の再会で韓国と近づくことになったとしても、まだ共産党が健在な状況のなか、「民主朝鮮」は「階級的兄弟の国」であった。その葛藤は紙面論争としてもあらわれた。北朝鮮を支持する「サハリン朝鮮平和統一支持委員会」の委員長は『レーニンの道へ』のインタビューで、「サハリン韓国親善協会」が設立されると二つの朝鮮を認めることになり、サハリン住民たちに分裂をもたらすとして、その設立に反対したのである。反面、ある読者からは、サハリン韓国親善協会はソ連と韓国の国交正常化を促し、サハリンと韓国の関係を深めることを目的とする時宜にかなう組織だと擁護する意見が寄せられた。

しかし、「抑留」の記憶と帰還の願望を集合的アイデンティティとして共有するサハリン残留朝鮮人にとって、韓国への帰属意識の高まりは時代の趨勢であった。こうした時代の流れは、団体名にある「朝鮮人」が「韓人」に替わるように、まずは組織団体の改称としてあらわれた。

サハリン朝鮮人協会は一九九〇年七月に行った管理委員会の会議で、組織の名称を「サハリン高麗人協会」に改称することを決めた。それは大陸の全ソ連高麗人協会に歩調を合わせるためでもあっただろう。しかし厳密にいえば、サハリンの朝鮮人は「高麗人」ではない(105)。帰還事業を抱えているサハリンの朝鮮人からすれば、大陸の高麗人組織と差別化を図る必要性も働き、組織はさらに「サハリン韓人協会」に改められる。サハリン朝鮮人離散家族会やサハリン朝鮮人老人会も、最終的にはそれぞれ「サハリン韓人離散家族会」「サハリン韓人老人会」になる。その名称自体が直ちに「韓国寄り」を意味することではないにしても、「朝鮮離れ」であることは確かであろう。

こうした南北の角逐も、一九九〇年一〇月に韓国とソ連が国交を正常化し、さらにソ連が崩壊することで決着する。しかもサハリンでは、一九九一年初頭から北朝鮮への批判が高まることになる。一九七〇年代後半に韓国への帰還要請の末、北朝鮮へ追放された人々に対する安否問題が提起されるようになったのである。

『セコリョ新聞』一九九一年一月二九日付は「北朝鮮に連れ去られた韓人たちの運命は——北側からは何も回答がない」とする見出しの記事を掲載している。一九七七年、七八年に北朝鮮へ強制的に送られた三八人の運命に対するサハリン残留朝鮮人の問いに、いまだ返答がないことへの抗議であった。また、同紙は朝鮮戦争時に北朝鮮に派遣された中央アジアの高麗人の遺族が設立した「高麗人遺家族後援会」に関する『高麗日報』(カザフスタン共和国のアルマティで発行される朝鮮語新聞)の記事も紹介した(一九九一年四月二七日付)。これは朝鮮戦争後に粛清された高麗人の行方を問いただす記事である。

こうした北朝鮮への追及は、一九六〇年代にサハリン版の「帰国事業」によって北朝鮮に渡った「サハリン青年」たちの問題にも波及する。編集委員会の名義で書かれた記事では、北朝鮮で弾圧され犠牲になったサハリン同胞の運命を明らかにし、その安否について真実を発表することを求めている。そのために「北朝鮮におけるサハリン同胞弾圧調査委員会」を設置することを提案した[106]。一九九二年六月には、サハリン州高麗人団体連合会の名義で正式に朝鮮民主主義人民共和国外交部長あてに書簡を送り、一九六〇年前後に北朝鮮に渡って消息が途絶えた二六人についての安否確認を要求した[107]。

もはや『セコリョ新聞』では、「民主朝鮮」は消えて「北朝鮮」になっていた。これまで採用していた北朝鮮式の表記法も徐々に韓国式に改められる。セコリョ新聞社が主催した「民族言語の統一化」をテーマにした円卓討論会では、一部に慎重な意見はあっても、大勢は韓国の標準語を導入することに肯定的であった。統一後には祖国の首都になるであろうソウル地域の言葉をもって、言語教育を統一することが求められたのである[108]。

このとき韓国に向かうのは、サハリン残留朝鮮人のアイデンティティだけでなく、戦後四〇年以上が過ぎた「遅れた帰還」ではあるが、実際に多くの人々が韓国へと飛び立っていくことになる。

7　永住帰国、そして戦後補償としてのサハリン

もはやサハリン残留朝鮮人の帰国は時代に逆らえない状況になっていた。一九五〇～七〇年代に成果なく終わった、日本と韓国、そしてソ連との間の多角的な取り組みは、多国間の利害の歯車が動き出す一九八〇年代末になってようやく進展するようになる。冷戦の解体による国際情勢の変化のなかで経済改革を進めるソ連と、経

済発展と民主化によって「北方政策」を進める韓国が国交関係をむすんだのは一九九〇年であった。日本は「終戦五〇周年」に向けて戦後処理を進めていた。こうして関係国のそれぞれの立場が嚙み合うことで、サハリン残留朝鮮人は呪縛から解き放たれていく。

一九八八年に韓元洙が永住帰国して以来、永住帰国や相互訪問は大きな流れを形成する。一九八〇年代になって道が開いた一時訪問は、「サハリン裁判」を主導した高木健一弁護士らがサハリン残留韓国・朝鮮人援護会を作って招請活動を展開するなど、帰還韓国人会や日本の市民が献身的な努力を傾注することで細々と実現した。こうした市民レベルでの努力が実り、一九八九年には日韓両国の赤十字社の共同事業として在サハリン韓国人支援共同事業体を発足させ、本格的な母国訪問が実施された。同年一二月の母国訪問団を皮切りに、直行チャーター機を利用した本格的な母国訪問が実施され、一部の永住帰国も実現した。これによって、一九九〇年からは毎月一〇〇人単位で韓国を訪問することになった。もはや民間レベルでは手に負えない状況になっていくのだが、それは、とくにソ連と韓国の中継地となった日本の帰還韓国人会や支援団体にとっては、ようやく重い荷を下ろすことを意味した。

一方、永住帰国は、韓元洙の帰国以来、韓国で帰国者を受け入れる準備が整わないまま小規模で行われていたが、一九九三年の日韓首脳会談では問題解決に向けて積極的に対応することが話し合われた。それに従って両国は、サハリン残留朝鮮人の帰国のために住宅および療養施設建設に必要な土地を韓国政府が提供し、建設費用および定着支援金は日本政府が提供するということで合意した。日本から提供されたおよそ三二億円の資金をもって、ソウル近郊の安山市に五〇〇世帯分のマンションが建設されるが、故郷マウル(村)と呼ばれる「サハリンアパート」への入居が始まったのは二〇〇〇年二月であった。こうして六五歳以上の移住第一世代四〇八世帯の八一六人が永住帰国し、すでに帰還していた八一世帯一五一人とともに「サハリンアパート」に入居した。これら帰還者は毎月四五万ウォンの補助金で生活している。しかし帰還が許されたのは一部の一世だけであって、こうした措置は新たな離散家族を生み出すなど、さまざまな問題を露呈している。

韓国では「サハリン韓人支援特別法」の制定が進められている。解放六〇周年にあたる二〇〇五年六月および八月に、韓国政府はサハリンに「日帝強占下強制動員被害真相糾明委員会」の調査団を派遣してはじめて残留朝鮮人と対面し、サハリンに来た経緯や永住帰国への希望など実態調査に乗り出した。上記特別法の立案はこの調査にもとづいているが、これまで朝鮮人のサハリン残留の責任問題を日本に転嫁し、日本からの支援に頼ってきた永住帰国および現地定着支援事業に、ようやく本腰を据えて取り組むようになったのである。韓国において、サハリン残留朝鮮人の問題は皮肉にも植民地時代の被害の真相を究明する「過去事」、つまり歴史を清算する問題となることで法的な救済へと動き出したのである。

日本においてもサハリン残留朝鮮人の問題は歴史を突きつけるものであった。今日、中国や台湾、韓国など植民地支配下で被ったさまざまな被害への賠償を求める訴訟が相次いでいる。一九五〇年代に外務省から「甚だしい見当違い」とされたサハリン残留朝鮮人問題であるが、それはやがて日本を戦後補償へと突き動かし、日本の歴史意識を大きく変えていくことになる。一九七五年に始まる「サハリン裁判」は、日本の戦後補償問題における原点ともいえよう。一九八三年に発足した「アジアにたいする戦後責任を考える会」も、サハリン残留朝鮮人の帰国問題がきっかけであった[109]。

このようなネットワークの結節点となった帰還韓国人会が、日本の支援団体と協力して日本政府に朝鮮人のサハリン残留の責任を問うことで、それは韓国人被爆者問題とともに日本における戦後補償問題を提起するさきがけとなった。家族の消息すらつかめない「冷戦の空間」で、サハリンと本国を、そして自らの帰国への希望をつないだ「尋ね人」番組とそれを支えた市民の活動は、歴史をつなぎ、日韓市民の連帯をつないでいく。戦後補償をめぐる日韓市民連帯の基礎がここから築かれるのである。「尋ね人」番組自体は帰還を促進する点で「特殊主義のメディア」であっても、それが築いたネットワークは国家とイデオロギーに閉ざされていなかった。

自分たちの存在の証明のために必死に周波数を故国に合わせてきた「ラジオを聴く人たち」はもういない。生き残った「ラジオを聴く人たち」は、一九九〇年代以降ほとんどが一時訪問や永住帰国を果たした。ただし、サハリンにある漢字やハングル名が刻まれた無数の墓碑が、いまなおその無念さを語っている。

［小　括］

日本帝国崩壊後に引き直された国境線によりソ連邦に編入されたサハリン南部には、戦後、およそ四万人の朝鮮人が取り残された。一九五七年から日本人女性と結婚した朝鮮人の夫とその子供だけが同伴で日本に引き揚げることになるが、それはごく一部の「恵まれた帰還」であった。こうしたなかで、残留朝鮮人から帰還の希望を託された引揚者の朴魯学らは、東京で帰還韓国人会を結成して、嘆願書を出すなど帰還運動を展開し、サハリンと韓国をむすぶ手紙の中継地となる。それは、韓国のサハリン残留朝鮮人に向けた「尋ね人」番組につながる。サハリン残留者は韓国から届くラジオ放送に耳を傾け、故郷に帰る日を待ちわびた。「ラジオを聴く人たち」は、この「離散家族捜し」放送をとおして故郷へ戻る希望を持ち続けることができたのである。人の移動が最も制限された「冷戦の空間」でも、手紙やラジオはサハリンと韓国をつなぐメディアとして、コリアン・ネットワークにおいて重要な意味を持つのである。そのネットワークの結節点となった帰還韓国人会は、日本の支援団体とともに日本政府に朝鮮人のサハリン残留の責任を問うことで、第八章で触れる韓国人被爆者問題とともに、日本における戦後補償問題を提起するさきがけとなった。ここに戦争責任をめぐる日韓市民連帯の基礎が築かれたように、「尋ね人」番組のネットワークは開放性と流用性を備えていた。

では、第一部の最後として、第四章ではインターネットが形成する「仮想的な韓民族共同体」の議論について検討する。

(1) 張敏求編『サハリンからの手紙』韓国放送公社、一九七六年、二九頁。
(2) 北海道新聞社編『祖国へ！――サハリンに残された人たち』北海道新聞社、一九八八年、高木健一『サハリンと日本の戦後責任』凱風社、一九九〇年、宣一九『サハリンの空に流れる歴史の木霊』韓日問題研究所・出版会、一九九〇年、朴亨柱（民濤社編）『サハリンからのレポート――棄てられた朝鮮人の歴史と証言』御茶の水書房、一九九〇年、角田房子『悲しみの島サハリン――戦後責任の背景』新潮社、一九九四年、吉翔・片山道夫『サハリン物語――苦難の道をたどった朝鮮人たちの証言』リトル・ガリヴァー社、二〇〇〇年、崔吉城『樺太朝鮮人の悲劇――サハリン朝鮮人の現在』第一書房、二〇〇七年、大沼保昭『東京裁判、戦争責任、戦後責任』東信堂、二〇〇七年など。韓国では、李盛煥が指摘するように、近年まで本格的な研究は行われず、日本の研究成果に依存してきた。李盛煥「サハリン韓人問題に関する序論的考察」啓明大学校国際学研究所『国際学論叢』七巻、二〇〇二年。
(3) 大沼保昭『サハリン棄民――戦後責任の点景』中央公論社、一九九二年。
(4) 現地徴用とは、募集・官斡旋などによってサハリンに来た朝鮮人が、契約期間が満了しても帰国を許されず、サハリンでそのまま徴用されたことを指す。二重徴用とは、敗戦直前に米軍の攻撃で石炭の輸送船不足が深刻化すると、多数の朝鮮半島出身者をサハリンから日本の炭鉱に強制配置したことである。およそ三〇〇〇人の朝鮮半島出身者が九州などの炭鉱に移された。
(5) 竹前栄治『占領戦後史』岩波書店、二〇〇二年、四七―四八頁。
(6) 戦後サハリンに取り残された朝鮮人の数は、これまで「四万三〇〇〇人」という数字が語られてきたが、新井佐和子が指摘するように、その数には戦後まもなくソ連の要請によって北朝鮮から派遣された労働者が含まれている可能性が高い。新井佐和子『サハリンの韓国人はなぜ帰れなかったのか――帰還運動にかけたある夫婦の四十年』草思社、一九九八年、九七―一〇七頁。大沼も「四万三〇〇〇人」という数字の厳密さには疑問が残るとしているが、終戦時のサハリンには一応四万人前後の朝鮮人がいたと考えられると指摘している。大沼『サハリン棄民』一〇―一一頁。

(7) 「ソ連地区邦人引揚に関する方針」、外務省外交史料館所蔵『ソ連地区邦人引揚関係(中共地区を含む) 第一巻』(K'7-1-2-1)。

(8) 参議院決算委員会、一九七六年一月二三日、田渕哲也民社党議員の質問に対する大森誠一外務省アジア局長の答弁、サハリン残留韓国・朝鮮人問題議員懇談会編『サハリン残留韓国・朝鮮人問題と日本の政治――議員懇談会の七年』一九九四年、八〇頁。

(9) Repatriation of Korean from Sakhalin (G-3 Repatriation), Jan. 1946-June 1949, GHQ Record G3 G III-00104 (国会図書館憲政資料室所蔵)。

(10) 同右、大沼『サハリン棄民』二一〇―二一五頁。

(11) 朝鮮通信社『朝鮮年鑑 一九四八』一九四七年、三五八頁。

(12) 「ソ連邦内閣送還問題全権委員会副議長陸軍中将ゴルベフがソ連外務次官マリクに送った文書」一九四七年二月一七日、朴鍾涍編訳『ロシア国立文書保管所所蔵韓国関連文書要約集』韓国国際交流財団、二〇〇二年、八二三頁。

(13) 「ガブリロフ大佐の参考資料」一九四七年一二月二六日、同右、八二三―八二四頁。

(14) 「ソ連邦外務次官マリクの文書」一九四八年一月四日、同右、八二三頁。

(15) アナトーリー・T・クージン(岡奈津子・田中水絵訳)『沿海州・サハリン近い昔の話――翻弄された朝鮮人の歴史』凱風社、一九九八年、二五八頁。

(16) 『東亜日報』一九四七年一一月一五日付、同一九四九年五月一九日付。

(17) 「ソ連よりの引揚者名簿中に含まれる朝鮮人一四六名の取扱について」一九五七年三月二七日、アジア局第一課発、外務省外交史料館所蔵「ソ連地区引揚朝鮮人(韓国人)の取扱問題」、外務省外交史料館所蔵『太平洋戦争終結による旧日本国籍人の保護引揚関係雑件――朝鮮人関係 第一巻』(K'7-2-0-1/1)。

(18) 「ソ連よりの引揚者中に含まれる朝鮮人の取扱」一九五七年三月二五日、アジア局第一課発、同右。

(19) 「昭和三十二年度執務報告」(抜粋)、一二四頁、外務省外交史料館所蔵『ソ連地区邦人引揚関係(中共地区を含む) 第六巻』(K'7-1-2-1)。

(20) 『朝日新聞』一九五七年八月一日付夕刊。
(21) 同右。
(22) 「在ソ日本人の家族である朝鮮人の入国について」一九五七年四月八日、法務事務次官より外務事務次官あて、『ソ連地区邦人引揚関係(中共地区を含む) 第六巻』(注19)。
(23) 'NOTE VERBALE,' from the Korean Mission to the Ministry of Foreign Affairs, August 6, 1957' 韓国国会図書館所蔵『サハリン僑胞帰還問題 一九五七―六五』(P-0003)。
(24) 「南樺太よりの引揚朝鮮人に関する韓国代表部よりの口上書に関する件」一九五七年八月九日、アジア局第一課発、『太平洋戦争終結による旧日本国籍人の保護引揚関係雑件――朝鮮人関係 第一巻』(注17)。
(25) サハリン残留韓国・朝鮮人問題議員懇談会編『サハリン残留韓国・朝鮮人問題と日本の政治』六六頁。
(26) 「南樺太よりの引揚朝鮮人に関する韓国代表部よりの口上書に関する件」(注24)。
(27) 「樺太残留韓国人に関する件」一九五七年九月二七日、外務省より大韓民国代表部あて、『太平洋戦争終結による旧日本国籍人の保護引揚関係雑件――朝鮮人関係 第一巻』(注17)。
(28) 「樺太僑胞帰還問題」一九六九年三月七日、駐日大使館より外務部あて、韓国国会図書館所蔵『サハリン僑胞帰還問題 一九六九』(P-0007)。
(29) 「南樺太よりの引揚朝鮮人に関する韓国代表部よりの口上書に関する件」(注24)。一九五七年二月に登場した岸内閣は、第三次日韓会談の中断の原因となった、いわゆる「久保田発言」を撤回する意向を示した。同年一二月二九日には日韓予備会談が開かれ、日韓会談の再開と、それまで争点となっていた大村収容所の在日朝鮮人(四七四人)と釜山収容所の日本漁民(九二二人)との間の相互釈放が合意された。こうして第四次日韓会談が一九五八年四月に再開された。
(30) 'Note no. 1427,' from Geneva to Japan Delegation, April 28, 1959, Repatriement des Coréens de Sakhalin, URSS, 10/03/1958-28/11/1975 (ジュネーブ赤十字国際委員会資料室所蔵)。本資料はオーストラリア国立大学のテッサ・モーリス=スズキ教授からいただいた。
(31) 'Korean nationals in Sakhalin Island,' from Japan Delegation to Geneva, July 26, 1960, ibid.
(32) 『朝鮮日報』一九五九年五月二九日付。
(33) 「在樺太抑留同胞に対する送還問題」、韓国外交安保研究院所蔵『サハリン僑胞帰還問題 一九六六』(P1-1/2～2/2)。

(34)「樺太僑胞帰還及び其の他の問題に関する代表団派遣」、韓国国会図書館所蔵『サハリン僑胞帰還問題 一九六七』(P-0005)。
(35) 李奎粲「サハリン僑胞の現況と問題点」国会図書館資料局『海外事情』六号、一九七七年、九一頁。
(36)「在樺太抑留同胞送還問題」、『サハリン僑胞帰還問題 一九六六』(注33)。
(37)『朝鮮日報』一九六八年一月九日付。
(38)「陳情書」一九七二年四月三〇日、樺太抑留帰還韓国人会より大統領あて、韓国国会図書館所蔵『在サハリン同胞帰還関係陳情書 一九七二』(P-0011)。
(39) 高木『サハリンと日本の戦後責任』六五頁。
(40) 宣『サハリンの空に流れる歴史の木霊』一三九頁。
(41)「樺太抑留同胞帰還希望者名簿」には、日本行きを希望する者が三三四世帯一五七六人、韓国行きを希望する者が一四一〇世帯五三四八人、合計一七四四世帯六九二四人が記載されている。
(42) 高木『サハリンと日本の戦後責任』六六頁。
(43)「樺太僑胞帰還及び其の他の問題に関する代表団派遣」(注34)。
(44)「在サハリン抑留同胞救出問題」一九六八年四月二二日、外務部より駐日韓国代表部大使あて、韓国国会図書館所蔵『サハリン僑胞帰還問題 一九六七―六八』(P-0006)。
(45)〈WGV-0206〉外務部より駐ジュネーブ大使あて、同右。
(46) 高木『サハリンと日本の戦後責任』一三四〜一三八頁。
(47) 外務委員会「樺太僑胞救出交渉使節団報告資料」一九六八年二月一六日、『サハリン僑胞帰還問題 一九六七―六八』(注44)。
(48) 角田『悲しみの島サハリン』七七頁から再引用。
(49) 宣『サハリンの空に流れる歴史の木霊』一四〇頁。
(50) 外務省『わが外交の近況』一三号(資料)、一九六八年、三四頁。
(51) 衆議院外務委員会、一九六九年三月一九日、青木正久自民党議員の質問に対する愛知揆一外務大臣の答弁(国会会議録検索システム)。

(52) 「サハリン抑留僑胞帰還のための嘆願」一九七一年一〇月一六日、駐日大使館より外務部長官あて、韓国国会図書館所蔵『在サハリン同胞帰還問題 一九七一―七二』(P-0011)。
(53) 「嘆願書移送」一九六九年一月一四日、仙台領事館より(駐日韓国代表部)大使あて、韓国外交安保研究院所蔵『在サハリン僑民孫致奎帰還 一九六五―七一』(P-0013)。
(54) 「民願回信」一九六九年二月一二日、外務部より孫鐘運あて、同右。
(55) 駐韓日本大使館が韓国外務部に送付(一九七二年二月五日)した「在樺太韓国人引揚問題についての大臣・グロムイコ外相会談内容」、同右。
(56) 「面談要録」一九七四年一一月一五日、外務部東北亜一課長と駐韓日本大使館一等書記官との面談、韓国外交安保研究院所蔵『在サハリン同胞帰還交渉 一九七四―七五』(P-0013)。
(57) 〈JAW-1919〉駐日韓国代表部大使より外務部長官あて、同右。
(58) 〈JAW-0229〉駐日韓国代表部大使より外務部長官あて、同右。
(59) 「在サハリン僑胞送還交渉及び事後対策」(「在樺太僑胞帰還交渉及び事後対策のための関係部局会議録」一九七四年四月六日)一九七四年四月八日、外務部より内務部長官・保健社会部長官・中央情報部長あて、同右。
(60) 「在サハリン僑胞送還交渉及び事後対策」一九七四年四月一三日、内務部より外務部長官あて、同右。
(61) 「在樺太僑胞帰還問題に関する面談録送付」一九七四年六月一三日、外務部長官より駐日韓国代表部大使あて、同右。
(62) 〈JAW-10375〉駐日韓国代表部大使より外務部長官あて、同右。
(63) 〈JAW-11321〉駐日韓国代表部大使より外務部長官あて、同右。
(64) 「面談要録」(注56)。
(65) 大沼『サハリン棄民』九一頁。
(66) 朴『サハリンからのレポート』五五―五八頁。
(67) 同右、六三頁。
(68) 参議院予算委員会、一九七六年一月二二日、田渕哲也民社党議員の質問に対する影井梅夫入国管理局長の答弁、サハリン残留韓国・朝鮮人問題議員懇談会『サハリン残留韓国・朝鮮人問題と日本の政治』八二頁。
(69) 高木健一弁護士らを中心に、一九七五年五月に樺太裁判実行委員会が発足した。同年一二月に訴訟を起こし、一九八九年六月に取り下げた。
(70) 外務部『樺太僑胞関係資料』一九八一年、五三―五四頁。
(71) 第二一回サハリン裁判での張田斗証人の発言。宣『サハリンの空に流れる歴史の木霊』一七四頁。
(72) 外務部『樺太僑胞関係資料』五六頁。
(73) 参議院予算委員会、一九七六年一月二二日、田渕哲也民社党議員の質問に対する稲葉修法務大臣の答弁、サハリン残留韓国・朝鮮人問題議員懇談会『サハリン残留韓国・朝鮮人問題と日本の政治』八八頁。
(74) 参議院外務委員会、一九七六年一〇月二一日、田渕哲也民社党議員の質問に対する小坂善太郎外務大臣の答弁、同右、九〇頁。
(75) 参議院外務委員会、一九七六年一〇月二一日、田渕哲也民社党議員の質問に対する竹村照雄法務大臣官房審議官の答弁、同右、九一頁。
(76) 外務部『樺太僑胞関係資料』六二頁。
(77) 同右、九七頁。
(78) 〈WJA-07249〉一九七四年七月二〇日、駐日韓国代表部大使より外務部長官あて、『在サハリン同胞帰還交渉 一九七四―七五』(注56)。
(79) 張在述『〝獄門島〟サハリンスクに泣く人々――「在樺太韓国人」置き去りにされた無告の民は訴える』樺太抑留帰還韓国人会、一九六六年、九五頁。
(80) 帰還韓国人会の外務部長官への陳情書で、「樺太抑留僑胞帰還促進会が発足することで、関係官庁や各機関との接触および樺太同胞たちの間で書信連絡などが前年より数倍に増加した」と述べている。「樺太同胞帰還促進に関する陳情書」一九七二年三月一五日、帰還韓国人会より外務部長官あて、『在サハリン同胞帰還関係陳情書 一九七二』(注38)。
(81) 張編『サハリンからの手紙』二九頁。
(82) 『東亜日報』一九七二年一一月二五日付。
(83) 『東亜日報』一九七三年七月四日付。
(84) 劉寛之「中共のなかの韓人」海外僑胞問題研究所『韓民族』一九八〇年夏号、五四頁。
(85) 大韓赤十字社『離散家族白書』一九七七年、一四五頁。車永煥の息子は農林水産部長官であったこともあって、特別なケースとして帰還することができたのだろう。

(86) 張敏求「ソ連・中共居住同胞たちの実態と離散家族問題」寛勲クラブ『新聞研究』三七号、一九八四年、二五六頁。

(87) 『京郷新聞』一九七九年五月一八日付。

(88) 韓国放送公社『KBS年鑑 一九八〇』一九八〇年、二〇四頁。

(89) 韓国放送公社『KBS年鑑 一九八四』一九八四年、一三八頁。

(90) 「サハリン抑留僑胞帰還促進嘆願」一九六九年二月一四日、ソウル特別市より保健社会部・外務部あて、『サハリン僑胞帰還問題 一九六九』(注28)。

(91) 一九六八年一二月に日本人の妻とともに日本に引き揚げた申承徳は、駐札幌韓国総領事館の領事による尋問調査のなかで、サハリンでの生活について語っている。その「尋問報告書」には、サハリンの朝鮮人が、豊かではないが安定した生活を営んでいると記されている。「樺太帰還僑胞(申承徳)に対する調査報告」一九六九年一月三一日、駐日大使館より外務部長官あて、同右。

(92) 劉「中共のなかの韓人」五五頁、張「ソ連・中共居住同胞たちの実態と離散家族問題」二二三頁、崔明国「中共居留同胞に対する宣教放送効果に関する研究——僑胞手紙の分析を中心に」延世大学校大学院新聞放送学科修士論文、一九八二年、二七頁。

(93) 「サハリン僑胞に関する放送内容緩和要請」一九七四年一二月三〇日、外務部長官より文化広報部長官あて、『在サハリン同胞帰還交渉 一九七四—七五』(注56)。

(94) 崔「中共居留同胞に対する宣教放送効果に関する研究」三四頁。

(95) 李相禧「放送キャンペーンの社会的効果——離散家族捜し運動の理論的意義」ソウル大学校社会科学研究所『社会科学と政策研究』六巻一号、一九八四年、一二四頁。

(96) 高木『サハリンと日本の戦後責任』を参照。なお、高木健一弁護士らを中心とする民間ボランティアによる招請者数は六〇〇人を超える。同、二二七—二二八頁。

(97) 帰還韓国人会は外務部長官への陳情書のなかで次のように述べている。「在日北鮮系の同胞の北送と在樺同胞の帰還を交換条件として交渉してくれれば、樺太から北鮮国籍を取得した者であろうとも帰還できる可能性は十分にあると思料する次第であります」。「樺太同胞帰還促進に関する陳情書」(注80)。

(98)『レーニンの道へ』は、「記事ごとに党的原則性と明確な目的志向性を」(一九六一年五月二〇日付)という基本的性格を有し、朝鮮語放送の根本的内容も、「ソ連共産党の二二次大会の歴史的決定と綱領の系統的解釈、七カ年計画の期限内の遂行のための全人民的闘争、州内朝鮮勤労者たちの努力と幸福な生活およびその他のさまざまな問題」(一九六二年五月六日付)を重視したように、これらは党の宣伝道具として機能するものであった。
(99)『レーニンの道へ』一九九〇年一〇月二四日付。
(100)『レーニンの道へ』一九六二年一〇月二一日付。
(101) МИКРОФОННАЯ ПАПКА, КОМИТЕТ ПО ТЕЛЕВИДЕНИЮ И РАДИОВЕЩАНИЮ САХАЛИНСКОГО ОБЛИСПОЛКОМА, Фонд н 1044 Описи н 1-5 1952-1984-1990 (サハリン州文書館所蔵)。
(102)『レーニンの道へ』一九八九年一〇月一七日付。
(103)『レーニンの道へ』一九九〇年七月二八日付。
(104)『レーニンの道へ』一九九〇年七月三一日付。
(105) 戦後、サハリンには残留朝鮮人の政治指導のために、沿海州から中央アジアに強制移住させられていた大陸の朝鮮人およそ五〇〇人が派遣されてきた。その大陸の朝鮮人にとって、日本帝国主義になびいたとされる残留朝鮮人は教育指導の対象であった。サハリンの朝鮮人にとっては、そうした「大陸朝鮮人」に対する反感も少なくなかった。なによりも自分たちは韓国に帰還する願望と権利を有する存在であると認識していた。
(106)『セコリョ新聞』一九九一年七月一六日付。
(107)『セコリョ新聞』一九九二年七月四日付。
(108)『セコリョ新聞』一九九一年一二月七日付。
(109) アジアにたいする戦後責任を考える会『戦後責任』創刊号、一九八三年。

第四章　浮遊するディアスポラ

──「延辺チョンガー」をめぐる中国朝鮮族のアイデンティティ・ポリティクス──

1　「アンチ延辺チョンガー」──ネイティブとディアスポラの対決と対話

本章では、二〇〇一年に韓国の公営放送ＫＢＳ（韓国放送公社）のコメディ番組が、中国朝鮮族の民族自治区域である延辺（延辺朝鮮族自治州）を戯画化しているとして問題となり、その番組に反対して韓国在住の中国朝鮮族が開設したウェブサイトの掲示板における言説分析をとおして、トランスナショナルなコリアンのネットワークにかかわるインターネット空間の意味を検討する。さしあたりここでは、ヴァーチャル空間におけるコリアン同士の紐帯を「韓民族ネットワーク共同体」と呼ぶことにしよう。

近年注目を集める「韓民族ネットワーク共同体」の可能性は、さまざまなコリアンのオンライン・コミュニティがディアスポラの公共圏としてネットワークを形成することで見えてくるだろう。しかし現実的には、そうしたコリアンのコミュニティが合理的なコミュニケーション行為の場として機能するよりも、むしろ、ネイティブ（本国人）とディアスポラとが対決する場になることもしばしばある。その根底には、韓国における「韓民族ネットワーク共同体」の形成に携わる事業主体の韓半島中心主義もさることながら、なによりも韓国における在外コリアン、とくに中国朝鮮族や高麗人という「純粋なる民族」から逸脱した「他者」に対する経済的・言語的差別意識が存在する。

それを象徴的にあらわしたのが、朝鮮族を戯画化する番組として問題となったいわゆる「延辺チョンガー（独身男性）」と、その番組の中止を求めて在韓朝鮮族が開設したウェブサイト「アンチ延辺チョンガー」をめぐる一連の出来事である。このサイトで本国人とディアスポラは民族としてのアイデンティティをめぐって激しく対立するのであるが、一方では、それは韓国人と朝鮮族がはじめて本格的に対話する場でもあった。

この番組およびアンチサイトにおける書き込みの言説を分析することで、コリアンのヴァーチャル・コミュニティにおける朝鮮族の位置、つまり本国人とディアスポラの権力関係を問うことができる。「現実社会」と「仮想社会」が相互浸透する状況のなかで、ディアスポラの公共圏における「語る」主体と「語られる」主体はどのように構築され、相互作用するのだろうか。そしてそれは「韓民族ネットワーク共同体」と呼びうるコリアン同士の紐帯をもたらすのだろうか。こうしたディアスポラと本国人のサイバースペースにおける「対話」から、グローバル化のなかで変容する朝鮮族の本質主義を超えたアイデンティティの自己決定に挑む戦略を見出したい。

2　サイバースペースの競合するアイデンティティ

近年、韓国における「韓民族共同体」の議論において、電子的テクノロジーに媒介されるコリアンの仮想空間の形成が新たなネットワークの可能性として注目されている。インターネットをとおしてコリアンのヴァーチャルなエスニック・コミュニティを形成しようとする試みにおけるネットワークの位置づけは、ＣＭＣ(Computer Mediated Communications)を駆使した技術的な側面からのアプローチといえよう。

一九九〇年代後半から急速に普及するインターネットの登場は、ディアスポラのメディア実践においても新しい発想をもたらした。すなわち、即時的で双方向・蓄積型の電子メディアが形成するサイバースペースに、領域を横断する仮想的な民族空間を築き上げようとする試みである。序章でも述べたように、電子的に媒介される、エスニックな出自を同じくするトランスナショナルな連帯の構想は、移動と離散が日常化するグローバル化の状況におけるディアスポラのコミュニティでは、「ヴァーチャル・エスニック・コミュニティ」や「ナショナル・ヴァーチャル・コミュニティ」という概念で具体化されてきた(1)。

たとえば、デイヴィド・エルキンズは、テレコミュニケーション技術の発達によって、マスメディアが特化された同質的な受容者にターゲットを絞り込むメディアに取って代わられるとして、それが形成する新しいエスニック・コミュニティを「ヴァーチャル・エスニック・コミュニティ」と呼んだ。マーケットや図書館、エンターテインメントなどあらゆるコミュニケーション形態が電子的に媒介される仮想的な空間のなかに置かれるようになると、エスニックなコミュニティも仮想空間をとおしてイメージ=実体化されていくのである(2)。「デジタル・ディアスポラ」は、エスニック・マイノリティによるこうしたメディア実践の究極的な表現にほかならない。

とはいえ、デジタル時代のディアスポラの空間は果たして「身体的な近接性や地域的な密接度をこれ以上必要としないパーソナル・コミュニケーション」によって構築される仮想的なコミュニティに置き換えられるのだろうか。

エルキンズが提示する「ヴァーチャル・エスニック・コミュニティ」では、「ナショナル・メディア」の束縛から解放され、情報通信革命によって多様なチャンネルの選択権を持ちながら具体的なターゲットとして働きかけられるオーディエンス、断片化された個人としてのオーディエンスが中心に位置している。こうしたホスト社会におけるメディアの公共空間の相対化は、ディアスポラのさまざまなメディア実践の可能性を意味するだろう。ところが、そうしたヴァーチャルなエスニック・コミュニティは、もはやパーソナル・コミュニケーションを超えて、集合的なコミュニケーションの影響の下で成立するようになりつつある。

ロサンゼルスにおける中東系のテレビジョンを研究するハミッド・ナファシーは、ディアスポラにおけるテレビ放送を「エスニック」「トランスナショナル」「ディアスポラ」の三つの層に分類する。エスニック・テレビは一般的に定住国の内部のマイノリティ向けの放送であり、トランスナショナル・テレビは本国で生産された番組が主なコンテンツである。他方、ディアスポラ放送は、ローカルで独立的なマイノリティの企業家によって制作され、コスモポリタンで多文化的・多言語的な小規模のまとまりのある住民によって消費される。[3]ディアスポラにおけるメディア環境の多様化は、こうした多様なメディア実践のなかで、否応なく本国のコンテンツをも消費することになる。

ところがミリヤ・ジョルジオウが指摘するように、伝統的な政治イデオロギーのコミュニケーションとして、トランスナショナルなコミュニティを横断する連携やディアスポラ・ネットワークを立ち上げようとする戦略は極めて本国中心的である。オリジナルのホームを中心に置き、ディアスポラは周辺的な存在として表象されるのだ。[4]

さらに、故国のテレビ放送を消費するロンドンのトルコ系移民のアイデンティティを考察したアシュ・アクソイとケビン・ロビンスは、移民がホームの文化とつながるときに、紐帯や帰属に関することのみに注目するディアスポラの文化研究を批判し、移民の文化やアイデンティティではなく、彼らの心や感受性に関心を払わなければならないと主張する。[5]その心や感受性は、本国の中心性と対立し葛藤の源になることもしばしば見られる。

だとすると、エスニック・コミュニティが電気通信テクノロジーをもって場所性を超えることにより、「事実上のリアリティを作り出す能力を持った技術」によってネットワーク化されるとしても、そのコミュニティ性が全面的に「リアル化」されることはそう容易でないだろう。そもそも、エスニックな関係性は利益集団や職業集団の機能的ネットワークとは異なり、グローバル時代のなかで「人々が発信するために必要な場所ないし空間」として自己の発話の拠点となる個々のアイデンティティにかかわる問題だからだ(6)。

そうするとホームの中心性は、電子メディアによる仮想的な民族空間のなかで、解体されるよりもむしろ強化されることもありうるのである。「韓民族ネットワーク共同体」もこうした韓半島中心主義的な発想からなることで、民族同士のコミュニケーションの場として機能するよりも、逆にネイティブとディアスポラが対決する場にもなったのである。

こうした状況を鑑みれば、小井土彰宏が指摘するように、国境を越えた緊密な社会的な紐帯を維持する「強い紐帯」が、越境的な社会空間を形成している移民集団に深い分裂や対立をもたらす可能性も考慮しなければならない。したがって、トランスナショナルな空間を、閉じたナショナルな社会編成を揺さぶる開放的でダイナミックなものと単純に想定して分析することだけでは、現在進行し今後展開しうるさまざまな状況の複雑さや問題を十分把握しえないのである(7)。

メディア・テクノロジーとディアスポラの公共圏を考察する場合、こうしたトランスナショナルなネットワークのネガティブな側面に加えて、ディアスポラのメディア空間におけるメディア論的な視角や特性についても留意しなければならない。

インターネットを利用した情報交換は、その技術的特性ともいえる即時性・双方向性・検索性・蓄積性を備えることで、ディアスポラ・メディアとしての可能性を秘めている。しかし、インターネットの即時性という特徴は、今日のメディア環境を考察するにあたって決定的に重要ではあるものの、トランスナショナルなディアスポラ・ネットワークにおいて、即時性を軸にしたメディア・ネットワークと今日のインターネット上のネットワークの時間性の差異はさほど意味を持たないかもしれない。速度の感覚はコミュニケーション技術の発達程度によって変化するものであるからだ。第二章で考察したように、一九一〇年前後に朝鮮半島と極東ロシアの沿海州、そして米国の朝鮮人社会をむすんだエスニック新聞のネットワークに見られるように、それは新聞というオールドなメディアを活用しながら形成されたのである。当時のエスニック新聞の流通網におけるネットワークの意味形成は、最新のテクノロジーによる画期的な時間性および政治社会的な文脈をとおして理解できるだろう。

近年の「デジタル・ディアスポラ」論も、ディアスポラ・コミュニティにおけるインターネットの機能面にのみ注目するあまり、そのポジティブな側面だけを強調しがちである。ジェニファー・ブリンカーホフの *Digital Diasporas* がその典型であろう(8)。そこではディアスポラの概念に対する再考や理論的な区別もなく、移動する主体が経験するヴァーチャル・コミュニティの可能性を称讃することで、ネットの役割が過剰に評価される技術決定論に陥りかねないのである。

以上のように、社会的ネットワークとして、インターネットによるヴァーチャルなコリアンのネットワークを眺めた場合、そのヴァーチャル性という意味についてまず問わなければならない。つまり、問題はむしろ現実社会と仮想社会との区別の仕方にある。現実社会が、身体が居合わせる機会を持つことを前提とした人間関係であり、仮想社会がメディア空間上の記号を通じた人間関係であるとして、その本質的な相違点を身体的な実体が関与しているかどうかに置くのであれば(9)、コリアンのネットワークにおける現実社会と仮想社会の厳密な仕分けは不可能であろう。むしろ、それらは密接に絡んだ空間として捉えられなければならない。

そこで重要な意味を持つのが、現実社会が仮想社会の浸透にともない、いかに変容しているのかを明らかにすると同時に、仮想社会が現実社会における政治的・経済的・社会的あるいは文化的に多様な諸力をいかに変容させていくのかを明らかにするという複眼的な視点である。[10]こうした視点によって、インターネットによる「韓民族ネットワーク共同体」が、韓国人と中国朝鮮族との「平等で自由な討論の場」を保障するよりも、それは両者の現実的な権力関係を反映し、また再生産していく交錯する様相が見えてくるのである。異質な個人同士がコミュニケーションを行うことのできる空間の「可能性」は、メディアにではなく、メディアを不可欠の一部として含み込んだコミュニケーション構造と実践に左右されるからである。[11]

したがって、本章の課題は、インターネット空間における朝鮮族の本国＝韓国に向けたアイデンティティの表出を議論の中心にしながらも、より広くは、本国人と海外在住のコリアンとの語り合いのなかで発生する、本国中心的な標準韓国語による「均質なコミュニケーション」過程の権力構造を明らかにすることでもある。その格好の舞台となるのが、在韓朝鮮族が開設したインターネットサイト「アンチ延辺チョンガー」である。

3　「韓民族ネットワーク共同体」という問題系

近年の国際移民、移住の議論におけるネットワーク概念の導入は、グローバル化のなかで近代的な国民国家を超えるトランスナショナリズムによって促されているように思われる。海外におよそ七〇〇万人に上るとされる「在外同胞」を抱える朝鮮半島でも例外ではなく、彼らは朝鮮半島のグローバル戦略を担うべき存在として注目され始めた。韓国では、二〇〇〇年以降、国会における民族網構築事業の構想や、政府機関による韓民族ネットワーク事業が進められてきた。また、マスメディアや研究機関、あるいは市民団体によるインターネットを活用したネットワークの形成も活発化している。

たとえば、政治レベルの政策面において、次のような動きが見られる。インターネットを利用した民族ネットワークの形成を前面に打ち出したのは、一九九七年一〇月に発足した在外同胞財団である。外交通商部の傘下機関として設立された在外同胞財団は、本国と在外同胞社会の情報交流および仮想共同体の形成を目指して、ウェブサイト「コリアンネット」(www.korean.net)を運営している。

それとは別に、南北朝鮮の同質性の回復と海外各地のコリアン社会のネットワーク化をとおして、サイバー文化・経済共同体の構築をもくろむ「民族網事業」も構想された。国会議員らを中心に、二〇〇〇年五月には民族網事業推進委員会が発足し、数回の公聴会を経て事業を支援する「民族網事業推進法」の制定が進められたのである。しかし莫大な予算を費やすことが予想されたこの事業は、在外同胞財団の事業との重複性が指摘され、結局頓挫することになる。

それ以外にも、市民団体や研究機関、メディア企業による「韓民族ネットワーク共同体」を標榜するサイトは少なくない。ただし、持続的なアップデートをとおして豊富な情報を提供し、掲示板において活発な議論が行われるサイトはほとんど見当たらないのが現状で、多くは韓国国内や在外コリアン社会に向けた留学・移民、あるいは各種情報提供のレベルにとどまっているように思われる。それは、これらの「ネットワーク」が中心を持たないとするネットワーク本来の意味を欠き、民族としてのアイデンティティを維持・継承するという文化的中心主義や、国家の戦略的目標のためにディアスポラを活用しようとするような韓半島中心主義的な発想からなることによる。すなわち、仮想空間における越境的なコリアンの民族空間という「理念型」にはほど遠いのが現状である。

さらに、このようなサイトは多くの場合、ＣＭＣを駆使して形成される仮想空間が新しい民族の対話の場として機能するだろうという技術決定論から免れていない。コリアン・ネットワークにおける技術決定論的な見方は、衛星放送やインターネットなどのニューメディアが登場するたびに、「韓民族共同体」の議論がそれらを乗っとるかたちで浮上するところに端的にあらわれている。たとえば一九九〇年代半ばに放送衛星が打ち上げられると、「衛星放送を利用した韓民族の文化共同体の形成」が注目されることになる。国民国家の形成においてメディアが均質な時間・空間を構築することで国家統合の共通の観念を作り上げたように、グローバル化のなかで今度は衛星放送という革新的テクノロジーをもって民族的空間を拡大することができると期待されたのである。(12)

もちろん、メディア・テクノロジーが近年の「韓民族共同体」の議論を活性化し、具体化していることは否めない。また、第五章で述べるように、中国朝鮮族社会における韓国の放送や大衆文化の影響は絶大である。「韓民族ネットワーク共同体」や「韓民族インターネット文化共同体」などの研究レベルにおける議論や、「韓商ネットワーク」をめぐる実践的な動きも、情報化・ネットワーク化という趨勢に促されたものである。(13)

しかし、インターネットというメディア・テクノロジーに後押しされる「韓民族ネットワーク共同体」の議論にも技術中心主義的な限界が露呈している。それは、サイバースペースにおいて民族同士のコミュニケーションが直ちに成立するというような、透明な相互作用の手段としてインターネットを捉えることだけを指すのではない。そうした技術論からの取り組みが、現実問題として横たわる民族同士の差別構造を隠蔽してしまうのである。

一方、インターネットを利用したコリアンのコミュニティとしては、このような本国発信の「ナショナル・ヴァーチャル・コミュニティ」とは別に、在外コリアンが発信するサイトにも注目しなければならない。ただ、ナショナルな中心を要求する本国発信ではない、在外コリアンのオンライン・コミュニティであっても、韓国の在外僑民政策を批判して二重国籍の認定を求める限りにおいては、イエン・アングが指摘するような、ディアスポラのトランスナショナリズムが実はナショナリズム的だとする民族空間の閉鎖性を示すことにもなりうる。(14) しかし見方を変えれば、こうした議論が本国中心的なナショナリズムに亀裂を入れる言説形成の場にもなりうるように、それはディアスポラ的な空間であると同時に、純粋型の民族のアイデンティティと多層的な自己アイデンティティとがぶつかり合うアイデンティティをめぐる競争の場でもあるのだ。

だとすれば、仮に各国に散在するコリアンが活発な討論を行う「語り合いの場」としてヴァーチャル・コミュニティが成立するとするならば、その一例として中国朝鮮族が運営するコミュニティサイトに注目することができる。コリアンが交流するネット上の「マダン（場）」を標榜するサイトは、米国やカナダのコリアン社会でも立ち上げられているが、朝鮮族のそれは規模や構成などにおいて特徴的である。とくに朝鮮族は、中国東北地方だけでなく北京・上海などの大都市や、韓国・日本にも多く居住し、主に留学生が中心となってインターネットをとおしたネットワークを形成している。

しかし、同時にそれは仮想空間における「韓民族ネットワーク共同体」の現実を示すものでもある。朝鮮族が運営するサイトの掲示板は、「韓民族ネットワーク共同体」が理念とする民族のアイデンティティの再生どころか、ネイティブとディアスポラの対立が顕在化することで、むしろアイデンティティの分裂に向かうこともしばしばあるからである。

次節では、朝鮮族が開設したインターネットサイトの掲示板の分析を通じて、そこに潜む韓国の在外コリアンに対する差別構造と、それに立ち向かう朝鮮族のアイデンティティの政治について検討するが、その前にあらかじめ本質主義について触れておきたい。

アイデンティティの政治においては、その手段としてしばしば用いられている本質主義的な対抗が、結局、二項対立の関係を再生産するということで、本質主義と反本質主義をめぐる論争も見られる。もちろん戦略的本質主義というように、ある社会的範疇が既成の権力／知に対抗するためには、政治的利害を明確にしてそのような社会的範疇にアイデンティファイする局面も場合によっては有効であり、[15] そうした本質を規定する表象と実践の権力構造を分析することは重要であろう。ただし、ここでは本質としてではなく、ステュアート・ホールがいうように固定しない流動性と多様性にもとづく「差異を通じて生きるアイデンティティ」の模索を念頭に置くことにする。

4 表象としての中国朝鮮族

4-1 言語とアイデンティティ

コリアン・ディアスポラにおける言語とアイデンティティについての考察に先立って、高麗人社会で制作されたある映画を紹介しよう。

カザフスタン生まれの高麗人映像作家であるラウレンティー・ソンのドキュメンタリー映画「コレサラム(koresaram)」(一九九三年)には、「コレマル」(高麗人の朝鮮語)を流暢に喋る四人の人物が登場する。しかし、このドキュメンタリーの主役は高麗人ではない。そこに登場するのは、一九三七年にスターリンによって沿海州から中央アジアに強制移住させられた朝鮮人が多くの比率を占める村に住む、同じく移住を強いられたウクライナ人とクルド人、そしてカザフ人とロシア人である。高麗人が基幹民族となることでロシア語と朝鮮語が地域の「公用語」となり、他の民族成員は生活のなかでコレマルを覚えていく。映画のいわんとすることは、現在の高麗人が民族語を喪失することに対する憂慮のメッセージであると同時に、言語と民族の一体性に対する懐疑でもあろう。

それに比べると、延辺の朝鮮族は、民族自治州を中心に独自の文化と言語を守り続けてきた。そこでは朝鮮語が公用語として日常的に使用されている。朝鮮語は朝鮮半島だけに流通する言葉ではないのである。ところが中国朝鮮族の朝鮮語や高麗人のコレマルは、朝鮮半島、とりわけ韓国との連続性を証明するよりも、むしろ断絶性を示すものであった。

こうした言語的な断絶性は、韓国に多くの朝鮮族が「逆移住」することで、本国人とディアスポラの間においても築かれている。とくに在韓朝鮮族のあり方は、人種主義が客観的かつ生物学的な「人種」の存在とはほとんど関係ないということをよく示している。[16] 韓国にいることで朝鮮族は、「祖国」と「故国」のはざまでアイデンティティの揺らぎを経験するようになった。均質な文化的・言語的空間を形成するナショナルなアイデンティティを疑わない「故国」の人々から、忠誠を誓う対象を問われると、朝鮮族は、自分たちが余計者であることに気づかされるのであった。そして現在朝鮮族は、一九七〇年代以後韓国の経済成長を支えた九老工団周辺の工場労働者に替わり、地域の新しい住民として、他の外国人労働者とともに韓国社会の影を引き継いでいる。

エスニック移民という観点からすれば、在韓朝鮮族は日本における日系ブラジル人的存在であるが、その是非はともかく、「故国」での待遇の違いは明らかである。日系ブラジル人は一九九〇年の「出入国管理及び難民認定法」の改正によって、日系三世までは、事実上、ほぼ無制限に日本に滞在し就労することが可能になった。[17] しかし中国の朝鮮族が韓国での就労を希望する場合、さまざまな困難を乗り越えなければならない。

「在外同胞」の出入国に関する特別措置として制定された「在外同胞の出入国と法的地位に関する法律」（在外同胞法）では、その対象が「大韓民国の国籍を保有していた者」、つまり一九四八年の大韓民国樹立以降に韓国籍を有した者に限定されることで、朝鮮族や高麗人、そして「朝鮮籍」の在日コリアン（韓国国籍を取得していない、戦前の記号としての「朝鮮」を保持している在日コリアン）は法律の適用から除外された。その後、韓国の市民団体や朝鮮族などが「在外同胞法」の見直しを求め、二〇〇一年一一月二九日にはこの法律に対して憲法不合致という事実上の違憲判決が下された。それを受けて「在外同胞法」は、二〇〇四年二月に改正されることになり、「大韓民国政府樹立以前に国外に移住した同胞も含む」という項目が追加されることになる。しかし実際には、改正によって救われるはずの朝鮮族および高麗人の人々は、ほとんどこの法の適用を受けていない(18)。そもそもこれら「在外同胞」の永住帰国を韓国は原則的に認めてこなかった(19)。

ところで、二〇〇一年末には、同法の違憲判決を受けて立法活動のために中国を訪れようとした国会議員らが入国を拒否されるという状況に直面した。中国側は、韓国の国会議員が中国公民である朝鮮族を調査すべきでないと判断したのである。国会調査団は二度にわたりビザ発給を拒否された末、二〇〇二年三月二九日から四日間、ようやく瀋陽や延吉など朝鮮族の居住地を訪れ、立法資料の収集活動を行うことができた。

これに対しては、中国が積極的に在外チャイニーズの投資を誘致していることから衡平性を欠くとの指摘がある一方、アイワ・オングが指摘するように、中国の官僚や愛国的学者(patriot scholar)たちは領域的な政治体としての中国を揺るがすことになる、いかなる拡大した「チャイニーズ」資本家ゾーンのイデオロギー的認識についても恐れているということを考慮しなければならないだろう(20)。

いずれにしても、かねてから韓国の在外同胞政策に神経を尖らせていた中国の牽制が、朝鮮族の自由な往来の妨げになっていることは確かである。実際、「在外同胞法」の制定過程において、外国国籍同胞の決定基準を血統主義から過去に国籍を持っていたかどうか(過去国籍主義)へと変更したのも、血統によって「特恵」を付与することはそれ以外の人への差別につながるという批判、並びに、それが誘発する中国および旧ソ連地域との外交摩擦を憂慮してのことでもあった(21)。

しかし、このような国策レベルでの在外僑民政策やマイノリティ対策よりも朝鮮族を厳しい状況に追い込んでいるのは、おそらく韓国人の差別意識であろう。一九八〇年代末から「漢方薬商人」として韓国に姿をあらわし始めた朝鮮族は、一九九二年の中韓国交正常化以来急増し、一〇年後の二〇〇二年にその数が一五万人に達したとされる。(22)さらに二〇一二年には行政安全部の発表で五〇万人を超すといわれ、(23)韓国の労働市場においても欠かせない存在として、さまざまな「エスニック新聞」を発行するなど独自のコミュニティを形成している。とはいえ、朝鮮族が韓国社会のなかで「同胞」として認められたわけではなく、その姿が明確なわけでもない。たびたびマスコミを賑わす朝鮮族の姿は、詐欺事件（韓国人による朝鮮族を対象にした入国詐欺事件）に苦しみ、韓国で不法滞在しながら働くというものであった。もちろんそれらが読者や視聴者の脳裏に深く印象に残るということもなかった。

朝鮮族が日系ブラジル人と文脈的に異なるもう一つの側面は、故郷と異郷との地理的近接性と、それにともなう密接な国家間の利害関係を別にすれば、「延辺方言」という周辺化された朝鮮語であれ、本国人との意思の疎通になんら問題がないことである。しかしそれが同胞としての証になることはなく、韓国人にとって延辺の言葉は、方言というより「逸脱した言語」であった。公共放送であるＫＢＳの番組に登場する、「延辺弁」という「おかしな」言葉と誇張ぶりで世間に話題を巻き起こした「延辺チョンガー」を見て、朝鮮族は民族教育をとおして守り続けてきた朝鮮語が、実は笑いの対象に過ぎないことに気づいたのである。それに対して朝鮮族は、韓国の「民族」としての正統性を覆すという戦略をもって応戦した。つまりネイティブとディアスポラの相克は、本質主義をその軸にしたのである。

アングは、中国系の自分に対して、中国語が話せないことで「欠落者」と見なす西欧のまなざしをディアスポラの文化政治学、すなわち、ディアスポラ構成員のなかの多種多様な差異性をもってその反転を試みている。(24)ただし、そのようなまなざしは、アングの場合のように「外部」からのものだけとは限らない。それはコリアンのディアスポラ的な公共空間で見られるように、民族の「内部」からも降り注がれる。しかも「内部」からのまなざしでは、「内部」が「純潔」と等式化されることで、まなざしを受ける側は異質な者というよりも「母国語」も話せない「欠落者」、さらには「不純」な者として扱われるのである。

在外コリアンに対して本国人は、「韓国語を話せない」在日コリアンはもちろんのこと、「韓国語をうまく話せない」中国朝鮮族をも言語的な序列関係をもって「二級同胞」と見なしてきたといえる。グローバルなメディア環境の変化は、本国とディアスポラ社会とをつなぎながらも、かえって民族同士の経済的・言語的序列構造を浮き彫りにした。そこで旧宗主国の訛った「韓国語」や中国朝鮮族の「延辺弁」は、「不純なクレオール化された韓国語」として二流言語のレッテルを貼られた。

すると言語的な序列構造において作動する本質主義を、「眼差すものによって、眼差されるものへと行使される形式への差異の通約＝抹消というイデアが発揮する暴力であり、また眼差されるものを述語とすることで主語へと移行・生成するそうした過程で、眼差すものを眼差されるものにたいして非対称的に上位に置く暴力[25]」と捉えることができるだろう。こうした本質主義にもとづく言語観念からの脱却が求められるのはいうまでもない。

4-2　作られる「延辺」

韓国で朝鮮族を「身近に」感じるようになったのは、ある芸人の登場によるところが大きい。二〇〇一年、日曜夜のＫＢＳのバラエティ番組「ギャグコンサート」の人気コーナー「鳳仙花学堂」で、「延辺チョンガー」を演じるカン・ソンボムが一躍脚光を浴びるようになった。人気の秘訣は、「延辺語」と延辺に対する滑稽な描写

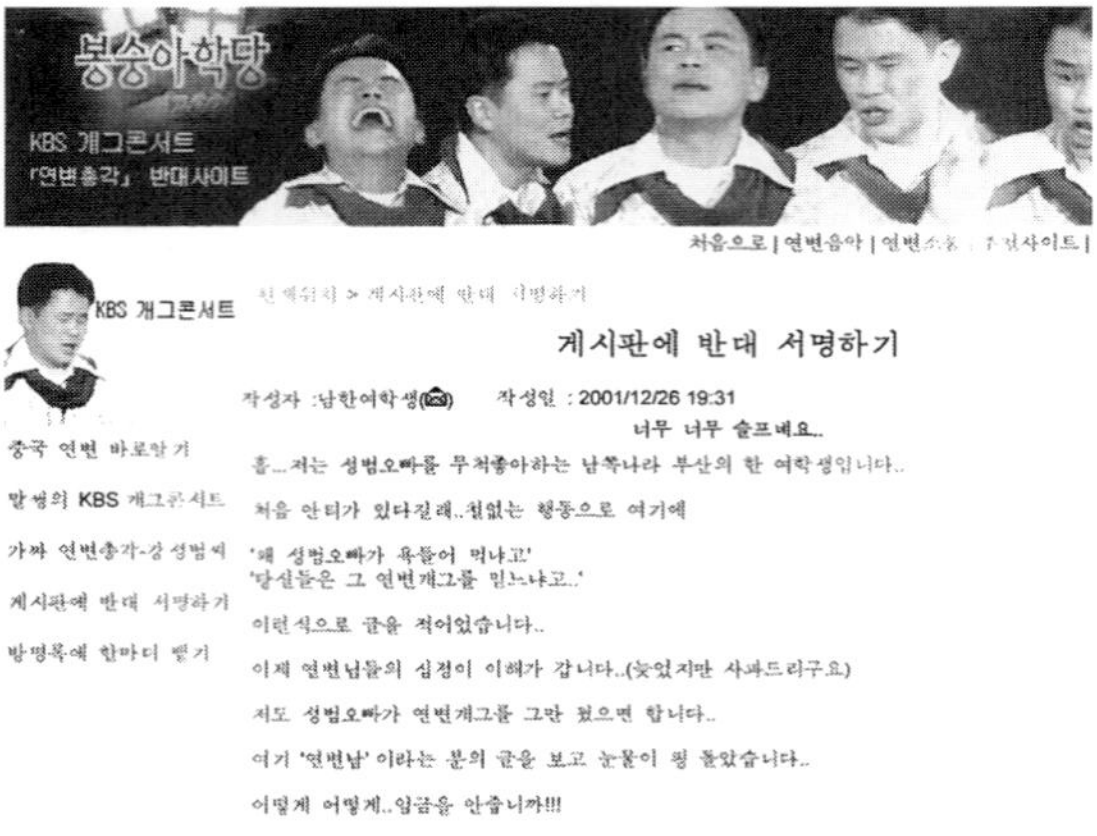

図4-1 「延辺チョンガー」のアンチサイト

であった。延辺の言葉を駆使することで視聴者に大受けした「延辺チョンガー」ことカン・ソンボムのギャグは、多くの韓国人に「延辺」という存在を日常的に意識せしめることになる。彼は韓国人がこれまであまり耳にしたことのない「方言」を操り、延辺を神秘化することで茶の間の人気者となったのである。

しかし当の朝鮮族はこの番組に対して当惑を隠しきれなかった。韓国にはすでに多くの朝鮮族が生活しており、衛星放送をとおして韓国の放送空間に部分的に編入されている延辺では、KBSなど韓国のテレビ番組を見ることは難しくない。朝鮮族の言い分は、番組が延辺についての現実を歪曲し、結局、自分たちをカリカチュアライズしているということであった。

そうしたなかで、二〇〇一年の一二月一三日にはこの番組に反対するアンチサイト(http://myhome.naver.com/yanbianboy)が登場した。このサイトは、「延辺チョンガー」が視聴者に延辺に対する誤ったイメージを植え付けるとして、サイトの運営者は番組コーナーの中止と、KBSおよびカン・ソンボムの謝罪を要求した。番組が人気を集めていただけに、多くの人々のアクセスがあった(26)。番組に対する意見は韓国だけでなく、延辺からも寄せられた。しかし開設者の問題提起とともに始まった反対署名のための掲示板には、サイトの趣旨に賛同する人ばかりか、むしろこのサイトの閉鎖を要求する人たちもあらわれ、互いに舌戦を交わすようになった。

そこでの論点はいくつかに整理できる。番組擁護派の主張は、ギャグはギャグとして認めるべきであり、実際に番組が延辺をおとしめたりしているのではなく、むしろ延辺を身近に感じるようにする面もある、ということであった。それに対して番組反対派は、延辺を曲解し誤ったイメージを作り出している、社会的弱者をギャグの対象にしている、そこで自分たちは戯画化されている、という具合であった。

しかし、そのような論争はさらにエスカレートし、番組擁護派は朝鮮族が被害妄想にとらわれており、ギャグという文化の多様性を理解していないとして非難した。すると番組反対派は、この番組には差別意識が含まれているとして、韓国人の傲慢な態度を非難するようになる。やがてアンチサイトでは特定の発言が度を超すことで、論理的に意見を述べるよりも、相手側に対する誹謗中傷が目立つようになった。それが感情的な言い合いになり、番組反対のための掲示板は両者の罵り合いによる泥沼状態に陥ってしまった。「番組が嫌なら中国に帰れ」という韓国人の発言に、朝鮮族は「いままでは延辺に来た韓国人を庇ってあげたが、これからは一緒にぶん殴ってやる」と応酬した。こうしてアンチサイトは、運営者の予期せぬ方向へと向かい、韓国人と朝鮮族がそれぞれのアイデンティティをめぐり競い合う戦場と化したのである。韓国人と朝鮮族との溝は深まる一方となるが、ただしそれは、延辺と韓国との本格的な対話の始まりでもあった。

実際に番組そのものは、ダイレクトに延辺をおとしめるものではない。延辺の言葉を「巧み」に操り、「九九九年生きた王蜘蛛」「一六〇〇年生きたハリネズミ」「三万年生きた古い亀の甲羅」など動物に喩えたギャグが、次第に年代をさかのぼることで「ものすごさ」を発揮する漸増法が「延辺チョンガー」のウリである。しかし延辺に対する描写には、たとえそれが架空の動物の世界だとしても、否定的な表現が含まれたりもする。「延辺にはリーダーシップはいらない」(一〇〇〇年生きた熊が村長だから)、「延辺には悪質な犯罪者がいる」(そんなものはボクシングが強いカンガルーと一生暮らすようにすればよい)などの言い方は、地域を特定した表現として適切でないことはいうまでもない。

しかし問題は、番組のやりとりのなかに垣間見られる不適切な表現もさることながら、これらの滑稽な表現が延辺に対する神秘的な雰囲気を助長し、また「延辺チョンガー」の「だらしない」姿が延辺とむすびつくことであろう。そうすることで延辺は、テレビ番組によって神秘的でなぞめいたモノ的存在としてイメージされるのである。

延辺を表象する一連の過程には、したがって、植民地権力が被植民者を非理性的・依存的・停滞的であるため「文明」をもって開化させなければならないというオリエンタリズムの仕組みが投影されているといえよう。実際にサイトの掲示板では、「延辺にもパソコンがあるのか」という「遅れた地域」として朝鮮族社会を認識している発言も少なくなかった。延辺が中国における朝鮮族の民族自治区域であるという理解が乏しく、さらに朝鮮族は「不法滞在者」「偽装結婚者」として報道されがちな状況のなかで、ギャグの対象としての「延辺」と「朝鮮族」は、まずテレビによってその社会的・文化的形象が物象化されるのである。

では、このように作られた「延辺」は、一般人にはどのように映っているのだろうか。次に引用する記述は、インターネットで公開されているある育児日記のなかの表現であるが、そこでは韓国の一般人が認識する「延辺チョンガー」の姿を読み取ることができる。「どんなによだれを垂らしたのか床までビショビショだ。よだれ掛けをしてあげてその上にハンカチでかわいくむすんであげると、五分もしないうちに延辺チョンガーになってしまう。最初はボーイスカウトだったのに……(27)」。赤いマフラーをしている「延辺チョンガー」を連想してのことであろうが、「延辺チョンガー」はボーイスカウトと対比されることで、「立派」ではないその対極の存在として表象されているのである。

このようにして奇妙で不可解な「延辺」が作り出される。延辺に対する超現実的なイメージは、視聴者がそれを鵜呑みにすることはないにしても、延辺が空虚な空間として目に焼きつけられるようになる。ギャグそのものは延辺の現状やその地の出身者に対する状況について語るものではない。しかし番組は、それが作り出すイメージと、その対象が表出される仕方について吟味する責任から免れまい。

この番組を見ることで「延辺」に親しみを感じたという視聴者がいるとしても、そのような文化的関係性の可能性は、文化的傲慢さによって制限されるだろう。[28] さらにその親しみは、「変な韓国語」を喋る人たちの中身が消し去られたイメージであり、それが朝鮮族の民族文化への理解であるとか、あるいは詐欺被害者・不法滞在者という現実問題にむすびつくことはない。体験をともなわない虚偽の現実によって、韓国人と作られた「延辺」は近づくことができるかもしれないが、それは朝鮮族のリアリティが喪失された非等価的なイメージの交換に過ぎない。

社会的な存在として可視化されつつあった朝鮮族は、こうして固定化されたイメージに閉じ込められ、再び不可視的な存在に逆戻りしてしまう。ピエール・ブルデューが指摘するように、「言語的力関係の状況とは、コミュニケートすることなしに語られている状況[29]」であるとするならば、同番組のアンチサイトには朝鮮族の苛立ちが、ギャグとして「語られる」表象への拒否反応としてあらわれているといえよう。

韓国人によって作り上げられた「延辺」および「延辺語」はやがて独り歩きを始める。韓国のトップタレントが朝鮮族の女性を演じるＭＢＣ（文化放送）の週末ドラマ「君を知ってから」（二〇〇二年四月二八日〜一〇月二〇日）は、放映開始前から国民的女優が延辺方言を駆使するということで話題になり、またこれまでの朝鮮族のイメージを好転させるのではという期待も寄せられた。ところが、いざ放映が始まると、「延辺チョニョ（乙女）」役の延辺方言が「下手」だとして、番組ホームページの掲示板にはクレームが殺到する。逆に、「韓国最高の女優」の延辺方言が本物そっくりだとする意見も少なくなかったが、いずれにしても視聴者が評価する「延辺語」の標準は「延辺チョンガー」の「延辺語」なのである。

「延辺チョニョ」のファッションやヘアスタイルが洗練され過ぎだという評価は別にして、こうして「延辺語」は延辺の言葉から切り離され、韓国のメディア環境のなかで変形されて増殖していくのである。

4-3　「延辺」のアイデンティティ・ポリティクス

アンチサイト運営者の意図が、番組の中止を求める世論の喚起にあったにもかかわらず、それはすぐさま「韓国人」対「朝鮮族」の構図にすり替えられてしまった。ただしこうした構図は、朝鮮族のほとんどが番組を批判し、多くの韓国人が番組を擁護するという単純な図式に収まるものではない。韓国人のなかにも番組に批判的な意見を示す人が少なくなかったからである。にもかかわらず、番組を批判した「韓国人」は、番組擁護者によって「延辺人」に仕立てられてしまう。すなわち、「番組批判＝朝鮮族」という構図が作り上げられたのである。マイノリティ(擁護)の声は国籍を基軸にする対立関係に包摂された。

文化的な形態をとおして表面化した朝鮮族の「語り」は、やがて政治的な意味合いを含むようになった。さらに、互いの社会問題や「国民性」の暴き合いは、民族的アイデンティティの優位性を確保する戦略へと移り変わることになる。その発端は、所詮朝鮮族は中国人ではないかという韓国人の問題提起であった。それに対する朝鮮族の戦術上の標的もまた、養子の輸出国、親日派の温存、米国の従属国という、韓国社会の最も敏感な「民族的プライド」に触れることに絞られた。それは民族としての正統性の問題をあえて引き出す行為であったが、朝鮮族にとっては、一種のアイデンティティをめぐるゲームであったといえよう。

言い換えれば、それはマイノリティとして民族の言語と文化を維持してきた自分たちへの戯画化に対するアイデンティティの政治である。だが朝鮮族が戦略を誤ったのは、グローバル時代の普遍性を装ったレイシズムに対して、そこに隠蔽された特殊主義を暴き出すよりも、再発見された本質主義をもってかわしたことである。それは本質主義的な表象に対する逆本質主義ともいえよう。こうした「本質的」なアイデンティティの競り合いは二項対立的な関係を揺るぎないものにした。掲示板には韓国の朝鮮族はもちろん、延辺や日本在住の朝鮮族、在米コリアンからも番組に批判的な意見が多数寄せられた。しかし、「味方」にすべき対象は番組の主な視聴者である韓国人であったにもかかわらず、そこには番組に懐疑的な韓国人を困惑させるような発言も少なくなかった。

もちろんホールが指摘するように、再発見された本質的なアイデンティティという概念を必然的に内に含む想像的再発見の行為という重要性を過小評価したり無視したりしてはならない。こうしたディアスポラのアイデンティティは、場所、時間、歴史、文化を超えて存在するものではなく、また、あらゆる歴史的な事物と同様に、本質化された過去のようなものに永続的に固定化されるということなどもなく、常に変異する。[30]すると、「アイデンティティという用語は、主体性及びアイデンティティの構築における歴史、言語文化の場所を認めるものである」[31]という視点から、エスニシティ概念も再構築されなければならない。この「ニュー・エスニシティズ」の概念が、集団的な境界を本質主義的な仕方で強固に設定しようとする固定的かつ閉鎖的な人種概念を問いただしながら、エスニシティを人種から切り離し、「差異」の結末＝閉止なき運動性のなかに再定位することができるからである。[32]

一方、マジョリティ側の仕掛けはレイシズムの典型である。それは文化や国籍を持ち出して、その差異を本質化することだけに限らない。朝鮮族における「韓民族」としての忠誠心への疑念はもとより、韓国の発展にとって役立たずの存在と見なす功利主義的な社会的差別がそうであり、なによりも「ギャグをギャグとして見ることのできない」ことを「劣等意識の表出」だとして、朝鮮族を非正常化することがあげられよう。排除する側は、自らを「常識」化された透明な日常性となった普遍性として提示し、排除される側を正常に対する異常として提示しようとする。[33] そうすることで、朝鮮族は政治的・経済的にだけでなく、被害妄想にとらわれた文化的・常識的にも劣位な異常者へと追いやられる。

延辺は朝鮮族だけの生活空間ではなく、また延辺だけが朝鮮族の空間でもない。そのため、延辺を戯画化することは隣国の戯画化にもつながる。中国の辺境の一地域に過ぎない場所だとしても、それは厳然たる中国の領域内だからである。すると延辺という中国の一つの自治領域を戯画化することは、したがって外交的な問題にもなりかねない。実際に番組中止要求の最終的な手段として、外交ルートを通じて問題を解決しようという意見さえあった。

延辺という中国の辺境の地を、パソコンという「文明」のものさしをもって見つめているのは、番組が延辺を神秘化していることと通低している。そしてそれは韓国の根強い地方差別の構造に支えられているものでもある。「延辺弁」という「逸脱」した言葉をもって笑いの素材にするのは、韓国人としての笑い、正確にいうと標準語を喋る人における笑いを想定していることにほかならない。つまり、方言の戯画化が誘う笑いは、標準語を自明な国語とする人々には格好の笑いの対象になるかもしれないが、韓国内の同病相憐れむ地域ではさほど共感が得られないかもしれない。韓国語が不自由な外国人にはいうまでもない。

もちろん、ある番組がすべての階層の人々に等しく受け入れられるとは限らない。しかし趣味や嗜好、あるいは政治信念や経済活動における二次的な性向におけるカテゴリー化と、言語や障害という生得的・不変的に与えられた特性におけるカテゴリー化とは区別されなければならない。したがって、同番組で学生運動・労働運動を戯画化することと、地域や言語を戯画化することとは同一視できるものではないのである。

さらに番組は、延辺と他地域の朝鮮族の居住地を分離させるという意味でも地域分裂の問題をはらんでいる。韓国からすると延辺と朝鮮族は重なって見えるかもしれないが、中国全体の二〇〇万人の朝鮮族のうち、吉林省の行政区域である延辺朝鮮族自治州の朝鮮族の人口はおよそ八〇万人程度である。吉林省の他の地域や黒龍江省・遼寧省にも多くの朝鮮族が居住し、北京や沿岸地方にも進出している。番組が、半島の北方系の方言を使う延辺と、韓国南方の慶尚道地域の方言が優勢な黒龍江省の朝鮮族との差異を顕在化する恐れがあることも指摘されなければならない。

5　ヴァーチャル・コリアン・ネットワークの虚実——封じられたマイノリティの声

こうして朝鮮族と韓国人との対立は、このアンチサイトのなかで表面化することになるが、しかしその予兆はすでに他のサイトでも見られるものであった。韓国との取引の過程で詐欺事件に巻き込まれ、加害者の処罰と賠償を求める中国黒龍江省出身者の個人サイトでも、「反韓」と「嫌朝鮮族」の悪循環は繰り返された。「延辺チョンガー」をめぐっては、在韓朝鮮族留学生会や朝鮮族連合会のホームページ、「朝鮮族マダン」など朝鮮族関連サイトでも論争が繰り広げられたが、「アンチ延辺チョンガー」の掲示板のようなフレーミングはここでも例外ではない。

とはいえ、これらのサイトでは、朝鮮族への暴言に対してそれを叱咤する内容も少なくなく、互いに冷静になるよう呼びかけるものもあり、若い世代と考えられる「アンチ延辺チョンガー」の訪問者とは異なる層の意見として受け止めることができるだろう。また、上記の詐欺被害者の個人サイトでも、比較的整頓された議論が行われ、開設者への共感や同情も多数寄せられた。

「延辺チョンガー」のアンチサイトが開設されて、朝鮮族のアイデンティティをめぐる議論がネット上で盛り

表 4-1　主な朝鮮族関連サイト(2005 年 2 月 1 日現在)

サイト名	URL	運営主体
在韓同胞会	http://jhdp.com	在韓同胞会
延辺通信	http://www.yanbiannews.com	延辺文化財団
朝鮮族マダン	http://www.kcw21.com/html	各国の朝鮮族留学生・社会人
Moyza	http://www.moyza.net	個人
チャイナコリアン	http://www.china-corean.com	朝鮮族各界代表連合
朝鮮トゥデー	http://www.chosuntoday.com	朝鮮トゥデー
中国朝鮮族学生センター	http://www.ksc.com.cn	中国朝鮮族学生センター
東北亜新聞	http://www.dbanews.com	東北亜新聞
ソウル朝鮮族教会	http://chosunjock.x-y.net	ソウル朝鮮族教会

上がると、ヤフーコリア(YAHOO! KOREA)にも「朝鮮族は韓国人なのか、それとも中国人なのか」というテーマを持ち出した「討論場」が登場した。二〇〇二年の一年間にわたり議論が続いたこの掲示板では、露骨な表現も少なくはないが、会員のみが書き込できるということもあって、内容面では深みのある議論も多数見られた。ここでは朝鮮族のアイデンティティや国籍問題だけでなく、グローバル化と国籍のあり方、「在外同胞法」の問題点、また朝鮮族の呼称の問題など、さまざまな争点をめぐる議論が見られた。

もちろんこうした「討論場」が朝鮮族に対する偏見と蔑視の解消を保証するものではない。近年は在韓朝鮮族の増加にともない、犯罪事件も報じられることから、表4-1で取り上げた朝鮮族関連サイトでは両者の対立や「炎上」がたびたび繰り返された。すると、インターネットにおける掲示板での討論が合理的なコミュニケーション過程として合意を導き出すだろうという技術中心主義的な楽観性は、こうして理性的な対話よりも相手側を刺激するような極端な主張があふれることで色褪せていることも確かである。

だからといって、インターネットを利用した対話の場が無意味になることはない。朝鮮族に関連するネット上の討論の場は、「反韓」と「嫌朝鮮族」の螺旋的相互作用の連鎖をともないながらも、それは朝鮮族と韓国人がはじめて真剣に互いの存在について意識し、あるいは自分自身について語り合う空間でもあるのである。

したがって重要なことは、「韓民族ネットワーク共同体」を形成するはずの朝鮮族関連サイトにおいて激しい対立が見られるとしても、ある種のヴァーチャルな空間にあって、どのような身体的なコミュニケーション空間が形成されているのか、それを把握することであろう。韓国社会と朝鮮族社会は、すでに社会的・文化的・経済的に深くむすびつくことで、いまや共通の社会空間を構成している。そうした状況におけるコミュニケーションのスタイルとは、精神の内面性と外面性との区別がつかなくなることによる「極限的に直接的な」疎通を意味するだろう。(34) 電子メディアによって変化したのはコミュニケーションの技術や道具というより、コミュニケーションのスタイルなのである。

身体と精神が結合してこそ成り立つ近代的主体に疑問を付すポストモダンな身体感覚においては、身体の位置が変わることで権力関係も新たに構成される。ただし、ある近代的主体が「語られる」立場から「語る」立場へと変わるとき、それは既存の権力関係を補強したり、あるいはその再編成を促したりすることもある。なにが正常な言葉であり、なにが合理的なコミュニケーションの形式であるかは、聞き手によって定義されるため、語り手は語ることによって自らの「劣位性」を再生産することが余儀なくされることもあるからだ。(35)

だとするならば、これまでネイティブの韓国人によって「語られる」立場であった朝鮮族が、本質主義的なアイデンティティを戦略的に用いて語り始めるとき、両者の権力関係はどのように変容するのだろうか。ここに韓国人や朝鮮族のアイデンティティが、ヴァーチャルなコリアンのネットワークの裏側で互いをより他者化する方向へと向かうのか、それとも批判的再帰性をもって新たな連帯を生むのかという問題領域が絡んでくるのである。

こうした過程において、認識的な濾過作用が働き、それが掲示板上の対話における新しいコミュニケーションのスキルとして用いられるのならば、朝鮮族のサイトはネイティブとディアスポラのコンタクト・ゾーンとして機能することも考えられなくもない。そこでは、「同じ民族」であるからこそできるような「暴言」も「韓国語」

で交わされたのである。おそらく「抑圧の歴史」を生き抜いてきた韓国人からすると、民族内部から突きつけられた「正統性」の欠如や差別意識に対する露骨な批判は、これまであまりなかった。朝鮮族としては、中国にいるよりも韓国にいることで、むしろ「朝鮮族」であることを強く意識させられた。こうした「再エスニシティ化」の過程をとおして、朝鮮族にはエスニック・アイデンティティを再考する契機が訪れた。

だとすると、問題はマジョリティがマイノリティを「語る」ことだけでなく、マイノリティが自ら「語る」空間を形成することができるか否かであろう。そうした空間は、朝鮮族のアイデンティティ・ポリティクスにおいて、果たして出現しているのだろうか。

齋藤純一はハンナ・アーレントに依拠して、他者の行為や言論を「何」という、入れ替え可能な位相として処遇する空間を「表象の空間」とし、それに対比して他者を自由な存在者として処遇する空間を「現われの空間」と呼ぶ[36]。公共的空間とは「人びと自らが誰(who)であるかを、リアルでしかも交換不可能な仕方で示すことのできる唯一の場所」だとするならば、朝鮮族が自分たち自身の言説の空間として開設した「アンチ延辺チョンガー」という「対抗的な公共圏」は、本質主義的な仕方で表象されることで、支配的な公共圏の外部に排除されたともいえる。つまり、朝鮮族は、「行為し語ることのうちで、自らが誰であるかを示し、他に比類のないそのアイデンティティを能動的に顕わにし、人間の世界に現われる」ことが拒まれたのである。

「延辺チョンガー」をめぐる騒ぎは、在外同胞を「語る」ことだけで、在外同胞の「語り」を無視するような、本国人の韓半島中心主義的な在外同胞への認識を浮き彫りにした。

6　アイデンティティ・ポリティクスを超えて——開かれた自己決定へ

「アンチ延辺チョンガー」は、掲示板が悪意的な表現で塗りつぶされることで書き込みを中止し、その後、閉鎖を余儀なくされた。運営者はこのサイトが韓国人と朝鮮族とが対決する場になることを懸念したのだろう。実際に書き込み中止後のサイトへのアクセスは急減したが、書き込みが続いていたとしても、掲示板は圧倒的多数の番組擁護派のサイト閉鎖要求で埋め尽くされていただろう。アンチ側の勢いもかなり衰えていたからだ。

カン・ソンボムのファンと思われる多くの人がサイトの閉鎖を要求した。インターネットの政治的メリットは、それ自体が民主的で対等な空間を保障しなくても、社会的に訴える手段を持たない人々に対してそうした場を提供してくれることである。自分自身の意見を述べて討論を行うことはごく自然な方法である。在韓朝鮮族の訴えも、一芸能人の問題ではなく、公共放送というメディア権力への挑戦であった。

にもかかわらず、「韓国大衆文化の多様性」＝「普遍性」を押し付けながら、番組に反対する朝鮮族に対して画一的だと非難することで沈黙を強いる、マイノリティに対する管理のテクノロジーが作動していることが明らかになった。「語られる」存在のマイノリティが「語り」始めた途端に、圧倒的なマジョリティによって他者の声は封じ込められた。画一的なのは、番組に対する視聴者の行動に対して、ギャグはギャグに過ぎないという主張をもって抑圧する側ではないだろうか。公共放送および芸能人という公人に対する誹謗や中傷でもない謝罪要求が、不当な要求とは思われないからである。

「延辺チョンガー」という認識の暴力によって、朝鮮族は自己決定の場に立たされるようになる。そこでアイデンティティの政治として表出された韓国人と朝鮮族の葛藤が、「国民という単位に帰る」という安易な自己決定を促すことも避けられないかもしれない。しかしテッサ・モーリス=鈴木がいうように、「内なる国民」(nations within)が有する境界、特性、主張が一回性の決然とした自己決定の宣言によって時間のなかに凍結される必要はなく、それは変化しつつある国民的秩序や地球的な秩序との対話を通じて、絶えず再定義され再交渉されうる。[37]このことは「外なる同胞」にもあてはまるだろう。そもそも朝鮮族は権香淑が的確にあらわしたように、もはやたんなる中国における少数民族や韓国における「在中同胞」という、東アジアの他者化された周辺的な存在ではなく、この地域を「越境」しつつも主体的に「書き込み」をする「エスニック・マイノリティの自己統治」をとおして「多元的帰属意識」を構築するネットワーク的な存在なのである。[38]

したがって朝鮮族と本国との関係性において求められるのは、国籍を基軸にする共同性を脱構築する可能性を示す持続的な「民族の語り合い」である。[39]

そうした対話の兆しを示したのが、二〇一一年三月に始まるMBCのオーディション番組「偉大なる誕生」に延辺から参加した朝鮮族の「ペク・チョンガーン」(白青岡)の活躍である。ペクの快進撃に韓国では多くのファンがあらわれ、応援した。在韓朝鮮族の人口は当時すでに四〇万人を超えており、[40]その分、朝鮮族への風当たりは諸外国人への排他的な風潮とともに激しさを増すなか、急上昇するペクの人気とは裏腹にネット上では差別的な書き込みもあふれた。優勝決定戦の直前には、ペクが以前にブログで韓国をおとしめたという「流言」も飛び交った。しかしそうした噂もペク自らの言葉とそのファンたちによって打ち消され、戦いを制してペクは優勝を果たした。ここでもペクのファン=朝鮮族に仕立てる書き込みが少なくなかったが、「延辺チョンガー」のときとは違ってそうした二分法に巻き込まれることはなかった。「スター誕生」というかたちをもって、朝鮮族が「自らが誰であるかを示し、他に比類のないそのアイデンティティを能動的に顕わにし」、それにファンが応答することで「民族の語り合い」は徐々に進んでいるともいえるだろう。

戦略的本質主義による自己の本質化とは、自己が自己であるために他者に開かれてあること、他者と「本質」を共有することによって、新たな自己を不断に作り続けることで意味を持つ(41)。だとすれば、本質主義をもって本質主義に立ち向かう自己決定よりも、他のコリアン社会はもちろん外国人労働者や女性、障害者、アメラジアンなど、「目的が異なっている他の諸集団」にも開かれた自己決定の意味が模索されなければならない。

コリアン・ネットワークがこうした「民族の語り合い」の場になれるかどうかはまだ定かではない。ただ、そのためには、時間的・空間的に偶然なローカリティというべきものを引き受けつつも、それを閉ざされたものとせずに、常に異質なものに対して、開き、他との交渉のなかで変化することを恐れてはならない(42)。

つまり、在韓朝鮮族は、「故国」と結託した本質の保障ではなく、普遍性を問いただし、それと再交渉することで、コリアン・ネットワークのなかで一義的に統合され固定化されたアイデンティティを超える位置の政治を追求することができるだろう。

［小　括］

一九九〇年代後半から急速に普及するようになったインターネットの登場は、「韓民族共同体」の議論にも反映され、電子メディアが形成するサイバースペースに、領域を横断する仮想的な民族空間の構築を促した。しかしこのような「韓民族ネットワーク共同体」論には、韓半島中心主義や技術決定論が色濃く投影され、ネットワークの意味をそれなりに活用した、新たな関係構築によって構成される民族同士のコミュニケーションを保障しているとは言い難い。本章ではこうした「韓民族」のインターネット共同体の議論を、韓国人と中国朝鮮族の葛藤を象徴的にあらわしたある出来事に注目し、批判的に考察した。在韓朝鮮族は、朝鮮族を戯画化しているとして問題となったＫＢＳのバラエティ番組「ギャグコンサート」の「鳳仙花学堂」に反対するウェブサイトを立ち上げた。そのサイトの掲示板で、番組の是非をめぐって朝鮮族と番組を擁護する韓国人が激しく衝突することになったのだ。インターネットをとおして実現するはずであった、領域を横断する仮想的な対話の空間は、本国人とディアスポラが対決する場となった。結局、朝鮮族の声は圧倒的多数のネイティブの声によって封じられ、その言説空間は支配的な公共圏の外部に締め出された。しかしそれは韓国人と朝鮮族の対話の始まりでもあって、朝鮮族は「民族の語り合い」をとおして新たな自己決定の可能性を模索するのである。

第一部は「メディアのコリアン・ネットワーク」をテーマにして、さまざまなメディア領域から、東アジアで越境的に展開したコリアンのネットワークの意味を問いただしてみた。第二部は、コリアン・ディアスポラという越境する民の「生活空間の創造と故郷の再生」過程を、同じく中国朝鮮族、旧ソ連高麗人、在日朝鮮人社会と朝鮮半島および最南端の済州島とのネットワークから考察する。

第五章では、現在の中国朝鮮族社会が韓国との交流の過程で経験するエスニック空間とアイデンティティの揺らぎを検証するが、これにより本章で示した朝鮮族と本国人を遮る葛藤の社会経済的背景が明らかになるだろう。

（1）David J. Elkins, "Globalization, Telecommunication, and Virtual Ethnic Communities," *International Political Science Review*, Vol. 18 (2), 1997; Pablo J. Boczkowski, "Mutual Shaping of Users and Technologies in a National Virtual Community," *Journal of Communication*, Vol. 49 (2), 1999.

（2）Elkins, "Globalization, Telecommunication, and Virtual Ethnic Communities," p. 139.

（3）Hamid Naficy, "Narrowcasting in Diaspora: Middle Eastern Television in Los Angeles," in Karim H. Karim (ed.), *The Media of Diaspora*, Routledge, 2003.

（4）Myria Georgiou, *Diaspora, Identity and the Media: Diasporic Transnationalism and Mediated Spatialities*, Hampton Press, 2006, p. 140.

（5）Asu Aksoy and Kevin Robins, "Banal Transnationalism: the Difference that Television Makes," in Karim (ed.), *The Media of Diaspora*.

（6）玄武岩「グローバル時代における「ナショナル・メディア」の台頭――エスニック・メディアの発展と変容」『東京大学社会情報研究所紀要』五九号、二〇〇〇年三月、一六〇頁。

（7）小井土彰宏「グローバル化と越境的な社会空間の編成――移民研究におけるトランスナショナル視角の諸問題」『社会学評論』（日本社会学会）、五六巻二号、二〇〇五年九月、三八九―三九二頁。

（8）Jennifer M. Brinkerhoff, *Digital Diasporas: Identity and Transnational Engagement*, Cambridge University Press, 2009.

（9）江下雅之『ネットワーク社会の深層構造――「薄口」の人間関係へ』中公新書、二〇〇〇年、一八四頁。

（10）吉田純『インターネット空間の社会学――情報ネットワーク社会と公共圏』世界思想社、二〇〇〇年、九三頁。

（11）筒井淳也・秋吉美都「新しい公共空間への展望――電子ネットワーク空間における公共性の相互行為論的分析」『社会学評論』（日本社会学会）、五一巻四号、二〇〇一年三月、四〇八頁。

（12）韓国は、一九九五年八月に打ち上げたコリアサット一号を皮切りに、これまで五機の放送通信衛星を打ち上げた。一九九六年七月より、まずKBSが試験放送を開始し、EBS（教育放送）がそれに続いた。コリアサットの打ち上げと相前後して、衛星放送編成の原則・意義に関してはさまざまな議論がなされることになるが、そこでは衛星放送を利用した韓民族の文化共同体の形成が重要な課題として位置づけられている。韓鎮万「衛星放送の編成と制作方向」放送委員会『放送研究』四三号、一九九七年、元佑鉉ほか「衛星放送の国際的環境変化と対応方案」同右、金光玉「ムグンファ衛星放送の編成戦略に関する研究」KBS放送文化研究所『放送文化研究』七号、一九九五年、金明中「国際衛星放送の社会文化的影響と対応方案」衛星放送推進協議会・二一世紀放送研究所『アジア衛星放送の動向及び我が対応方案』一九九七年。

（13）翰林大学校民族統合研究所が学術振興財団の支援を受けて行った研究課題「民族統合の新たな概念と戦略」（一九九八〜九九年）は、「世界化と民族統合――韓民族分散の現況と韓民族ネットワーク共同体樹立」「情報化と民族統合――データベース構築とインターネット上の韓民族仮想共同体建設」の細部課題を含んでいる。この研究報告書は同研究所から『民族統合の新たな概念の戦略（上・下）』二〇〇二年として出版されている。韓国精神文化研究院（現・韓国学中央研究院）でも二〇〇二年に「韓国インターネット文化共同体の形成方案」（金炳善）を含む共同研究課題「韓民族共同体研究の諸問題」に取り組み、その成果は在外韓人学会『在外韓人研究』一二巻二号、二〇〇二年一二月に収録された。

(14)　イエン・アング（小沢自然訳）「ディアスポラを解体する――グローバル化時代のグローバルな華人性を問う」テッサ・モーリス=スズキ／吉見俊哉編『グローバリゼーションの文化政治』平凡社、二〇〇四年。

(15)　ガヤトリ・チャクラヴォルティ・スピバック「サバルタン研究――歴史記述を脱構築する」R・グハほか（竹中千春訳）『サバルタンの歴史――インド史の脱構築』岩波書店、一九九八年。

(16)　エティエンヌ・バリバール（須田文明・若森章孝訳）「人種主義とナショナリズム」エティエンヌ・バリバール／イマニュエル・ウォーラーステイン（若森章孝ほか訳）『人種・国民・階級――揺らぐアイデンティティ』大村書店、一九九七年、六八頁、Max Silverman and Nira Yuval-Davis, "Jews, Arabs and the Theorisation of Racism in Britain and France," in Avtar Brah, Mary J. Hickman and Mairtin Mac an Ghaill (eds.), *Thinking Identities: Ethnicity, Racism and Culture*, Macmillan Press, 1999.

(17)　梶田孝道「ナショナル・マルチナショナル・トランスナショナル――欧米・日本における外国人労働者をめぐる三つの文脈」青井和夫・高橋徹・庄司興吉編『現代市民社会とアイデンティティ――二一世紀の市民社会と共同性：理論と展望』梓出版社、一九九八年、二二三頁。

(18)　金友子「民族と国民のあいだ――韓国における在外同胞政策」臼杵陽監修／赤尾光春・早尾貴紀編『ディアスポラから世界を読む――離散を架橋するために』明石書店、二〇〇九年、三一二頁。

(19)　ここで韓国における「在外同胞」（サハリン残留韓国・朝鮮人を除く）の永住帰国の展開過程について見てみよう。中国からの永住帰国は、一九七八年に安鶴彬夫婦が帰還して以来徐々に行われるようになる。「在中同胞」の帰還要求が活発化すると韓国政府は対応を迫られ、一九七九年五月九日「中国居住僑胞帰国対策」を立てることになる。一九七九年五月に韓国が入国を許可すれば中国当局が「中共僑胞」の出国を認めるという情報が、東京の樺太帰還在日韓国人会経由で韓国に伝えられた（『東亜日報』一九七九年五月一七日付）。同対策は、大韓赤十字社が窓口となり中国に居住する独立運動の貢献者およびその子孫の永住帰国を推進するものであったが、韓国国内に親族がいない場合や、中国人の夫および子供の永住帰国は原則的に認められなかった。

一九八四年四月までに一時および永住帰国した人の数は一九四人に達した(張敏求「ソ連・中共居住同胞たちの実態と離散家族問題」寛勲クラブ『新聞研究』三七号、一九八四年、二五六頁)。同年一二月一日に外務部は「韓中間離散家族再会処理規定」(訓令一六四号)を制定し、一時帰国者に六カ月の臨時旅行証明書を発給した。すなわち、この時期は中国在住朝鮮人の韓国訪問は外国人として出入国管理の対象になるものではなかったのである。ところが一九八八年一〇月五日に同規定が廃止されることで、「在中同胞」は中国国籍を持つ外国人の身分として入国することになる。この時期から親族訪問者が増えるが、一九九〇年三月一五日からは外務部長官が発給する親・姻戚招請許可書による母国訪問が可能となり、訪問者はさらに急増する。それによる「不法就業」が社会的に物議をかもすと韓国政府は招請許可制度を廃止し、招請できる範囲も制限することになる(金昌石「在中同胞の出入国および滞留管理に関する研究」江原大学校経営行政大学院修士論文、二〇〇〇年)。

こうしたなか、一九九二年に中韓国交正常化が成立して「在中同胞」の国籍回復および永住帰国が現実的問題となるが、韓国政府は彼らの受け入れを原則的に許可しない方針を打ち出した。永住帰国を認めれば一九〇万人の「在中同胞」のうちおよそ一〇〇万人が国内へ流入することになると危惧していたのである(『京郷新聞』一九九二年八月二七日付)。だが、労働力の不足を補うために、一九九四年には招請親族範囲の制限を緩和する一方、一九九五年五月には「中国居住同胞永住帰国許可指針」を設けて、「在中同胞」の永住帰国の対象を独立運動功労者本人から、その子孫や親族にも広げ、「人道的な配慮が必要な場合」(元日本軍慰安婦を念頭に置く)にも適用することで永住帰国の範囲を漸進的に拡大した(『ハンギョレ新聞』一九九六年三月六日付)。さらに、この時期、韓国への入国をめぐる詐欺事件が朝鮮族社会を揺るがしたことの対策として、一九九六年一二月四日に韓国政府は中国朝鮮族支援総合対策を発表して訪問要件を緩和した(『京郷新聞』一九九六年一二月五日付)。

一九九七年には国籍法が改正され、「韓国の国民であった者」については「国籍回復許可」による国籍の取得を可能にする項目(九条)が新設され、その子女に対しては「簡易帰化」制度を導入して対応した。そして一九九九年に「在外同胞法」が施行されると、その補完対策として法務部例規「中国同胞国籍業務処理指針」を改正し、「在中同胞」移住一世の一時訪問が全面的に可能となり国籍回復も認められることになる。こうして国籍法にもとづいて一世と未婚の子女およびその配偶者の「帰還」が認められることになった。限定的ではあるが公式に「在中同胞」の永住帰国の制度が整えられたのである。しかしこれには本人や父母の戸籍などをもって「大韓民国の国民であったことの事実を証明」しなければならず、そのハードルは依然高かった。

二〇〇四年四月一日には「中国同胞国籍業務処理指針」を廃止して「外国国籍同胞の国籍回復等に関する業務処理指針」が

新たに設けられ、これまで国籍回復の対象になれなかった者もその対象に含め、本人以外に父母あるいは四等親以内の戸籍やその他の公式書類が「大韓民国の国民であったことの事実を証明」する資料として認められることで、国籍取得の門戸が大幅に拡大した。同指針では、中華人民共和国が成立した一九四九年一〇月一日に「在中同胞」は中国の国籍を取得して韓国の国籍を喪失したと見なし、本人および配偶者と子女およびその配偶者が国籍回復・帰化の申請ができるとした。こうして二〇〇三年には七八一八人であった帰化および国籍回復の件数は、二〇〇四年には一万三三〇七人とほぼ倍増し、二〇〇五年以降は毎年二万五〇〇〇人前後で推移している。

なお、中国以外のロシアや旧ソ連の「同胞」においても、一九九一年に「中国同胞」と同等の措置が講じられるようになるが、高麗人の場合、一九三七年の強制移住によって本国との関係が朝鮮族より早い段階で途切れたこともあって、永住帰国に要する証拠の確保が容易でないことから永住帰国の動きは活発ではなく、「帰還」の制度は主に中国朝鮮族対策として進められてきた。

(20)　Aihwa Ong, *Flexible Citizenship: the Cultural Logics of Transnationality*, Duke University Press, 1999, p. 60.

(21)　金「民族と国民のあいだ」三〇九頁。

(22)　韓国法務部は二〇〇二年三月二五日から五月二九日まで不法滞在外国人申告期間を設け、その期間中に二五万六〇〇〇人余りの外国人が申告した。二〇〇一年の法務部の統計では、二八万五〇〇〇人余りの外国人がオーバーステイしており、自己申告者はその九〇%ほどにあたる。そのうち朝鮮族は九万二〇〇〇人余り。『ハンギョレ新聞』二〇〇二年六月一日付。未申告者や合法的滞在者を含めると韓国に滞在する朝鮮族は一五万人以上になると推定された。

(23)　行政安全部「二〇一二　地方自治団体外国人住民現況調査」。調査によれば、外国国籍および国籍取得などで韓国国籍を有する者の人数は一四〇万九五七七人で、そのうち四〇%(約五六万四〇〇〇人)が朝鮮族である。

(24)　I・アング(大久保桂子訳)「中国語を話さないことについて――ポストモダン・エスニシティとディアスポラの政治学」『思想』九〇三号、一九九九年九月。

(25)　長原豊「本質主義」『現代思想』二八巻三号、二〇〇〇年二月臨時増刊、一〇九頁。

(26)　二〇〇一年末までにおよそ一万八〇〇〇件のアクセスがあり、掲示板には五〇〇件余りの意見が書き込まれた。二〇〇二年一月一日付の一部新聞で報道されてからは、一日平均一五〇〇件のアクセスを記録した。しかし一月二日以降は掲示板の書き込みを中止することで、三日には約一〇〇〇件、四日はさらに半減し五〇〇件程度であった。

(27)　http://babydream.net/Contents/event_model_011112.htm（閉鎖）。
(28)　ケビン・ロビンス「トルコ／ヨーロッパ、干渉するアイデンティティ」スチュアート・ホール／ポール・ドゥ・ゲイ編（宇波彰監訳・解説／柿沼敏江ほか訳）『カルチュラル・アイデンティティの諸問題――誰がアイデンティティを必要とするのか？』大村書店、二〇〇一年、一三八頁。
(29)　ピエール・ブルデュー（田原音和監訳・安田尚ほか訳）『社会学の社会学』藤原書店、一九九一年、一五八頁。
(30)　スチュアート・ホール（小笠原博毅訳）「文化的アイデンティティとディアスポラ」『現代思想』二六巻四号、一九九八年三月臨時増刊、九二―九三頁。
(31)　スチュアート・ホール（大熊高明訳）「ニュー・エスニシティズ」同右、八五頁。
(32)　水嶋一憲「境界のポリシング、境界のポリティクス」同右、二三〇頁。
(33)　酒井直樹『死産される日本語・日本人――日本の歴史-地政的配置』新曜社、一九九六年、二三二頁。
(34)　大澤真幸「電子メディアの共同体」吉見俊哉ほか『メディア空間の変容と多文化社会』青弓社、一九九九年。
(35)　斎藤純一「表象の政治／現われの政治」『現代思想』二五巻八号、一九九七年七月、一七一―一七二頁。
(36)　齋藤純一『公共性』岩波書店、二〇〇〇年、四〇頁。
(37)　テッサ・モーリス=鈴木（大川正彦訳）『辺境から眺める――アイヌが経験する近代』みすず書房、二〇〇〇年、一九五―一九六頁。
(38)　権香淑『移動する朝鮮族――エスニック・マイノリティの自己統治』彩流社、二〇一一年。
(39)　筆者は、グローバル時代において離散した民族が共同体として存続・再発見される前提とは、とくに共同体が血族神話によって想像を強要されるアイデンティティではなく、グローバル化が進むなかで相対化され複合化するディアスポラ的なアイデンティティからなる場合、それは民族の構成員がお互いに対等な立場で語り合うことであるということを示した。そうした「民族の語り合い」があってこそ、重層的で多様化するアイデンティティを共有することができるのである。玄武岩「多国籍民族共同体の模索――転換期の韓国ナショナリズムの変容とその行方」西川長夫・姜尚中・西成彦編『二〇世紀をいかに越えるか――多言語・多文化主義を手がかりにして』平凡社、二〇〇〇年。本書終章の議論も参照されたい。
(40)　韓国法務部傘下の「出入国外国人政策本部」の統計によれば、二〇一一年六月現在の在韓朝鮮族の人口は四五万七八二六人に及ぶ。

(41) 本橋哲也『ポストコロニアリズム』岩波新書、二〇〇五年、一五〇頁。
(42) 杉田敦『境界線の政治学』岩波書店、二〇〇五年、八〇―八一頁。

第二部　生活空間の創造と故郷の再生

第五章　越境する周辺

――中国延辺朝鮮族自治州におけるエスニック空間の再編――

1　可視化される中国朝鮮族

朝鮮半島における分断された南北の朝鮮人や、その延長線上で二つに分かれた在日韓国・朝鮮人だけでなく、いま日本社会でも中国から来た朝鮮族という「新たな朝鮮人」が可視化されつつある。しかし国籍上「中国人」である彼らの名前の呼び方は、朝鮮語の発音ではなく日本語読みにされることで、その存在が表面にはあらわれにくい。国民国家という大雑把な近代システムのなかで、出自に対する自己表象の意思にかかわらずパスポートによって「国民」として均質化されてしまうため、中国のような多民族国家からの来訪者は、その多様なエスニシティの背景が無視されがちである。

かつて「満州問題の関鍵」とされた「間島」にしても、今日「二一世紀のニューフロンティア」とされる「延辺」にしても、この地域は日本から見れば不明瞭な地域でしかなかった(1)。しかし朝鮮族は、歴史的にも、また現在における東アジアの状況からしても決して遠方の存在ではない。いつのまにか朝鮮族は諸外国人とともに日本のなかに根を下ろそうとしているのである。

そして朝鮮族を中国人や韓国人あるいはコリアンとして上位カテゴリーに括れないのは、朝鮮族が延辺という自治区域のなかで独自な生活空間を形成し、どちらにも吸収されない集合的アイデンティティを持っているからである(2)。中国や韓国に必ずしも自己同一化しない朝鮮族にとって、日本は新しい「仮住まいの地」になるかもしれない。せめて日本では、これまで自らにマイノリティを強いてきた漢族や韓国人とは「同等な二流の存在」になりうるからである。

本章では、このように近年日本社会でも姿をあらわすようになった中国朝鮮族に焦点をあて、グローバル化のなかで自己決定に挑む朝鮮族社会の激変する現状を考察する。本書の構成からすれば、第四章における韓国人と朝鮮族との対立と葛藤の背景になる朝鮮族社会の変容について考察することになるだろう。

そこでまず、朝鮮族が日本を目指す一つの歴史的経緯ともいえる問題として、朝鮮族社会で行われてきた日本語教育に着目する。それによって現在の朝鮮族の移動がたんなる経済的な問題ではなく、東アジアにおける日本の植民地支配の連続性のなかで理解することができるだろう。それを踏まえ、延辺において衛星放送など韓国メディアの影響がホスト社会と「故国」との間に生み出す緊張関係を通じて、「再交渉され再定義され」る朝鮮族のエスニック空間の変容について考察する(3)。

2　帝国言語の遺産と中国朝鮮族

コロニアリズムは、その支配空間において言語的な分裂性と重層性をもたらした。朝鮮半島や旧満州など東アジアの日本の植民地における言語政策は、すでにその地域独自の言語と文字体系が存在することから、宗主国言語と植民地言語の衝突を引き起こさずにはいられなかった。その対外政策の極みである「満州国」や「大東亜共栄圏」の建設にあたっては、日本の支配圏の拡大のために、日本語の普及が最も重要な課題としてあげられていた。[4] 川村湊の表現を借りれば、「台湾、朝鮮などの近代日本が抱え込むことになった植民地は、「国語」にとって、まさに日本語が「国語」としてどれだけの範囲に拡大することができるかという実験場」であったのである。[5] その実験は、民族と言語の一体性と帝国言語の普遍性という相克のなかで、終戦とともに破綻するわけだが、それは変異して今日まで影響を及ぼしている。帝国の崩壊は、たんに支配言語からの被支配言語の解放だけを意味するのではなく、ポストコロニアルの問題を引き起こしたのである。

帝国主義による言語的同化政策のなかで改造されたローカルな言語の「醇化」には、脱植民地的な「国語」政策以上のナショナリズムに訴える言語政策が必要となる。韓国ではいまだに「日帝残滓の清算」としての「国語醇化運動」が有効であるし、それが抵抗ナショナリズムの言説を引き継いでいる。

一方、現在の中国の東北地方にあたる旧満州における日本語は、近年の中国朝鮮族の来日と無縁ではない。中国で最も日本語が得意とされるこの地域において、母語である朝鮮語と公用語である「漢語」とのバイリンガル教育を受ける環境の下で朝鮮族は、初級中学(中学校)から外国語の科目を履修することになる。ところが、これまで朝鮮族の民族学校では、「外国語」科目は英語より日本語が一般的であった。[6] 近年初級中学に英語科目が設置されたものの、現在も多くの学生が英語の「代わり」に日本語を学んでいる。英語教育も都市部に限られており、農村地域では英語教師が不足するため選択の余地すら与えられないケースもある。延辺の朝鮮族には、英語よりも日本語のほうが親しみのある外国語なのである。その朝鮮族がいま日本に姿をあらわしている。

朝鮮族が日本を目指すことには、もちろん多くの来日外国人にあてはまるような日本経済におけるプル要因があるだろう。しかしそれだけでは言い切れない延辺の歴史的な政治・経済・文化の事情がある。つまり、市場経済におけるホスト社会(中国)とルーツ(朝鮮半島)とのはざまで朝鮮族は翻弄され、そのエスニック空間が激変するという現状があるのである。それについては次節以降で詳しく論ずることにする。

そしてもう一方の要因として、帝国日本の大陸への進出にあたり、旧満州国と領域的に重なる東北三省に多くの朝鮮半島の人々を送り出した植民地政策への考察が欠かせない。そのなかでも無視できないのが、戦前、この地域で優越的な「国家語」であった帝国言語としての日本語の存在である。

一九世紀末から朝鮮人が移り住むことになった間島地域は、中国の主権範囲と朝鮮人の居住範囲が交錯することで、教育の現場にも中国側の制度と朝鮮人独自の教育が混在していた。そして日本が朝鮮人の保護を口実に間島に進出すると、朝鮮人児童の教育をめぐる争いは一層激しさを増すことになる。日本が官憲を動員して日本側の朝鮮人学校に生徒を集めれば、中国は主権者としてあらゆる政治権力を使って中国側の学校に収容しようとした。(7)

朝鮮が植民地化されてからは、間島は抗日運動の根拠地となり、三つの教育主体が混在する、複雑化した教育状況に置かれることになる。このような満州における朝鮮人教育の状況を、嶋田道彌は次のように描いている。「鮮人私立学校は或は不逞団の支配に或は日本側の普通学校制に、或は支那の国民学校として其変化常なく教育を受くる学生は今日は日本語を以って教授され明日は支那語又は朝鮮語と言ふやうな状態で三巴争奪の道具にされたのである」。(8)それはただ教育主体の複数化だけを意味するのではない。朝鮮人を勢力圏内に押さえ込もうとする中国と日本のはざまで、移住朝鮮人は常に振り回されてきたことを意味する。

満州事変(一九三一年)後、「五族協和」を国家理念として成立した満州国は、国民国家的要素が欠如するだけに、それを補う理念として多民族国家であることを示す必要があった。とくに日中戦争を機に朝鮮半島は日本帝国主義の「大陸兵站基地」として位置づけられるようになり、皇民化政策が本格化する。皇民化政策の最終的な目標が徴兵制度の実施にあるとするならば、皇国軍人を育成するためにも日本語の学習と日本式の氏名はもちろん、天皇のために殉ずる日本精神を植え付けなければならなかった。[9]「内鮮一体」と「鮮満一如」が皇民化政策の主柱であったように、日本と朝鮮半島さらに満州を含む積極的な域内一体化の政策が推進された。本国や植民地では、日本語は「国語」であり、満州国では一九三七年に「国語」の一つという地位を占めた。[10]そこでは、それぞれの民族が日本語の優越的な国家語としての地位を認めたうえ、母語での教育も保障されていた。

しかし朝鮮人には自分自身の意思とは関係なく、理念とは矛盾しながら日本人としての地位が与えられていた。日本が満州国における治外法権を撤廃するという形式的な措置にともない、在満朝鮮人は「日本人たる本質の下に満州国構成分子」であり、日本と満州の二重国籍を有するものとされたのである。[11]内地ではもちろんのこと、植民地や外地においても民族としての朝鮮人は理論上存在してはならなかったからである。日本語以外の言語は抹消されることなく公的な地位がある程度保障されていたが、「五族」のなかに含まれ「民族協和」を享受するはずであった朝鮮語はその対象から巧みに外されていた。[12]地域的な環境により「中国語」も身につけてきた満州の朝鮮人は、優越的な地位にあった「国語」である日本語の習得も要求された。常に三つの言語能力を必要とする朝鮮人にとって、それ以上の「外国語」に手を回すことは容易ではなかっただろう。

朝鮮族は延辺朝鮮族自治州を中心に独自の民族教育を発展させることで、「漢語」と「朝鮮語」によるバイリンガル教育を実施してきた。反面、このような言語負担を強いられることで、朝鮮族の民族教育においては、朝鮮語で英語を教授できる人材を育てることができなかったことも想像に難くない。帝国言語であった日本語が外国語教科目としてよみがえることで、東北地方は中国で最も日本語教育が盛んな地域となった。なかでも朝鮮族の場合、多くの学生たちが第一外国語として日本語を学んでいる。この戦前における「日本語の実験」が、半世

紀が過ぎたいま、当初の意図とは違ったかたちで結果物を生み出し、日本社会に跳ね返っているのである。(13)

3　グローバル化のなかのエスニック空間の変容

グローバル化のなかでエスニック集団の空間のトランスナショナルな変容を考えるのであれば、まず文化をどのように捉えるのかを考えなければならない。一つの方法は、文化の本質性に疑問符をつけることであろう。朝鮮族の文化は、たんに朝鮮半島の文化的延長線上にあるのではない。延辺と朝鮮半島の文化の連続性を強調する見方は、韓国側から見れば、これまで朝鮮族社会との間でさまざまな葛藤を招いてきたように、韓半島中心主義的な発想にむすびつきかねない。また、両者の文化的連続性を過剰に捉えるならば、最近の朝鮮族社会のいわゆる「韓国化」の現象についても、それが韓国の「移植文化」に過ぎないということをそのまま肯定してしまうことになる。

そしてもう一つは、文化を「社会的支配が維持される領域であると同時に、それに対する抵抗の動きが誘発される空間」として捉えることである。このような文化へのアプローチは、延辺が朝鮮族の文化的な実践の場であることだけでなく、そこではその空間を囲んで政治・経済的な権力関係が作用していることを浮き彫りにする。そうすると、空間は決して静態的ではなく、歴史的にはもちろん地理的にも占有をめぐる諸力が日常的にぶつかり合うダイナミックな「闘争の場」であることも理解できるだろう。朝鮮族の文化は多民族社会におけるマイノリティ、そして国外に離散したディアスポラとして重なり合いながら空間的に構成される。エドワード・ソジャがいうように、空間それ自体は本源的に所与のものかもしれないが、しかし、空間の組織や意味は社会的な解

釈・変動・経験の所産なのである。(14)

延辺が注目されるのは、この地域が一見、多民族社会におけるエスニックなマイノリティの空間でありながらも、他の地域のような分離・独立としてではない、独特なかたちでその限界を克服する可能性を秘めていると同時に、その可能性を取り巻く複合的な力が作用する空間であるからであろう。中国の改革開放政策以来、とくに韓国との国交が樹立することで活性化された朝鮮族社会と韓国社会との遭遇によって、ホスト国(中国)と政治的母国(北朝鮮)に加え、延辺の朝鮮族はさらなるアイデンティティの可能性を迎えるようになった。

それを加速化したのが、この地域において、中国と韓国(および北朝鮮)との空間をめぐる角逐が顕在化したことであろう。朝鮮族における記憶の再生は、民族問題で苦心する中国政府には将来的な脅威として受け止められていると考えられる。一方、そのような緊張感をよそに、衛星放送などのメディアや人的交流による韓国文化の浸透の影響は、すでに朝鮮族の生活パターンを変えるほどにまで及んでいる。そこで朝鮮族は、ホスト国家と「故国」とをまたがる新たなアイデンティティの模索を迫られているのである。

このように延辺というエスニックな空間の変容は、グローバル化による資本の蓄積体制の空間的再編という問題領域を超え、その空間をめぐる歴史的・政治的な諸要因が複合的に作用するかたちで展開されている。とくに延辺の空間的な不確実性と流動性は、朝鮮族が隣接して「故国」を持つマイノリティであることから端を発すると見てもよかろう。

中国は、建て前としては少数民族優遇政策をもって、マイノリティ独自の教育・文化などを保障してきた。しかし、新疆ウイグルやチベットなどの分離・独立への動きに対しては断固たる姿勢を示してきた。いまは北朝鮮というクッションが存在するが、それが取り除かれナショナリズムが噴出する「統一朝鮮」と国境を接することになれば、今日の韓国への出国ブームからしても、延辺の空間的位置がさらに揺れ動くのは必至である。中国政府が韓国の衛星放送に対して過剰な反応を示すのも、延辺と国民国家として存在する朝鮮半島との地理的近接性の所以である。中国が朝鮮半島の統一を積極的に支持しない一つの理由がそこにあり、それゆえこの延辺地域は、朝鮮半島および東アジアの情勢にも影響を及ぼすのである。

一方、韓国にとって東北三省(遼寧省、吉林省、黒龍江省)一帯は、「韓国史」のなかでは渤海(六九八〜九二六年)が滅亡するまでは「民族の活動空間」として認識されている。さらに現在の延辺地域に含まれる間島は、植民地期には独立運動の拠点でもあったことから、高句麗・渤海の遺跡地や延辺の独立運動の史跡には韓国から多くの観光客が訪れている。白頭山(長白山)に登り、厳かにならない韓国人はいないだろう。そして延辺は、多少の不便はあれ「韓国語」だけでも十分生活できるだけでなく、韓国のウォン貨が通用する、唯一の韓国外の地域でもある。この空間をめぐる中国と韓国との文化的確執はすでに始まっているといえるかもしれない。

そこで問題となるのが、朝鮮族は主体的に自らの生活空間の行き先を展望することができず、常に二つの祖国のはざまで翻弄される、ということである。中国における少数民族、朝鮮における海外同胞という社会的定義を異にする「二重のマイノリティ」の状況が、両国の空間をめぐる確執のなかで重くのしかかってくるのである。

しかし他方では、メディア・テクノロジーの革新がもたらすグローバル化により、国民国家の中心性が揺れ動くことになると、そこでは新たな空間の再編が進むことで、むしろ延辺は、国民国家によって編成された地域的社会空間に替わる新しい空間の実験場として注目される。そして、アイデンティティや市民権の観念が、国籍を基盤にする規定から相対化され再考されることになれば、この「二重のマイノリティ」の状況はより積極的な意味を帯びることにもなるだろう。

このようなアイデンティティの越境性の意義は、たんに延辺をめぐる空間の取り合いの状況を解消することだけにとどまるのではない。延辺は、多民族社会におけるエスニックなマイノリティの空間でありながらも、抗日闘争・解放戦争（国共内戦）・抗米戦争（朝鮮戦争）を経験し、そして隣接する「故国」の分断に振り回されることで、常にコロニアリズムと冷戦の最前列に置かれてきた。しかしこのような歴史的・空間的な複合性は、逆に重層的で混成的な場所を作り上げ、いまそこはリージョナルな経済圏の中心として浮上するなど、東アジアの矛盾と可能性が凝縮されているのである。

すると延辺における空間の越境性は、東アジアの冷戦と対立の歴史を超え、中国、朝鮮半島、そして日本を貫通する最も躍動的な存在感を示すことができるはずである。そういう意味から、「グローバル化の空間」における延辺の空間的な再編過程は、東アジアにおいて、国家とエスニシティの領域が重層的に重なり合いながら、国民国家をまたぐ越境的な曖昧なものがそれなりのまとまりを持とうとするローカルな試みとして、その意義を見てとることができるのである。

4　延辺朝鮮族自治州のエスニック空間

4-1　空間が生産するアイデンティティ

中国朝鮮族は中国における土着民族ではなく、一九世紀以来、生活難や日本の植民地統治を逃れて朝鮮半島から移り住み、この地域を開拓した移住民族である。とはいえ、清国の間島領有権を認め、現在の朝鮮族自治州が位置するこの地域が領土的な国境線の外に区画されるように取り決められた「間島協約」（一九〇九年）が、当時の大韓帝国が外交権を日本に奪われた状況下で結ばれたものだとして、韓国ではいまもこの地域の領有権を主張する声が少なくない。[15] その後、朝鮮半島が南北に分断され、北朝鮮が中国との国境を確定することで領土紛争の素地は潜在化した。しかし今後の国際情勢の変化によっては、この地域の領有権をめぐる争いが起こらないとは限らない状況である。

「間島協約」による領有権と居住権とのズレは、必然的にその地に定住する人々の政治的立場をめぐる問題を引き起こした。日本は、植民地支配を脱して移住した朝鮮人農民に対する主権の行使を要求し、その「保護」を足がかりに大陸侵略を進めようとした。それは、満州に移住した朝鮮人の意思とはかかわりなく、移住朝鮮人を中国侵略の尖兵にすることであった。[16] このような朝鮮人の立場は、中国側の在満朝鮮人に対する警戒心を招き、「朝鮮族」の政治的位置はこの時期からすでに不安定な状況に置かれていたといえよう。そして一九四九年一〇月に中華人民共和国が成立すると、この地域の開拓民として、そして国家建設の貢献者として自治権が与えられ、一九五二年には延辺朝鮮族自治区(後に自治州へと格下げ)が成立することになる。

しかし、朝鮮族が中国における少数民族として認知されることになった経緯については、抗日戦争や解放戦争、さらに朝鮮戦争における朝鮮族の立場と役割に対する考察が必要となる。それは、現在の「朝鮮族アイデンティティ」の根源がディアスポラとしての「在満朝鮮人」と少数民族としての「朝鮮族」との境目に多くの部分を依拠しており、それを決定づけるのがこれらの戦争における朝鮮人の犠牲だからである。

一九二八年にコミンテルンの決定によって朝鮮共産党に解散命令が下されると、各地の朝鮮共産党員はそれぞれ活動する地域の共産党に加入した。それは、朝鮮の独立を最大の目標とした満州と沿海州の朝鮮人共産主義者にとって大きな戦略的路線の変更を意味した。しかし一方では、それは「在満朝鮮人」から「朝鮮族」への移行の始まりでもあった。つまり、満州の朝鮮人党員にとって、抗日闘争が目指すものは、朝鮮の独立よりも中国の解放でなければならず、そのためにも中国共産党は、満州の朝鮮人を中国の少数民族として認める必要があった。

それによって中国共産党は、在満朝鮮人全体を他国(朝鮮)の解放のためではなく、統一戦線の対象として動員することができたからである。(17)

実際に、朝鮮族は抗日戦争や解放戦争を戦い、また朝鮮戦争では「抗米援朝」の旗幟の下で参戦するなど、辺境地域の開拓と防衛に大きく貢献した。一九五〇年に始まる朝鮮戦争では、戦闘能力の高い朝鮮族部隊の六万五〇〇〇人が北朝鮮人民軍に編成され開戦時の主力部隊となり、中国参戦によって必要となった通訳官等を含めるとおよそ一〇万人の朝鮮族青年たちが参戦したとされる。(18)さらに朝鮮と国境を接する延辺地区は、北朝鮮軍にとっても後方基地の役割を果たしていた。こうした事態の下で、朝鮮族教育はむしろ朝鮮族の国家帰属をより明確にする役割を求められ、各地の朝鮮族学校では「抗米援朝、保家衛国」のスローガンを掲げ、さまざまな「愛国運動」を展開したり学生が参戦や前線支援を決意したりする大会を開いていた。(19)

このような業績が認められ獲得した自治州を中心に、朝鮮族は独自の民族の生活空間を発展させることができたのである。そしてそれは朝鮮族においても大きな誇りとして引き継がれ、朝鮮族としてのアイデンティティの根源をなしているといえよう。しかし、多民族国家を支える国家権力が冷戦の崩壊と市場経済化により緩みを露呈するなかで、地域に根ざした朝鮮族のアイデンティティのあり方にも変容の転機が到来している。

4-2　減少する人口と文化の政治

中国政府は少数民族に自治は認めながらも、絶えず自治区域の民族構成を当該民族が圧倒的多数にならないように調整してきた。毛里和子は、中国における自治区域の画定には政治的問題が絡み合っており、単一民族の自治区域はできるだけ避けて漢族を入れた区域にし、単一民族の場合は狭く画定する、という配慮が働いているようであると指摘している。実際、チベットを除くと、省レベルではどの少数民族も民族区域において多数派ではない。広西では漢族地域が付加されたし、内モンゴルと新疆ウイグルの場合はとくに、漢族の移住、政策的移民が行われて少数民族は自治区内でも多数派にはなれないのが現状である[20]。

同じく、朝鮮族の自治区域の区画においても空間的調整が配慮されていることがわかる。延辺には管轄区内の六市以外に、安図、汪清の二県が含まれているが、朝鮮族の人口が相対的に希薄なこの地域を自治州に組み入れたのは、朝鮮族の全体的な人口の比率を押さえるためであったとも考えられよう。自治州の地理的空間の拡大は、自治空間の民族構成における質的収縮をともなったのである。

それは、民族の自治区域が少数民族の保護区域ではないからにほかならない。ただし、当該民族からすれば、自治区域における脅威として主流民族の住民の参入も無視できないが、より深刻な問題は民族構成員のエスニック空間からの離脱である。朝鮮族社会におけるその帰結が、大量の人材と労働力の流出と、急速な市場経済化に追いつけない価値観の混乱という現状であろう。こうして自治州における朝鮮族の人口の問題が、民族空間の維持・発展における脅威となって立ちあらわれている。

文化はそれ自体が独自的なものではなく、芸術や教育、出版、言論などの民族文化の表象とアイデンティティの消費を含む日常生活の意味の実践が、権力と支配、同化とそれへの抵抗から派生した政治の問題から分離されることはない。中央政府は民族独自の文化を保障はするものの、中国における少数民族の文化は集団としての権利であって、個人としての権利ではなかった。すなわち、中国の多民族政策の特徴である「民族自治区域」の制度下では、自治区域外での民族の文化は保障されず、自治州内部でも「漢族学校」に通う朝鮮族の子供たちは民族教育を受けることができないのである。

大都市や外国への人口の流出は、とくに農村地域においては民族村落の解体をもたらしており、朝鮮族社会では廃校や統合による民族学校数の減少を危惧する声が後を絶たない。民族学校の減少により、将来的に朝鮮族児童の教育を「漢族学校」に頼らざるをえなくなるため、それは民族文化と民族言語の喪失にむすびつくとして懸念されているのである。このように文化的に表現される政治的議論の様相が、朝鮮族の民族文化、民族教育に対する危機意識に促されるかたちで浮上している。

一九五〇年代に民族の自治州を手に入れた朝鮮族は、教育、文芸、メディア、民俗など、あらゆる生活上の側面において民族独自の文化を維持してきた。一九五〇年代末から七〇年代にかけて、文化大革命期にそれは地方民族主義として弾圧されることもあったが、一九四九年設立の延辺大学を中心にして系統的な教育が行われてきた。朝鮮語の新聞・雑誌はもちろん、ラジオやテレビ放送も独自に運営されている。また、自治条例によって、公文書や街の看板には朝鮮語を優先し「漢語」を併記することが定められている。しかし朝鮮族が誇りを持って発展させてきた民族教育や文化活動も、芸術団体の解体や統合が相次ぐように、市場経済化のうねりのなかで危機にさらされている。こうした状況の下、朝鮮族の自治州、自治県、自治郷などの民族自治区域は、集居地区から雑居地区へ、そして雑居地区は散居地区へと変貌している。

改革開放政策以来の中国の経済開発は主に東部沿岸地方を中心に行われてきた。延辺地域も前例のない経済成長を成し遂げたものの、一九九〇年代前半の年間平均経済成長率は、広東省の二〇%には遠く及ばず、全国平均の一三%にも達しない一〇%台にとどまっている。(21) 一〇%という経済成長率は、自民族の流出と他民族の流入を同時に引き起こす曖昧な指標である。

そして、中韓の国交の樹立がもたらした韓国人の中国(延辺)観光と、逆に延辺から韓国へ出稼ぎに行く二つの「韓国ブーム」は、延辺の経済発展を促進し、さまざまな領域における交流をもたらした。ところが、経済格差のある二つの社会の接触は労働力だけでなく、そこで形成された非対称性の構造により婚齢期の女性の流出をも引き起こした。それによって男女の比率が大きく傾くことで出生率の低下をもたらし、それがさらに人口の減少に拍車をかけている[22]。出生率の低下には、産児制限政策を「模範的」に実践することで、唯一人口のマイナス成長率を記録した少数民族である朝鮮族社会の状況も一役買っているだろう。

さらに、一方では「辺境開放市」としての琿春の開放や豆満江(図們江)流域開発事業が延辺の経済発展のばねになると期待されながらも、そこには延辺だけで賄いきれない労働力の需要を外部から招くことへの不安も交差している。延辺は朝鮮族の自治州ではあるものの、他の民族の自治区域と同様に、朝鮮族だけの生活空間ではない。むしろ、現在は人口の比率が漢族より低く、自治州内ですらマイノリティになりつつある。延辺における朝鮮族の人口比率の低下を食い止めることが、民族の生活空間を維持するためにも喫緊の課題となっている[23]。

しかし、そうした憂慮をよそに、中国朝鮮族のさらなる移動による民族空間の揺らぎはとどまることがない。前章で述べたように、韓国に向かった在韓朝鮮族は二〇一二年に五〇万人を超え、すると二〇〇万人とされてきた朝鮮族人口のおよそ四分の一が韓国にいることになる。もちろん韓国だけでなく、『黒龍江新聞』の二〇〇五年の調査によると北京・天津の首都圏地域に約四万人、青島・煙台など山東地域に約六万人、上海・南京など華東地域に約二万五〇〇〇人など、中国都市部への移動も著しい。しかしそれも韓国企業の中国進出にともなう雇用機会を求めた大規模な移動であるとされる[24]。このように朝鮮族社会の基盤はさまざまな面でもはや解体の危機に瀕しているといえよう[25]。

4-3　拮抗する空間——延辺をめぐる中韓の確執

中国政府の少数民族の自治区域における管理政策は、「入植者」を送り込むことや、自治区域の区画において空間的調整を行うといった、人口面での問題に限られるものではない。かつて韓国・朝鮮の独立運動の根拠地であり「民族の聖地」でもある白頭山を自治州から外したことは、自然資源管理の問題以上に、自治州における象徴的意味を減退させる意図があったと見ることも可能である。

資本主義経済システムに参入し開発至上主義を追求することは、中国政府の民族政策において大きなジレンマになりかねない。空間の商品化は、必然的に異なる社会に属する人々に出会いの機会をもたらすことになる。とくに中韓国交正常化以降、延辺には多くの韓国企業が進出することになる。一九九六〜九八年の延辺への国別投資の推移を見ると、韓国が契約件数の七割を占め、契約額においてもほぼ半分を占めている。延辺が物流の面で不利であるにもかかわらず韓国からの投資が活発なのは、韓国と文化・言語を共有する朝鮮族が人口の四〇％程度居住し、低廉な労働力・土地費用などの利点があるからであった。[26] それにともない多くの韓国人および韓国文化が延辺にあふれることになる。

また、歴史的な記憶から大勢の韓国観光客が延辺を訪れている。延辺における記憶の活性化は、むしろ韓国によって触発されている側面が強い。独立運動の記念物の建造など遺跡地の歴史的聖域化は、主に韓国の民間企業や言論機関、独立功労者の遺族団体等によって推進されている。そして海外への移動が自由になってからは、韓国をはじめとする外国への「労務輸出」の行列が後を絶たない。

こうした二つの社会の出会いは、さまざまな文化的葛藤を引き起こし、朝鮮族と韓国人との間に深い溝を生み出すこともあった。延辺に入った韓国人の傲慢な振る舞いや招請詐欺、その反発として頻発する朝鮮族による韓国人の拉致事件が社会問題となった。韓国での朝鮮族に対する差別・虐待と、そのような矛盾が凝縮された「ペスカマ号事件[27]」が両者の隔たりを象徴している。

これらの一連の事件の背後には、韓国人が朝鮮族を独立運動家の子孫としてたたえながらも、経済的・言語的に劣った存在として見下し、朝鮮族を他者化することで純粋な「韓民族」を形成しようとする、ある種の民族内部のオリエンタリズム構造が働いているといえよう。そうしたなかでもNGO「ウリ民族助け合い運動」の「在外同胞センター」(現・東北亜平和連帯)が詐欺被害の調査とそれに対する支援を行ってきたように、韓国の民間団体による朝鮮族への支援活動や教育機関の学術交流、図書寄贈というさまざまな「絆づくり」の活動が行われている。このように両者の関係は経済的分野だけでなく、社会・文化的分野においても、もはや切り離せない状況になっていることも看過できない。

一般的に自国の国境外に、自分たちと連帯し、帰属性を認めてくれる大規模な言語共同体を持っている場合、そのようなエスニック集団はホスト社会において幅が利くとされる(28)。しかし現実は逆に、延辺における朝鮮族の越境的なエスニック・アイデンティティの活性化は、民族問題を抱える中国政府にとって大きな不安要素になりかねない。実際に、延辺はチベットや新疆ウイグル、そして内モンゴルとともに、中国政府からは四つの民族対策地区として想定されているともされる。市場経済化が進み個人化が顕著になるなか、その行き先として古い「母国」＝韓国に未来を託すことになれば、それがすぐに分離につながることはないとしても、中国にとって潜在的な脅威になると考えられなくもない。

さらに、先にも述べたとおり朝鮮半島に強力な統一国家が出現すれば、国境を接する「飛び地」の延辺は、「統一朝鮮」との関係が一層深まることも近年の「韓国熱」からすれば容易に予想される。韓国において、「僑民庁」の立案や、その正否はともかく「海外同胞」に事実上の二重国籍を与えることになっていた「在外同胞の出入国と法的地位に関する法律」(在外同胞法)に対して中国政府が敏感に反応したのも、こうした理由からであることが理解できる。中国政府が、自治州政府の管轄であった旅券業務を省政府へと移し、多くの韓国人が出入りする瀋陽にしばらく韓国の領事館開設を許さなかったのも(一九九九年七月に設置)、朝鮮族と韓国との関係を牽制するためであったといわれていた。

そしてなによりも、韓国の衛星放送の受信機の取り締まりは、延辺を見る中国政府の尖鋭化した視線を示している。以下では、衛星放送や韓国文化の流入による延辺のメディア空間の再編過程を考察し、そうしたメディア空間のなかで朝鮮族はどのようなアイデンティティの変容を迫られているのかについて見ていくことにする。

5　変容する延辺のメディア空間

延辺における朝鮮語のテレビ放送は、一九七七年に創立されたYBTV（延辺テレビジョン放送局）が最初である。二〇〇一年現在、地上波をとおして見られる放送には、YBTV、延吉TV放送、吉林TV放送、CCTV（中央電視台）第一TVの四つのチャンネルがある。しかし、幅広く普及している有線網を利用することで、八つのCCTVのチャンネルと一九局の各省レベルのテレビ放送が見られるようになっている。このようなチャンネルの増加を受け、YBTVは一九九九年七月にはケーブルテレビを中心に体制を整備し、地上波放送を「延辺TV-1」、傘下の「延辺有線テレビ放送」を「延辺TV-3」、そして新たに設けた経済放送を「延辺TV-2」とし、これらの三つのチャンネルと「延辺教育テレビ放送」を運営している。メインである地上波放送では、報道、教養、娯楽番組など一二の自主制作番組を中心に、一日一二時間の放送のうち、三割以上の時間を朝鮮語で放送している。

このように延辺のテレビ放送はすでに多チャンネル化している。しかし多チャンネル化とはいえ、番組ごとに特化された専門チャンネルというよりも、八つのチャンネルのCCTVを除けば、全国各省の総合編成の番組が見られるに過ぎない。市場経済化が進むなかで視聴者の欲求も多様化し、資本主義的なものが拒否感なく受け入れられるようになるなか、それに追いつけない自国の放送に代わって増大するニーズに応えたのが外国の放送であろう。とくに朝鮮族の場合、韓国からの放送は資本主義国家の番組の「面白さ」だけでなく、延辺の朝鮮語のテレビ放送では見られない放送技術と制作能力をもって作る「朝鮮語」による音楽番組やドラマに興味が引かれるのは自然な成り行きであった。その最も大きな担い手が、韓国が一九九五年に打ち上げた放送衛星のコリアサット(KOREASAT)である。

実は、延辺における韓国文化の流入は、両社会が接近する初期からすでに始まっていた。韓国への出稼ぎから帰ってきた朝鮮族は、稼いだ資金をカラオケなどのサービス業に投入する場合が多い。感情表現の言葉が朝鮮語である以上、韓国の歌謡曲の拡散に多くの時間を要することはなかった。中国の放送で韓国の放送番組が放映されるようになってからは、YBTVでも韓国のドラマを次々と放映しているが、いずれも高い視聴率を記録した。韓国の映画やテレビ放送番組のレンタルビデオショップもはやっていた。こうした状況のなかで「故国」から直接届く衛星放送のインパクトは、情報や娯楽の提供というメディアの機能論的な範囲を超え、消費文化、ファッション、言語使用など、朝鮮族の日常的な生活全般にまで影響を及ぼしている。

延辺で韓国の衛星放送が受信できるようになった一九九〇年代後半では、コリアサットの放送用中継器を通じて受信できるチャンネルは、公営放送であるKBS(韓国放送公社)第一、第二の二チャンネルおよびEBS(教育放送)第一、第二の二チャンネル、そしてOUN(放送大学)の計五つに過ぎず、主な視聴チャンネルはKBSであった。CSアンテナを利用すれば、MBC(文化放送)やSBS(ソウル放送)、PBS(釜山放送)などの民間放送も受信できたが、それには大型のCSアンテナが必要となり、公にアンテナ設置が困難な状況もあって、小型で屋内でも設置可能なBS用のアンテナが一般的であった。

実際にどれほどのコリアサットの受信設備が普及しているのか、その正確なデータはない。ただ、コリアサットは当初、放送による「韓民族放送共同体」の形成を一つの政策的課題としており、韓国政府は日本や中国、そしてロシア沿海州の民族団体を中心に受信機を提供する事業を展開してきた。そして、コリアサット三号の打ち上げや二〇〇〇年の春に成立した「統合放送法」によって、量産体制に入った受信機の価格もBS用の場合一八〇〇元程度にまで下落し、一般家庭への普及を促すようになった。そして二〇〇二年に本格的なデジタル衛星放送サービス(SkyLife)が始まってからは、ノンスクランブルで見られる番組が増え、受信機の需要はさらに拡大していると予想される。第四章で描いた「延辺チョンガー」をめぐる葛藤や「ペク・チョンガーン」フィーバーもこうしたメディア環境での出来事である。

このように延辺では韓国文化がすでに朝鮮族の生活のなかに浸透している。とくに大衆音楽としての「朝鮮語」による歌謡曲は、少数民族の文化として育むことができなかった分野であり、その影響力は最も大きいといえよう。延辺で朝鮮族のタクシーに乗ると、ほとんどが韓国の歌を流しているように、その普及は急速であった。そして韓国のアイドルやポップス歌手は、延辺の青少年たちのなかでも人気を集めている。大衆紙の『延辺ラジオ・テレビ新聞』は、次のように朝鮮族社会における韓国ポップス音楽のブームを伝えた。「最近、延辺の十代の青少年たちの間では、韓国のダンス歌謡ブームが起きている。とくに延辺にTVリクエスト音楽チャンネルが登場してからは、速いリズムに合わせながら踊って歌う韓国のダンス歌手たちに対して、延辺の十代の青少年たちは、計りしれない好奇心と崇拝熱を見せている(29)」。

いまでこそインターネットでさまざまな情報を得ることができるが、まだインターネットが普及する前には、延辺のレコード店では韓国のスターのCDやビデオだけでなく、雑誌や写真、ブロマイドやバッジなど、アイドル関連のグッズを販売していた。今日の日本における韓流ブームを先取りしていたといえよう。ただ、当時韓国の雑誌や音盤は入手しにくいこともあって、雑誌の切り抜きや雑誌の写真をそのまま接写して焼き増ししたものが安価で売られていた。韓国のアイドルは延辺でもそのままアイドルであり、しかもそれは韓国のアイドルというよりも、自分たちの身近なアイドルなのである。

また有線放送では「延吉点播頻道」と「延辺点播頻道」という音楽リクエストチャンネルがはやった。「点播頻道」は電話で視聴者のリクエストを受け付けて曲を流すチャンネルであるが、韓国の歌謡曲がほとんどで、学生たちの間では、一曲あたり八元で高いため何人かの友達同士でまず聴きたい曲を電話で話し合い、選んだ曲を一人が一曲ずつリクエストして歌を覚えるというような風景も見られたものである。

朝鮮族のエスニック新聞も中国の改革開放政策のなかで再び変化を遂げることになる。とくに韓国と社会・経済的に密接になってからは、朝鮮族の新聞はその表記や語句の使用において韓国の表記方式を導入するようになった。『朝鮮文報』(遼寧新聞社)や『吉林新聞』では「外来語教室」「外来語常用辞典」といった欄を設け、韓国式の外来語をシリーズとして紹介した。広告欄を見ても韓国の企業や航空会社の広告がどの新聞にも目立ち、韓国関連の報道も数多く見られる。また新聞記事だけではなく、韓国作家の小説や当時の金大中韓国大統領の自伝も連載された。(30) 朝鮮族のエスニック新聞は、第二章で述べた「在外韓人新聞」とは違ったかたちで「故国」とむすびつくのである。いまや『黒龍江新聞』は在韓朝鮮族向けにソウルで韓国版を発行している。

放送用語の使用やアクセントにおいても韓国の標準語の影響が強まってきた。放送言語については、一九六三年に周恩来首相が放送言語は平壌の言葉にするよう指示したこともあって、北朝鮮の影響が強かった。しかしいまや、延辺のテレビやラジオ放送局の職員やアナウンサーが韓国の放送局で研修を受けることも珍しくない。財政面からしても韓国の援助は頼りがいがあり、韓国の放送局との交流も深まっている。

延辺における外国との放送交流は韓国とだけでなく、他の地域のコリアン社会とも行われている。ＹＢＴＶは米国ニューヨークの朝鮮語放送局「マウンテンTV」との番組交換の協定をむすび、毎週一〇〇分の自主制作番組を提供してきた。このような放送の交流を通じて、朝鮮族のエスニック・アイデンティティにはさらなる変容の可能性が生まれている。

6 越境的アイデンティティの実践

延辺の朝鮮族社会は韓国の衛星放送を中心にしたメディア空間に部分的に編入されることで、それにともなう韓国文化の流入も著しい。とくにテレビの視聴は、テクストの意味という問題だけでなく、ドメスティックな日常生活のリズムと習慣におけるテレビの場所性の問題にもかかわってくる(31)。家族がそろって韓国のドラマを見て、翌日職場ではそのドラマの話で盛り上がる。延辺における韓国の放送は、韓国を理解する手段としての段階を超え、いまや日常の一つとして疑いもなく茶の間に深く入り込んでいる。またそれを通じて「正しい朝鮮語」＝韓国語を習得する。まさに「韓民族放送共同体」を目指すコリアサットの思惑どおりであろう。

しかし、それがすぐにも文化的中心性を韓国に求めアイデンティティの拠り所にすることになるとは限らない。そもそも「本国」からのテレビ番組が普及しても、それが文化的アイデンティティにむすびつくかどうかは、より綿密な観察と分析が必要とされる。世代や年齢、性別、韓国への「旅」の経験などさまざまな条件によって、テレビ放送に接することで再構築される文化的アイデンティティの方向もそれぞれ異なるはずである。技術中心主義的で韓半島中心主義的な「韓民族放送共同体」の構想では、このようなアイデンティティの多層的な側面や伝統的なフェイス・トゥ・フェイスのコミュニケーションの意義を見逃してしまう。しかも、第四章で検討したように、延辺を戯画化するような番組も延辺で視聴可能な状況であり、それが与える反感は「韓民族放送共同体」の構想に逆行することでしかない。

韓国社会と朝鮮族社会との葛藤から見られるように、中韓国交樹立がかえって結果的には朝鮮族の「中国人」としてのアイデンティティを強めるだろうという予測もある。[32]他方、社会主義統制のなかで中国は少数民族の「自決」の願望を引き締めてきたが、その抑制装置が緩みを見せ始め、東部沿岸地方と辺境地域の経済格差は多民族社会としての中国に疑問を投げかけてもいる。改革開放政策以降、社会主義計画経済から社会主義市場経済へと進むなかで、人口の流出による朝鮮族コミュニティの瓦解は、むしろ朝鮮族社会の未来に対する不安を増幅させ、民族空間に対する危機意識から教育と文化の中心性を朝鮮半島に求める働きをすることも十分考えられる。どちらの場合でも、重要なことは朝鮮族社会の変容を中国における民族政策や韓国の「韓民族共同体」という見方からではなく、朝鮮族自らが自分たちの空間を生産し、そこに積極的な意味を与えていく実践的な過程として捉えていくことであろう。

実際に、韓国社会と朝鮮族社会との反目と葛藤は双方に多くの傷を残したものの、いまは冷静にお互いを見つめるようになり、そこで朝鮮族社会も新たに自らの位置を再定義しようとしている。「われわれは朝鮮固有の文化を持っており、中国文化も備えている。それでわれわれは二つの文化を融合し、より高い次元の文学を創出できる地理的位置に置かれている。いまは、われわれは中国文学や韓国文学と肩を並べることができない。しかし、二つの栄養分を摂取することで……、韓国の一流作家にも遜色なく、在日同胞の李恢成や金石範のような民族文学が出てくるだろう。さらに、中国朝鮮族の独特な体験、朝鮮族文化が持つ意味を文学的に消化するときに世界文学にも接近でき、朝鮮族文学が生き残る道も開かれるのではないか[33]」という延辺大学朝文学部長金虎雄の「朝鮮族文学」への展望のなかに、朝鮮族社会が想定する自己決定のあるべき姿を窺うことができる。

少数民族でありディアスポラでもある「二重のマイノリティ」は、どちらにも自らの忠誠心の独占を許さないことで、越境的な行為主体としての可能性を秘めている。しかしその可能性とは、朝鮮族の場合、ただホスト社会と「故国」のはざまで二つのアイデンティティを選択的に利用できるポジションだけを指しているのではない。そこには、民族問題で悩みを抱える中国において、対立を超えたエスニック・マイノリティの越境的な自決の実践としての意義が含まれている。また異質なものとの共存を拒み続けてきた韓国においては、一方では言語的同質性を押し付けながらも、他方では政治的な違和感をあらわにする「仮装の言語共同体」の内側から、韓半島中心主義的な言語意識という内向きのナショナリズムを解体に導く存在として、その実践的意味を見出せるだろう。

そして南北朝鮮の統一をめぐる政策立案に参画し、さらに東アジアにおける経済開発プロジェクトには資源、労働力、言語資本をもって積極的にコミットすることで、将来的に東アジアのリージョナリズムの越境的な存在としての重要な役割を果たすことが期待される。朝鮮族は個としての越境だけでなく空間としての越境をとおして、トランスナショナルな市民性を体現する独特な位置を占めているからである。

〔小　括〕

第四章で考察した韓国における朝鮮族の位置、そしてそれを規定する朝鮮族社会と韓国との社会経済的関係が本章で明らかになった。朝鮮族社会は、中韓国交正常化以来、韓国との交流が活発化するなかで多くの人々が韓国へ出稼ぎに向かい、さらに国内各地への進出による人口流出によって、民族自治州としての延辺を中心にするエスニック空間の危機がささやかれている。そこで朝鮮族は、衛星放送など韓国メディアの影響がホスト社会と「故国」との間で緊張関係を生み出すなかで、「祖国」と「故国」のはざまで自己決定に挑むことを迫られている。

しかし同時に、少数民族でありディアスポラでもある「二重のマイノリティ」は、どちらにも自らの忠誠心の独占を許さない越境的な行為主体としての可能性をもって、トランスナショナルな市民性を体現するのである。

こうしたエスニック空間の揺らぎは、旧ソ連の高麗人社会にも押し寄せてくる。第六章では中央アジアから沿海州に「再移住」する高麗人社会の変容に迫る。

(1)　戦前、「支那通」として知られていた長野朗が『満洲問題叢書 第三巻 満洲問題の関鍵間島』(支那問題研究所、一九三一年)を著したのは、間島問題が満州問題解決の鍵を握るという重要性にもかかわらず、「間島の問題は一局部の小問題として従来邦人間に閑却されて居た感がある」からであると述べている。一方、石尾喜代子は、二一世紀のニューフロンティアとして期待が寄せられる東北アジア地域、なかでも延辺が、日本にとって近くはあるが冷戦の影を残していまだ情報が少ない地域であると指摘している。石尾喜代子「延辺朝鮮族自治州の経済状況と展望」『中国21』(愛知大学現代中国学会)、三巻、一九九八年四月、一六九頁。

(2)　一九九〇年の人口調査では、東北三省の朝鮮族の人口は一八六万四七六〇人で、中国全国の朝鮮族総人口の九七・一%を占め、吉林省の東部に位置する延辺朝鮮族自治州には八五万九〇〇〇人が暮らしている。人口の三九・三%が朝鮮族である延辺は、中国では最も大きい朝鮮族の集住地区である。漢族の人口は九二万一〇〇〇人で州全体の四二・二%。

(3)　テッサ・モーリス=鈴木は、グローバリゼーションのなかで従来の国民国家的な自己決定の論理の再考の必要性を説き、それを二つの状況から説明する。一つは、自己決定はもはや国民国家モデルに据えた絶対的な「主権」という単一の解釈類型を示唆する必要がなくなり、国民国家へと強制的に編入された小社会は、それ固有の特殊な主権形態の権利を主張しやすくなったという点である。もう一つは、「内なる国民」(nations within)が有する境界、特性、主張が一回性の決然とした自己決定の宣言によって時間のなかに凍結される必要性はなく、それは変化しつつある国民的秩序や地球的な秩序との対話を通じて、絶えず再定義され再交渉されうることをあげている。テッサ・モーリス=鈴木(大川正彦訳)『辺境から眺める――アイヌが経験した近代』みすず書房、二〇〇〇年、一九五―一九六頁。

(4)　イ・ヨンスク『「国語」という思想――近代日本の言語認識』岩波書店、一九九六年、二八四頁。

（5）川村湊『海を渡った日本語——植民地の「国語」の時間』青土社、一九九四年、一五四頁。

（6）岡本雅享によると、朝鮮族中学の外国語授業は一九五〇年代後半に一部の学校で始められ、一九七八年からすべての学校に広げられた。その外国語は一九八二年の統計で八三％が日本語であった。岡本雅享『中国の少数民族教育と言語政策』社会評論社、一九九九年、一六〇―一六三頁。そして朝鮮族の民族学校で英語科目が開設されたのは一九八〇年代の後半からである。全国重点高級中学校として指定され延吉の名門高等学校とされる延辺第一高級中学校でも「英語クラス」（ほとんどの中学・高校のクラスが外国語科目を基準に英語クラスと日本語クラスに分けられている）が実験的に一クラス設置されたのは一九八八年のことである。

（7）槻木瑞生「日本旧植民地における教育——「満洲」および間島における朝鮮人教育」『名古屋大学教育学部紀要　教育学科』二一号、一九七四年三月、一〇三頁。

（8）嶋田道彌『満洲教育史』文教社、一九三五年、四二三頁。

（9）姜尚中・玄武岩『興亡の世界史18　大日本・満州帝国の遺産』講談社、二〇一〇年、一一〇―一一二頁。

（10）駒込武『植民地帝国日本の文化統合』岩波書店、一九九六年、二九六頁。

（11）鄭雅英『中国朝鮮族の民族関係』アジア政経学会、二〇〇〇年、二二四頁。

（12）安田敏朗「「満州国」の言語計画——「五族協和」のなかの言語」『東京外国語大学アジア・アフリカ言語文化研究所通信』七九号、一九九三年二月、四五頁。

（13）いうまでもなく中国朝鮮族の来日の動因は言語のポストコロニアルな状況だけではない。中国朝鮮族の来日のメカニズムについては、権香淑『移動する朝鮮族——エスニック・マイノリティの自己統治』彩流社、二〇一一年を参照。

（14）Edward W. Soja, *Postmodern Geographies: Reassertion of Space in Critical Social Theory*, Verso, 1989, pp. 79-80.

（15）たとえば、一九九七年一一月二九日に開かれた「韓民族の北方領土意識と間島領有権問題」学術学会（白山学会・海外韓民族研究所主催）で、仁川大学の盧泳暾は「間島問題と国際法」の発表をとおして次のように述べている。「一九〇九年の間島協約によって中国に編入された間島地域に対して韓国が領有権を主張することができる時効は国際法上二〇〇九年までである。明確な規定はないものの、一〇〇年が過ぎると間島問題を国際裁判に付託したとしても、国際法上領土問題の終結を意味する「歴史的凝固」として時効が成立する」。そして、歴史的背景や国際法上、間島の領有権問題は十分に争いうる事項になるとし、韓中国交樹立の時点では逃したが、これからでも韓国政府が間島問題に対して中国に異議を唱えるべきであると主張した。

『ハンギョレ新聞』一九九七年一二月三日付。

(16) 依田憙家「満州における朝鮮人移民」満州移民史研究会編『日本帝国主義下の満州移民』龍渓書舎、一九七六年。

(17) 鶴嶋雪嶺『中国朝鮮族の研究』関西大学出版部、一九九七年、二四頁。

(18) 金中生『朝鮮義勇軍の密入北と六・二五戦争』明志出版社、二〇〇一年。

(19) 鄭『中国朝鮮族の民族関係』二二九頁。

(20) 毛里和子『周辺からの中国――民族問題と国家』東京大学出版会、一九九八年、九四―九五頁。

(21) 李洪迂「中国朝鮮族の持続と発展問題」金東和・金承哲・李洪迂編『中国朝鮮族文化現況研究』黒龍江朝鮮民族出版社、一九九五年、四一―四二頁。

(22) 中韓の国交樹立後の一九九三年以降、韓国に嫁いだ朝鮮族女性(偽装結婚を含む)は、韓国大使館領事部の発表によると、九三年一四六四人、九四年一九九五人、九五年七六九三人、そして九六年には一万人を超えたとされている。鄭信哲「中国の開放と朝鮮族の人口流動」東北朝鮮民族教育出版社『文化山脈』四号、一九九九年、二五七頁。

(23) 経済的空間の再編による朝鮮族の社会構造と文化の変容は悲観的な展望に満ちているが、しかしそれがすべての面において民族空間の収縮にむすびつくとは限らない。中国における韓国の地位が向上することで朝鮮語の重要性も増している。延辺の朝鮮族の民族学校には、「韓国語」を学ぶために入学する漢族の学生が増えているという。また、韓国企業が大都市に進出することで、朝鮮語の活用空間も民族自治区域から外部へと拡張している。そしてなによりも、限られた言語空間における情報生産の限界が韓国の「膨大な」出版物の存在によって補われ、朝鮮族の知的営為にも大きな変化をもたらしている。

(24) 権香淑『移動する朝鮮族』二一六―二一七頁。

(25) 権香淑はこうした地殻変動が朝鮮族社会の解体を引き起こす一方、移動の非可逆性が従来の家族形態を維持しつつ、形式的には家族構成員が分散して居住する「家族分散」を招いているとしながらも、一九九〇年代以降における朝鮮族の世界的な移動と、それにともなう地域構造および労働市場構造の変化のなかで、大規模に分散する移動が朝鮮族社会の解体を招くのではなく、既存の地域をもとにした同質性の高いエスニック社会から、脱地域的にネットワーク化・多元化することで、朝鮮族社会はパラダイム転換に直面しているということも指摘している。同右、二一八頁。

(26) 李燦雨「中国延辺朝鮮族自治州の経済発展と韓国投資の役割」『ERINA REPORT』(環日本海経済研究所)、三一号、一九九九年一二月、五頁。

(27)　一九九六年八月、遠洋漁船「ペスカマ一〇号」に乗船した朝鮮族船員が、過酷な労働条件に耐えきれず下船を要求したが、不当な措置を押し付けられ、韓国人船長と船員七人を含む計一一人を殺害した事件。韓国と朝鮮族社会との矛盾があらわになった事件として両者の世論を沸騰させた。

(28)　フロリアン・クルマス（山下公子訳）『言語と国家――言語計画ならびに言語政策の研究』岩波書店、一九八七年、六六頁。

(29)　『延辺ラジオ・テレビ新聞』一九九九年一二月二八日付。

(30)　『黒龍江新聞』一九九八年六月二三日付、『朝鮮文報』一九九八年五月三〇日付を参照。

(31)　Chris Barker, *Television, Globalization and Cultural Identities*, Open University Press, 1999, p. 115.

(32)　たとえば、小針進「中韓国交樹立後の朝鮮族社会と意識の変容」『東亜』三七二号、一九九八年六月。

(33)　『京郷新聞』が運営するコリアン・ネットワークのウェブサイト「民族文化ネット」のインタビュー（一九九九年三月一五日、http://www.kahn.co.kr/culture.text.news903152.htm）。

第六章　歴史なき民の復権
――極東ロシア高麗人における「故郷」の再生(1)――

1　終わりのない移住史――高麗人の再々移住

第二章で描いた沿海州の朝鮮人社会は、その後さらに帝国主義に翻弄され、イデオロギーの渦に巻き込まれることになる。一九三七年にスターリンの政策によって極東地方の朝鮮人およそ一八万人が中央アジア各地に強制移住させられることで、沿海州の朝鮮人のコミュニティは消滅したのである(2)。本章では、今日「高麗人」と呼ばれる旧ソ連在住の朝鮮人が、ソ連崩壊後、再び沿海州に移住し「故郷」を再生する過程に注目する。

ところで、高麗人にとって沿海州は幻想としての故郷にほかならない。それは、高麗人において朝鮮半島からの移住地であった沿海州という地域が、以前の居住地とは関係なく集合的にイメージされ、しかも強制移住前に自らが築き上げた民族の組織、学校、劇団、メディアなどは面影もないからである。それに代わってあるものとは、圧倒的なホスト社会のロシア人と多様なコリアンの状況である。このような多国籍で多言語的なコリアンが存在する状況で進められる高麗人の生活空間の建て直しが、「本国」の民間団体とのさまざまなネットワークをとおして進められているのである。

かつて「露領」と呼ばれた極東ロシアの「沿海地方」(Приморский Край)[3]が東アジアにおいて再び脚光を浴びるようになったのは、ペレストロイカ以降、とくにソ連が崩壊しロシアの経済開放が進んでからのことである。だとするならば、沿海地方への最初の関心はいつだったのだろうか。それはいうまでもなく、帝政ロシアの極東地域への進出により日本や朝鮮がヨーロッパ国家と国境を接するようになって以来のことであり[4]、日露戦争やシベリア出兵によって引き起こされた活発な移動と交流の時期のことであろう。そして、その沿海州がソビエト化するなかで「脱国際化」し、「日露間の通商は殆ど途絶」することで日本の記憶から遠のくことになった[5]。朝鮮半島においては一九三七年の強制移住をもって「在露同胞」を喪失し、沿海州は忘れ去られるようになる。

沿海州の忘却は、強制移住の当事者である高麗人にとっても同じであった。忘却を強いられた高麗人が過去の記憶を取り戻すのは、一九八九年、ソ連共産党の中央委員会定期総会で綱領「現状況下の党の民族政策について」が採択されてからであった[6]。それによって朝鮮人の強制移住の過去が公式に認められることになるが、しかしそのときにはすでに民族の言語はほとんど失われ、高麗人は沿海州という記憶の場所から遠く離れたカザフスタン、ウズベキスタン、タジキスタン[7]など中央アジアに散らばっていた。

そのとき、時空を超えて強制移住前から発行を続ける朝鮮語新聞『レーニン・キチ』(『先鋒』の後身、現・『高麗日報』)が忘却と長い沈黙を破って、強制移住の不当性を語りかけ始めていた。こうした気運が後押しして、各地に高麗人団体が結成され、なかには祖先の「故郷」である沿海州に戻る人たちがあらわれるようになったのである[8]。

中央アジアの高麗人において、「帰還」する地は朝鮮半島ではなく、「遠東」と呼ばれた極東ロシアの沿海州である。この「遠東」こそが、高麗人において「帰還」を果たすべき「故郷」であり、また居住の権利が主張できる場所なのである。韓国は、一部のサハリン残留朝鮮人や独立運動功労者を除くと、一九九九年までは中国やロシアの「海外同胞」の永住帰国を原則的に認めてこなかった。[9]そして現在、実際に多数の中央アジアの高麗人が沿海州へと戻りつつあるが、その生活は決して安定したものではない。

にもかかわらず、住み慣れた中央アジアの「第三の故郷」を後にして「帰還」するのは、ソ連崩壊にともなう内戦の激化や噴出する中央アジア各国の言語ナショナリズムによる圧迫と、強制移住前の記憶およびその再生を保障してくれる自治区域への願望が嚙み合った結果であろう。

このようにして、いま沿海州には再びコリアンが集まりつつあるが、そこに集結する朝鮮人は高麗人だけではない。すなわち、強制移住先の中央アジアから還流するカレイスキー(高麗人)をはじめ、大陸方面に移ったサハリン残留韓国・朝鮮人、隣接する中国東北地方からの朝鮮族、北朝鮮の派遣労働者、[10]そして韓国の投資家や支援団体など、さまざまな国籍と言語、そして文化を備えた多様なアイデンティティからなる「異質な」コリアンが、いま沿海州に姿をあらわしているのである。

もちろん、強制移住前の沿海州においても、朝鮮人は決して一様ではなかった。帰化の如何それ自体がアイデンティティの尺度になるかどうかは別にして、当時の沿海州ではロシア国籍を取得した朝鮮人と非帰化朝鮮人、また日本の植民地統治を逃れてきた人々や義兵などの独立運動家、親日的な朝鮮人というい くつかの層が存在した。それにロシア革命後には、朝鮮人社会も極東のソビエト政権樹立に積極的にかかわり、そのなかでは抗日武装闘争よりも社会主義革命をもって祖国の独立にむすびつけようとするイデオロギーの分化も見られる。しかし今日、沿海州はこうした「帝国の空間」における多様なコリアンから「グローバル化の空間」における多国籍・多言語的コリアンが活躍する舞台として浮上しているのである。

ただし、一九三七年に強制移住させられた沿海州の朝鮮人が多くの人に忘れ去られてきたように、今日の中央アジアから「帰還」する高麗人もその姿が必ずしも明確とはいえない。それは「帰還」それ自体が個別分散的に行われることで、その正確な数も明らかではないからである。沿海州の高麗人団体の調査では、以前からの居住者も含め、今日四万人を超す高麗人が沿海州に居住すると見込まれているが、実際には把握されていない人を含めるとそれを上回るともいわれている。中央アジアにおける国家建設の過程で噴出したナショナリズムが鎮静化するにつれ、「帰還」の流れも落ち着きを見せてはいるが、いまなお沿海州への「帰還」は絶えない状況である。

2　沿海州――東アジアの多国的・多地域的空間

グローバル化はそれとの表裏をなすローカル化の動きをも促し、ナショナルなものの跋扈からリージョナルな経済圏の形成まで多様なレベルで「地域」の復活と創造をもたらしている。日本海を囲む各地域・国家の経済圏形成の動きは、コロニアリズムと冷戦の残滓を抱えたままの空間的再編成であり、その分ダイナミックな経済協力体制を可能にしているふしがある。異なる社会形態と経済構造を背景にした分業体制が進み、新しい経済圏形成への期待が寄せられているのである。とくに極東ロシアの沿海地方およびサハリンでは、周辺地域からの資本と技術、そして労働力の移動が象徴するように、「マルチ・リージョナル」(multi-regional) な経済体制が整いつつある。しかし、そこには「日本海」という地理的名称をめぐる相容れない認識が存在するように、国民国家の厳然たる論理が働いてもいる。

「帝国の空間」で「脱国際化した沿海地方」が、再び多国的・多地域的な様相をあらわすなかで注目されるのが、高麗人、中国朝鮮族、北朝鮮や韓国からの労働者・企業人など、多様な国籍と言語、そして文化を備えた「異質な」コリアン系の人々の存在である。このような多国籍・多言語的なコリアンがロシア沿海地方の置かれた状況を象徴するとともに、この地でネットワークを駆使した民族空間を形成しようとしている。

ロシアにおいていまや極東地方は太平洋への関門であり、同時にアジア・太平洋国家への窓口でもあるが、ソ連邦崩壊後には黒海やバルト海の港湾を喪失しており、その重要性は一層増していた。[11] 一方、市場経済への移行の過程で発生した天文学的なインフレーションとそれにともなう経済の破綻は、この地域の地政学的な特殊性を浮き彫りにした。計画経済によって支えられてきた流通システムが崩壊すると、ロシアにおける極東地域の空間的位置の転換を引き起こすこととなった。つまりこの地域において、広大なロシアの極東であるよりもアジア・太平洋地域の一員であるほうが有利であることに気づかされたのである。アイロニカルにも極東ロシアの世界経済システムへの包摂というグローバル化は、一国内でも時空を圧縮しえなかった物理的なコミュニケーション手段の未整備によって促されている。

極東地方は広大な領域と資源を抱えているにもかかわらず、冷戦後その軍事的な意味づけが薄れてからは中央からの孤立性を高めることとなった。とくに物価上昇率を上回る輸送費の高騰は、近代国家の持つ均質性を破壊した。しかも、極東地方は、地方で徴収した税のかなりの部分が中央に吸い上げられ、それが地方に還元されることもなく、連邦政府からの投資もほとんど得られなかった。[12] その必然的結果が、日本、韓国、中国などアジア・太平洋諸国との関係回復であろう。それは、ロシアの国家的プロジェクトとしての極東政策というよりも、極東地方の地域的自立のための選択であった。しかし、やがてそれは国家的政策として位置づけられるようになる。二〇一二年九月にウラジオストクで開催されたＡＰＥＣ(アジア太平洋経済協力)は、そうした意思のあらわれにほかならない。

極東ロシアでは、経済システムの変化にともなう社会・経済的条件の悪化により人口の流出が目立っている。[13] それを補っているのが、主に中国からの労働者や商人である。ロシアのプーチン大統領が二〇〇〇年の九州・沖縄サミットに出席する際に立ち寄った極東ロシアのブラゴヴェシチェンスクで、ロシアの極東地域が数十年のうちに中国語、韓国語、日本語で占められ、東方国家によって喪失する恐れがあると危機意識を募らせたという。(14)いわゆる「黄禍論」の再来であろう。極東地域に急増する中国人と中国産の日常雑貨による中国脅威論はかつてからあった。そうしたなか、極東地域における連邦政府の行政力が思いのままに届かない状況での、沿海地方を中心にする東アジアの労働力・経済力の進出は、連邦政府にとっては脅威として受け止められたのである。

二〇〇〇年六月の南北朝鮮の首脳会談を受け、朝鮮半島に対する影響力を示すことで国際社会においてロシアの存在感が健在であることをアピールしたように、ロシアにおけるアジア・太平洋地域へのかかわりは、大国ロシアの復活のかなめでもある。(15)韓国には極東およびシベリアの開発に対する積極的な関与を求めた。南北首脳会談で合意された南北朝鮮の鉄道の連結をロシアまで延長することが協議されたのは、朝鮮半島との経済協力を極東地域の経済開発にむすびつけたいという思惑からであることはいうまでもない。朝鮮半島を連結する鉄道をシベリア鉄道につなげるという構想には、これまでロシア・ヨーロッパ部とシベリア・極東地域とを分断してきた輸送システムの問題解決に役立たせたいとする意味も含まれているはずである。

このように朝鮮半島への関与は、失墜した大国意識の再生のみならず、地方レベルで推進されてきた経済協力に、連邦政府レベルで国際的な政治的影響力を利用した極東ロシア開発の主導権を奪回するという、多面的な戦略として見ることができる。連邦政府が二〇〇〇年に全土に八つの連邦管区を設置して大統領全権代表を派遣したのも中央集権化を図るための一環で、極東には極東連邦管区が設置されている。そして二〇〇一年初頭には沿海地方のエネルギー危機の責任を問うことで、分離主義的傾向を強めてきた「地方独裁者」と呼ばれる沿海地方知事ナズドラチェンコを辞任に追い込んだ。(16)

沿海州における多様なコリアンの集結は、この地域の孤立と地方主権化に促されたといえよう。この地で稲作に従事していた朝鮮人の中央アジアへの強制移住は、極東地方の米の生産に大打撃を与え、作付面積の減少をもたらし、現在もその影響が続いている。[17] そうした状況を打開するため、沿海地方政府は農地と撤収した軍の兵舎を無償で貸与するなどして移住を奨励したように、中央アジアからの高麗人の「帰還」には好意的であった。高麗人だけでなく、市場経済以降に経営が苦しくなった極東ロシアの集団農場は韓国からの民間資本の投資を待ち望んでいる。[18] 極東ロシアの高麗人の未来は、ロシアの極東政策および朝鮮半島の情勢や韓ロ関係、そして東アジアの経済交流の行方と切り離すことができない。

二〇〇〇年以降、沿海州におけるコリアンの連帯として二つの顕著な動きがある。一つは、中央アジアから「帰還」した高麗人への支援活動である。韓国に本部を置くNGOの「東北亜平和連帯」や韓農復旧会（農業団体）の支援組織である「高麗人支援運動本部」、「セマウル運動中央会」などの民間団体が沿海州で活動を展開してきた。高麗人団体としては、沿海地方政府の認可を得ている「沿海州高麗人再生基金会」や「沿海州高麗人民族文化自治会」が代表的な組織で、これらがさまざまなかたちで協力関係をむすんでいる。

もう一方の動きは、主に韓国が出資した企業や農場経営におけるコリアンの役割分担である。沿海地方における農場経営には多くの韓国企業が進出し、そこでは韓国の資本と営農技術、朝鮮族や高麗人の労働力、現地高麗人の経営という分業体制も構築されている。コリアンによる農場経営はすべてが韓国の資本ではなく、「アリラン農場」のように朝鮮族と高麗人が共同経営する農場もある。ただ、このような「理想的」協力関係が順調に進んでいるとはいえず、そこには多様な国籍と言語のコリアンとして避けられない軋轢と葛藤が横たわっている。

次節では、こうした自主的に結成された高麗人団体と韓国の支援団体が展開する協力関係と民族文化の再生過程を考察し、しかしそれを理想化するのではなく、そこには立場の違いによる葛藤が存在することを浮き彫りにする。そうすることで、沿海州に「帰還」した高麗人が作るコミュニティの現場から、民族運動と市民運動が折り重なる越境的な「エスニック市民運動」の意義と可能性について検討する。

3　「故郷」の再生とコリアン・ネットワーク

3-1　よみがえるコミュニティ

一九九三年四月一日にロシア連邦最高会議で採択された「ロシア高麗人の名誉回復に関する決議」は、強制移住と政治的弾圧の根拠を不法なものと見なすことで、ロシア連邦の以前の居住地への「帰還」の権利を公式に認めるものであった。[19] もちろん高麗人の移住は、ソ連崩壊後にはヨーロッパ・ロシア方面に向かう者もいれば、内戦状態にあったタジキスタンなどから半ば難民のかたちで移住を迫られるなど、その移動の契機や形態はさまざまである。だが、名誉の回復とそれにともなう「帰還」の権利付与は、他の地域の多くの人々を沿海州という「故郷」に呼び戻す吸引力として作用した。とはいうものの、ロシア経済が低迷するなか、決議に盛り込まれた「帰還した高麗人の安定と定住を援助するための実際的な措置」は、ほとんどとられることはなかった。

極東地域に再々移住した高麗人の数は約五万人と推定されている。そのなかには、一九五〇年代後半から居住の移転が可能となり、五〇〜六〇年代に学業などでハバロフスクを中心に中央アジアから「帰還」した人やサハリンから移住してきた人およそ一万人も含まれる。前述したように、一九九〇年代以降沿海州に「帰還」した人は約四万人であるが、それもロシア国籍を取得したか、居住登録をした公式的な数字であって、実際にはそれを上回ると推定される。その理由は、移住先での生活の不確実性ゆえ、あるいはその他の理由で国籍の問題などをほとんど考えることなく「帰還」する人の多くが中央アジアでの国籍を放棄せずに外国人として沿海州入りするからである。そうした無国籍状態の「帰還」が、後に触れるようにさまざまな問題を引き起こすのである。

中央アジアからの移住が増えるにつれ、沿海州でも高麗人団体が各地に生まれた。そうした高麗人団体の連合組織として、一九九三年に沿海州高麗人再生基金会（以下、再生基金）が結成された。[20] 沿海州でも移住者が最も多いウスリスク市に拠点を置く再生基金は、自立の基盤もなく移住してくる高麗人の定着を助け、居住地における登録業務を行ってきた。一九九四年一月六日からは機関紙として『遠東』（ВОНДОН）を発行した。[21]『遠東』は二〇〇一年三月には再生基金から分離し、独立新聞として再出発するものの、その後休刊となる。

しかし、沿海州の高麗人社会の求心的役割を担っているのは、エンカ（НКА）と呼ばれる高麗人民族文化自治会である。これが全ロ高麗人連合会とともに全国規模の高麗人組織である。エンカは、一九九六年六月に「民族的文化自治に関する連邦法」が採択されたことを受けて高麗人協会から衣替えをし、高麗人の権利確保と福利増進、そして文化の再生を目的として活動している代表的な組織である。沿海州高麗人民族文化自治会（二〇〇一年にウスリスク高麗人民族文化自治会から拡大）は、ウスリスク市議会議員でアリラン農場を経営するキム・ニコライが会長を務め、各種文化事業を展開してきた。傘下に「アリラン歌舞団」という芸術団を置いている。一方、二〇〇四年には『高麗新聞』（КОРЁ СИНМУН）を創刊して今日まで発行を続けている。[22]

これらの団体は自主的に設立された組織であるが、その活動には韓国からの支援が重要な役割を果たした。移住が本格化するときに沿海州に目を向けて進出した中堅財閥の高麗合繊（現・高合）グループの会長は、一九九五年にウスリスクの高麗人社会に沿海州高麗人再生基金会館（カレイスキー・ドーム）を寄贈した。会長の父が強制移住前に沿海州で民族運動を展開した経緯もあって、格別な関心を示したのである。そのほかにも大韓住宅建設事業協会（以下、大韓住宅協会）が住宅修理・農業支援などの活動を展開し、後述する「友情の村」事業を展開する。

再生基金のキム・テルミル会長（当時）も韓国に出かけ、高麗人の現状を訴え、支援を呼びかけた。

こうした韓国の支援団体のなかで最も積極的に活動を展開しているのが、ＮＧＯの東北亜平和連帯（以下、東平連）である。東平連は、「ウリ民族助け合い運動」傘下の「在外同胞センター」として中国朝鮮族や極東ロシアの高麗人の支援活動を展開してきた。二〇〇一年一〇月には主に北朝鮮支援活動に力を注ぐ母体から分離して、東アジアに散在するコリアンが中心となって、多民族・多文化が共生する東アジア平和共同体を目指す独自のＮＧＯとして組織された。

北朝鮮支援や中国朝鮮族の詐欺被害者支援、北朝鮮の食料難民（脱北者）支援などを展開してきた東平連は、発足以来、純粋な市民団体として高麗人社会の信頼も厚く、韓国と高麗人社会をつなぎながら生活に密着した支援活動を展開してきた。東平連がセマウル運動中央会（以下、セマウル運動）と手を組んで二〇〇一年一〇月カレイスキー・ドーム内に開所したウスリスク教育文化センターは、高麗人だけでなく地域住民にも開放され、情報教育や朝鮮語教育を行うことで周囲の関心を集めた。そして高麗人のロシア移住一四〇周年を記念して、二〇〇四年に韓国の政府や市民団体の支援を募って高麗人文化センターの建設に着手した。紆余曲折を経て二〇〇九年に完成するが、このようにして高麗人コミュニティの拠点が築かれてきた。

近年メディアを通じて高麗人社会の状況が徐々に紹介されるようにもなったが、もちろん帰還者のすべてが苦しい生活を強いられているわけではない。初期に移住した人のなかには安定した生活を送っている者も少なくない。初期に定着に成功した高麗人は、農業よりも中国朝鮮族に助けられ中国農産物の輸入と流通に積極的にかかわることで生活基盤を整え、農業定着に失敗した高麗人はこうした中国農産物市場で店員として賃労働に従事し生計を営むことになる。実際、これらの流通部門は黒龍江省の中国朝鮮族と沿海州の高麗人の経済ネットワークによって成り立っているとされる(23)。また市場の商権を獲得するなど事業に成功して資本を蓄積し、地域社会の有力者に躍り出た者もいる。

こうして沿海州には高麗人コミュニティが再生されつつあるが、そこに沿海州に進出した韓国の農業団体および支援団体が高麗人の定着支援活動を展開しながら、高麗人のコミュニティづくりにさまざまなかたちでコミットしている。ただし、そこには多くの軋轢と不信感、さらには対立が存在することも無視してはならない。

3-2　再移住の二〇年――「本国」とのつながりのなかで

中央アジアから沿海州への「帰還」が始まってすでに二〇年以上が経過する。前述したように、初期の移住者には安定した生活基盤を築き上げた者もおり、いまや沿海州生まれの子供たちも育っている。近年の移住者のなかには、初期移住者の呼び寄せによって「帰還」する人も少なくない。しかし一九九〇年代後半から移住してきた人々のなかには、苦しい生活を強いられている人も多数存在する。とくに現地に縁故もなく、沿海地方政府が提供する撤退した軍の兵舎と農地に頼ってきた人たちには厳しい生活が待ち受けていた。いわゆる「定着村」の住民である。

定着村とは、一九三七年の中央アジアへの強制移住に対する名誉回復と補償の観点から、「沿海地方所在の解体した軍事都市を沿海州高麗人再生基金会に移譲して無償で活用させることに関する命令」(一九九七年一月一九日)という沿海地方知事令により提供された軍の兵舎と土地のある村である。その管理運営を任された再生基金は、定着村を中心に高麗人の定着を試みた。しかし軍兵舎は移譲の決定から接収までの間に地域住民に荒らされ、その補修は莫大な費用を要するものであった。

提供された七カ所の定着村のうち、再生基金は、ウスリスク近郊のバズドビジェンカを除くクレモバ、ポポフ

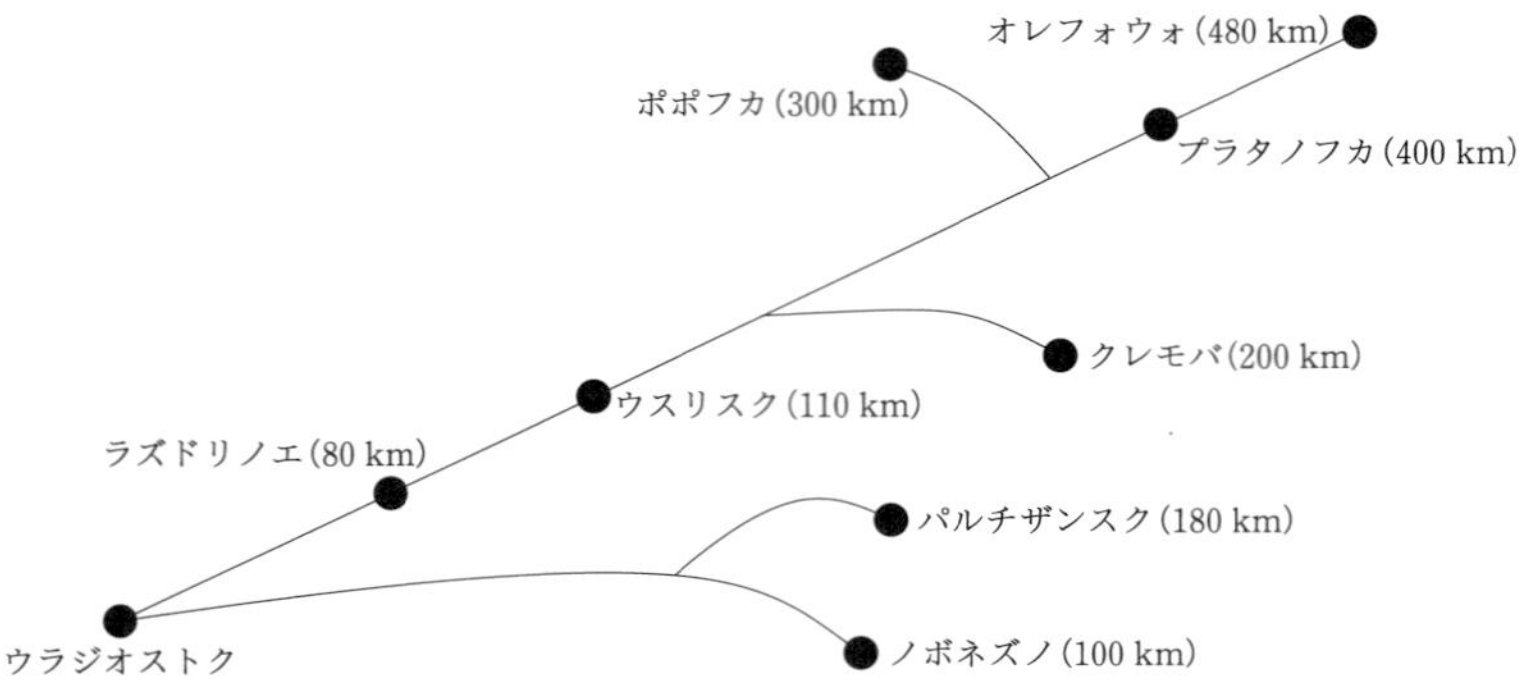

図 6-1　高麗人定着村位置図(括弧内はウラジオストクからの距離)

出典）沿海州高麗人支援運動本部「2000～2001 年 沿海州高麗人支援ボランティア活動報告書」2001 年 11 月，3 頁(内部資料)。

カ、プラタノフカ、ラズドリノエ、ノボネズノ、オレフォウォの六カ所を管理するようになった。自立基盤のない人は、設備が劣悪な定着村で暖房や電気、水道もない生活を余儀なくされた。その設備改善のため、韓国の民間団体が、ボランティア活動や資金・物資の支援をとおして救援活動を展開した。しかし再生基金の非効率的で不透明な資金運用により、適したところへ適時に必要な資金が投入されないこともあって、定着村の状況は改善されず、提供された定着村の住居を離れる人が続出した。実際にプラタノフカの定着村の住民は、近くの閉園した幼稚園の建物を借りて生活するようになり、ポポフカやクレモバの住民も兵舎を離れて近隣の町に移った。

　こうした状況で定着村を支えてきたのが、東平連や高麗人支援運動本部が推進してきた各種の支援活動である。東平連が展開した「結縁事業」は高麗人、朝鮮族、北朝鮮の食料難民などが韓国の個人や団体と手をむすび、韓国の一家が結縁相手に毎月生活費を支援する仕組みである。それによって沿海州では定着村を中心に毎月の最低生活費(五〇〇ルーブル)を支援することができた。二〇〇〇年には定着村を中心に一五〇世帯を支援した。高麗人支援運動本部も定着村にボランティアを派遣し、越冬のための食料や物資の支援などを行った[24]。緊急救護的な支援であるが、難民状態に置かれていた移住者たちにとってこれらの支援は重要だった。

とくに東平連は、現地の医者を雇用して定期的に定着村住民の巡回診療および医薬品の支援を行った。国籍問題などで社会保障サービスからこぼれ落ちた高麗人にとって、医療支援は健康管理のためにも欠かせない活動である。二〇〇一年一二月には正式に医療協力団を発足させ、医療ボランティア活動を展開した。

もちろん中央アジアから移住する人がすべて定着村を経由しているわけではなく、むしろそれはごく一部に過ぎない。にもかかわらず、定着村を中心に支援事業を展開しているのは、それがいくつかの重大な意味を含んでいると考えられたからである。一つは、定着村が沿海地方政府から公式に認められた高麗人への補償の象徴だということである。それによって、地方政府による措置とはいえ、高麗人の故郷への「帰還」は正当化されるのであり、強制移住前からの連続性を保つことが可能になるのである。

そしてもう一つは、定着村を沿海州における高麗人の生活拠点にするという意味もある。将来的に朝鮮半島の食料の供給地として広大な沿海州の農地を高麗人が確保するためには、高麗人が都市部に集中するよりは農業に従事するほうが望ましいというのである。しかし一九九九年は旱魃により、そして二〇〇〇年は洪水でほとんど収穫物が得られず、それも多くの人が定着村を離れる一つの要因となった。

中国からの安価な農産物に価格競争で太刀打ちできないことも農業定着の失敗に影響した。高麗人は一九世紀半ばからの移住初期より沿海州の農業を開拓し、中央アジアに強制移住させられてからも不毛地に農業を起こした「農耕民族」である。しかし中央アジアとは気候が異なる不慣れな沿海州での農業開拓は苦戦を強いられ、資本や設備に劣る高麗人が再び農業を定着させるにはいくつもの障壁が立ちはだかっていた。

表6-1は定着村の開設当時の一九九八年と二〇〇一年四月の居住者世帯数を比較したものである。この間に居住者の退去・補充が繰り返され、開設時から引き続き居住する者(継続居住者)はわずかで、生活環境の厳しさ

表 6-1　定着村の世帯数推移

	クレモバ	ポポフカ	プラタノフカ	ラズドリノエ
1998 年	59 世帯	33 世帯	17 世帯	30 世帯
2001 年	34 世帯	12 世帯	9 世帯	12 世帯
継続居住者	データなし	9 世帯	7 世帯	9 世帯

出典）ウリ民族助け合い運動「2001 年沿海州定着村基礎調査」2001 年(内部資料)。

を物語っている。こうして定着村は農業定着に失敗することでほとんど解体され、結局それらは沿海地方政府に返還されることとなった。沿海地方政府が建物や土地を提供し、高麗人団体の再生基金が管理して韓国の民間団体が支援することで高麗人の沿海州への「帰還」の象徴に位置づけようとした定着村事業はこうして頓挫することになる。

しかし沿海州では、東平連の主導で新たな定着村の実験が進められるようになる。韓国の営農企業や高麗人の農業定着がことごとく失敗するなかでも、スパスク、シビリズボ、ノボクラスキなど沿海州には農業定着に成功した村も存在した。東平連はそこに高麗人の農業の潜在力を見出し、これまでの「結縁事業」や医療ボランティアなど場当たり的で緊急救護的な支援活動から、高麗人の置かれた現状と立場にそって農業定着を効率的に支援していくモデルの設計を試みるようになった[25]。

東平連は二〇〇四年から農業支援事業を本格的に推進することになる。その根拠地となる基地建設のために、現在高麗人の最大の集中居住地である「友情の村」を正常化することから開始した。「友情の村」の成り立ちについては後述するが、韓国企業が高麗人の大規模な住宅団地の建設を手掛けたものの、一九九七年の韓国の金融危機や高麗人団体との軋轢のなかでプロジェクトそのものが破綻しかけていた。その「友情の村」を東平連は安定化させ、そこにベースキャンプを設けた。現在「友情の村」には、現地ロシア人家族を含む三三世帯一〇〇人余りが生活を営んでいる。

また、東平連は中国人農場の農産物に対抗するため、自然農法・有機栽培を掲げて差別化を図った。さらに、かつて定着村を試みたものの多くの人が兵舎を離れていったクレモバを二つ目の拠点にした。定着に失敗して貧困化する高麗人から農業希望者を募り、韓国の個人から募った資金一五〇〇ドルで住宅を購入して一家族に提供する「住宅結縁事業」をとおして定着を図り、さらに営農活動のための資金を融資する事業をとおして自立支援を図った。

東平連は新たな定着村の建設にとりかかり、アシノフカでも「住宅結縁事業」を行い、すでに多数の高麗人が居住しているチカロフカ、ノボロサノフカ、スンヤッセンなどでも資金融資事業を展開して拠点を拡大していく。二〇〇九年まで「住宅結縁事業」は五〇世帯、資金融資は一〇〇世帯に及んだ。こうして東平連は六カ所の定着村で事業を展開するのであるが、各村には農業定着支援センターを設置して自然農業教育を実施し、履修者には自然農業を条件として融資を行った。同センターではハングル教室、パソコン教室など文化事業も並行して行った。

さらに東平連は、クレモバを中心に自然農法で生産した大豆を「チョングッチャン（清麹醤）」に加工する実験が成功すると、製造方法を各家庭に伝授して大量生産に乗り出した。とはいえ、農業団体ではないＮＧＯの東平連が得意とするのは、農業そのものよりもそうした活動を市民社会と結びつけることである。二〇〇五年、東平連は韓国に社会的企業「バリの夢」を立ち上げ、それをとおして沿海州で生産されたチョングッチャンを韓国で販売した。韓国では、沿海州に「帰還」した高麗人が生産し、さらに自然農法によるものだとして支援者を中心に販売されるが、放送で紹介されたこともあって一定の販売先を確保することができた。二〇〇七年には高合が運営していたクレモバの韓ロ合作農場「プリムコ」(PRIMCO)を引き継いで安定的な供給体制を構築した。さらに、持続的に販売先を確保するため、衛生および効率の面から共同作業場を設置して商品の均質化を図り、味噌など加工品の品目も拡大した。こうして生産農家が二〇〇世帯に達し、生産量も増加することで新たな販売先の確保が模索されることになる。

ところが、二〇〇九年の世界の経済危機のあおりを受けて、韓国のチョングッチャンの購入契約が取り消されたり、またこれまで支援してきた諸団体も支援事業を中断したりすることで、販売目標も下方修正せざるをえなくなった。(26) しかも市民団体への支援を渋る李明博政権では、外交通商部が高麗人団体と直接交渉して東平連を排除することで、代表性を失った東平連は事業の大幅な縮小を余儀なくされた。それによって現在は、定着村の拡大や支援世代の拡大よりも、内実を重視する方向に転換し、農業定着支援センターの運営も縮小することになる。

東平連の現地法人「東北亜平和基金」の金鉉東理事長(当時)は、二〇〇九年一〇月三一日に高麗人文化センター竣工記念セミナーで、高麗人農業定着支援事業が安定的に根を下ろしたと評価した。北朝鮮への食料支援や東アジアの食料基地という遠大な目標にはまだほど遠いものの、高麗人の農業生産基盤がある程度構築できたと胸を張った。(27) 東平連はこれまでの成果を踏まえ、韓国と沿海州を包括する生活協同組合の構築を目指している。

とはいえ、前述したように初期の移住者はすでに沿海州で安定した生活基盤を築いており、東平連が支援を展開したのは困窮化した一部の高麗人である。うがった見方をすれば、韓国のNGOが高麗人を活用して「遠大な目標」を実行しているといえなくもない。実際、これから順次明らかにしていくように、民族的な「使命」に駆られて沿海州にやってきた韓国の企業やNGOと、高麗人社会の思惑は必ずしも一致するものではないのである。にもかかわらず、一〇年以上沿海州で支援活動を展開してきた東平連は、後期移住者の緊急救護的な支援に乗り出し、農業の自立基盤の構築に成果をあげることで高麗人社会での信頼も厚く、また高麗人文化センターの建設に尽力したように高麗人の歴史と文化の回復にも大きく貢献したといえる。歴史の回復が韓国主導で行われる問題点については後述するが、沿海州で再び形成される高麗人コミュニティの新たな歴史において、東平連がその一角を占めることは間違いない。

なお、中央アジアからの沿海州への再移住も、以前のように祖先の地に戻るという意味での「帰還」の流れは落ち着きを見せているが、沿海州への移住希望者は絶えることはない。東平連は二〇〇七年に韓国のメディアでも紹介され反響を呼んだ「七〇―七〇帰郷」という「帰還プロジェクト」を展開した。「七〇―七〇帰郷」プロジェクトとは、強制移住から七〇周年を迎えて、中央アジアと沿海州で生き別れになった七〇世帯の離散家族の再会・移住を支援する企画である。東平連が運営する六つの定着村の住民を対象に希望者を募り、結果的に六〇人の離散家族の再会と四〇人余りの再移住を支援することとなった。これらの新規移住者は、スンヤッセン村に隣接する、大韓住宅公社が「友情の村」の建設において本部として使用した建物(沿海州最大の旧鶏舎)およびロジナ(故郷)農場の一円に「故郷の村」を建設してもう一つの定着村を作った。ここでは現在およそ一六世帯が営農に勤しんでいる。

3-3　韓国の農業進出――営農と民族支援

沿海州における朝鮮半島の食料供給地としての位置づけは、定着村の維持・建設としてだけでなく、それは韓国の農業進出によっても具体化している。一九九〇年に韓国がロシアと国交正常化すると、民間業者は沿海州に目を向け農業投資を行ってきたが、投資した企業の失敗と挫折、撤退が繰り返された。主に一九九〇年代半ばから農業目的で沿海州に進出している韓国の企業・団体は、高合、大韓住宅協会、ユニベラ(旧・南洋アロエ)、韓農復旧会、京畿道農業経営人連合会、農村指導者中央連合会、セマウル運動、アグロ相生(大巡真理会の現地法人)など十数社に達した。

これらの多くは撤退することになるが、アグロ相生やユニベラのように収益をあげる企業も出始めている。近年は慶尚南道海外農業協力団など地方自治体が進出を図り、携帯電話部品納品会社のインタップス(現地法人名アロ・プリモリエ)や現代重工業(同　現代アグロ)という中堅・大手企業までが新たに進出して農場を経営しているように、その勢いは衰えていない。

しかし沿海州への農業進出は、二〇〇〇年代半ばまではいくつかの成功事例を除くと、ほとんど失敗に終わったというのが共通の認識である。一九九〇年代に進出した企業は、食料基地の確保、北朝鮮への食料支援、高麗人定着支援を名分にしながらも、広大な農地に魅惑され進出したケースが多い。しかし、現地事情の正確な調査を欠いたまま進出することで、そのほとんどは挫折を味わってきた。そこには、制限された耕作品目、契約の締結および履行上の諸問題、収穫後の現物処理の困難、過度な物流費、インフラの老朽化などの問題が立ちはだかっていたのである。

このように失敗を経験した各団体は、それぞれのノウハウと情報を交換し、研究調査における重複を避けるとともに、以後沿海州に進出する企業の試行錯誤を最小化しつつ、高麗人支援に相互協力することを目指して、二〇〇一年に沿海州活動団体(企業)協議会を発足させた。同協議会の特徴は、その活動範囲が企業関連活動にとどまらず、体系的な高麗人支援活動を円滑にする業務にまで及んでいるところであろう。組織的には営農分科と民族分科を設け、民族分科には東平連や高麗人支援運動本部などの支援団体をはじめ、海外韓民族研究所、天主教民族和解委員会など、研究団体や宗教団体も参加した。現在は、研究・宗教団体が撤退していることから、営農団体を中心に沿海州営農企業協議会として運営されている。

韓国企業の沿海州への農業進出は、民族団体の積極的なかかわりからも見られるように、高麗人支援や将来的な南北統一後の食料供給地の確保という民族的な観点からアプローチすることが多い。それが失敗を繰り返しているにもかかわらず、沿海州で農業を継続する支えとなっていることも事実である。現実的には沿海州での農業は低廉な生産費用にもかかわらず、低生産性や物流面での問題などによって、韓国への輸出にしても価格競争力がなく対外輸出には向いていないともいわれる。沿海州で生産された農産物が北朝鮮への食料支援物資として送られるのもそのためであった。

北朝鮮支援団体のアリラン国際平和財団が、二〇〇八年に「渤海統一農場」を設立し、翌年収穫した「平和の豆」がウスリスクから列車で朝ロ国境のハサンと羅先を経由して自ら寄贈した平壌の「発酵豆パン工場」まで運搬されたのは、そうした政治的意味を象徴するイベントであった。同財団の代表はこのイベントの開催にあたり、「沿海州は地理的に北朝鮮と近いので作物を運びやすく、原価を抑えられ同じ費用でも支援量を増やすことができる」と語る一方、「農場を高麗人とロシア農民が共同で運営することで、高麗人農民たちの自立を支援し、現地での社会的地位を高めることができるだろう」と期待を込めた(28)。

もちろんこうした政治的意味づけだけで、大規模な投資を要する海外農業開発へと突き動かされることはありえず、食料安保の一環としての経済的な意義がその第一義であることは明らかだ。二〇〇八年に韓国の李明博大統領は、米訪問中の機内で次のように発言した。「訪問を終えて帰国したら海外食糧基地を確保する方策を推進するつもりである。たとえば、沿海州のような地域に土地を長期賃借できるだろう。この場合、北朝鮮の労働力も利用でき、運搬距離も短いので北朝鮮を直接支援することもできる。米や肥料の値段が上がりすぎて北朝鮮支援もままならないこともあろう。食糧確保も重要な課題だ。究極的には統一以後に備えて七〇〇〇万民族が食っていける対策が必要だ(29)」。この大統領発言を機に沿海州への農業進出は再び活気づく。現代重工業が沿海州進出を開始したのはこの直後のことであった。

二〇一〇年の天安艦沈没事件による南北関係の破綻で食料支援はほとんど中断されたままであるが、北朝鮮への食料支援が中国など外国産の農産物を購買して行われているなかで、食料資源の安定的で低廉な供給源としての沿海州の意味は無視できない。また沿海地方政府は韓国からの農業投資を強く望んでいることもあり、現地でもそれは沈滞した農業の活路を見出すものとして期待されている。

高麗人支援という名分は、民間団体や宗教団体が相次いで撤退することで色褪せているが、韓国のNGOによる高麗人の農業定着事業は、こうした環境の下で、営農と民族支援を結合しつつ進められているのである。

3-4　復活する言語と歴史

高麗人はロシアのなかで民族の言葉を失った唯一の少数民族とされるほど、日常での朝鮮語の使用率は極めて低い。しかし六十代以上の年齢層では朝鮮語を話せる人も少なくなく、また若年層でも朝鮮語を学ぶ人の数が増えている。極東地域の大学には朝鮮語学科が多いが、これは近年、韓国企業の沿海州への進出にともなって朝鮮語への関心と需要が高まっていることも影響しているだろう。最近は韓国への出稼ぎも増えていることから、高麗人社会において朝鮮語は一層重要度を増している。

二〇〇一年現在、沿海州で朝鮮語が学べる教育機関としては、ウラジオストクの極東国立大学、極東国立工科大学、国立経済サービス大学、ウスリスク教育大学など七大学、そして一五校の公立学校がある。正規の教育機関のほかにも団体や協会の付設学校、そしてウラジオストクの韓国教育院でも朝鮮語教育が行われている。二〇〇一年の段階でこれらの教育機関および施設で朝鮮語を学ぶ学生の数は一一四〇人である(30)。もちろんそれらの学生全員が高麗人ではなく、多くのロシア人学生も含まれている。二〇〇一年度には、極東国立大学の韓国学部の定員二六七人のうち、およそ三分の一が高麗人学生であり、ウスリスク教育大学の朝鮮語学科の場合も高麗人の学生が増え、一年生の場合、定員のおよそ半数が高麗人の学生であった。

ウスリスクは沿海州で最も多く高麗人が居住している地域であるにもかかわらず、ウラジオストクとは違って、大学を除くと体系的な朝鮮語教育を行う施設はこれまでなかった。「民族的文化自治に関する連邦法」によって、民族自治団体および民族学校、民族文化機関が設立できるようになり、エンカでも芸術団やテコンドー団を後援してハングル教室を運営してきた。しかしハングル教室の場合、教材や講師が不足することで運営には困難を極めた。こうしたなか、ウスリスクにおいて一般向けの朝鮮語教育が本格化したのは、二〇〇一年一〇月にウスリスク教育文化センターが開館してからである。

在外コリアンのコミュニティにハングルの図書を送る事業を展開してきた東平連は、ロシアの沿海州に情報文化センターの設立を企画した。一方セマウル運動は、営農活動を展開しているホロル地域に文化センターの設立を予定していた。東平連の場合、情報文化センターの目的が民族文化と朝鮮語教育の普及、そして高麗人の情報格差の解消という民族的立場から、そしてセマウル運動は立ち遅れた地域の開発という地域社会の啓蒙活動的立場から構想したもので、それぞれ目指す方向は異なっていた。それでも情報センターの設立に向けて思惑が一致し、高麗人団体の協力を得て、カレイスキー・ドーム内にウスリスク教育文化センターを設置することに合意したのである。

教育文化センターは会員制で、高麗人はもちろん、地域住民にも開放して、ハングル教室とパソコン教室、そして図書室やカラオケルームを運営してきた。教育文化センターの運営は再生基金とエンカの共同事業という形式だが、セマウル運動と東平連が設備や費用を出資して共同で運営するなど、実質的には両者が主導した。月一〇〇ルーブルの会費でパソコン教育と朝鮮語教育が受けられることで、多数の会員の獲得に成功した。ウスリスク市内にあるインターネットカフェの利用料金が一時間あたり三〇ルーブルであることを考えれば、会費はわずかな金額であり、その収益金も韓国旅行の機会を提供するなど会員に還元された。開館当初の登録人数は一四〇人で、朝鮮語教室の受講者は九八人のうち高麗人が五五人、地域のロシア人が四三人で、パソコン教室は六六人のうち高麗人が三八人、地域のロシア人が二八人であった。[31] 二〇〇三年一月の段階で、修了者を含めて会員は六五〇人である。[32]

このように高麗人団体の文化教育事業として、韓国の支援団体が運営と実務を担当することは、そのほかの営農団体と高麗人社会が抱える問題を考えた場合、いくつかの重要な点を示唆する。まず東平連やセマウル運動が独自の情報文化センターではなく、高麗人団体が主導するかたちでカレイスキー・ドーム内に情報文化センターを設置することで、教育機関の分散によってもたらされる高麗人独自機関の萎縮を避けることができた。センターの運営は基本的には自治活動であることを明確にし、高麗人団体の民族文化事業を支えることで、韓国の支援団体と高麗人団体との相互理解と協力関係の構築にも肯定的に作用した。

また、出資と執行主体である東平連とセマウル運動の結合も絶妙な組み合わせだということができる。当初は重複回避と経費節減という現実的問題から引き出された両者の協力事業であったが、地域住民へのサービスというセマウル運動の立場と高麗人支援という東平連のもくろみは、互いの欠ける部分を補い、地域開発と民族運動を結合させることができたのである。東平連としては、セマウル運動の地域貢献という志向性を受け入れることで開かれた民族支援が可能となり、地域社会の余計な不信感を払拭することができた。セマウル運動としては、東平連と信頼関係を保つ再生基金など高麗人組織との協力をとおして地域社会に根を下ろし、さらには固定的な会員を確保して事業を活性化することができた。ウスリスク教育文化センターは非営利的な文化事業ではあるが、韓国の企業や団体が苦戦を強いられ、高麗人組織との葛藤を露呈するなかで、地域社会に根ざした実質的な成果をあげることができた事業形態として、その意味を見出すことができるだろう。

一方、高麗人社会における朝鮮語の復活に貢献したこととしては、中国東北三省からの朝鮮族の流入も無視できない。現在中国からは商売や農業・労働を目的に多くの人が沿海州に来ている状況であるが、そこには多数の朝鮮族も含まれている。たとえばウスリスク郊外の中国市場では、ロシア語と中国語、そして朝鮮語が飛び交っていて、高麗人と朝鮮族は主に朝鮮語で話を交わす。高麗人と朝鮮族の朝鮮語は方言的に類似性があって、互いに意思を通しやすいからである。実際に高麗人は韓国人よりも朝鮮族のほうが話しやすいという。なによりも朝鮮語を駆使するにもかかわらず、韓国人から言語的に差別されることにより、「韓国語は話せないが、コレマル（高麗人の朝鮮語）は話せる」という高麗人にとって、朝鮮語でコミュニケーションがとれる朝鮮族とは同胞として和むことができるのである。このように朝鮮族の存在が、高麗人の言語の復活に少なからず役割を果たしていることが理解できよう。

とはいっても、失われた言語の復活には民族学校の設立という根本的な対策が必要であった。ウスリスクにおいて、民族学校の復活を目指して当局と交渉してきた東平連は、高麗人の沿海州移住一四〇周年を迎え、ロシア政府よりウスリスク第三学校を民族特化学校として改変することの承認を得ることができた。それによって二〇〇五年九月に同校は「韓民族文化学校」として再開校し、朝鮮語と朝鮮の歴史を正式科目として教えるようになった。独立した形態ではないものの、これは沿海州における高麗人の六八年ぶりの「民族学校」と歓迎されたが、それぞれの思惑のズレが露呈することで持続性を保つことができなかった。これも高麗人自らの要請に即したものというよりは、沿海州における「民族学校」の復活そのものが目的化することで一過性のイベントに終わったものといえる。

さらに東平連は二〇〇四年に、移住一四〇周年記念館として高麗人文化センターの建設を手掛けた。韓国政府や企業を動かし資金を調達して廃校となった校舎を買い上げ、それを増築したのである。二〇〇四年に起工式を行ったものの、完成したのは五年後の二〇〇九年であった。高麗人文化センターにはエンカをはじめ、高麗新聞、老人団、アリラン歌舞団など高麗人団体が入居しており、東平連およびカレイスキー・ドームのウスリスク教育

図6-2　高麗人文化センター

文化センターもここに移転した。セマウル運動は撤退し、再生基金とは「友情の村」をめぐって袂を分かつことで、東平連が当分運営することになったが、いまはエンカが引き継ぎ、高麗人独自の運営となっている。

高麗人文化センターは地域住民なら誰でもわかる立派な建物で、一般住民にも開放されているように、高麗人というよりもウスリスク住民の文化センターといえよう。というのも、運営費を賄うために建物の大半はテナントに貸し出され、現地の音楽教室やバレー教室なども入居することで、地域住民が普段から出入りする空間であるからだ。中央ホールでは週末ごとに、高麗人のみならず現地住民の結婚式などの披露宴が行われている。

朝鮮語教室は二〇一二年九月の新学期では、一二クラスが小学生班、中高生班、成人班に分かれておよそ一二〇人が受講することになっている。受講料は、月々学生が五〇〇ルーブル、大人が一〇〇〇ルーブルであったが、二〇一二年からそれぞれ五〇〇ルーブル引き上げられた。週あたり文法二時間、会話一時間、計三時間の授業で構成されている。ウスリスク教育大学の朝鮮語学科出身者が講師を担当している。アリラン歌舞団の伝統の踊りや音楽の受講者も五〇人に上る。

こうして高麗人文化センターは、沿海州における高麗人コミュニティの中心となり、多くの韓国人が訪れる場所となった。ところで、韓国からの訪問者がまず見学するのは高麗人歴史館である。文化センターの正面中央に位置する高麗人歴史館には、高麗人の初期移住から民族運動、抗日運動、社会主義革命への参加、強制移住、中央アジアでの開拓、そしてここ二〇年の沿海州への再々移住の歴史が一目でわかるように並べられている。ウスリスクの郷土博物館より広い面積を誇る歴史館を、「帰還」した高麗人に対する朝鮮民族としての歴史とアイデンティティの教育の場にすることがその設立目的であることはいうまでもない。

ただし、これらの歴史が高麗人自らの歴史というよりも、韓国が期待する高麗人の歴史であることは否めない。歴史の研究や発掘が主に韓国側の研究成果を取り入れ、パネルも韓国で製作して持ち込んだものである。高麗人にはなじみのない独立・抗日運動に力点が置かれているように、韓国側の歴史観を反映しているといえよう。したがって歴史館の入場者のほとんどが韓国からの訪問者で、高麗人はあまり興味を示さないという。実質的にセンター運営を取り仕切るエンカの副会長キム・ワレリアが、歴史館の課題として、高麗人の風習や生活実態を示す各種資料や物品の収集が急務であると述べたことは、自らの歴史とどこか距離感を感じさせる「大きな物語」への異議申し立てであろう。

後述するが、このように高麗人が「大きな物語」を自らの歴史のなかに据えることができないのは、故郷の喪失や強制移住のなかで歴史よりも現在、「故国」よりも社会主義祖国と向き合うことが生き延びるための術となってきたからであろう。とくに中央アジアから再々移住することになった沿海州の高麗人には、過去を振り返るゆとりも持てないままである。一九五〇年代後半からハバロフスクに「帰還」した高麗人のコミュニティは、その主役が「帰還」の二世代目に入り、大学の研究者を輩出するなど自らの歴史とコミュニティの建て直しにおいて足元を固めている。しかし沿海州の高麗人社会では、歴史は蓄積されず、「大きな物語」を自らの過去に重ねる土台はまだ築かれていない。

そうしたなかでも、韓国のＮＧＯの主導ではあるが、高麗人歴史館は移住を繰り返す高麗人が歴史を回復するうえにおいても重要な拠点になるだろう。その第一歩が、韓国と高麗人社会、そして沿海地方当局が合同で執り行った、およそ一五〇年前に沿海州に移住した朝鮮人の民族指導者崔在亨の追悼式である。一九二〇年四月初旬にシベリア出兵中の日本軍は、沿海州における朝鮮独立運動の拠点に打撃を加えるべく、ウラジオストクの新韓村やニコリスク-ウスリスク(現・ウスリスク)、ハバロフスクなど沿アムール州の朝鮮人居住地域を襲撃した。いわゆる「新韓村事件」(四月惨変)である。第二章で取り上げたようにこのときウスリスクでは、在露朝鮮人の有力者崔在亨ら四人の民族指導者が逮捕され射殺された。

崔在亨は有力な独立運動家として、韓国の国家報勲処などが二〇〇四年から現地を訪問して追悼式を行ってきたが、二〇〇六年にはエンカとウスリスク市、そして韓国外国語大学歴史文化研究所が韓ロ合同追悼式を行った。現在は高麗人文化センターで行われるのが恒例となり、ロシア軍の献花もあって厳かに営まれている。ところが、沿海州の高麗人にとって、二〇〇四年九月二七日に移住一四〇周年記念の一環でカレイスキー・ドームで追悼式が行われるまで、崔在亨は「忘れられた英雄」であった。「私たちの国(ロシア)の歴史はよく知っているが、高麗人の歴史についてはよくわからない」沿海州の高麗人は、チョイ・ピョートル(崔在亨)の追悼式をとおして、「われわれの世代は自らの歴史を想起し、忘れ去られた名前を回想するため長い研究の道に進まなければならない」ことを噛みしめたのである(33)。なお、追悼式には、崔在亨の孫で祖父の伝記を著したモスクワ在住のチョイ・ワレンチンも参加した。

独立運動研究者の潘炳律韓国外国語大学教授が、「四月惨変合同追悼式は、韓国とロシアの協力的抗日運動の歴史を振り返ることで、韓ロ親善の歴史的土台を整えることに意味がある」と語ったように(34)、高麗人の歴史は「韓ロ親善の歴史的土台」のなかでよみがえり、その分誇らしい歴史として高麗人社会においても重要なイベントとして位置づけられている。こうした沿海州高麗人の歴史の「忘却」と「ゆがみ」については第五節で詳細に検討するが、高麗人の歴史の回復は、自らの視点と主導によってこそ成し遂げられることだろう。

3-5　協力と反目の多国籍コリアン

ウスリスクやアルチョムの市場や各地の農場の光景から見られるような多国籍コリアンの状況は、近年、韓国のメディアでも報じられるようになり、朝鮮半島の統一後における民族和合の実験場として理想的に描かれたりもする。すなわち、沿海州は韓国人と中国朝鮮族、高麗人、北朝鮮人がともに協力し合う場所であるとして取り上げられるのである。確かに朝鮮族や韓国人の沿海州への進出には高麗人の存在が少なからず作用した。アリラン農場のように朝鮮族と高麗人が協力して成功裡に農場を経営しているケースもある。しかし実際には、多国籍コリアンの相異なる要素が表面化するように、協力のためには乗り越えなければならない葛藤と反目も存在する。

沿海州に進出した韓国企業家のなかには高麗人を信用しないという人が多い。高麗人よりも勤勉なロシア人を採用するという人もいる。これまで韓国から高麗人社会に多くの資金が提供されたにもかかわらず、それが途中で着服されたりすることで、結果的にはなにも変わらなかったとして、再生基金などの高麗人団体に非難の矛先が向けられることもあった。反面、高麗人側からすれば、韓国の企業家はお金を稼げるという話を持ちかけながらも、地方政府とのパイプができると自分たちを切り捨てるとして不信感を募らせるのである。再生基金のカン・エフゲニー会長(当時)も、「韓国は高麗人を、ただ政治や経済的現象の研究のために、そして商業的な貿易の契約にのみ必要としている」とその評価は手厳しい(35)。

日常的に高麗人と接触している朝鮮族も高麗人に対し「アルモーザ(二毛子)」という蔑称で呼ぶことが多い。「モーザ(毛子)」とはロシア人に対する中国語の呼称であるが、「アルモーザ」とは一〇〇年余り前から沿海州のニューカマーの朝鮮人が帰化朝鮮人に対して「第二のロシア人」という嘲笑の意味を込めて使っていた蔑称である。(36) 一方、ロシア人に対しては高麗人自らも「モーザ」と呼び、朝鮮族や中国人はさらにロシア人を高麗人と区別して「ラオモーザ(老毛子)」と呼ぶ。

こうした互いの呼称は別にしても、再生基金の不透明な資金運用と中間マネージャーの着服、さらに支援団体や営農企業の計画性のない支援策と勢力争いなどによって深まった高麗人と韓国人との間の相互不信は、結局は「友情の村」をめぐって深刻な対立を露呈することになる。では、その経緯について見てみよう。

大韓住宅協会は一九九八年から住宅補修・営農支援などの高麗人支援事業を展開してきた。そして二〇〇〇年からは「帰還」する高麗人の集団居住地として、沿海地方のミハイロフカ郡に「友情の村」の建設を進めた。この事業は大韓住宅協会の所属会社や市民の募金によるもので、当初は二〇一〇年まで一〇〇〇軒の住宅を建設するという壮大なプロジェクトであった。しかしKBS(韓国放送公社)がこの事業から手を引くことで計画は大幅に縮小された。さらに建設費も当初の予想をはるかに上回り、紆余曲折を経て二〇〇一年九月に三一軒だけで開村式を迎えることとなった。「友情の村」事業は当初の期待とはほど遠く、ひいては大韓住宅協会や再生基金の不正疑惑も浮上し、捜査当局が関係者の事情聴取にとりかかるという始末であった。

図6-3　友情の村

しかし問題はそれよりも、三一軒の住宅の配分方法をめぐって建設者側と再生基金との間に意見の食い違いが生じ、それが高麗人社会全体に波紋を呼び起こしたことであろう。自らが建設した「友情の村」の処理が手に負えなくなった大韓住宅協会は、当初の無償提供という方針を変更して売却あるいは市民団体に寄付するという方向に転換すると、それが高麗人社会の不信感を増幅させたのである。多くの期待が込められていた「友情の村」計画は、最終的な配分の仕方をめぐって、支援側と高麗人社会との溝を深める結果に終わってしまった。「友情の村」の処理は市民団体の東平連に一任されることになる。

もちろんこうした溝が、沿海州の多国籍のコリアン全体で支配的なわけではない。実際に朝鮮族が沿海州に進出するにも、また韓国企業が沿海州で事業を展開するにも、高麗人の存在の意味は決して小さくなかった。一般の高麗人を通訳として使うには不適切だという声もあるが、行政管理が非効率的なだけでなく社会的な規制が厳しい状況下で高麗人の役割は重要であった。韓国の企業家が高麗人に対して不満をあらわにしながらも、多くの場合実際には雇っているように、高麗人は不可欠な存在である。唯一沿海州で成功を収めたとされる二〇社に上る韓国資本の縫製工場では、管理者としての高麗人の役割が欠かせなかったという(37)。

そしてこれまで述べてきたように、韓国の高麗人支援は「帰還」という状況における定着過程でその基礎的な生計を支え、朝鮮語教育など文化的な側面にも及んだ。韓国の経済発展と沿海州への進出が高麗人の社会的な地位向上に影響したことも否めない。

4　エスニック市民運動——市民運動と民族運動の接合

このように異質なコリアンの出会いのなかで発生しかねない溝があったにもかかわらず、これまで協力的関係を構築できたのは、いうまでもなく各方面からの支援や文化活動が積み重なった結果であろう。しかしこれまで見てきたように、韓国側の恩恵的な支援だけでコリアンのネットワークが形成されるとは限らない。実際に「友情の村」が姿をあらわしつつあるときに、当時の再生基金の会長であったキム・テルミルは、一方的な建設計画に疑問を抱いていた。彼は週刊新聞『ウラジオストク・モスクワ共産青年同盟』のインタビューで「友情の村」の建設計画を讃美しないとし、その理由に「友情の村」の建設が高麗人を排除するなかで決められたことをあげた。(38) それによって再生基金が進めてきた定着村事業に支障が生じたというわけである。莫大な予算を投入して話題を呼んだ「友情の村」は、結局それまで築き上げてきた「友情」に亀裂を生み出すことで、物量攻勢的な支援方法の破綻を示すシンボルとなったのである。

だからこそ企業や宗教団体でもない純粋なＮＧＯとして、高麗人支援活動を繰り広げている東平連の活動は画期的な意味を持つ。東平連が沿海州に目を向け始めたのは一九九八年からである。当時は韓国人による朝鮮族に対する詐欺事件が社会問題となり、その事件の収拾に取り組んできた東平連は、同様の事件が発生する蓋然性の高い沿海州に関心を注ぐようになった。北朝鮮の食料支援活動が主な業務であった、当時の母体であるウリ民族助け合い運動は、中国朝鮮族、中央アジアや沿海州の高麗人に視野を広げ、各種の支援活動を行ってきた。韓国政府の在外同胞政策は、生活に密着した支援に目を向けることはなく、しかも相手国との関係を意識して積極的には推進されず、せいぜい現地に韓国文化院を作る程度であった。

市民団体の東平連は、企業の論理ではない市民性を持って活動している。それは韓国の支援団体に対してキム・テルミルが「私心のない支援はありえない」と批判したことからの数少ない例外になる。実際に、企業団体や宗教団体は別にして、持続的に沿海州で高麗人への支援活動を展開してきたのは東平連だけである。だからこそ東平連は高麗人社会から信頼を獲得することができ、高麗人社会と韓国の沿海州進出団体との間に起こりうる対立の調停役を果たすことができるのである。

北朝鮮支援活動という人道主義的な食料支援から、その範囲を脱北者、中国朝鮮族、高麗人問題に広げてきたウリ民族助け合い運動／東平連の立場をあえて表現するなら「越境的なエスニック市民運動」といえるかもしれない。そういう意味で「エスニック市民運動」は共同体内部の連帯を目指す「特殊主義のメディア」ということができる。しかしながら、東平連の活動が東(北)アジアという空間における市民運動として展開されたことを考えれば、それはある程度の普遍性を持っているといえよう。南北朝鮮の分断という状況の下、それに利害関係を持つ中国の東北部、ロシアの極東地域、日本という強大国に存在するコリアンを媒介して、韓国の民主化と市民社会の力量を東アジアで試しているのである。朝鮮族は韓国からすると在外同胞であるだけでなく、外国人労働者でもあり、北朝鮮の食料難民問題もすでに国際化している。サハリン残留韓国・朝鮮人の問題も朝鮮民族だけの問題ではない。東アジアのコリアンは一民族集団として存在するのではなく、すでにリージョナルな存在なのである。

しかしこうした「エスニック市民運動」も、その成り立ちが民族主義的な人道主義にもとづくことで限界も抱えている。前身の母体であるウリ民族助け合い運動は外国人労働者に対する受け入れ制度の問題を提起し、また朝鮮族や高麗人、「朝鮮籍」の在日コリアンを適用対象から除外する「在外同胞の出入国と法的地位に関する法律」(在外同胞法)の改正を要求してきた。「在外同胞法」は、その対象を一九四八年の大韓民国樹立以降に韓国籍を有した者に制限することで、法律が適用されなくなった朝鮮族やその支援団体が法律の改正を求めてきた。朝鮮族の入国が厳しく制限されるなかで、「開かれた民族主義」を志向するとしながらも、ウリ民族助け合い運動は中国での不法送出を根絶するため、外国人労働者の受け入れに「韓国語試験制度」を取り入れることを提案した。[39]「外国人労働者」を半数に減らすことで、その分朝鮮族を受け入れられるということである。実際に韓国語試験制度は、その性格はやや異なるが、二〇〇七年より中国や旧ソ連などの在外同胞の出入国を容易にするために導入された「訪問就業制度」による選別材料として導入されている(40)。

さらに、沿海州を将来的に朝鮮半島の食料の供給地にするという構想も、韓国の「北方領土意識」に裏づけられた、沿海州に対する「飛び地」から「背後地」への発想のシフトに過ぎず、結局は韓半島中心主義的になりかねない。そもそもセマウル運動が推進する「沿海州協力事業」の究極的目的は、南北統一後に北朝鮮で展開するセマウル運動モデルを開発する礎を整える「対北朝鮮進出事業の前進基地」建設であった(41)。高麗人歴史館の設立をとおして、独立運動という「大きな物語」を高麗人社会に押し付けることも同様に見ることができる。

そうしたなかでも高麗人問題が外部の支援だけで解決できる問題ではなく、ロシアと韓国との政治的関係や、地域住民との共生とも切り離せないことから、東平連の活動もそれを重視する方向へとシフトしてきた。実際に長年の活動のなかで、高麗人社会だけでなく、地域社会からも信頼を獲得することになった東平連は、沿海地方政府からも公式に高麗人の再移住に関する支援を要請されている。ロシアは二〇〇六年六月に大統領令「国外在住同胞のロシア連邦への自発的移住支援措置」を公布して、ソ連邦の解体によって共和国ごとに分断された外国居住同胞のロシア移住に対して支援することを決定するなど、この地域の人口の減少傾向に悩まされている(42)。この大統領令によって対応を迫られた沿海地方政府は、ロシア在外同胞としての高麗人の移住プログラムの企画を東平連に要請したのであるが、新たな定着村やクレモバの高麗人の農業定着支援事業もそれに促されてのことであった。東平連の高麗人支援プロジェクトは、地域社会や地方政府との連携のなかで進められているのである。

高麗人文化センターが「高麗人のみならず、ロシアのすべての民族とともに社会・文化・福祉など多様な領域においてお互いに交流して助け合う多民族・多文化共生の場」にすることを標榜したのも、地域住民と共生を図る一環である。また、現在は財政難で三回のみで中断したものの、二〇〇七年に「友情の村」で第一回目を開催した多文化平和祝祭は、東平連がミハイロフカ郡と共同で行った、地域住民や他民族の住民が参加するフェスティバルであった。

また、東平連の支援者には、いまや韓国人だけでなく、かつて支援団体の援助を受けた朝鮮族や高麗人、あるいは脱北者も含まれている。支援する側と支援される側という垣根を崩すことは、これらの人々がたんに支援されるだけの存在ではないことを示す意味でも重要である。東アジア共同体を目指すこの組織が、東アジアのなかで市民性をとおして国民国家の境界を越えた役を演じることができれば、このコリアン・ネットワークは東アジアならではの市民運動形態として意義を持つことになるだろう。

5　歴史なき民の歴史の復権／反復

高麗人の歴史は一九三七年の強制移住の年にとどまっている。つまり、強制移住と政治弾圧に対する名誉の回復としての政治的意味を込めて沿海州に定着する権利の獲得を目指してきたのである。二〇〇一年にキム・テルミルを継いで再生基金の会長に就任したカン・エフゲニーが、これまで精力的に帰還支援事業を推進してきた前会長に対して、あまりにも一九三七年の強制移住に執着しているとして、そうした歴史意識を批判したことは、当時すでに一〇年の再移住過程を経たところで、新しい民族運動の必要性を示したものであろう。革命家の息子として会長を務めてきたキム・テルミルから(43)、沿海州に移住し事業を展開して地域の有力的地位に昇りつめた新会長への交代は、沿海州における高麗人社会の変容を反映したものといえよう。

しかし、乗り越えるべき過去はたんに強制移住だけではない。高麗人に重要なのは、「歴史の終わり」を沿海州へ「帰還」する権利の根拠として用いるだけでなく、「終わった歴史」を振り返ることもコミュニティの再生に欠かせないのである。では、一九三七年の強制移住が「歴史の終わり」を意味するならば、「終わった歴史」とはなにを意味するのか。

一九八九年から『レーニン・キチ』をとおして、それまでタブーであった強制移住の過去＝「歴史の終わり」に光があてられるようになった。この年の八月に採択された共産党の綱領「現状況下の党の民族政策について」は、そうした雰囲気を後押しするものであった。一九九一年四月には、連邦最高会議にてロシア連邦法「弾圧された諸民族の復権について」が採択され、旧ソ連時代に政治的に弾圧された人々の名誉回復の道が開かれた(44)。さらに高麗人を具体的に指名したものとしては、前述したように一九九三年四月に「ロシア高麗人の名誉回復に関する決議」が出され、強制移住により他の共和国に居住するようになった高麗人がもとの居住地に移る場合、その権利の回復が認められるようになった。

このような過去の政治的弾圧における名誉回復の一連の政治的・法律的手続きが進むなか、皮肉にも高麗人の歴史は強制移住そのものに収斂していく。つまり、「歴史の終わり」であった強制移住だけが強調されることで、かえってそれまで高麗人たちが築き上げてきた教育、芸術、文化、メディアなどの豊かな自治的経験、すなわち「終わった歴史」はあまり語られなくなったのである。

もちろん一九八九年頃から各地に高麗人協会が結成され、そこでは言語や文化の回復が唱えられるとともに、民族自治の議論も沸き起こった。確かにそれは歴史を取り戻す試みであるが、しかし和光大学の劉孝鐘も指摘するように、強制移住前の自治の歴史を高麗人はほとんど知らないか、断片的な知識しか持っていないのではないかと思われる(45)。それについては、沿海州に「帰還」した人たちにも変わりはないだろう。その一つの象徴的な事例が、前述した崔在亨という「忘れられた英雄」にほかならない。

結局、高麗人におけるコミュニティの再生において強制移住前の自らの経験がほとんど生かされていないのである。そこで、強制移住前の高麗人社会が抱えていた問題が、現在の高麗人社会においても反復されるかのように、歴史は繰り返されるのである。

その反復する歴史は次のとおりである。

一九世紀半ばから沿海州に移住し始めた朝鮮人において、最も重要な課題はロシア国籍の取得、すなわち公民権の問題であった。第二章で述べたように、移住朝鮮人はそれによって土地を獲得することができ、また労働に従事することも保障されたのである。現在中央アジアから沿海州へと移住する人々は、上記の名誉回復とそれにともなう政治的・法律的措置によってもとの居住地への「帰還」が保障されているが、しかしそれはすでに政治的共同性が破壊された独立した共和国間の移動である。つまり中央アジアの高麗人はそれぞれ居住する国の国籍を持っており、ロシア国籍を取得するためにはもとの国籍を放棄しなければならないのである[46]。

ところが沿海州に向かう高麗人の場合、移住先での生活における不安から、パスポートを保持したまま外国人として「帰還」した人が多い。外国人がロシア領内で生活するためには居住登録を行わなければならず、そのためには煩雑な手続きに加え、生活する家屋の確保も必要である。国籍の取得にはさらに五年間の居住歴が求められる。そうしたなか、高麗人には外国人として医療や年金などの社会保障はおろか、土地賃借権も得られない人が少なくない。出入国や就職にも困難を極めている。さらに居住期間が超過した者は強制退去にまではいたらないものの、多額の罰金を科せられることもある。

およそ一〇〇年前、移住朝鮮人の帰化問題が浮上した日本の韓国併合の前後に、沿海州の朝鮮人社会では、居留民会や代表的朝鮮人団体であった勧業会が帰化手続きを代行した。現在は再生基金が外務省地方局と公民証登録課の承認を得て、「帰還」高麗人の居住登録業務および公民権問題を取り扱っているが、いまやビジネスに終始していると批判されている。

東平連においても、その煩雑な手続きと法律的な問題が絡んで居住登録業務等が困難を極めるなか、高麗人の国籍回復を重要な課題として受け止め、さまざまなかたちでその支援活動を行った。とくに高麗人移住一四〇周年にあたる二〇〇四年には、韓ロ首脳会談に際して高麗人の国籍回復を議題にするよう提案し、関係資料を提供するなど問題解決に向けて奔走した。二〇〇五年一一月の韓ロ首脳会談で韓国の盧武鉉大統領はロシアのプーチン大統領に高麗人の国籍回復に対して善処を要請した。こうした経緯もあって、二〇〇六年一月に旧ソ連邦出身者のロシア国籍取得要件を緩和する内容の国籍法の改正が行われた[47]。もちろんそれは高麗人のみを対象にしたものではなかったが、東平連の問題提起がある程度は奏効したといえよう。

メディアについてはどうか。現在ウスリスクで発行されている『高麗新聞』も、『遠東』の廃刊による新聞のない状況のなか、東平連の勧告によって創刊された。沿海州ではおよそ一〇〇年前の厳しい状況のなかでも新聞を発行し続けた歴史がある。『高麗新聞』は、一度は廃刊することが考えられたものの、沿海地方政府から数少ない少数民族新聞として発行を継続するよう要請され、存続しているという。エンカのキム・ワレリア副会長が、地方の読者が新聞の配達を待ち望んでいるとしてその必要性を認めながらも、自らは『高麗新聞』に対して新聞というよりも「消息紙」であると評するように、高麗人社会のコミュニケーション手段として、また高麗人社会の発信媒体としての機能は果たせていない。

歴史はこのように繰り返されるのであるが、国籍問題やメディア以上に重要なのが、現地に根を下ろした人と新たに「本国」からやってきた人との、民族的アイデンティティに端を発する対立かもしれない。

一九〇五年の日韓保護条約以降、朝鮮半島からは政治的亡命者や義兵、または経済的な理由によって多くの人が満州や沿海州に流れ込んだ。そのとき沿海州にはロシア国籍を取得したオールドカマーの朝鮮人が中心となってコミュニティを形成していた。こうして沿海州は生活のためにそこに住み着いた人と、ある種のナショナリズムに支えられた人たちが交じり合う空間となる。帰化人を中心にする比較的安定した生活を営んでいたオールドカマーのなかには、積極的に義兵活動を支援する者もいたが、抗日武装闘争のために「露領」に入り込んだニューカマーとは民族運動の路線や出身地域をめぐって対立も絶えなかった。また土地を与えられた帰化人と、そうでない帰化人や非帰化朝鮮人との間の身分的な差異は歴然としていた。このような格差がある両者の間には、互いに婚姻もせず交流もない、異質性と閉鎖性があったとされる。(48)「アルモーザ」はこうした状況から生まれた差別語であろう。

今日の沿海州の状況を見れば、韓国からの営農団体の人々には、沿海州を「統一韓国の食料基地」や「北朝鮮への食料供給地」にするという「民族的使命感」に満ちていることが見てとれる。もちろん高麗人支援という同胞に対する人道的な感情も根底にはあるだろう。とはいえ、これまで見てきたように両者の間には不信感も存在する。東平連という信頼されるNGOによって、ウスリスク教育文化センターや高麗人文化センターが置かれるようになったが、それも決して順調に進んだわけではなかった。再生基金のカン・エフゲニー会長(当時)は、「東平連や韓農復旧会(高麗人支援運動本部)と協力することは可能だが、住民が方向性を失わないよう基本戦略を一致させなければならない」として、韓国側の独断的な行動には警戒を緩めなかった。東平連の積極的な勧告によって高麗人の青年会「フデ(後代)」が結成されたものの、新聞記者を務めるフデの会長は、なぜ韓国人がこれほどまで沿海州にこだわるのか理解できないという心情をもらした。フデはその後、活動意義を見出せないまま自然消滅している。

だとするならば、およそ一〇〇年前の沿海州で繰り広げられた、彼の地に根を下ろしたオールドカマーと、ナショナリズムに支えられたニューカマーとの交じり合いと葛藤が、置かれた状況は異なるものの、同じような構図でいま再び繰り返されているといえるだろう。中央アジアから「帰還」し、国籍や土地・職を求めてエスニック・マイノリティとしての権利獲得に励む高麗人社会に、それらの支援を名目に「民族学校」を設立し、コリアンとしてのアイデンティティの共有を押し付けることで韓国の市民団体や営農団体が「韓民族共同体」を目指そうとするならば、一世紀前の沿海州の光景が再現されているといっても過言ではないからだ。

もちろん現在の国際的な政治情勢からして当時との単純な比較は許されないし、いまの韓国は支援する側にある。にもかかわらず、「帝国の空間」から冷戦期を経て「グローバル化の空間」になったとはいえ、高麗人の立場からすれば、ホスト社会と「本国」とのはざまで揺れながら故郷を創造していくということに変わりはないのである。

沿海州の高麗人はこのように反復する歴史と現在のなかで、新たな「故郷」の再生に臨むのである。

6　「故郷」、空間化された記憶の政治

沿海州の高麗人にとって、「故郷」とは一体なんなのだろうか。

現在中央アジアから移住するほとんどの人たちの生地は沿海州ではなく、中央アジアのウズベキスタン、カザフスタン、タジキスタンなどの都市や村である。その人たちが再生あるいは創造しようとする「故郷」とは、朝鮮半島やロシアという国ではなく、しかも中央アジアへの移住前に生活した村でもない、「沿海州」という空間を想定している。つまり、移住前の居住地域に戻るということではなく、記憶が空間化されることでよみがえる集合的な「故郷」を求めているのである。こうした「故郷」は、沿海地方政府の社会経済上の政策として、また

韓国の市民団体・企業の支援のなかで作為的に形成されているといえるだろう。

成田龍一がいうように、故郷が事後的に作られるものであるならば、[49] 沿海州という「故郷」に「帰還」した人々が生まれ故郷を基盤にした同郷会を作り出すこともありうるかもしれない。そこで故郷は再び発見される。実際にパルチザンスクに移住した多くの人は、移住前の居住地に関係なく、風景が中央アジアと似ているということでその地を選んだという。

二〇〇一年九月三〇日から一〇月三日までの四日間、ウラジオストク一帯では「沿海州高麗人文化の日フェスティバル」が開催された。これは当時、連邦下院議員であり、全国組織であるロシア高麗人民族文化自治会長を務めるテン・ユーリが呼びかけたものであるが、韓国教育院などの協力なしには実現しえなかった。イベントは沿海州韓国文化教育財団と沿海州高麗人自治団体協議会が共同で組織委員会を構成して開催されたものの、推進主体はウラジオストク韓国教育院で、高麗人協会は「参加団体」であった。[50]「高麗人文化の日」の指定の意味として、沿海州が高麗人の「原故郷」だと位置づけられたように、「韓国文化の継承と発展」を通じて、沿海州という「故郷」を創出するのがイベントの最大の目的であった。

ところで、韓国の開天節(古代朝鮮の建国を記念する祝日)に合わせて指定された「高麗人文化の日」(一〇月三日)は、空間化された記憶としての「故郷」をさらに歴史的に再生しようとするものである。成田は、故郷の再生という問題設定自体が政治的であると指摘する。[51] するとこの行事のなかで再生しようとする「故郷」は、その推進者と一般の人々との間では意味が異なるとしても不思議ではない。高麗人にとって開天節とはなんら意味を持たないからだ。かつてホスト側であったロシアと日本との駆け引きのなかで形成されては失われた高麗人の「故郷」は、いまやロシアと韓国との友好と経済協力という枠組みのなかで再生されようとしているのである。

二〇〇四年は、高麗人のロシア移住一四〇周年(および朝露修好通商条約一二〇周年)という節目の年でもあって、ロシア高麗人連合会は積極的に記念行事の開催を政府に働きかけた。それによって連邦政府は、「二〇〇四年度在ロ韓人の自発的移住一四〇周年記念行事開催に関する政府令」を発した[52]。ロシア移住一四〇周年記念行事は、いまからおよそ一〇〇年前の一九一四年に勧業会が移住五〇周年記念祭を準備していたものの、さまざまな圧力によって中止されてから九〇年ぶりに行われるイベントであった[53]。

　ロシアの連邦政府レベルで公式に記念行事への支持を表明することになったのは、「今日のような状況において、高麗人が望むように一四〇周年記念行事を国家的次元で支持するのであれば、これは肯定的な政治的効果を引き出すことになる[54]」という政治的な思惑が働いていたからである。こうして移住一四〇周年記念行事も、現地の高麗人からは、自らの主体性のない記念行事であったと反省されることになる。エンカのキム・ワレリア副会長も、それが韓国側の要求によるものだったと振り返る。沿海州という高麗人の「故郷」を必要とするのは、たんに高麗人だけではないのだ。そもそも『高麗新聞』の論説が唱えたように、切実に必要なのは一四〇周年記念行事そのものよりも、一四〇周年記念館であった[55]。

　ただし、かたちとして高麗人の文化イベントや移住一四〇周年記念行事は、連邦政府および地方政府の後援を得て、現地住民の関心を集め、他の少数民族も参加するなかで、盛大に開催することができた。高麗人にとっても民族としての文化的プライドをホスト社会に披露することができた。こうした枠組みのなかでの「故郷」は、高麗人と地域住民との親善融和に役立つのも確かである。

　自治区域という言葉が表立って使われなくなったいま、すでに多国籍で多文化的なコリアン社会が存在する沿海州で、高麗人はどのような「故郷」を創造していくべきなのかをイメージしなければならない状況に立たされている。

〔小　括〕

旧ソ連の高麗人におけるエスニック空間の揺らぎは、中国朝鮮族のコミュニティのように経済のグローバル化によって促進されたというよりも、ソ連邦の崩壊にともなう激動する国際政治に促されたところが大きい。こうした中央アジアにおける内戦や言語ナショナリズムに加えて、アジア太平洋地域と交流を深める極東ロシアの人口誘致政策の結果、強制移住させられた人々がもとの居住地である沿海州に戻り、「故郷」を再生している。しかし沿海州という高麗人の「故郷」を必要とするのは、たんに高麗人だけではない。それはむしろ、韓国とロシアの政治的な意図と密接に絡んで「創出」されているのだ。沿海州ではいま、多様なコリアンが集う多国籍で多文化的なコリアン社会が形成されつつある。高麗人の故郷の創造は「構造的暴力」のみならず直接的暴力によってことごとく無に帰したが、こうした政治的諸力が複雑に絡むなか、沿海州に「帰還」した高麗人は二つの「故国」との交渉をとおして三たびの「故郷」の創造に臨むのである。

最後の二つの章では、帝国日本の崩壊による在日朝鮮人の帰還と、それによって断絶した生活空間を再生する過程を取り上げる。

(1)　本章の執筆にあたり、筆者は二〇〇一年三月に三日間、そして一一月には二日から二九日までのおよそ一カ月間、二〇一二年九月八日から一二日までの五日間、沿海州でフィールド調査を行った。調査は高麗人団体の代表や高麗人の住民、中国朝鮮族の商人、韓国の企業家および宗教関係者などへのインタビューだけでなく、実際に支援団体の活動に参加して各地の「定着村」を訪問し、市場や農場も見学した。セマウル運動中央会が運営する農場では、ロシア人の作業員とともに農産物の収穫作業にも参加した。代表的な舞踊団であるアリラン歌舞団の各地公演にも同行し、高麗人が最も多いウスリスクやウラジオストク、アルチョムだけでなく、パルチザンスクなどの高麗人団体の総会やコミュニティ会館の開所式、高麗人の結婚式などのイベントにも参加することができた。本章はこうしたインタビューや参与観察の記録を中心にして、既存の文献や新聞記事および東北亜平和連帯など市民団体の内部資料を活用した。

(2)　一九三七年八月二一日、政府・党中央委員会の秘密決定「極東地方国境地区の朝鮮人住民の移住について」により、国境地域からの朝鮮人追放が命じられた。九月九日の移住開始から一〇月三日までに、約七万八〇〇〇人が追放された。続いて、九月二八日の政府決定「極東地方からの朝鮮人の移住について」によって、極東地方の全領域から、残っているすべての朝鮮人が移住させられることになる。岡奈津子「ロシア極東の朝鮮人――ソビエト民族政策と強制移住」『スラヴ研究』(北海道大学スラヴ研究センター)、四五号、一九九八年三月、一八〇―一八四頁。

(3)　極東ロシアの行政区域は、サハ共和国、アムール州、カムチャツカ州、マガダン州、サハリン州、ハバロフスク地方、プリモーリエ地方(沿海地方)の一共和国、四州、二地方から構成されている。そのうち、ハバロフスク地方にはユダヤ自治州、カムチャツカ州にはコリヤーク自治管区(二〇〇七年に州と合併)、マガダン州にはチュコト自治管区が設けられている。荒井信雄「ロシア極東地域――「補助金削減」と「規制緩和」の狭間で」『国際問題』(日本国際問題研究所)、三八六号、一九九二年五月。厳密には、沿海州は州ではなく地方(КРАЙ)であることから沿海地方と呼ぶべきであろうが、ここでは区分せずに沿海地方あるいは沿海州と呼ぶことにする。

(4)　一八世紀中葉、徳川幕府の知識人のなかには、天然資源開発およびロシア南進に対する防波堤とするのを目的に、蝦夷地への積極的な植民政策を提唱する者があらわれていた。フロンティア認識に明確な照準があてられるようになったのは、一八〇六年から一八〇七年にかけてサハリン(樺太)と南千島のエトロフ(択捉)における倭人交易場に対してロシアが一連の軍事行動を行ってからのことである。テッサ・モーリス=鈴木(大川正彦訳)『辺境から眺める――アイヌが経験した近代』みすず書房、二〇〇〇年、三六頁。朝鮮は清国の要請により小銃部隊を派遣し、二度(一六五四年、五八年)にわたって清国軍と連合してアムール川流域のロシアの軍隊を追い払った。なおロシアと国境を接することになったのは、一八五八年の愛琿条約と一八六〇年の北京条約で、ロシアが沿海地方を獲得してからのことである。しかし朝鮮政府がそれに気がついたのは、ロシア側が国境に標識を立てた一八六一年になってからとされる。秋月望「朝露国境の成立と朝鮮の対応」『明治学院論叢　国際学研究』(明治学院大学国際学部)、八号、一九九一年三月。

(5)　原暉之『ウラジオストク物語――ロシアとアジアが交わる街』三省堂、一九九八年、三一六頁。

(6)　劉孝鐘「在ソ高麗人社会の歴史と現状――「民族自治」をめぐって」現代語学塾『レーニン・キチ』を読む会編訳『在ソ

朝鮮人のペレストロイカ』凱風社、一九九一年、二七―二八頁。

（7）ソ連崩壊後の独立してからの正式国号は、それぞれカザフスタン共和国、ウズベキスタン共和国、タジキスタン共和国である。

（8）一九五七年には中央アジアに強制移住させられた高麗人に対する弾圧状態が解かれ、少数ではあるがハバロフスクを中心にして極東地域に戻った人もいる。

（9）第四章注19を参照。

（10）北朝鮮は外貨を獲得する目的で、ロシア、モンゴル、中国のみならず、中東やアフリカにも労働者を派遣している。ロシアには二〇一二年三月現在、アムール州ティグダや沿海地方のウラジオストク、ウスリスク、ハサンを中心に二万人前後がいるとされる。その多くは伐採工で、派遣期間は三年。一九六七年に旧ソ連と北朝鮮がむすんだ契約では、両国が伐採した木材を約六五％と約三五％で分配するとした。伐採工の平均月収は五〇〇ドル程度であるが、七割以上は国に吸い取られ、宿舎・食料代を引くと手取り分は一割にも満たないとされる。こうした劣悪な環境にもかかわらず、一九九〇年代半ばからの食料危機以来、国外労働を希望する人は後を絶たないという。『朝日新聞』二〇一二年六月二四日付、ルポ「動く極東　北朝鮮ビジネス　上」を参照。

（11）ロシア科学アカデミー極東研究所「極東――アジア太平洋地域諸国との協力の可能性」『ロシア・ユーラシア経済調査資料』（ユーラシア研究所）、七六九号、一九九六年六月、三一頁。

（12）宮本勝浩「ロシア極東と日本の経済関係――現状と展望」『立命館経営学』（立命館大学経営学会）、三八巻五号、二〇〇〇年一月、二〇四頁。

（13）中村泰三「ロシア極東地方の人口移動とその特性」『東アジア研究』（大阪経済法科大学アジア研究所）、二九号、二〇〇〇年八月、一〇五頁。

（14）『朝日新聞』二〇〇〇年七月二二日付。

（15）平岩俊司「朝鮮半島への関与をめざす「大国」ロシア」『東亜』四〇〇号、二〇〇〇年一〇月。

（16）一九九三年五月、まず、エリツィン大統領の任命によって知事に就任し、一九九五年一月に成立した地方会議が制定した地方選挙法にもとづいて同年一二月に実施された選挙によって知事にあらためて当選したナズドラチェンコは、連邦政府が進める中ロ間の国境画定交渉に反対し、経済の民営化政策を批判するなど、沿海地方の利益を守るとして連邦政府と対立した。

さらに沿海地方政府における連邦予算の不透明な使用もあり、沿海地方政府に対するコントロールを強めようとする連邦政府は、ナズドラチェンコ知事に退陣を迫った。沿海地方が一九九六年の燃料エネルギー危機に続き、一九九七年にも危機に陥ると、連邦政府はナズドラチェンコ知事の退陣工作を図ったが失敗した。日本国際問題研究所『平成九年度外務省委託研究報告書　ロシア・極東地域情勢研究』一九九八年。

(17)　中村「ロシア極東地方の人口移動とその特性」一〇二頁。

(18)　朴振煥「市場経済以後の極東ロシア農業生産の減少と統一韓国への穀類供給可能性」北方農業研究所『北方農業研究』六号、一九九八年一二月、一二七頁。

(19)　キム・ゲルマン「ソ連邦崩壊以後のロシア高麗人の移住現況」在外同胞財団・在外韓人学会共同主催国際学術会議『高麗人の歴史一四〇年、省察と新しい模索』資料集、二〇〇四年、一四三頁。

(20)　正式名称は「沿海州高麗人再生社会慈善基金会」。一九九三年二月に沿海州各地の高麗人団体の連合組織として結成された。

(21)　『遠東』は発行部数一〇〇〇部の月刊新聞であったが、財政不足のため毎月の発刊にはいたらず、創刊以来二〇〇一年までに五七号のみ発行された。二〇〇一年三月に執行部の交替も絡んで再生基金の機関紙から独立し、沿海州の高麗人の独立民族新聞として再出発した。再生基金の前会長キム・テルミルと専門ジャーナリストのバン・アレグが設立者となり、バンが編集長を担当した。紙面はタブロイド判六頁のハングルとロシア語の二言語体制で、第四号までは一〇〇〇部、八頁構成の第五・六合併号は一五〇〇部を発行した。『遠東』は編集長の他界により休刊となる。

(22)　『高麗新聞』は二〇〇四年一月二二日に第一号を出した。当初は一二頁構成の月二回の発行であったが、二〇〇八年から月一回の二〇頁構成で発行を続けている。発行部数は一〇〇〇部で、有料読者数は五二〇人。

(23)　金鉉東「沿海州における南・北・ロ三角協力と農業」東北亜平和連帯『ミル』五号、二〇〇六年三月。

(24)　高麗人支援運動本部は、主にラズドリノエの高麗人定着村を中心に、営農後継者の育成と韓国語教育に関する事業を展開した。沿海州高麗人支援運動本部「沿海州高麗人の安定的定着支援事業案」二〇〇一年一一月(内部資料)。

(25)　金鉉東「沿海州高麗人農業定着支援事業から東北アジア生協へ」高麗人文化センター竣工記念セミナー報告論文、二〇〇九年一〇月三一日(ウスリスク)。

(26)　同右。

(27)　同右。
(28)　姜東遠「沿海州における南・北・ロ農業協力方案研究」慶熙大学校政治専門大学院博士論文、二〇一〇年、一七一頁。
(29)　「広大な沿海州に大統領選への種をまくのか」『時事ジャーナル』九七一号、二〇〇八年五月二六日。
(30)　ウラジオストク韓国教育院『ウラジオストク韓国教育院現況』二〇〇一年(内部資料)。
(31)　ウスリスク教育文化センター「ウスリスク教育文化センター運営現況」二〇〇一年(内部資料)。
(32)　ウスリスク教育文化センター「二〇〇六年教育文化センター運営計画」二〇〇六年(内部資料)。
(33)　『高麗新聞』二〇〇四年一〇月一〇日付。
(34)　『京郷新聞』二〇〇六年四月四日付。
(35)　カン・エフゲニー「沿海州高麗人たちの現在と未来」東北亜平和連帯・国会二一世紀東北亜平和フォーラム主催「第二回高麗人文化の日記念・東北亜平和連帯創立一周年記念学術討論会　沿海州と東北亜平和」報告文、二〇〇二年一〇月二三日(ソウル)。
(36)　「旧来帰化朝鮮人ノ新帰化並非帰化朝鮮人ニ対スル悪感」大正四年二月十六日、浦潮発、外務省外交史料館所蔵『不逞団体関係雑件――朝鮮人ノ部――在西比利亜(一九一〇―一九二六)』(韓国国史編纂委員会編『韓国独立運動史資料36』二〇〇〇年所収。第二章注57を参照)。しかし『(上海)独立新聞』(一九二〇年三月四日付)に連載された「俄領実記」では、「アルモーザ」は蔑称ではなく、むしろロシア人に続く「一流人物」を意味するとされている。このように「アルモーザ」については二つの説が存在するが、「モーザ」自体がいわゆる「逆差別語」であることを考えれば、それは蔑称として使われていたのではないかと思われる。ただし、高麗人が「モーザ」(実際の発音は「マウジェ」)という言葉を使ってはいるものの、「毛子」の意味については理解していないだろう。
(37)　沿海州の縫製工場は一〇〇パーセント韓国資本の投資事業として、二〇〇四年初頭にはおよそ二六企業が進出していた。しかし、その後修正された一〇〇パーセント外資系資本に関連する新しい関税法の規定により、多くの工場が閉鎖か企業運営を放棄している状態で、沿海州の縫製産業は危機にさらされている。林永尚ほか『ソ連解体以後高麗人社会の変化と韓民族』韓国外国語大学校出版部、二〇〇五年、二〇二―二〇三頁。
(38)　МОСКОВСКИЙ КОМСМОЛЕЦ ВО ВЛАДИВОСТОКЕ, 14. 09-21. 09. 2000Г.
(39)　ウリ民族助け合い運動『ウリ民族助け合い運動』二一号、二〇〇〇年、一〇―一一頁。

(40) 一九九九年に制定された「在外同胞法」では、一九四八年の韓国政府成立以前に海外に移住したことで韓国国籍を有したことのない中国朝鮮族や旧ソ連在住の高麗人は法の適用を受けることができず、査証の取得なしで二年間(現在三年間)滞在可能な「在外同胞ビザ」(F4)の対象にならなかったことから、米国などいわゆる先進国の同胞との公平性が問題となり、憲法裁判所は二〇〇三年に憲法不合致判決を下した。それによって二〇〇四年に在外同胞法が改正されたものの、朝鮮族や高麗人には中国や旧ソ連の国々で多くの不法滞在者を生み出していることを理由に「在外同胞ビザ」を付与しなかった。その補完措置として韓国政府は二〇〇七年に「訪問就業制度」を導入し、これらの国々にクォーターを設けるとともに韓国語試験を課すことで受け入れ人数を統制したうえで、「訪問就業ビザ」(H2)を取得した者は五年間の滞在と自由往来が可能となった。この制度の施行を受けて対象国からの入国が急増することになるが、二〇〇八年の世界経済危機以降は国内の職の保護を名目に受け入れを制限している。

(41) セマウル運動中央会国際協力部(沿海州事業チーム)「二〇〇一　沿海州セマウル運動センター運営総合計画」二〇〇一年三月(内部資料)。

(42) 中村賢二郎「(研究ノート・調査・資料) 最近のロシア連邦の新移民政策動向と新移民法制資料(三)――二〇〇七年一月一五日付発効の新移民登録手続法および国外同胞の自発的帰還促進に関する大統領令等」『高松大学紀要』四七号、二〇〇七年二月。

(43) キム・テルミルの父は、ポシエット地区の党委員会書記および機械トラクター・ステーション政治部長を務めた熱心な活動家であったアファナーシー・キムである。彼は、一九三六年秋、内務人民委員部によって逮捕され、一九三八年に銃殺刑を宣告された。その罪は「二九年以来、日本の諜報員であり、関東軍参謀の命令により反ソ暴動を準備した極東地方朝鮮人蜂起センターの指導者、組織者の一人であった」ことにあった。その後、名誉回復がなされている。岡「ロシア極東の朝鮮人」一八〇頁。

(44) 岡奈津子「朝鮮人の復権」(付録４) アナトーリー・T・クージン(岡奈津子・田中水絵訳)『沿海州・サハリン近い昔の話――翻弄された朝鮮人の歴史』凱風社、一九九八年、一六八頁。

(45) 劉「在ソ高麗人社会の歴史と現状」三六頁。

(46) 一九九一年一一月二八日に成立した国籍法は、二〇〇一年六月三日に大統領の署名を経て全面改正が行われた。改正された国籍法では、ソ連邦の崩壊後、ロシア連邦国内に恒常的に居住する旧ソ連邦国民を自動的にロシア連邦国民と認める「承認」と、旧ソ連邦構成国からロシア連邦への移住を希望する人を対象にする「登録」による国籍取得の条項が削除され、国籍取得希望者に単一の基準が定められることになった。改正国籍法では、旧ソ連邦構成国からの移住者に対する優遇措置として、簡略手続きによる国籍付与申請が設けられているが、それは「旧ソ連邦国籍を持ち、かつ、旧ソ連邦構成国に居住した過去を持ち、かつ、現在も居住している国家の国籍を取得しなかった結果無国籍者のままである者」(一四条一項b)を対象にするもので、中央アジアに居住してそれぞれの国の国籍を取得したほとんどの高麗人には該当しない。国立国会図書館調査立法考査局『外国の立法』二一三号、二〇〇二年、一九八―二〇一頁。

(47)『ハンギョレ新聞』二〇〇六年一月六日付。
(48)キム・セイル「崔高麗自叙伝研究に対する解説」国学研究振興事業推進委員会編『韓国学資料叢書5　韓国独立運動史資料集――洪範図篇』韓国精神文化研究院、一九九五年、三四一頁。
(49)成田龍一「都市空間と故郷」成田龍一ほか『故郷の喪失と再生』青弓社、二〇〇〇年、一五頁。
(50)沿海州韓国文化教育財団・沿海州高麗人自治団体協議会「韓国文化の日行事計画」二〇〇一年(内部資料)。
(51)成田「都市空間と故郷」三六頁。
(52)ニコライ・ブガイ／オ・ソンファン『時間の試練――一九九〇年韓ロ関係樹立以後二〇〇四年まで』時代精神、二〇〇四年、一三八頁。
(53)第二章注119を参照。
(54)ブガイ／オ『時間の試練』一二五頁。
(55)『高麗新聞』二〇〇四年五月九日付。

第七章　帰還のネットワーク

——戦後在日朝鮮人の帰還と本国の救護活動——

1　帰還のネットワーク

本章では、戦後在日朝鮮人の「内地」(日本)から朝鮮半島への引き揚げ＝帰還について、本国と在日朝鮮人社会とのネットワークを中心に考察する(1)。

在日朝鮮人の「帰還」といえば、一九五九年に始まる「自由主義圏から共産主義圏への移住」として世界的に注目を浴びた北朝鮮への「帰国事業」が思い起こされる。しかし、それよりも大規模で組織的に行われた朝鮮人の帰国プロジェクトが、戦後、GHQ(連合国総司令部)の占領下で「非日本人の引揚」として遂行された「送還事業」であろう。帝国日本の崩壊により、植民地政策によって「海外進出」した日本人が引き揚げるという大事業のなかで、同じく植民地政策により日本に在住することになった朝鮮人・台湾人などの「非日本人」は、自らの故郷を目指して帰国船に乗り込んだのである。後の「帰国事業」と同様、終戦後の朝鮮人の帰還においてもGHQおよび日本政府は積極的な対応をとり、可能な限り日本社会の秩序安定の妨げになる「非日本人」を送り返そうとした。

植民地統治から解放された日本在留の朝鮮人も、ほとんどが帰国を希望していた(2)。終戦当時にその数が二〇〇万人に達したとされる在日朝鮮人は、およそ半年もの間に半数以上が帰還を果たした(3)。それは占領当局と日本政府が「非日本人」の帰国を急いだ「計画輸送」にもよるが、こうした送還体制が整うのを待たずに、朝鮮人は自力で帰国の途についた。そうしたなかで、在日朝鮮人団体は独自に、また当局側と協力して在日朝鮮人の帰還を援助し、朝鮮半島でも各種救護団体が組織され、調査団や帰還船を派遣するなど「同胞の救出」に取りかかった。

このことは、朝鮮半島の「在内同胞」と「在外同胞」が植民地期からさまざまなネットワークを形成していたことを示している。日本の植民地であった朝鮮半島からすれば、海外で独立運動を展開し、それを支える「在外同胞」への関心は、決して薄いものではなかった。しかし一方では、解放後の「在外同胞」に対する朝鮮半島内の認識は、自らの生活に直接影響を与える存在として複雑な感情の対象であっただろう。急速な人口の移動をともなった、引き揚げる日本人と帰還する朝鮮人の入れ替えは、統治機構の転換という政治的激変以上に急激な社会構造の変動でもあった。日本人の引揚者をはるかに上回る「帰還同胞」による人口の増加は、食料や住宅の不足を招き、失業率が上昇する一方で、インフレーションによる社会的混乱は日増しに広がるばかりであった(4)。

しかし植民地統治の下で故郷を追われ、さらに帝国主義の動員政策により離散を余儀なくされた朝鮮の人々において、その原状復帰は民族解放の具体的な表現であった。新しい祖国を建設する希望に満ちた国内の人々は、こうした「帰還同胞」の受け入れを大きな課題として受け止め、雨後の筍のように各種団体が登場してさまざまな「帰還同胞」の救援事業に乗り出したのである。

ソ連軍が進駐した北緯三八度線以北(北朝鮮)と、米軍が占領したそれ以南(南朝鮮)とでは、日本人の引き揚げの模様が違ったように、帰還の形態も北と南ではまったく異なるものであった(5)。南朝鮮には、慶尚道や全羅道の南部地域出身者を中心とする一五〇万に及ぶ「在日同胞」が帰国した反面、北朝鮮出身者が多い満州地域では現地定住志向が強かったものの、帰還者のなかには南を目指す人も多かった。また、南朝鮮には「南方」や中国本土からも多くの帰還者が到着したが、さらに北朝鮮からの「越南同胞」をも抱えることになったのである。

表7-1[6]に見られるように、解放とともに各地から帰還する朝鮮人は、およそ二年間で二〇〇万人を超えた。

しかし、こうした帰還が順調に進んだわけではない。米軍とソ連軍によって分断占領された状況にある朝鮮半島では、在外朝鮮人の帰還を組織して彼らを受け入れる態勢が整っていなかった。

なによりも米軍が占領した南朝鮮では、占領当局が在外朝鮮人の帰還を好ましく思わなかった。居住歴が長く、すでに農地を耕作して市民権を獲得していた「満州」の多くの朝鮮人に対して、在朝鮮米陸軍司令部軍政庁(以下、米軍政庁)は現地での定住を望んでいた。軍政長官や民政長官であった安在鴻は、在満朝鮮人に対して開拓した農地を確保するよう求めたのである。朝鮮戦争後の一九六〇年代から始まるブラジルへの移民も、実はこの時期から議論されていた。[7] 米軍政庁は朝鮮の燃料問題を解決するため、徴用朝鮮人炭鉱夫を日本に残留させて採掘作業にあたらせようともしていた。[8] このように南朝鮮の軍政当局者は、まず南朝鮮内の秩序の維持を最優先課題にしていたのである。反面、日本は在日朝鮮人の強制帰国を望んだが、GHQも帰国が好ましいと思う一方で、彼らには生活の場を選択する権利があると強調したように、ジレンマに陥っていた。[9]

表7-1 終戦後の帰還者数と残留者数(1947年6月1日現在)

帰還者数		残留者数	
中　国	71,611	満　洲	1,200,000
満　洲	504,351	日　本	600,000
日　本	1,104,407	中　国	2,500
濠　洲	3,051	ハワイ	10,000
ハワイ	3,646	北美洲	1,500
台　湾	3,449	南美洲	2,000
香　港	302	ソ　連	2,000
支那印度	28	南方各地	2,000
比　島	1,406	計	2,017,500
琉球列島	1,751		
太平洋諸島	13,986		
其　他	7,294		
越南同胞	463,941		

注)帰還者数は公的な手続きなしに帰還したとされる最低60万人を除いた数値である。
出典)朝鮮通信社『朝鮮年鑑 1948』1947年, 358頁。

戦後の在日朝鮮人の帰還に関しては、いくつかの研究から当時の状況を知ることができる。だがそれらの研究は、在日朝鮮人を送還する日本側の対応を扱うものがほとんどで、在日朝鮮人に帰還を躊躇させた朝鮮国内の状況や、あるいは「帰還同胞」を受け入れた現地の事情についてはあまり関心が向けられていない[10]。しかし、人の移動がプッシュ要因とプル要因とが絡まり合って作動する現象だとするならば、在日朝鮮人の戦後の帰還問題を考える場合、そうした朝鮮内の状況の考察が必要であることはいうまでもない。

ところで、戦後日本における朝鮮人は、「在日朝鮮人」という明確な存在ではなかった。それは日本における在日朝鮮人の法的地位が明確でなかったことだけを意味するのではない。つまり彼らは、在日朝鮮人としての可能性を持った存在として、破綻した帝国における戦後の国境線の引き直しのなかで、留まって在日朝鮮人にも、あるいは帰国して「帰還同胞」にもなりえた存在だったのである。言い換えれば、当時の日本在住の朝鮮人は、帰還や強制送還、そして再渡航というような移動の空間のなかにあって、今日の在日朝鮮人としての蓋然性とともに生きていたといえよう。小林知子が指摘するように、解放直後の在日朝鮮人の生活の場は朝鮮の延長線上にあり、民族意識も基本的にあえて「在日」と冠する必要のない朝鮮民族としての意識だったのである[11]。だが皮肉なことに、これから検討する帰還のネットワークが在外同胞と在内同胞のそれぞれの存在を際立たせ、差異化していくことになる。

韓国における在外同胞、とりわけ在日朝鮮人に対する政策はよく「棄民」という言葉であらわされる。そのため終戦直後の在日朝鮮人社会と本国とのネットワークを考察することは、「棄民」の根源および背景を突き詰めるという意味も含むことになるだろう[12]。しかし、実際にこの時期に「棄てられた」のは、いうまでもなくサハリンに残された朝鮮人と、そして中央アジアに強制移住させられたソ連の朝鮮人にほかならない。彼らは表7-1が示すように、すでに記録から削除され、記憶からも抹消された。反面、本国と一つの生活空間で生きていた

「在日同胞」は、むしろ解放民族としての位置を体現する朝鮮ナショナリズムの前衛であったのである。

2　南朝鮮における「帰還同胞」の救護活動

では、終戦直後の朝鮮半島の人々はどのように「帰還同胞」を受け入れたのだろうか。

すでに述べたように、「帰還同胞」を受け入れることは、朝鮮半島の人々において、「新祖国の建設」のためにも一大課題であった。解放後、南朝鮮では呂運亨を中心に建国準備にとりかかるべく、急速に基盤を全国的に整えつつあった朝鮮建国準備委員会（以下、建準）も、その組織力を生かして在外朝鮮人の帰還援助および救護活動に着手した。

なによりも喫緊の課題は、在日朝鮮人の「救出」であった。とくに在日朝鮮人の場合、終戦直後から帰国のため博多や下関に続々と集結していたにもかかわらず、乗船指定が受けられず現地で放置されるという苦境が本国にも伝えられた。当時の釜山は、引き揚げる日本人と帰還する朝鮮人でごった返しの状態であった。慶尚南道はそうした帰還同胞の実態調査のため、帰還朝鮮人援護本部調査団を博多や北九州に派遣した。慶南赤十字会も帰還朝鮮人の集結地に調査団を送り、現地に救護所を設置した。建準はさらに救護船団を派遣して、直接日本に向かって帰国者を連れ戻すことになる。

それではまず、日本で帰還を待つ在日朝鮮人がいかなる状況に置かれていたのかについて見てみよう。

一九四三年のカイロ会談では、「奴隷状態にある朝鮮民族の解放」が言及されている。戦後東アジアにおける国際秩序の再編成をもくろむ米国は、新しい秩序構築のための情報収集にあたり、帝国日本の外地における日本人の引き揚げとともに、内地の朝鮮人や中国人の帰還についても検討していた[13]。しかし終戦の段階においての朝鮮人の地位は、「解放民族」とされながらも場合によっては「敵国民」として扱われる曖昧なものであった[14]。こうした曖昧な存在としての位置づけが、朝鮮人の帰還におけるさまざまな面において影を落とすことになる。

当時、南朝鮮米軍政庁およびＧＨＱに勤務して後に米ハーバード大学の教授となるエドワード・ワグナーは、在日朝鮮人の引き揚げ過程を三つの時期に区分し、一九四五年八月一五日の終戦日から同年一一月三〇日までの期間を第一段階として「自発的集団出国」期と呼ぶ[15]。ワグナーはこの時期に「恐らくは八〇万を下らない朝鮮人が帰国」したとして、「そのうちの五二万五〇〇〇名は何らの統制も受けない帰国者であった」としている[16]。つまり終戦後三カ月のうちに、日本に在留する朝鮮人の半数近くが帰還し、その多くは日本政府による送還を待つことなく、当局の便宜や支援を受けられないまま自力で帰還したのである。

もちろん終戦直後の時期は、外地の日本人の引き揚げにおいても体系的な業務が成り立っていたわけではない。日本政府は当初、「在留内地人ニ対シテハ徒ニ早期且無秩序ニ引揚ヲ決定セシムルコトナク当分冷静ノ態度ヲ持セシムル様徹底指導スル……方途ヲ講ズルコト」を通達していた[17]。しかし米国の方針は在外日本人を早急に引き揚げさせることであって、敗戦国民となった在外日本人もじっとしていられるわけではなかった。当時の福岡県の状況を見れば、九月と一〇月に博多港を経由する朝鮮からの日本人引揚者は、正式の引揚船よりも「闇船」で引き揚げるほうがはるかに多かったとされているが[18]、おそらく朝鮮に帰還する人々も、こうした「闇船」での帰還者が少なくなかっただろう。終戦とともに南朝鮮の港から日本に引き揚げてくる「在鮮内地人」を乗せた船は、帰りに朝鮮人を乗せていったのである[19]。すでに八月中から下関には数千人の帰還朝鮮人が滞留していて、下関周辺からは一人あたり五〇〇円程度で民船を買収し、「密航」で帰還する者も相当数に達していた[20]。引揚者が押し寄せてくるという事態の深刻さを悟った日本政府は、すかさず米軍側に一〇〇トン以上の船舶の運行が禁止となっていた玄界灘での運行開始を申し入れ、許可を取り付けた。それにより日本人の引き揚げが本格化する。続いて日本政府は、日本軍および一般引揚者の引揚計画について、九月中旬、非公式に米占領軍に打診した。[21] 一方で、朝鮮人の送還については、「治安確保の根本策として積極的な送出措置を講じて」いたように、徹底的に治安上の立場から検討されていた。

日本政府は、終戦後まもなく「強制移入朝鮮人等ノ徴用解除方針」を決定していたが、「立場の変化から、不穏の空気がみなぎり、各地に暴動のきざしさえみえはじめていた」ため、一九四五年九月一日に「朝鮮人集団移入労務者等ノ緊急措置ニ関スル件」を定め、早急に帰還させることにした。[22]「強制連行者」による社会的動揺の可能性をなるべく早期に除去するため、在留朝鮮人の送還は、まず「徴用兵」や「応徴夫」を中心に計画されたのである。前日に内務省警保局は各都道府県知事など治安当局者に、「朝鮮人ノ集団移入労働者ヲ優先的ニ計画輸送ヲ為ス」とする通達を出した。その輸送順位は「土建労務者ヲ先ニシ、石炭山ノ労務者ヲ最後トシ……一般既住朝鮮人ノ帰鮮ノ取扱ハ当分ノ間不可能」とされたのである。[23]

こうして九月中には朝鮮への「計画輸送」が始まるものの、[24]「一般朝鮮人」を中心に自主帰国する人の数は、そうした輸送能力を超えて混乱した状況が続いた。このような外地の日本人や内地の朝鮮人・台湾人の引き揚げを援護するため、「引揚民事務所」（後の引揚援護局）が引揚港に設置されることになるが、混乱は容易には解消されなかった。日本の輸送計画をはるかに上回る引揚希望者が博多や仙崎に殺到したからである。GHQの指令によって日本政府が鉄道運賃を負担するなど、送還業務が整備されても、そうした引揚規定が十分に朝鮮人たちに伝わらず、むしろ朝鮮人は強制的に送還されるものだとも思っていた。[25] 結局、「非日本人の引揚」における取り決めは、朝鮮人の帰還熱に追いつくことができず、対応は常に後手に回ることになる。

そうすると、朝鮮人帰還者に対する処遇が、日本人引揚者に対するそれより冷遇されていたとしても不思議ではないだろう。敗戦直後、博多港で引き揚げ業務にあたっていた博多引揚援護局の福岡県社会課の事務官は次のように当時の状況を振り返っている。

> 鮮人《ママ》に対しては接待などぜんぜんやらなかったのであります。引揚邦人に煙草或は乾パンと言うようなものを配給しますと、何故朝鮮人にはやらないか、と同じように接待しなければいけない、と言うのであります。これは八・九・一〇月の間は、食糧品や被服類、或は湯茶の接待は実施しておりません。これは半島人の方が大分帰鮮されて場内が閑散になってから、ぽつ〳〵色んな接待を始めた訳であります(26)。

こうした状況のなか、在日本朝鮮人連盟など自主的に設立された朝鮮人団体が引揚港に駆けつけ、そして本国からも救護団体が派遣されるようになったのである。

建準慶南本部は日本各地へ救護船調査団を派遣して、九月二九日には鎮南丸のほか四隻からなる第一次「日本戦災同胞救護船団」を出航させた(27)。建準の在日同胞救護隊は、慶南救護会、釜山海員同盟などと協力して、「優秀船」四隻と朝鮮人所有船舶二〇隻など合計二五隻をもって救護船団を組織し、米軍政庁の許可を得た。第一船は博多に向かい、まず野宿者や病人を乗船させ、現地に救護連絡事務所を設置して一〇月六日に帰還した。第二船は一〇月四日に下関に向かい、約二〇〇〇人を救護して帰還した。第三船は一〇月五日に一〇隻が、第四船は一〇月七日に六隻が出港した。救護隊は「戦災同胞」の救護だけでなく、東京班、大阪班、下関班を構成して、GHQに在日朝鮮人の生命財産の保護にあたることを要請し、日本の政府機関にも積極的な保護と計画的な大量輸送を要求するもくろみであった(28)。ところが、建準が九月六日に宣布した朝鮮人民共和国が米軍政庁によって否定され、GHQはその政治的代表性を認めなかったため、帰国時には政治上の要人としての待遇を受けられず、一般帰還者の資格で帰国するしかなかった。[29]

占領当局も朝鮮人引揚者に対する不条理な扱いを座視したわけではない。日本人の引き揚げの最中に「内地在住外国人」の送還を急ぐ日本政府の対応に対して、GHQから朝鮮人や中国人の送還における手続きや食料・衛生に関して業務改善命令が下される始末であった。[30] もちろんGHQが在日朝鮮人への処遇を問題にしたのは戦略的な理由からであった。在日朝鮮人に対する本国の関心には米軍も敏感にならざるをえなかったのである。[31] さらに、朝鮮人の帰還は自由意思によるとしながらも、実際には日本に朝鮮人が残ることを望んでいなかった。未帰還者の帰還の「特権」が失われるとして帰還を促したのも、そうした理由からであった。

一九四六年二月に帰還者に対する登録令が出され、四月からそれにもとづく「計画送還」が実施されても、帰還を希望するとした朝鮮人のほとんどは帰還しなかった。こうした朝鮮人の帰還の停滞について、GHQは日

図 7-1　仙崎港(山口県)を出港する帰還船(本船)に向かうはしけ［在日韓人資料館(原資料はニュージーランド国立アレキサンダー・ダンプル図書館所蔵)］

図 7-2　帰国同胞救護会(博多，1945 年 11 月)［在日韓人資料館］

本政府に対して厳重に注意した。日本はGHQの指令に従って、各地で帰国の特権喪失者を割り出すかたわら、朝鮮人の帰還を忌避する理由について調査した。たとえば、高知県の場合、帰還を思いとどまる理由として、なによりも持ち帰り金の制限(一六一九人)が最も多く、八・九月に帰る(一〇六二人)、現在事業経営中(五一一人)、朝鮮に住家・身寄りがない(四九八人)、と続いた。反面、朝鮮の治安・経済状況が不良(二六二人)というのは少数で、永住希望者(三五四人)も多くはなかった(複数回答)[32]。

3　在外同胞から戦災同胞へ

解放後の南朝鮮では、民主政治に対する社会・政治的な欲求が噴出して、さまざまな政党や社会団体が登場し、新聞や雑誌が中央ではもちろん地方でも競うように創刊された。しかし一方では、不安定な政情が続く状況のなかで、当局は押し寄せてくる「帰還同胞」に対応しきれず、体系的な救護計画を有していなかった。「帰還同胞」に対する救護活動に手が回らず、当局は「戦災同胞援護週間」を設けるなどして民間の協力を要請するほかに手立てはなかった[33]。こうして初期の救護活動は、政治団体や社会組織、言論機関によって展開された。

解放とともに在外朝鮮人は帰還を果たしたものの、ほとんどは素手での帰還であって、その暮らしは不安定極まりないものであった。こうした「帰還同胞」は、「戦災同胞」あるいは「戦災民」とも呼ばれ、社会の最下層を構成した。もちろんそのなかには帰還による「戦災民」ではなく、「細窮民」という一般貧民も含まれていたが、大韓民国臨時政府主席の金九が「安島山(昌浩)先生哀悼文」のなかで、「冬の間にソウルで凍死した六一人の「殭屍」のほとんどが戦災同胞だという」と記しているように、とくに帰還者は苦境を強いられていたのである。家屋を持たない「戦災同胞」のさまよう様子は当時の新聞にも大きく報じられ、積極的な支援が求められた。救護活動のなかで最も深刻だったのが住宅問題である。鉄橋の下や防空壕、公園などで野宿を強いられている「帰還同胞」に対して、救護団体は各地に収容所を設置して彼らを受け入れた。ソウル市はこうした分散する収容所を統合し、一九四六年四月一日から日本軍が退いた基地の跡地である奨忠壇に大規模な収容施設の建設にとりかかった。米軍政庁の直轄である京城府戦災課が、かつて日本軍の倉庫として使われていた施設に設置した戦災民救護所である。

収容所は、被収容者には職業や鉄道無料乗車を斡旋して帰郷を慫慂した。ところが、本来収容所での生活は入所してから五日間と決められていたにもかかわらず、行き場のない多くの人が超過滞在して、なかには数カ月も収容所生活をする者もいた。収容所は定員数二五〇〇人の施設であったが、開所から二カ月が経つとその数は六〇〇〇人に膨れ上がっていた。(34) さらに収容所の衛生環境は劣悪で多くの死者が発生した。(35)

このように被収容者の多くが期限を超えて収容所に留まるなかで、続々と帰還してくる「帰還同胞」を救済するためには根本的な対策が講じられねばならなかった。米軍政庁はこうした住宅難を解消すると同時に、恒久的な生活保障をもくろんで「朝鮮農民救済団」を創設した。これは、主に開拓民として中国の華北・華中に渡った農業経験のある「帰還同胞」を農業部門に導く計画である。第一次としてソウル近郊富平の日本人所有の農場を「帰還同胞」に提供し、集団営農を実施することにした。(36) しかし実際には永登浦の飛行場付近に四〇万坪の農地を整備し、五〇戸の農家を設置することとなったが、(37) それも実現したかどうかは不明である。

さらに緊急対策として、米軍政庁は保健厚生部長が会長を務める「戦災民仮住宅建設助成会」を発足させた。この仮住宅建設計画の予算は九〇〇〇万円であったが、そのうち五〇〇〇万円は民間の義捐金に頼るものであった。ところが仮住宅とはいえども土幕(穴蔵の小屋)に過ぎず、請負業者とは単価の問題で入札もままならない状態で、後述する戦災同胞援護会が批判したように越冬に間に合わず、成果は期待できないものであった。

このように、救護活動が本格化した段階で迎えた一九四六年の冬には、「帰還同胞」の住宅問題は最も緊急の対策を要していた。戦災同胞援護会中央本部の調査によれば、この時期までの帰国者数は二七〇万人に上り、住宅を必要とする者が全国に一〇万世帯、ソウルだけでも一万世帯に達した。(38) 住宅難は、もちろん日本人引揚者を上回る帰国者による供給量の不足が根本的な要因であったが、「日本人家屋」の接収状態が混乱していたことにも起因した。こうした状況で世論は敵産(接収された日本人所有の財産)料亭と旅館の開放に圧力をかけるようになる。「帰還同胞」の凍死者や病者が続出しているにもかかわらず、鳴り響いてくる遊郭の歌舞の音が世論の反発を招いたのである。

李承晩が総裁を務める民族統一総本部は、ことごとく敵産料亭と旅館の戦災民への譲与を主張した。独立促成全国青年会などの各種団体も声明を発表し、料亭・遊郭の開放を要求した。実際に、群山では敵産遊郭や旅館を「帰還同胞」に開放して一万八〇〇〇人を収容し、個人接収の日本人住宅にも五〇〇世帯を配置入居させ、住宅問題をほぼ解決したとされている。(39) 世論に押され、ソウル市はついに市内の料亭一三カ所を開放し、二四〇〇人を収容すると発表した。しかし当局の対応は曖昧で、従業員を解雇しなければならないとする業主からの強硬なクレームもあって、開放を延期するなど波紋を広げる羽目になった。成果をあげられなかった一次開放に続き、二次開放でも結局四カ所の料亭と二カ所の旅館に一一四世帯七七二人を収容するにとどまった。(40)

困窮する「帰還同胞」に対して、官庁や自治体、各団体では戦災民援助週間を設けたり、(41) 拳闘大会や音楽祭などのイベントを開催したりして支援を訴えた。帰還児童にも奨学金の支給や学費免除の措置がとられた。「帰還同胞」自らも海外帰還者自彊協会(一九四五年一一月三日)、満州戦災相護会(一九四六年六月二五日)など相互扶助団体を結成するほか、一九四七年三月二〇日には第一回戦災民大会を開催した。大会で「帰還同胞」たちは、乞食扱いされることを拒否し、住宅と職業が与えられれば建国に貢献できるとして意気込みを披露した(42)。

ところで「戦災同胞」に対する救護団体の活動はさまざまな問題をはらむものであった。図7-3は『中央新聞』一九四五年一一月四日付の四コマ漫画であるが、主人公の朴僉知は、最初は戦災同胞救護団体の募金に参加しているものの、四方八方にある救護団体に戸惑い、結局そこから逃げ回るシーンとなっている。実際に戦災同胞救護運動には、団体の売名のためのものであったり、ひいては戦災民救護を利用した違法な募金が行われたりもしていた。それで米軍政庁は警告を発し、救護団体を登録させるとともに、市民には登録されていない団体への募金には応じないよう注意を促した。

図7-3 『中央新聞』の連載漫画

救護団体を詐称した募金や衣服・食料費の不法な徴収は、救護団体や軍政当局の悩みの種であった。不法募金が盛行し、諸団体がそれぞれ個別に事業を行うことにより体系的な救護活動が展開できない状況で、しかもこうした救護団体が政治的な名声を得るために争っていると軍政当局は判断したのである。それで米軍政庁の外事課長エンダース少佐は、救護団体の相互協力と民間の円滑なコミュニケーションを図るべく、団体の連合組織の結成に乗り出すことになる。まず一九四五年九月二三日に一三団体の代表を招集して会合を開き、三〇日に朝鮮人民援護会、朝鮮在外戦災同胞救済会、朝鮮救恤同盟、高麗同志会救恤部、建国婦女同盟、朝鮮社会事業協会、京城失業者同盟援護部など一三団体の連合組織として朝鮮援護団体連合中央委員会を発足させた(43)。

多くの在日朝鮮人の帰還の玄関口であった釜山や大邱でも、帰還同胞慶南救護会、朝鮮人民援護会慶南支部、朝鮮在外戦災同胞救済会釜山事務所、帰国同胞保護協会慶南支部、帰国同胞慶南仏教救護会、民主衆報救護委員部の六団体が、米軍政庁慶尚南道の命令を受けて朝鮮帰国同胞救護連合会を組織した(44)。

しかし、諸団体が連合して当局の連絡と監視の下で成果をあげていた慶尚道とは違って、ソウル地域では政治的な軋轢も絡まり、救護団体の統合はうまく進まなかった。

米軍による軍政が実施されると、軍政法令一号が公布され、衛生局が新設された。さらに軍政法令一八号により、朝鮮総督府の警務局衛生課は保健厚生部に改編され、各道にも厚生部が設置されることになった(45)。当局による救護活動は、主にこの厚生部によって展開されることになる。しかし救護団体が乱立して、不法な募金活動が問題になると、軍政当局は一九四五年一二月一五日に救護団体の取り締まりに乗り出すとし、前述したように救護団体の募金は朝鮮援護団体連合中央委員会に加入した団体にのみ許可すると発表した(46)。

ところでその過程で、朝鮮人民援護会事件のように民間組織と軍政当局との対立も発生した。それには政治的意図も微妙に絡んでいたといえよう。その経緯は次のとおりである。

朝鮮人民援護会は建準援護部の後身である。健準は救護事業が慈善事業ではなく、建国の一翼を担うものと認識し、すでに述べたように日本に直接救護船団を派遣するなど、解放直後から精力的に「帰還同胞」の救護活動を行ってきた。実際に、米軍政庁の調査でも朝鮮人民援護会は、食料や衣服支援、収容施設案内や医療援助、そして帰郷旅費の支給において、全般にわたり他の救護団体よりも充実した実績を残していた(47)。にもかかわらず、救護団体への統制を強化する軍政当局は、ソウル市を通じて一九四六年二月一三日に、ソウル地区の事業団体は所持金を市に移管すること、収納は市庁派遣員の指示監督を受け市の許可を得ること、事務員には市が指定した月給のみを支給することなどの軍政命令を下したのである(48)。さらに三月三日には、団体を市が直接運営するとして民間団体の統合を指示した。そしてついには朝鮮人民援護会の収容所付属病院に米軍が押し入り、医薬品と食料を押収するにいたる(49)。

解放後の政治的に緊迫した状況のなか建準が宣布した朝鮮人民共和国が占領当局によって否定されると、主導した呂運亨らは朝鮮人民党を結成した。また米軍政庁が諮問機関として右派人士を中心に李承晩を議長とする南朝鮮代表民主議院を創設すると、それに対抗して呂運亨、朴憲永を中心とする中道・左派勢力は統一組織として民主主義民族戦線(以下、民戦)を結成した。そして当局の朝鮮人民援護会への行き過ぎた行為に対して民戦は声明を発表し、ソウル市の非民主的な措置を糾弾して救護活動に干渉しないよう求めた(50)。

しかし軍政当局はこうした方針をさらに推し進め、乱立する救護団体を統合するとともに、組織的な救護活動を展開するとして、官民合同の組織を発足させた。一九四六年七月、軍政長官を指導顧問に推戴し、委員長を趙素昂、副委員長を金性洙と李勲求が務める戦災同胞援護会(中央本部)が結成されたのである(51)。その主要事業として、①衣食住と職業の斡旋、②海外残留同胞の護送帰国、③教化先導保健施策をあげた。そして一九四六年一〇月七日にはソウルの各救護団体は中央本部で会合を開き、無条件で同本部の傘下に統合することを決議した(52)。

以後、救護事業や外国政府との帰還交渉は、主に戦災同胞援護会を中心に推進されることになる。

4 「在日」と本国のネットワーク

4-1 「在日」への関心

解放後の朝鮮半島における「在外同胞」への関心は、朝鮮人が居住するいたる地域に及んだ。とくに「在日同胞」に関しては、旧宗主国にいながら多数の帰還希望者と残留者を抱えていただけに関心が集中した。「在日同胞」の早急の帰国実現を念願しながらも、残留者の現地における権利状況は、本国人にとって解放民族としての自らの地位を計るバロメータでもあったのである。そうした関心はまず、朝鮮で引き揚げを待つ日本人の立場との対比として浮き彫りになった。

日本の降伏にともなう権力の空白状態を予想した朝鮮総督府は、社会的秩序の安定(日本人の生命財産の安全)を図るため当時朝鮮内の有力者であった呂運亨と接触して「治安維持協力」を要請した。その条件としていくつかの政治的「譲歩」を取り付けた呂運亨は、地下組織であった建国同盟を建準に改編して行政権を受け継いだ。一九四五年八月一六日、建準は三回のラジオ放送を通じて建準の発足を発表し実践的課題を提示すると同時に、日本人の生命財産を保障することを訴える演説を行った。委員長の呂運亨に代わり、副委員長の安在鴻によって行われた講演は、次のように締めくくられている。

諸君、日本にいる五百万《ママ》同胞が、日本国民と同じく受難の生活をしていることを思うとき、朝鮮在住の百幾十万の日本住民諸君の生命財産の安全確保が必要であることを、聡明な国民諸君が十分に理解されることを疑いません。各位の甚大な注意を要請してやみません。[53]

日本人の安全確保は朝鮮総督府との約束によるものであったが、建準はそれが「五百万」に上る「在日同胞」の安全な帰還にかかわるものだと認識し、同時にそうした民衆の感情を利用して秩序の維持を図ろうとしたのだろう。

しかし実際問題として「同胞の交換」は、こうした状況を根拠にして推進された側面もあった。終戦後、社会的少数者へと立場が逆転した各地の在朝日本人は、朝鮮総督府の主導で自らの安全と相互連絡のために日本人世話会を設立する。それは当初、「日本人はできるだけ朝鮮にふみとどまり、新朝鮮建設に協力せよ」という方針であったように[54]、必ずしも在朝日本人の完全な引き揚げを想定するものではなかったが、やがて日本人の引き揚げの「世話」が主要な業務となる。

ところで各地の日本人世話会は、日本から帰還した「応徴労務者」が日本への補償を日本人世話会に求めてくるという事態に直面する。こうした事態に対して日本人は、彼らが終戦後の混乱のなかで、朝鮮に帰還しても歓迎されず、職も簡単に見つからない不平不満のはけ口を自分たちに向けていると考えていた[55]。それは、在日朝鮮人の境遇と自らの運命が決してかけ離れているのではないことを気づかせたのである。朝鮮人の帰還と日本人の引き揚げは別個の問題ではなく、人口の圧力として、そしてそれぞれの運命としても連動していた[56]。

さらに、在外朝鮮人の帰還と救護が大きな課題であった当時の朝鮮では、各種新聞でも帰還船を待つ同胞の苦境と日本政府の粗末な対応が報じられていた。とくに浮島丸事件の衝撃は、在朝日本人にとっても決して他人事ではなく、自らの境遇と重ねて考えさせられただろう。それで日本人世話会では、内地の朝鮮人労働者を優遇して帰還させることを日本政府に働きかけるため、有力者五人を東京に派遣することを決定した。[57]

こうした在朝日本人の切迫した訴えが実際に政治力を発揮することはなかったようだが、ただし、引き揚げ現場の役員にとっても帰還朝鮮人の境遇は無視できない問題であった。前述した博多引揚援護局は、九月頃に慶尚北道知事より引き揚げ朝鮮人に対する対応の改善を求める連絡を受け取ったのであるが、それは次のような類の脅迫めいた言葉であった。「日本では朝鮮人を非常に虐待しておるそうだが、そちらがそういうことなら此方にも考えがあるぞ」[58]。引揚援護局に派遣されていた福岡県社会課の職員が、実際に朝鮮人に対する「接待」は、初期にはほとんど施されなかったとしていることはすでに述べたとおりである。そしてこれまで検討したように、朝鮮半島では解放直後から積極的に「在日朝鮮人」の救出にとりかかるのである。朝鮮において在日朝鮮人への関心は決して低くなかった。

マーク・カプリオは、この時期の朝鮮における「在外同胞」に対する見方として、自分たちの国から逃げて満州や日本など外部に希望を求めた人々にほとんど同情しなかったというが[59]、以上のように彼らの運命に無関心ではなかった。ただし、それは同情とは異なる意味での関心であり、以下で検討するように、それは在日朝鮮人を自らの民族意識の「前衛」に押し上げるものだったといえる。

実際に在日朝鮮人は本国の期待に応えるべく激しい民族運動を展開していく。そして解放後の在日朝鮮人運動は、梶村秀樹の表現を借りれば、意外にも南朝鮮の民衆運動と強くむすびつくものであった（傍点筆者）。その意外性とは、今日の「在日」における祖国に対する「棄民意識」のあらわれであろうが、その後の韓国の在日朝鮮人政策が「棄民」であるとするならば、その根源および背景を突きとめるのも無駄ではない。とはいえ、当時の在日朝鮮人運動は信条や心構え、そして感覚において、また直接往来を含む運動の連絡関係を通じても、同じく米国の占領下にある南朝鮮運動と強くつながっていた。[60]それは政治的な運動に限らず、一般の人々の認識でもそうであった。

4-2　在日本朝鮮人連盟の本国特派員

これまで検討したように、解放後の朝鮮半島では在日朝鮮人の救護と帰還を重要な課題として受け止めていた。ただし、朝鮮人の帰還を援助する在日朝鮮人団体としては、南朝鮮の政治情勢や生活状況を把握する必要性もあっただろう。在日本朝鮮人連盟(以下、朝連)の本国特派員はそういう意図から派遣されたものであった。

終戦後、日本各地で自主的に設立された朝鮮人団体は、朝連を結成することで単一的な組織団体へと発展する。(61)朝連は在日朝鮮人の生命財産を保護し、本国への帰還を推進する大衆組織として、日本政府やGHQとの交渉に臨む代表性を備えていた。朝連の綱領には、「在留同胞の生活安定」「帰国同胞の便宜と秩序」とともに、第一には「新朝鮮建設へ献身的努力」を期するとされているように、そのためにも本国との連携は不可欠な条件であった。この朝連の活動をとおして、在日朝鮮人社会と本国とのネットワークを見てみよう。

朝連は創立大会(一九四五年一〇月一五～一七日)において、本国への特派員の派遣を決定する。解放された祖国の諸般の情勢を調査するとともに、在日同胞の実況を本国同胞たちに知らせ、本国の「中央政府」に在日朝鮮人の要請を伝えるのが目的であった。朝連は当時、積極的に在留朝鮮人の帰還の支援に乗り出していたこともあり、彼らの帰還および救護の協議連絡も重要な課題であっただろう。そうであるなら、帰国先での生活状況の把握も、帰還を促進する側として欠かせない調査だったことはいうまでもない。

特派員は三度にわたり本国に派遣されているが、第一回の派遣の記録に関しては「本国派遣員報告」として報告書が出されている。それによると、七人の派遣員および随員で構成された一行は下関に集結し、一九四五年一一月八日、日本人の引揚者と朝鮮人の帰還者を輸送していた興安丸に乗り、仙崎港から釜山に向かって出発した。[62]この際、GHQからは交通機関などは無償で利用できるように便宜が図られた。朝連はGHQからも在日朝鮮人の代表として認められていたのである。釜山では在外同胞救護連合会の世話となった。

当時の南朝鮮では、九月六日に建準が朝鮮人民共和国の樹立を宣布したのを受けて、各地に人民委員会が結成されていた。米軍政庁によって人民共和国が否定されたものの、地方に赴き人民委員会を訪ねて情報を収集していた特派員らは、人民共和国は朝鮮で着実に根を下ろし、自由的自治機能を発揮していると分析していた。なによりも「大いなる感激と歓喜にあふれた」全国人民代表者大会（一一月二〇〜二二日）への参加は、より一層、そうした信念を固めさせたであろう。全国人民代表者大会には、国外からは日本以外に中国や米国からも代表団が参加している。一一月二一日の大会二日目には朝連も地域代表として演説を行い、「国内ではわれわれ在日本二四〇万同胞をもう捨てた感がある」として場内の注意を集めた後に、「われわれ在日本同胞を単純な救済事業的取扱をするとすれば、それは一大誤謬だということを言明して、われわれ在日本二四〇万同胞が建国大業に貢献すべき強力部隊であり、民族統一戦線において一大有力部隊になるということを力説した[63]」。

朝連は一九四六年初頭に開催された第四回中央委員会で朝鮮人民共和国への絶対支持を表明した。同時期に南朝鮮で結成された左翼中心の統一戦線である民戦にも公式に代表を派遣し、その傘下団体となった。[64]民戦の主体は人民共和国の基盤であった各地の人民委員会である。それ以後朝連は、民戦の情勢認識にそって、新朝鮮建設の課題を具体的に設定した。朝連にとっての「祖国」とは朝鮮人民共和国と切り離してイメージすることはできない、南の民戦の路線に強く連帯したものであった。[65]

しかし、こうした政治的路線は別にして、一般の人たちの認識はいかなるものだったのだろうか。朝連の代表団が訪問中に行った雑誌『民心』の座談会から、在日朝鮮人の「祖国」の人々に対する認識を垣間見ることができる。

この座談会で朝連の代表団は「祖国訪問」の印象を述べているが、それによれば、本国側の帰還者に対する扱いに大いに不満を持っていたことが見てとれる。そもそも帰還のために博多や仙崎に殺到した人々を支援していた朝連としては、朝鮮から来る帰還同胞船団の乗船費や荷物料の徴収は帰国同胞に対する搾取であり、それは「帰国第一歩から帰還同胞に失望と反感を与える」ものであった。[66] 座談会では、本国の人々に対して日本の同胞を等閑視しているとし、その改善と帰還児童に対する言語的差別の是正を求めている。[67] 終戦まで日本に在留した青年たちは、日本の学校に通学し、大半の人が両親の朝鮮語は理解できるが、自分で朝鮮語を話すことはできなかった。[68] そうした児童たちが、朝鮮語が話せないことでイジメの対象になったのである。今日まで根強い本国の在日朝鮮人に対する言語的差別につながる感情が芽生えていたといえよう。

上記の全国人民代表者大会における在日朝鮮人代表として行った演説も、こうした認識のあらわれであっただろう。このように韓国政府が樹立された後も、当時の韓国のメディアでは、在日朝鮮人が十分な「韓国人らしさ」に欠けていることが示され、直接的ではないが、帰国を企図する前に自らの民族への理解を深めるべきだと示唆されたのである。[69]

4-3　解放民族のバロメータとしての在日朝鮮人

だが、こうした本国における在日朝鮮人への「差別」とは裏腹に、在日朝鮮人の帰還問題や財産搬入問題、そして国籍問題などは朝鮮半島でも重大な関心事であった。解放民族として敗戦国民の日本人よりも優越的な地位が確認できるのは、日本人が一掃された南朝鮮よりも、むしろ日本人のなかに生きる在留朝鮮人の権利状況においてであったからだ。在日朝鮮人の法的地位や権利行使の問題は、朝鮮半島の人々にとって自らの対外的地位を映し出す鏡であったのである。戦前、満州の朝鮮人に対する中国側の「圧迫」に対して、朝鮮半島全域で在満朝鮮人擁護運動が盛り上がったように[70]、今度は、旧宗主国の「屈辱の地」で解放民族であることを証明してくれる在日朝鮮人に関心が向けられたのである。

終戦直後、本国からは建準の救護団体をはじめ、朝鮮海外同胞救済会、慶尚道の帰国同胞保協会、光州の朝鮮在外戦災同胞救済会、朝鮮救護団体連合中央委員会などが日本に救護隊を派遣していた[71]。これらは帰還者の援助が目的であったが、帰還する在日朝鮮人の足取りが鈍くなり徐々に日本定住の可能性が高まってくると、在日朝鮮人の帰還を阻害する構造的な問題や、法的地位の問題にも関心を向けるようになる。前者が在日朝鮮人の帰還する際の財産搬入に関する問題であり、後者が在日朝鮮人の国籍をめぐる問題である。

なによりも朝鮮半島で激しい反発を呼び起こしたのは、在日朝鮮人の国籍をめぐってのことであった。前述したように、GHQは管理にもとづく帰還を促進するべく、一九四六年二月に帰還希望者の実態を把握するための登録を行わせたが、多くが帰還を望んでいたものの、実際に帰還したものはわずかに過ぎなかった[72]。これまで見てきたように、朝鮮における帰還者をめぐる諸事情は厳しいものであったからだ。

一九四六年五月七日付の「引揚に関する指令」(SCAPIN 927)では、南朝鮮への帰還は九月三〇日までに完了するとしていたが、一方で日本からすべての朝鮮人が帰還するまで、あるいは帰還の特権を失うまで続行されるとしていた[73]。しかし帰還は思うように進まず、占領当局は手を拱いていた。GHQは計画を実行できない日本政府に厳重に注意を与えるとともに、七月にはすべての集団送還計画が一二月末をもって終了すると発表した。帰還の権利を「特権」にすり替えることで、戸惑う在日朝鮮人を帰還に誘い出そうとしたのである。しかしこの時期には帰還どころか、次章で検討するように、むしろ帰還者が日本へ再渡航するという状況になっていた。

ところでＧＨＱは、帰還を促すために、期限内に帰国しない朝鮮人は日本国籍を保持することになると発表した。一一月一三日にこうした内容が朝鮮内で報じられると[74]、事態は思わぬ方向に飛び火することになる。この発表は、一二月中旬までの未帰還者は、朝鮮に政府が樹立されるまで日本国籍に編入するというものであったが、それが朝鮮半島に伝わると朝鮮人が「日本に再隷属」されるとして反対世論が高まった。「在日同胞」の国籍問題が「挙族的」な関心を集めたのである。民戦がこうした措置に対して「民族的恥辱」とするなど、各政党団体でも声明を発表した。

これについては在日朝鮮人からも反発の声があがり、朝連はＧＨＱに発表についての説明を要求した。こうした位置づけでは、在日朝鮮人は日本の裁判制度の管轄下に置かれ、納税を要求され、しかもその税が戦後補償の一部に使用されるのであり、それは在日朝鮮人の屈辱に侮辱を上塗りするものであった[75]。こうした事態に対応して国内外の一三団体は米軍政庁外事課との合意の下で「在日同胞援護対策委員会」を組織し、「在日同胞」の財産の自由搬入、直接間接の民族圧迫反対、金融措置令と不法課税反対、強制国債債権の支払い、日本の法律の適用反対、朝鮮の政治社会文化的活動の保障、計画輸送の中止などを主張した[76]。

在日朝鮮人の財産問題が突出したのは、帰還の際に持ち帰ることのできる貨幣や財産に制限があったからである。それは朝鮮から引き揚げる日本人においても同様であったが、すでに生活の根を下ろしていた人々にとっては苛酷な措置であった。在日朝鮮人の多くは労働者であったが、そのなかには工業経営者も少なからずいた。解放後には、工業経営者や技術者が在日本朝鮮工業会を結成し、工業設備の本国移転についてＧＨＱと交渉した。朝連も在日朝鮮人の財産を日本政府が保管するとした決定に反発し、財産搬入の際の課税についても抗議した。

朝鮮銀行券は、解放後すぐに軍票と新銀行券に替えられ、帝国日本の通貨圏は崩壊していた。日本からの帰還者は一〇〇〇円に限り、乗船地で日本銀行券を朝鮮銀行券に交換することができた[77]。解放直後、米軍政庁は当初無制限の現金携帯が許可されると発表したが[78]、当時のインフレーションは深刻で、「帰還同胞」が持ち帰る貨幣がそれに影響すると考えられていた[79]。持ち込み可能な財産の制限については、在日朝鮮人側の要求もあって徐々に緩和されるが、貨幣の持ち帰りについては制限が解かれることはなかった。こうした持ち帰り財産の制限が在日朝鮮人の帰還の妨げになっていると認識していた日本政府は、その制限を撤廃してでも在日朝鮮人を送還させようとしてＧＨＱに申し入れたが、受け入れられなかった[80]。

在日朝鮮人の財産の搬入は、朝鮮経済の再建においても重要課題であった。過渡立法議院[81]は在日朝鮮人の財産保護策に関する議案を上程するのであるが、「在日同胞」の財産は、「個人の生命線だけでなく、朝鮮の経済再建にも重要な地位を有する」ものと位置づけられた[82]。こうした財産搬入問題について、朝鮮国内では在日本同胞資産搬入対策委員会が在日朝鮮人の機械搬入を要請し、機械類が朝鮮内で正常に稼働できる環境づくりに努めた[83]。在日朝鮮人の財産搬入はこうした努力によって、一九四六年一一月から申請書を提出したうえで、一定量の機械類や商業道具を持ち帰ることができるようになった[84]。

在日朝鮮人の生活安定および本国との連絡事務のため東京、大阪、博多に設置された米軍政庁の連絡事務所がＧＨＱの命令で閉鎖されることが伝わると(実際は博多のみ)、過渡立法議院は激しく反発した。これらの連絡事務所は朝鮮と日本とをむすぶ唯一の公的機関であったが、ＧＨＱが連絡事務所の廃止を決定すると、在日朝鮮人への正式なルートが失われると危惧されたのである。

5　「在日」としての蓋然性のなかで

以上で検討したように、本国から在日朝鮮人に示す関心は決して薄くなかった。ただし、在日朝鮮人の子弟の民族教育問題がしばしば取り上げられても、こうした関心はおおむね韓半島中心主義的なまなざしからであったといえる。したがって本国では、朝鮮人が「屈辱の地」にいる必要はなく、帰国すべきであるという声もあがった。すると、各地からの帰還者の数が続々と報じられるなかで伝わってくる日本への「密航」については、これまでの帰還運動は一体なんのためだったのかとして非難されることになったのである[85]。

一九四六年から急増する南朝鮮からの「密入国者」は、佐世保引揚援護局に送られ、待遇の違いこそあったものの一般帰還者と同じ船で釜山に強制送還された。次章で詳述するように、この時期は戦前からの居住者であっても、刑罰法令に違反した者は「密入国者」とともに強制送還された。「密入国朝鮮人」を割り出す手段として、たとえば大阪府朝鮮人登録条例によるGHQの地方軍政府の朝鮮人登録などが実施されている。だがそれは、たんに「密入国朝鮮人」と「善良な残留朝鮮人」を見分けるためのものではなく、潜在的な犯罪予備軍、治安維持上の脅威とされた在日朝鮮人の多くを管理・統制する目的を持っていた[86]。というのも「前衛としての在日」は、本国の期待に応えるかのように激しい民族運動を展開するのであるが、さらに在日朝鮮人運動が日本の共産主義運動と共鳴することで、在日朝鮮人に対する管理体制が次第に強化されていったからである。

このように、一般帰還者と強制送還者が同時に送還された戦後の時期において、多くの人が「密航」で渡日し、終戦前後に一時期帰国した者でも戦後に再渡航した者は強制送還の対象となった。だとするならば、人の移動の流れが統制管理されることでかえって混乱を招くという状況下で、「在日」と「密航者」、あるいは「在日」と「本国人」という仕分けはさほど意味がなく、彼らは常に転移可能な状況に置かれていたといっても過言ではない。つまり、この時期は「在日」と「非在日」を明確に区別するのは困難で、日本に留まった者であれ、一度は帰還した者であれ、帝国における移動の残影がまだ消えない越境の空間に生きる者は、「在日」としての蓋然性のなかに生きていたのである。

一九四七年五月二日に制定された外国人登録令(勅令二〇七号)は、すでに実施されていた外国人登録を本格化するとともに、出入国の管理および退去強制の手続きを確立した。外国人登録令による退去強制の対象は在日朝鮮人全体にかかわることであり、「在日」としての蓋然性の空間は、戦前からの居住者に対する一方的な強制送還が中断され、さらに彼らが大村収容所から釈放される一九五〇年代末まで、あるいは一九六五年の「日韓条約」の締結まで基本的に続いたといえる。それが意味することは、「在日」であれ「帰還同胞」であれ、彼らは重層的な空間のなかで流動的な生き方の可能性を持ち合わせていた、ということであろう。

〔小　括〕

戦後、朝鮮から引き揚げる日本人と「内地」から帰還する朝鮮人の入れ替えは、朝鮮半島において統治機構の転換以上に急激な社会変動であった。そうした社会的混乱のなかでも、南朝鮮では在外朝鮮人の帰還を援助するために調査団や帰還船を派遣し、「帰還同胞」を救済する各種救護団体が組織された。在外朝鮮人の原状復帰は民族解放の具体的な表現だったからである。日本に多くの朝鮮人が定住することになっても、在日朝鮮人の国籍や財産の本国搬入をめぐる問題は、朝鮮半島では重大な関心事であった。ただし、そのような関心を集められたのは、在日朝鮮人こそが解放民族として敗戦国民の日本人よりも優越的な地位を確認できる存在だったからである。言い換えれば、在日朝鮮人は解放民族のバロメータであるとともに、そうした位置を体現する朝鮮ナショナリズムの前衛だったのである。

第八章では、「内地」から故郷に帰還した人々が再び日本へ「密航」し、それが「不法入国」として扱われることで本国に強制送還される過程を、大村収容所を中心に見ることにする。

（１）まず「引き揚げ」と「帰還」の意味づけを区分しなければならない。「引き揚げ」(repatriation)とは、終戦当時には植民地に入植・進出した「邦人」を「内地」へ連れ戻すこと、あるいは「内地」の植民地出身者を本国に送り返すこととして使われていた。ところが、後者において「引き揚げ」の概念をそのまま使用することにはいくつかの問題点を含むことになるだろう。第一に、「引き揚げ」の悲惨な体験のイメージ(体験記や小説などによる)が記憶されることで作り上げられてきた被害者意識により、植民地主義が拡張していった結果として海外に移住せざるをえなかった状況が見えにくくなる。第二に、「引き揚げ」は本籍地と個の身体を一体化させることを前提にしており、「原状復帰」に潜む暴力性、つまりすでに現地での生活が「原状」となったことを否定することで、再移住を強要する権力の意味を曖昧にする。第三に、これは本章における「帰還」の意味とかかわるものであるが、こうした「引き揚げ」を促す権力の主体的な位置づけは、逆に「引揚者」を客体化し、朝鮮人の帰還が数量的に扱われることで、管理されない自発的な移動が認識されなくなる。こうした意味から、「外地」から「内地」への移動については「引き揚げ」を使うことにするが、朝鮮人の「引き揚げ」については「帰還」という言葉を用いたい。

（２）日本政府がＧＨＱの「朝鮮人、中国人、琉球人及び台湾人の登録に関する指令」(SCAPIN 746、一九四六年二月一七日付)にもとづき、帰還の希望如何を調査した結果、朝鮮人の総登録者六四万七〇〇六人のうち、帰還希望者数は五一万四〇三五人、残留希望者数は一三万二〇〇〇人であった。しかし同指令による計画輸送で帰還した者は、およそ三カ月の間に五万六〇〇〇人に過ぎなかった。厚生行政研究会『厚生時報』一巻一号、一九四六年九月、三二頁。

（３）一九四六年三月までに帰国した朝鮮人の数は、統計に含まれない四〇万人ともいわれる自主帰国者を除いても、およそ半年間で九四万四三八人に達している。法務研修所編『在日朝鮮人処遇の推移と現状』(一九五一年)、湖北社、一九七五年(復刻版)、六四頁。

（４）『新朝鮮報』(一九四五年一二月二二日付)は、解放の八月一五日から同年一一月末までに、ソウルの物価は平均三〇倍も暴騰したと主要商品の価格を比較しながら報じている。また、朝鮮銀行調査長は、帰還朝鮮人が日本から持ち運ぶ莫大な所持金を除けば、通貨の安定は順調だとして、当時日本から流入する貨幣が通貨膨張に影響したことを窺わせる。もちろん解放直後の経済的な混乱は、在外朝鮮人の急激な移入も一つの要因ではあったが、それは植民地的経済から自主経済を立て直すなかで、必然的な結果であったといえよう。戦後の朝鮮銀行券の多額の増発について多田井喜生は、日本軍の召集解除と官庁や各会社の解散にともなう経費支払いが巨額に達したこと、終戦の混乱による預金引き出し、そして北朝鮮で回収された朝鮮銀行券が南朝鮮物資購入資金に動員され急速に南朝鮮に流通したことをあげている。多田井喜生『朝鮮銀行――ある円通貨圏の興亡』ＰＨＰ新書、二〇〇二年。そのほかに米軍政庁の経済政策(非生産的支出)も主要な原因であっただろう。

(5)　北朝鮮への帰国については、一九四六年一二月一九日締結の「ソ連地区米ソ引揚協定」により、引き揚げの取り決めがなされた。それによれば、「日本より北朝鮮へ引揚げるものは、かつて北緯三八度線以北に居住し、かつ、同地域で出生した朝鮮人一万人とする」とされ、その引き揚げは一九四七年三月九日から十五日までに実施されることになった。しかし北朝鮮送還希望の有無を調査したところ、希望者はわずか一四一三人であって、実際には、三月一五日に大安丸で二三三人、六月二六日に信洋丸で一一八人の、合計三五一人が佐世保から興南に帰還し、これをもって北朝鮮への帰国は終了している。厚生省援護局編『引揚げと援護三十年の歩み』一九七七年、一五四頁。

(6)　統計に含まれていないとされる六〇万人のうち、おそらく四〇万人は日本からの統計漏れの引揚者だと考えられる。またこの統計ではソ連の残留者が二〇〇〇人となっており、戦後の朝鮮人引揚者のあらゆる統計においてもそうであるように、戦前に沿海州に居住して、一九三七年にスターリンの強制移住政策によって中央アジアに強制移住させられた一八万人余りの高麗人や、サハリンに取り残された四万人余りの朝鮮人は含まれていないことに注目すべきであろう。また、北朝鮮から北緯三八度線を越えて南朝鮮に来た「越南同胞」のなかには、中国からの帰還者も含まれているだろう。

(7)　『民主日報』は、社会部が「帰国同胞」の救護策として、ブラジルへの移民計画を積極的に推進するために、現地に調査団を派遣し、移民局の設置を講究していると報じている。実際に社会部の嘱託となり万国伝道会韓国支部長の資格で渡米した尹乙洙は、ワシントン駐在のブラジル大使と会見し、移民問題を協議した。尹乙洙「ブラジル移民の基礎確立」高麗文化社『民声』三三号、一九四九年三月。

(8)　『新朝鮮報』一九四五年一二月一四日付。

(9)　マーク・カプリオ(樋口謙一郎訳)「旧植民地出身者の処遇――占領日本における韓国・朝鮮人居住者の政治的地位形成」マーク・カプリオ／杉田米行編『アメリカの対日占領政策とその影響――日本の政治・社会の転換』明石書店、二〇〇四年、二四六頁。

(10)　最近の研究としては、島根県における朝鮮人送還を扱った内藤正中の「戦後期朝鮮人の母国送還と島根県の対応」『北東アジア文化研究』(鳥取女子短期大学北東アジア文化総合研究所)、一号、一九九五年三月および「朝鮮人帰還事業と朝鮮人対策」同一七号、二〇〇三年三月などの政府資料を使った研究、また援護局の『局史』と当時の新聞を分析した出水薫「戦後日本の博多港における朝鮮人帰国について――博多引揚援護局『局史』を中心とした検討」『法政研究』(九州大学法政学会)、六〇巻一号、一九九三年三月、『局史』と近年公開された外交資料を活用した鈴木久美「在日朝鮮人の帰還援護事業の推移」一橋大学大学院社会学研究科修士論文、二〇〇六年、米国の在日朝鮮人政策を中心にした宮崎章「占領初期における米国の在日朝鮮人政策」『思想』七三四号、一九八五年八月などがあるが、いずれも日本側の政策上の問題を主に扱っている。朝鮮側の対応に関しては、エドワード・W・ワグナー(外務省アジア局東北アジア課訳)『日本における朝鮮少数民族　一九〇四―一九五〇』(一九六一年)、龍渓書舎、一九八九年(復刻版)が朝鮮占領軍による在日朝鮮人に対する対応を考察している。最近の研究では、宋恵媛「南朝鮮の新聞に見る在日朝鮮人――一九四五年〜一九五〇年」『在日朝鮮人史研究』(在日朝鮮人運動史研究会)、三四号、二〇〇四年一〇月のなかで帰還問題が触れられているに過ぎない。金太基『戦後日本政治と在日朝鮮人問題』勁草書房、一九九七年は、SCAP(連合国最高司令官)の在日朝鮮人政策を丹念に分析した力作であり、在日朝鮮人に対する朝鮮駐屯軍の動きについても考察がなされているが、朝鮮における状況は重視されていない。韓国でも近年、解放後の朝鮮における帰国者に対する研究が注目されるようになったが、先駆的なものとして、崔永鎬『在日韓国人と祖国光復――解放直後の本国帰還と民族団体活動』クルモイン、一九九五年、李淵植「解放直後の海外同胞の帰還と米軍政の政策」ソウル市立大学校国史学科『典農史論』五輯、一九九九年がある。

(11)　小林知子「戦後における在日朝鮮人と「祖国」――朝鮮戦争期を中心に」『朝鮮史研究会論文集』(朝鮮史研究会)、三四集、一九九六年一〇月、一七頁。

(12)　このように、在日朝鮮人を本国との関係に関連づけて考察した試みには、朝鮮戦争期における在日朝鮮人の「祖国」認識を研究した小林論文(注11)がある。しかし本章は、小林論文の方向性とは逆に、在日朝鮮人に対する「祖国」の認識を分析するものである。

(13)　戦前の米国における在日朝鮮人政策の形成過程については、金『戦後日本政治と在日朝鮮人問題』を参照。

(14)　一九四五年一一月一日に出された「日本占領及び管理のための連合国最高司令官に対する降伏後における初期の基本的指令」において、「貴官は、中国人たる台湾人及び朝鮮人を、軍事上の安全の許す限り解放国民として取り扱う。彼らは、この指令に使用されている「日本人」という語には含まれないが、彼らは、日本臣民であったのであり、必要な場合には、貴官によって敵国人として取り扱われることができる」とされ、矛盾をはらむ存在として扱われていた。外務省特別資料部編『占領及び管理重要文書集　第一巻　基本編』東洋経済新報社、一九四九年、一三一―一三二頁。

(15)　ワグナー『日本における朝鮮少数民族　一九〇四―一九五〇』五九頁。さらにワグナーは、第二期を一九四五年一二月一日から公的な在日朝鮮人の帰還が終了する一九四六年末まで、第三期を一九四七年一月から一九四八年八月一五日までとしている。

(16)　同右。

(17)　「外地在住内地人ニ対スル当面ノ人心安定方策」一九四五年八月三〇日、内務省管理局発、加藤聖文監修・編集『海外引揚資料集成（国外篇）第一七巻』ゆまに書房、二〇〇二年、六二頁。

(18)　博多引揚援護局編『局史』厚生省引揚援護院、一九四七年、三〇頁。

(19)　法務研修所編『在日朝鮮人処遇の推移と現状』五三頁。

(20)　「治安情勢（下関地区ニ於ケル引揚朝鮮人ノ要注意動向）」一九四五年八月二八日、憲兵司令部発、粟谷憲太郎編集・解説『資料　日本現代史2　敗戦直後の政治と社会①』大月書店、一九八〇年、七二頁。

(21)　宮崎「占領初期における米国の在日朝鮮人政策」一二七頁。

(22)　厚生省援護局『引揚げと援護三十年の歩み』一五〇頁。

(23)　「内務省警保局保安課長ヨリ特高課長宛暗号電文訳文　第一号」一九四五年八月三一日、内務省警保局保安課長より特高課長あて、『資料　日本現代史2　敗戦直後の政治と社会①』（注20）、八―九頁。

(24)　「計画輸送」とはいえ、当初はたんなる引き揚げの手順を示したものに過ぎなかった。朝鮮人の帰還について具体的な措置が講じられたのは、GHQが「非日本人」の引き揚げを包括的に処理する指令を発し（SCAPIN 224、一九四五年一一月一日）、引揚港の選定や、引き揚げの順番およびその時期と人数を提示してからである。

(25)　ワグナー『日本における朝鮮少数民族　一九〇四―一九五〇』八四頁。

(26)　博多引揚援護局編『局史』三〇頁。ワグナーも「引揚げ援護局や引揚船の不満足な状態について、総司令部はくりかえし指令して正しくするよう注意を与えた。この不満足な状態は大部分が施設・給与の不適正によるものであったが、一方、朝鮮人はほとんど顧みられないでもよいというように朝鮮人を犠牲にしながら、日本人引揚者はできるだけの好遇をうけるべきだとしたのは当然のことであった」と指摘している。ワグナー『日本における朝鮮少数民族　一九〇四―一九五〇』八四頁。

(27)『民主衆報』一九四五年九月三〇日付。
(28)『新朝鮮報』一九四五年一〇月一四日付。
(29) 崔『在日韓国人と祖国光復』一〇八頁。
(30) GHQは、①組織や指令もなく帰還人を乗船させること、②規律と指導精神の欠如の結果船上の衛生状態が非常に悪いこと、③病人を乗船させたこと、④虫のついた米を帰国者に支給したこと、⑤適当な衣服を持ち合わせていない者を乗船させたことなど、朝鮮人・中国人帰還船上の施設の不十分さを指摘したうえで、次のように改善命令を下している。①帰国者全員に対し検診を行い、伝染病患者を全員入院させること、②旅行に十分で良質な食料を供給すること、③必要な場合帰国者に衣服を供与すること、④日本人以外の帰国者はこれを集団的に組織し、乗船に先立って指導者を指定させること、⑤これらの集団に対して船内において守るべき事項や衛生上の事柄について十分な訓育を施すこと、⑥順序正しく乗船させること、⑦艇長に対し乗船する人員の名簿を提出すること。『朝日新聞』一九四六年一月一九日付。
(31) 金太基は、在日朝鮮人の問題はSCAPにとって「対日」占領政策に局限される性格のものではなかったとし、次のように指摘している。「日本から解放され、その行方が不透明な朝鮮半島におけるイニシアティブを米国が握るためには、朝鮮人からの支持を得ることが何よりも重要であった。そして、こうした脈絡からして、日本にいる朝鮮人に対するSCAPの待遇は、当然米国の朝鮮政策にも影響を与えるという国際的な性格を含んでいた」。金『戦後日本政治と在日朝鮮人問題』九頁。
(32)「朝鮮人の計画輸送に関する件」一九四六年八月二二日、高知県知事より内務大臣他あて、外務省外交史料館所蔵『太平洋戦争終結による旧日本国籍人の保護引揚関係雑件――朝鮮人関係　第三巻』(K'7-2-0-1/1)。
(33) 大韓民国政府樹立後、社会部長官は次のように国民に向けて「罹災同胞」に対して「挙族的熱誠を傾注」することを求めている。「現下、われわれの要望する独立政府は樹立されたのであるが、いまだに十分な機能を発揮しきれておらず、特に財政的には極度の窮乏状態なので、上記罹災民救済には当局として全力を尽くしてはいるが、現在の政府の能力だけでは到底満足のいく結果を期待するのは困難な状況である。われわれがいま重大な問題を解決する方策として、政府はもちろん可能な限りの力量と努力を傾注するであろうが、挙族的な意識の下で熱烈な民族愛と独立国民としての強力な自治能力を発揮し、官民一致してこの問題解決に総力を結集しなければ、到底この難局を打開する方途はあるまい」。大韓民国『施政月報』一号、一九四九年一月、二九頁。
(34)『自由新聞』一九四六年六月一五日付。

(35)　一九四五年一〇月から一九四六年一一月までのおよそ一年間に、ソウルの収容所で病死した人の数は三七四人に達した。『東亜日報』一九四六年一二月一〇日付。
(36)　『東亜日報』一九四六年三月二二日付。
(37)　『東亜日報』一九四六年六月四日付。
(38)　『東亜日報』一九四六年一二月一〇日付。
(39)　同右。
(40)　『東亜日報』一九四七年三月二七日付。
(41)　たとえば、ソウル市では一九四五年一二月一一日から一七日まで戦災民同情週間を設けて同情運動を実施し、同情封筒を配布して同情金を募った。『東亜日報』一九四五年一二月一二日付。
(42)　『自由新聞』一九四七年三月二一日付。
(43)　William J. Gane, *Repatriation: from 25 September 1945 to 31 December 1945*, Headquarters United States Army Military Government in Korea, 1947, p. 55;『自由新聞』一九四五年一〇月二二日付。そのほかの加入団体は、後に加わったものも含めて次のとおりである。仏教研究会戦災同胞救護会、在外罹災同胞援護会、朝鮮仏教団戦災同胞援護部、京城大学救恤部、朝鮮基督教青年団救恤部、朝鮮建国少年同盟救護部、大韓独立協会救護部、朝鮮人民同志会救護部、朝鮮基督教安息日協会救護部など。『自由新聞』一九四五年一〇月三〇日付。
(44)　『民主衆報』一九四五年一〇月二六日付。
(45)　峨山社会福祉事業財団編『韓国の社会福祉』峨山社会福祉事業財団、一九七九年、四五頁。
(46)　『自由新聞』一九四五年一二月一七日付。
(47)　Gane, *Repatriation*, p. 63.
(48)　『自由新聞』一九四六年三月一二日付。
(49)　民主主義民族戦線編『朝鮮解放年鑑』一九四六年、二九九―三〇〇頁、金南植・李庭植・韓洪九編『韓国現代史資料叢書12』トルベゲ、一九八六年所収。
(50)　『自由新聞』一九四六年四月五日付。
(51)　『東亜日報』一九四六年九月二四日付。創立は一九四六年七月二四日であるが、役員は九月になって決定した。『中外新報』一九四六年九月二四日付。
(52)『自由新聞』一九四六年一〇月一〇日付。
(53) 森田芳夫『朝鮮終戦の記録――米ソ両軍の進駐と日本人の引揚』巌南堂書店、一九六四年、八〇頁。
(54) 同右、三一五頁。
(55) 同右、三〇九頁。
(56) 浅野豊美監修・解説／明田川融訳『故郷へ――帝国の解体・米軍が見た日本人と朝鮮人の引揚げ』現代史料出版、二〇〇五年、II頁。
(57) 森田『朝鮮終戦の記録』三〇九頁。浮島丸事件は、日本の敗戦直後の一九四五年八月二四日に、多数の朝鮮人帰還者を乗せた日本海軍の移送船浮島丸が、寄港のために入った舞鶴湾内で爆沈した事件。帰還者五二四人と乗組員二五人が犠牲になった。
(58) 博多引揚援護局編『局史』三〇頁。
(59) カプリオ「旧植民地出身者の処遇」二五五―二五六頁。
(60) 梶村秀樹(金仁徳訳)『在日朝鮮人運動―一九四五～一九六五』玄音社、一九九四年、三四頁。
(61) 朴慶植「解放直後の在日朝鮮人運動」『在日朝鮮人史研究』(在日朝鮮人運動史研究会)、創刊号、一九七七年一二月。
(62) 張錠寿『在日六〇年・自立と抵抗――在日朝鮮人運動史への証言』社会評論社、一九八九年、二五二―二五三頁。このとき特派員として派遣された張錠寿は、派遣団には協和会の役員であった姜鉄が大阪本部特派員として同行していると回顧録に記している。なお、同書には「本国特派員報告書」の第一輯(日誌)が抜粋収録されている。第二輯(本国情勢報告)は、朴慶植編『在日朝鮮人関係資料集成〈戦後編〉第二巻』不二出版、二〇〇〇年に所収。
(63) 在日本朝鮮人連盟総本部「本国特派員報告(第一輯)――日誌」張『在日六〇年・自立と抵抗』二五二頁。
(64)『民衆新聞』一九四六年四月一五日付。
(65) 小林「戦後における在日朝鮮人と「祖国」」二三頁。
(66)『民主衆報』一九四五年一二月一五日付。
(67)『民心』(民心社)、二号、一九四六年三月。
(68) 樋口雄一『日本の朝鮮・韓国人』同成社、二〇〇二年、一四八頁。

(69)　カプリオ「旧植民地出身者の処遇」二五四頁。
(70)　在満朝鮮人擁護運動については、姜尚中・玄武岩『興亡の世界史18　大日本・満州帝国の遺産』講談社、二〇一〇年、八〇―八二頁を参照。
(71)　在日本朝鮮人連盟「報告書」一九四五年一一月、朴慶植編『朝鮮問題資料叢書　第九巻　解放後の在日朝鮮人運動Ⅰ』アジア問題研究所、一九八九年所収。
(72)　注2を参照。
(73)　日本管理法令研究会編『日本管理法令研究』九号、有斐閣、一九四六年、三六頁。
(74)　『朝日新聞』一九四六年一一月一三日付。
(75)　カプリオ「旧植民地出身者の処遇」二四七頁
(76)　『自由新聞』一九四六年一一月三〇日付。
(77)　『自由新聞』一九四六年一月六日付。
(78)　『新朝鮮報』一九四五年一〇月二五日付。
(79)　『新朝鮮報』一九四五年一二月二二日付。帰還者の持ち帰り金の制限は、米占領地の全体的な構造の問題であって、日本からの富の流出の問題というよりはむしろ朝鮮内の物価に与える影響を考慮してのことであったと思われる。
(80)　登録令にもとづいた計画輸送が進展しなくなると、GHQは日本政府に対して厳重に注意した。それを受けて厚生省引揚援護院はGHQに会談を申し入れ、一九四六年五月九日に話し合いが行われた。そこで参謀第三部のハウエル大佐は、こうした状況が続くのであれば在日朝鮮人の送還を打ち切ると警告すると、日本は「全現金及預金を持帰り得る様」打診している。さらに強制送還が認められるよう要請したが、ハウエル大佐は不可能だとしてそれを拒否した。「朝鮮人の送還問題に関する連合司令部との会談」一九四六年五月一一日、終連官理部、『太平洋戦争終結による旧日本国籍人の保護引揚関係雑件――朝鮮人関係　第三巻』(注32)。ただ、GHQ外交局が一九四八年五月、在日朝鮮人の現状を再検討し、帰国奨励のための長期的な政策を勧告するために作成した報告書「参謀研究」では、朝鮮人の帰国所持金の限度額を一〇〇〇円から一〇万円に引き上げることが提案され、日米両政府から支持された。カプリオ「旧植民地出身者の処遇」二五七―二五九頁。
(81)　過渡立法議院は、軍政法令一一八号「南朝鮮過渡立法議院創設令」により、モスクワ三相会議の決定で南北統一朝鮮臨時政府が樹立されるまで、南朝鮮において朝鮮人の政治的・経済的・社会的改良の基礎として使用される法令を朝鮮人自らが作ることを規定した半民半官の立法組織である。

(82)『民報』一九四七年三月二六日付。

(83)『自由新聞』一九四六年一二月一二日付。

(84)『朝鮮中央日報』一九四七年七月三日付。

(85)『自由新聞』は「この事実をどう見るべきか」と題する見出しの記事(一九四六年九月一九日付)で、一九四六年七月だけでも一万人余りが日本への密航を試みて、その八割が警察に逮捕されている状況を紹介している。

(86)文公輝「占領初期・大阪府と在日朝鮮人——占領期の強制送還事業と朝鮮人登録を中心に」『大阪人権博物館紀要』八号、二〇〇四年一二月、一二四—一二五頁。一九四六年六月の「日本への不法入国抑止に関する指令」(SCAPIN 1015)で、実質的には国内の不法入国者の取り締まりが強化されていたと考えられる。こうした指令は、地方軍政部によって地方長官に指示・指導されることになるが、一九四六年九月五日付で大阪府知事あてにGHQ大阪軍政部指令「密入国朝鮮人送還の件」が発せられた(大阪府参事課『府参事会議案原議綴昭和二一年十一月五九号至六四号』)。そこには「朝鮮より内地に密入国したる現在大阪に存在する全ての朝鮮人を朝鮮に送還すべし」「朝鮮より内地に密入国したる朝鮮人は警護のもとに佐世保におくるべし」とある。大阪府はこの指令を受けて、さっそく「密入国朝鮮人送還実施要領」を作成した。本要領の「(一)密入国者の調査」では、「所轄警察署長は管内に居住する全朝鮮人に対し密入国の事実を調査し密入国者でないことと確認した者に対しては居住証明書を発行して大阪府下に於ける居住を認め密入国者に対しては直に送還の手続きを採る」とされている。さらに、「管下一斉に朝鮮人の臨時戸口調査及び容疑場所の一斉検挙」を行い密入国者の発見に努め、町内会の役員にも密入国者を発見した場合、警察に連絡するように要請することが盛り込まれている。同、一一六—一一七頁。

第八章　密航・大村収容所・済州島

――大阪と済州島をむすぶ「密航」のネットワーク――

1　ヘテロトピアの大村収容所

帝国版図の拡大にともなって、支配民族は植民地に拡散する一方、新たに帝国臣民に包摂された人々の生活圏は広がり、植民地本国にも流れ込むことになる。そして帝国日本の崩壊は、支配領域の空間的な縮小のみならず、帝国臣民の解体をも引き起こした。新たに引き直された境界線を軸にして、日本人は「内地」(日本)に引き揚げ、日本や帝国各地に移住し、あるいは強制的に移動を強いられた人々は続々と故郷へと帰還の途についた。しかし生活空間の実態にそぐわない人為的な境界の再編は反動をもたらし、そうした流れに逆行する動きをも誘発する。本章では、このように「内地」から故郷に帰還した人々が「密航」というかたちで再び日本へ渡航し、彼らが「不法入国者」として扱われることで本国に強制送還された過程に注目する。その強制送還の過程のなかに、長崎の大村入国者収容所(以下、大村収容所)があった。

大村収容所は、「帝国の空間」における移動が国民国家に収縮する過程で形成された日本の出入国管理政策の産物である。国家間のパワーポリティクスのなかで「帝国の空間」を生きた人々の移動が統制と管理の下に置かれると、生活空間は断絶し、家族は離散を余儀なくされた。だが、人為的な境界線の引き直しによる領土変更と戦前からの生活ネットワークとの空間的矛盾は、管理を潜り抜けた「非合法的」な移動をもたらした。そこで越境的な空間の実践は「密航」という方法に頼らざるをえなかった。この「不法密入国朝鮮人」の「追放基地」が、大村収容所だったのである。

ところで、日本の出入国管理体制（以下、入管体制）は、「密入国朝鮮人」への取り締まりのみならず、朝鮮人全体の統制管理の次元で推進された。それには、究極的にはすべての朝鮮人を締め出すという思惑が潜んでいたのである。在日朝鮮人運動が日本共産党とむすびつき、阪神教育闘争などにおいて占領軍と真正面から衝突すると、日本政府は「密入国者」はいうまでもなく、「破壊的朝鮮人」の強制送還は当然だとする意思を隠さなかった。それは、テッサ・モーリス＝スズキの研究が明らかにしたように、戦後日本の入管・国境管理政策が、米国モデルの多大なる影響の下、東アジア全体に広がる安全保障上の危機から、冷戦下の破壊活動に対する不安によって生み出されたＳＣＡＰ（連合国最高司令官）と日本の政策当局との合作品であったことによる(1)。

こうした「冷戦の空間」で大村収容所は、「自らの〈外部〉あるいは〈他者〉との分割とその閉じ込め、排除によって自らを構成するような境界」として誕生した、国家の本性が剝き出しにあらわれる「他なる場所」であった。ミシェル・フーコーは、「あらゆる文化や文明の内部には、社会組織体のなかにデザインされた、現実に存在する場所でありながら一種の反＝指定用地であるような場所がある」とし、その場所とは、「文化の内部にある他のすべての指定用地が表象されると同時に異議申し立てられ、逆転させられる」空間である。この「具体的に位置を限定されているにもかかわらず、すべての場所の外部にある」空間を、フーコーは「ヘテロトピア〔混在郷〕」と呼んだ(2)。

大村収容所こそ、「他なる場所」としてのヘテロトピアにほかならない。大村という具体的な場所に位置しながらも、日本社会とは切り離された外部の場所である大村収容所は、亡命者、故郷放棄者や故国離脱者、放浪者などの移動の経験を、強制送還の下に溶解する場所であった。ベトナム派兵をきらって脱走し密航を決行した兵士も、原爆症の治療のために密航するしかなかった被爆者も、「密航者」であるがゆえ大村収容所に送られた。終戦前からの居住者でも、犯罪を犯して刑期を満了した「刑余者」や公共の負担になる者は強制送還の対象となったのである。

このようなヘテロトピアにおける多元的な主体の立場による「ディアスポラ的な契機」を、周辺に追いやらず、むしろもっと掘り下げれば、漂流や移動にかかわるさまざまな歴史的経験の間のつながりを明らかにするのに役立ちうる。(3) そこで本章では、「所与の社会において、雑多で、異質で、われわれの生活空間に対して神秘的かつ現実的な異議申立てを突きつける」ヘテロトピアとして大村収容所を捉えることにする。(4) ヘテロトピア論は、エドワード・ソジャがいうように「がっかりするほど不完全で、矛盾も多く、一貫性がない」概念であるが、それは差異が作る諸空間や他者性の地理歴史へと向かう、実りゆたかなもう一つの旅の始まりでもある。(5)

したがって、ヘテロトピアとして大村収容所を見ることによって、これまで移動の経験としてほとんど顧みられなかった「密航」という空間の実践を歴史の舞台に押し上げることができる。(6) 言い換えれば、大村収容所という国民国家体制の出口に放り出されたさまざまなコリアンの移動の経験を、移動の中断をあらわす強制送還という必然的過程からすくい上げることができるのである。とくに、済州島と大阪をむすんだネットワークを、それが途切れる場所である大村収容所から眺めることになるだろう。

それぞれ無縁に見える「被爆者」や「脱走兵」、そして在日朝鮮人の「刑余者」は、大村収容所でめぐり合うことになる。「互いに相容れない複数の空間ないし指定用地をひとつの現実に並置させる力をもつ」ヘテロトピアの大村収容所は「他なる場所」を構成して、日本社会のなかにある他の現実の場所を表象するのである(7)。

2　被爆者・脱走兵・刑余者

原爆被爆者の「特別な犠牲」に対する救済措置として、一九五七年に「原子爆弾被爆者の医療等に関する法律」(原爆医療法)が施行されても、在外被爆者はそこから取り残されてきた。広島・長崎における被爆者の一〇人に一人が朝鮮人であったとされるように(8)、戦後の朝鮮半島へ帰還した被爆者の数も二万三〇〇〇人に達するといわれている。その被爆者が治療のために「被爆者手帳」を求めて日本に「密航」してくると、韓国人被爆者という見えざる部分があらわになった。日本で生まれ、広島で被爆した孫振斗は、外国人登録をしていなかったことで一九五一年七月に強制送還されるが、その後日本に「密航」を繰り返す。一九七〇年一二月に「密航」した際も失敗して逮捕されることになるが、「広島で被爆したので、日本に治療するために密航した」と訴えたことが世論を喚起したのである(9)。

こうした韓国からの「密航者」が提起した韓国人被爆者問題について、日本の市民団体が支援活動を展開することになり、韓国人被爆者および在日の被爆朝鮮人に対する日本の戦後責任問題が追及されることになる。

出入国管理令違反で懲役一〇カ月の判決を言い渡された孫振斗は、服役を終えるとそのまま大村収容所に送られた。そして市民グループとともに、「被爆者健康手帳交付申請却下処分取消訴訟」(手帳訴訟)を起こすなど、裁判闘争を続ける。一九七三年一一月に行われた大村収容所から韓国への第七三次送還において外務省が韓国側に渡した送還者名簿には孫振斗の名が記載されていたが、直前の外務省と韓国大使館との最終審査で保留が決定し、送還が見送られた[10]。その後も送還は保留され、「送還停止」の決定が下る一九七六年四月まで、孫振斗はおよそ二年四カ月間を大村収容所で過ごした。

大村収容所の収容中に展開された被爆者健康手帳の交付を求める裁判で孫は勝訴した。「手帳訴訟」の勝訴は、厚生省が、原爆医療法は日本国籍でなくても適用されるとしながらも、治療目的の一時入国者には適用できないとしてきたこれまでの原則を大きく揺るがすものであった。まがりなりにも韓国人被爆者に手帳交付が認められることになったが、それには「密航」という非合法な手段をもって国境と国籍という壁を突き破るほかなかったのである。

孫振斗の裁判闘争が、「密航」で「不法入国」した韓国人被爆者が「他なる場所」での異議申し立てをとおして日本の法制度に切り込んだとするならば、ベトナム派兵を拒否して日本に「密航」した韓国軍兵長金東希の亡命は、大村収容所という「他なる場所」そのものに対して異議を申し立て、その逆転を試みる行動につながったといえよう。

幼少期を戦前の日本で過ごした金東希は、小学校四年生で済州島へ戻り、そこで中学・高校(中退)に通う[11]。その間に済州島で四・三事件(一九四八年)を経験しているが、大村収容所で書いた彼の手記によれば、この四・三事件が軍に対する不信を刻印する契機となったことがわかる[12]。日本に居住する三人の兄を頼って、金東希は勉学を志して「密航」するが失敗し、その後も徴兵忌避の目的で「密航」を図っている。強制送還されて四カ月間服役した金は、一九六三年七月に入隊した。だが、ベトナム戦争に韓国が派兵し、同僚の戦死が知らされると脱走を決意して一九六五年八月に「密航」するが、対馬で捕まることになる。彼は一年の刑期を終えると直ちに大村収容所に送られ、強制送還の危機にさらされた。

金東希は大村収容所ですかさず「自由意志により朝鮮民主主義人民共和国へ帰国することを強く要求する」という自筆署名の帰国希望書を提出した[13]。当時韓国では、日本への亡命者が相次ぐなかで、日本政府に彼らの北朝鮮への強制送還は容認されないとして釘を刺し、密航者を摘発し次第その情報を提供するよう求めていた[14]。とくに、「李世永一家亡命」においては、韓国大使館員が入国管理局長を訪問し、北朝鮮行きを希望する「密航者」については韓国政府に引き渡すことを強く求めた[15]。こうした韓国の要求に対して、日本は情報提供の要求が北朝鮮への強制送還を阻止する目的であれば慎重に考えざるをえないとしながらも、対馬で捕まった送還者名簿にも記載されていない李世永一家を、大村収容所に収容することもなく、一九六七年三月二七日の第五七次の送還船に乗せたのである。こうした異例の措置がとられたのは、支援者たちが大村収容所に収容された金東希の強制送還を阻止するために、大村港を監視していたことも一つの理由であった[16]。しかしそれ以上に、「亡命者」を韓国に強制送還することが目につかないよう、日韓両政府は細心の注意を払ったのである。

ベトナム派兵に反対する韓国軍兵士の亡命事件は、米軍の脱走兵の支援活動を展開することになる「ベトナムに平和を！市民連合」(以下、ベ平連)にも衝撃的な出来事であった。ベ平連が本格的に大村収容所解体闘争を展開するようになる一九六九年三月三一日の初のデモで、鶴見俊輔は「アジア人との連帯といいながら、私たちは、アメリカのベトナム戦争脱走援助はやってきたが、韓国の金東希さんに対しては、なにもしなかった……」と叫んだ[17]。この日の闘争は、ベ平連において出入国管理令の改正案に反対し、韓国人の強制送還を告発する、朝鮮問題に視点を置いた最初の現地闘争という歴史的意義を持つものであったといわれている[18]。

金東希は、退去強制処分の取り消しを求めて係争中であった一九六八年一月、急遽ソ連への「亡命出国」が認められた。日本在留を希望していたが、「第三国」を経由して北朝鮮へ渡ることになったのである。当時、日本には政治亡命を規定した法律がなく、その取り扱いは政治的判断にまかされるのが普通であったが、金東希に対する措置が政治亡命の一つの先例となった[19]。そしてそれは、日本の革新勢力においても、日本の植民地統治の問題をその運動の射程に入れる契機となる出来事だったのである。

大村収容所は強制送還を実行する物理的な場所にとどまらない。朝鮮人にとって、大村収容所は、自らが恣意的に送還される対象であることを意識せしめる意味作用として準備された場所であった。小松川高校生徒殺人事件（一九五八年）について、徐京植はこの事件の表象の過程に民族差別という継続する植民地主義が貫徹されていることを問いただし、警察が被疑者の強制送還をチラつかせて自白を強要した疑いがあると指摘している[20]。事件の犯人として逮捕され、死刑が執行された朝鮮人少年李珍宇は、逮捕の直後、「両親や兄弟が送還されないように」と口にしていた。一八歳の少年は「殺人犯」としての自らの運命よりも、家族が韓国に強制送還されることを恐れていたのである。

もちろん、無実であることが証明され、あるいは情状が斟酌され死刑だけは免れたとしても、おそらく李少年は釈放と同時に大村収容所に収容され、身内もいない韓国へ強制送還されていただろう。孫振斗と金東希、そして李珍宇は、実際に大村収容所で遭遇することはなかった。しかし、大村収容所は、植民地支配の残影と冷戦構造のなかにあるさまざまな境遇の人々が、強制送還の名の下に集められ、すれ違う場所だったのである。

こうした大村収容所の収容者として多くの比率を占めていたのが、済州島の人たちであった。以下では、済州島と大阪をむすんだネットワークを、それが途切れる場所である大村収容所から眺めることにするが、まずはこの時期の最も一般的な渡日の手段であった「密航」とはいかなる移動の経験であり、それは分析の枠組みとしてどのように活用することができるのかを、文学批評・文化理論における移動をめぐる言説を批判的に考察したカレン・カプランの議論を援用して検討する。

3　メタファーとしての「密航」

植民地と戦争、内戦と冷戦、革命と民族解放という巨大な暴力のなかで、現代世界では故郷を離れる移動は多くの人々の中心的な経験となった。二〇世紀における人の移動による社会的変化は、学問領域においても移動性に着目したパラダイムの変化を呼び起こしている。ポストコロニアリズムやポスト構造主義の潮流は、文化的な諸領域において新たな問題を提起することとなった。重層的で多様な人々の移動を、国際政治やグローバルな資本との関連だけでなく、イメージや思想、あるいは知の越境的な展開として捉えるとき、移動には文学研究や文化理論のなかで経験を超える喪失と混合の感覚が付与されることになる。

こうした移動の経験は、「旅」「亡命」「移民」などの越境のメタファーや、「放浪者」「ディアスポラ」「故国喪失」というノマドのメタファー、あるいは「ホーム」「居場所」「定住」という居住のメタファーによって彩られている。これらの移動性のメタファーは、社会現象にさまざまな空間的実体の特徴や、空間をとおした移動の特徴を付与するような、社会学における「移動論的転回」の契機を提供する。(21) しかしカプランが指摘するように、文学・文化批評の領域からすれば、これらの移動の経験が批評の言説の生産者として歴史的に認められた存在そのものとして登場することはめったになく、移動性のメタファーは、差異を呑み込み、非歴史的な混合物を作り出すことになる。(22)

カプランの問いは、移動を表象するために使われる比喩や象徴が、個人として、しばしばエリートの境遇を指示していることに向けられる。居場所の喪失は、集団的なものとしてより個人的な行為としてあらわされ、歴史的な環境の結果としてではなく、純粋に心理的ないし美学的な状況として捉えられているのである。カプランの戦略は、このような表象にしみ込んでいる神秘化された普遍主義に対抗することであるが、その射程からはエドワード・サイードやジェイムズ・クリフォードも逃れられない。これらの理論的著作においては、モダニズム流の亡命や旅の比喩表現が生産的なかたちで変形されているとはいえ、大衆の移民やもっと集団的な移動に関する歴史が、明らかに、ある種の抹消あるいは抑圧を受けてもいるとカプランは批判する。[23]

このように、ディアスポラを経たコスモポリタン的知識人による批評の言説は、欧米のモダニズム流の亡命論にも、居場所に関するポストモダン理論にも依存しており、多くの場合、漂流や移動を礼讃することによって、具体的なコンテクストを脱歴史化している。[24] そこでサイードが特権化する移動の言説が故国喪失（エグザイル）である。もちろんサイード自身はエグザイルを特権化することを拒んでいた。実際に、サイードは現代を難民の時代、居場所を追われた民の大移住時代とし、エグザイル状態を有益で人間的なものと考えてしまうのは、断絶感なり喪失感を陳腐なものにしかねないと注意を喚起している。[25]

しかしカプランは、サイードがエグザイルを利用して本質主義的なアイデンティティを揺るがすコスモポリタン的な連帯を構築しようとしても、依然としてモダニズムの美的原理にむすびついていると指摘し、その根拠として、一人っきりの亡命者という形象と、「難民」という語であらわされる多元的な主体との間の緊張をあげている。[26] サイードにとって、「エグザイル」が孤独と孤高の精神である一方、「難民」とは、政治的な意味を帯び、国際社会による緊急の支援を必要とするような無辜の民、それも窮状にある多くの民を含意するものだからである。[27] こうして難民は文学や美学という領域に入らない政治的構築物となり、他方、亡命者というのは、創造性と喪失を軸に回転する、審美化された世界のなかで容易に見定められる位置を与えられうる、ロマンティックな人物形象なのである。[28]

その「旅」の理論が集団的な経験へ向かい、移動だけでなく定住の歴史をも理論化することで、歴史の重荷を帯びた成り立ちを十分にわきまえていると評価を与えるクリフォードに対しても、「ディアスポラ」への関心が「移民」という重要な事項を抑圧しているとカプランは指摘する。(29) ディアスポラの理論化が、欧米で規範となっている移民の定義との対比に依拠することで、従来のイデオロギー的なやり方を、脱構築するよりはむしろ強化する傾向に陥っているというのだ。(30)

移動の主体における概念上の区別だけでは、それらの歴史的・文化的条件は曖昧になってしまう。そうならないためにも歴史的具体性に根ざした理論の展開が求められるとカプランはいう。だからといって、カプランは近代の移動における歴史時代や種類による差異を否定するのではない。ここにきてカプランは、「不本意ながら」政治難民と故国離脱者とを区別することが可能になるとする。ただしそれは、大きな恐怖と危険にさらされた人物像に価値を与えようという道徳的立場からではなく、ほとんど常に表象されずに終わる隠れた歴史を把握し、越境的な文化の多様な担い手を相互に連結しようとする努力としてなされるのである。(31)

亡命者は、精神的・政治的・美的に生き延びるために故郷から引き剝がされたと見られる。反面、故国離脱とは、法的な、あるいは国家による追放を受けたわけでもないのに、なんらかの理由によって自発的に移動することである。つまり、「多少侮蔑の対象とされる」故国離脱者は、「偽り」の亡命者であり、「真の」亡命者が必ず経験しなければならない不安、恐怖、不確かさを嘗めることもないのである。ましてや、ためらいを見せずに故国を離れ、行き着いた国や社会にできるだけ加わろうと熱望するというような、物質的な動機とむすびつけられがちな移民は、亡命者のようなロマンティックなイメージを呈しない。そこで移民は、文化生産に関係して救い出されたり、専門化されたりすることもない。(32)

こうした移動に関する「粗雑」な区別を批判的に受け止めながらも、カプランは、移民の歴史が亡命に関する欧米モダニズムの神秘的解釈に対する脱構築に役立つとしてそれを擁護する。そもそも多くの人々にとって移動の物質的条件は、このような区別をつけられるものではなく、近代の多くの主体は一生のうちに、これらさまざまな意味合いの異なる移動をいくらでも経験するのであって、どれか一つの移動形態だけを単純に体現するものでは決してないのである[33]。

では、移動に関する理論は、さまざまな主体の物質的諸条件をいかにして叙述することができるのであろうか。政治学者の姜尚中は、現代世界の政治地図では、夥しい数の亡命者や移民、故国喪失者や流浪者を生み出しているとしながらも、その不幸の多くが、ポスト植民地国家と帝国との抗争の随伴的な結果であり、皮肉にもそうした対立の部分的修正として生み出されてきたと指摘する。境界線が再編される過程で吐き出される、「旧い帝国と新しい国家の間に存在する」非定住者やノマド、流浪者は、「帝国主義の文化的地図の上に重なり合う領域での緊張と揺らぎ、矛盾をはっきりと示している」のである[34]。植民地支配下に生きる人々の生活空間を根本的に変えた帝国が崩壊すると、国民国家という支配領域への人口の原状復帰を促すことになるが、しかしそれは移動の終息ではなく、新たな移動の始まりだったのである。

このように、植民地統治の時代とその後における人の移動が、境界線の引き直しにともなう引き揚げと帰還によって不連続な関係にありながらも、切り離すことのできない連続性を有しているという問題意識によって、「歴史的地理的具体性」に寄りかかりながら、「旅の仕方、移動の理由、この動向に巻き込まれていくときの条件に差異があるということを、歴史的、政治的に説明[35]」することができるのである。

戦後、朝鮮半島から日本への逆流は、こうした「帝国の空間」における移動の連続性に即して捉えられなければならない。帝国が崩壊して占領軍による国境管理が行われると、人々は「密航」という迂回路を利用するしかなかった。朝鮮半島からの「密航者」は、「帝国と臣民とが帝国主義とその遺産を通じて共有し合うようになった社会空間と時間の「重なり合い」と「絡み合い」の状況」のなかで、それ自体が国境となり、日本は内側に国境を抱えることになる。(36) この内なる国境を管理すべく、戦後の入管体制が整えられ、その国境管理システムにおける「追放基地」として作られたのが大村収容所にほかならない。

移動の経験からすれば、「密航」は移動行為の形態であって、移動する主体の置かれた状態をあらわすものではない。それゆえ、移動の手段たる「密航」は、故国喪失や難民、移民やディアスポラなど、移動を表象するときに使われる比喩や象徴として用いられることはなく、これまでほとんど顧みられることもなかった。

だが、移動を歴史的で具体的な場から捉えるのであれば、「密航」ほどその主体としての条件を指し示す言葉はない。「密航」は、両方の国において「不法」な行為と見なされるのであるが、「真の」亡命者が経験する不安と恐怖はいうまでもなく、同じ「偽の」移住者からも「侮辱の対象」とされた。それゆえ「密航」は移動の経験における諸概念がかもし出してきた亡命／移民、知識人／大衆、故郷／異郷、民族的帰属／コスモポリタンの二項対立に収まらないさまざまなディアスポラの契機をあぶり出すことになる。とくに、それを日本と朝鮮半島における政治的・地理的なコンテクストから捉えるのであれば、「密航」は移動をめぐる言説を特権化することなく、移動性のメタファーを脱構築しながら、移動する主体のさまざまな経験を明らかにすることができる。

「密航」は、移民のように物質的な動機とむすびつけられるとしても、それと同一視できない。否応なしに帰還せざるをえない不安を抱きながら生きる「密航者」は、新しい居場所におけるアウトサイダーでさえなく、「見えざる存在」なのである。それが可視化されることは本国への強制送還を意味した。

「密航」を歴史のなかに投げ返してみること、つまり「密航」の経験を歴史化することで、「不法」で「陰惨」なイメージを取り払って、「語る歴史もたないまま、突如として歴史から消滅した「記録されざる人々」」をすくい上げることができる。「密航」はメタファーになることで、故郷を偲ぶ「密航者」にも自立的でコスモポリタンな形象を付与することができるのである。それは「生きてゆくためにはホームを離れなければならない貧しい人びとの移動性」を楽観視することもない。「密航」をとおして、その政治的規律や経済的圧力を踏まえながら、「周辺に追いやられてこれまで検討されてこなかった事項や歴史」を浮き彫りにすることができるのである。[37]

4 「密航」の景観

二〇世紀をとおして見た場合、「帝国の空間」と「グローバル化の空間」に挟まれた「冷戦の空間」は、人の移動が最も制約された空間だといえる。いうまでもなく「帝国の空間」においては、奨励された合法的かつ公式的な移動もあれば、動員・募集という、強制・半強制的な流れを作り出すこともあった。国民国家を単位として物理的に国境管理が施される脱植民地の空間では、とりわけ東アジアの場合、日常の世界は国家権力に寸断され、冷戦構造は再編された境界線を揺るぎなく補強していった。

日韓において、こうした境界を飛び交う空間の実践を積極的に行ってきたのが、済州島の人々である。戦前から日本に多数の島民を送り込んでいた済州島の移動の風景は、国境管理体制が確立してからも、かたちを変えて途絶えることはなかった。とくに大阪は、戦前から一大済州島人コミュニティが形成されるほど、済州島とはネットワークで連なる一つの生活空間であった。済州島人にとって、大阪は、「既知の地」として、国内のいかなる都市部よりも心象的に至近の場所だったのである。その近接性は、希望の地へたどり着くための突破口となる「密航」の費用や危険などの負担を割り引いても変わりはなかった。

その負担とはいかなるものだったのだろうか。戦後、「全国各地から集合する、ただ一つの送還基地」として、

「不法入国者」の送還業務を遂行した強制送還の最前線の執行機関であった佐世保引揚援護局の『局史』から「密航」の景観を眺めてみよう。そこには次のような「密航」の動機が記されている。

「不正入国者の大半は、戦前日本に居住し、当時は生活の安定を得ていたものであり、終戦後、独立国になった故国に帰ってみたものの経済状態も治安も予想外に悪いので、再び日本に安住の地を求めんとしているのであった。また終戦の直前、直後、混乱状態にある日本を脱して朝鮮に渡った婦女子が、生活の困難から親、兄弟、夫の許に戻ろうとして密航する者も少なくない」。こうした援護局側の認識からは、領土の再編のようにそう簡単には分けることのできない人々の生活の空間が存在したことが浮かび上がってくる。そのほかには、工業製品を仕入れて巨利を得ようとする常習的不法出入国者、向学心に燃えた青年、徴兵を嫌って逃げ出す者、親日派の官公吏、朝鮮の家族の安否を気づかい逆密航して日本に帰る者、などをあげている(38)。

また、『局史』は医療課の担当者が「妊婦二人」から聞いた密航の理由についても紹介している。一人は、終戦前に帰国したが日本に残した一五歳の息子を捜して密航したものの、捜しあてることができずに「逆密航」で対馬に向かう途中に捕まった四五歳の女性。もう一人は、父の病気で一九五〇年四月に「逆密航」し、夫と子供のいる日本に再密航する途中に逮捕された三五歳の女性である(39)。この「密航哀話」は、両者の話がどこまでが本当か知らないという断り付きであるものの、こうした事例は決して珍しいことではなかっただろう。彼女らにとっては家族と一緒になるというごく日常的な風景であり、それが生活の空間が遮られることで日々の営みが特殊化され、移動の形態が「密航」という「不法的行為」になることで「哀れ」な場面が演出されたに過ぎないのであった。

こうした「帝国の空間」における移動の残影が、「冷戦の空間」においても消え去ることなく刻印されていたのである。ジョン・アーリは、「景観とは、その中に住まい、その中で自分たちの跡を残してきた前代の人びとによる生活と仕事の不朽の記録――そして証――として構成されるものである」としたティモシー・インゴールドにならい、次のように述べている。「景観とは、その場に居住してきた人、現にそこに居住している人、いずれそこに居住するであろう人、実際的な活動でさまざまな場所に赴いたり複数の経路で旅をしたりする人に知られる世界である」と。こうした景観の社会的な性格を作り出すのが「タスク・スケイプ」である。[40]このタスク・スケイプから、戦前の合法的な渡航が、「密航」のネットワークとして再生する仕組みを探ることができる。

道のネットワークが示すのは、幾代にもわたるコミュニティ全体の活動の堆積、つまり可視化されたタスク・スケイプである。したがって、道の向きを変えるか、あるいは道をなくすことは、堆積したタスク・スケイプやコミュニティ、その集合的な記憶と居住の形態とに対する「蛮行」としてしばしば見なされるのである。[41]

帝国的秩序に編入された済州島は、戦前から「内地」とは継続的な相互作用が繰り広げられてきた。一九〇〇年代のはじめ頃から、済州島の優れた海女は日本に赴いていた。[42]一九一〇年の日韓併合後、とくに第一次世界大戦がもたらした工業の発展による内地労働者や職工の不足を埋めるべく、大阪紡績工場などの事務員が職工募集のために済州島を訪れ、島の人々はこれに応募して大阪に渡航したのである。[43]これが済州島人の大阪への本格的な進出の始まりであろう。

安い運賃での大阪―済州島間の直通路の開始は、阪済間の距離を時間的にも費用的にも著しく切り詰める、阪済間交通機関の革命であった。[44]一九二二年から尼崎汽船部の「君が代丸」が植民地の辺境である済州島と宗主国の工業都市大阪をむすび、その後、朝鮮郵船が参入することで渡航が容易になった。一九二四年から一九三六年まで一三年間の平均渡航者数は、往路一万七三四三人、復路一万四五六五人となっており、往復路あわせて年間三万人を超える済州島民が、この阪済航路を利用することになったのである。[45]さらにこうした独占状況に対抗して、鹿児島汽船が参入し、一九三〇年には島民の自主的組織である東亜通航組合も設立された。[46]

こうした競争により、島内一一カ所の寄港地から大阪まで食事付き三円という破格の低廉均一料金制が行われるようになった。地理学者として実際に大阪で「第二君が代丸」に乗船して済州島に向かった桝田一二は、「いかなる無学文盲も地元先にて乗船さえすれば、二〜三昼夜後には、直接目的地に上陸でき、先輩の出迎え、共済会の斡旋などで就職を得たものである」と記している[47]。

済州島人の「内地」出稼ぎ数は、一九三四年四月の段階で五万人を超えており、それは全島総人口の二五%に及んでいた[48]。こうして済州島と大阪では、故郷と異郷との自然な文化・精神的紐帯が生まれることで、梶村秀樹が指摘するように、「国境をまたぐ生活圏」が形成されていたのである[49]。なかでも大阪市生野区の猪飼野は、「済州島の街」と呼ばれる済州島人のコミュニティであった。済州島出身者は、土工や炭鉱夫、砂利人夫が主たる職種であった朝鮮本土の出身者とは違い、零細企業の労働者が圧倒的に多く、出身地の島の風土的特殊性の下で特有の風俗習慣を持ち、さらに相互扶助の精神が強い気風があって、集団の居住地を築き上げた。この猪飼野のほか東京の三河島が「済州島の街」と呼ばれる済州島人のコミュニティであった[50]。

こうした大阪と済州島をつなぐ海の道だった移動のネットワークが、帝国の崩壊によって寸断されることになる。それは生活実態や国境観念に関係なく国境線が引き直されることであった。国境の線引きによって制限された公式的な移動は非合法的なかたちで再生されることになるが、多くの場合「密航」という形態をとることとなった。越境する主体において、「密航」は「不法入国」という忌まわしい行為というよりも、可視化されたタスク・スケイプとしての「道をなくす」国境の統制管理という権力の「蛮行」に対抗して生活圏を創造する空間の実践だったのである。

朝鮮半島では、経済的困難に加え、米国とソ連の分割占領によって政治的に不安な情勢が続き、一九四六年からは日本から帰還した人が日本へ再渡航する状況になっていた。しかしいうまでもなく、そうした再渡航は帰還と同じように恣意的に行えるものではなかった。ＧＨＱ（連合国総司令部）が発した一九四六年三月一六日付の「引揚に関する指令」（SCAPIN 822）は、「中華民国人、台湾省民、朝鮮人、琉球人で一旦本国に引揚げたものは、最高司令官の許可のない限り商業交通が可能となるまで、日本への帰還は許されない」と明示している。さらに、四月二日付の「日本人以外の入国及び登録に関する指令」（SCAPIN 852）には「進駐軍に属しない日本人以外の国民（non-Japanese nationals）は日本への入国について連合国最高司令官の許可を受けることが必要である」とされ、朝鮮人帰還者の日本への再渡航は厳重に規制されることになる。この指令において、朝鮮人や台湾人の場合、いわゆる「非日本人」が「日本人以外の国民」の範疇に入るかどうかが問題となったが、「引揚に関する指令」の規定もあって、「非日本人（non-Japanese）も当然ここにふくまれるものと解」された[51]。こうしてＧＨＱの入国手続きに従わない入国は「不法入国」と見なされることになった。

六月一二日には「日本への不法入国抑止に関する指令」（SCAPIN 1015）が発せられた。その名目はコレラの防止にあったが、日本政府には不法に入港する船舶を発見するための有効な措置を実施し、船舶を拿捕して、その乗組員、乗客および貨物とともに、仙崎、佐世保または舞鶴を回航し、その港の米軍当局に引き渡すことなどが指令された[52]。こうした厳重な取り締まりによって、一九四六年四月から一二月までの「不法入国」で検挙された人数は一万七七三三人に上った[53]。

生活圏のなかの移動が「不法出入国」として取り扱われるなか、日本への再渡航を試みる朝鮮人は、一九四六年一二月一〇日付の「日本への不法入国に関する指令」（SCAPIN 1391）が示すように、もはや「不法入国朝鮮人」となっていた。それに法的根拠をもたらしたのが、一九四七年五月二日の外国人登録令（勅令二〇七号）である。すなわち、「連合国最高司令官の承認を受け本邦に入る外国人」を除く外国人は、「当分の間本邦に入ることができない」とした三条に違反した者を「不法入国者」と規定したのである。外国人登録令で台湾人および朝鮮人は

「当分の間これを外国人とみなす」とされることで、在日朝鮮人は同令の適用を受けることになった。

とはいっても、そもそも外国人登録令は対朝鮮人治安立法として立案・起草されたもので、最初から在日朝鮮人の取り締まりを目的として立案されたものである。それを正面に掲げた場合、在日朝鮮人の反発から国会通過が困難なこと、および、GHQの承認を得ることができないことから、外国人一般の登録令というかたちをとったものであったと国際法学者の大沼保昭は指摘する。(54)

こうして道のネットワークを遮る「蛮行」が徐々に強化されていく。米国の諜報資料から編集された秘密報告書「日本におけるコリアン・マイノリティの問題」に、「朝鮮人の不法移民は、不法性や無秩序の温床となりがちで、日本側と占領軍の双方にとってもっとも深刻な問題になっている」と記されていたように、朝鮮人入国者は「占領軍に対する有害行為」を引き起こすものと見なされ、占領当局は移民や「外国人」住民に対し、日本側と共同でますます強力な統制を行っていく。(55)

こうした国境管理にもとづく強制送還は、一九四九年九月までは現地軍政部の指示によって行われていたのであるが、その管理下で作成された「不法入国朝鮮人」の「密航」の経路を描いた地図がある。一九四九年一月から七月までの「密航ルート」を指し示した図8-1によると、出港地別の船数では釜山(一七九隻)が最も多く、馬山(六一隻)、蔚山と三千浦(ともに八隻)がそれに続いた。到着地では長崎(一〇九隻)、福岡(七一隻)、山口(四七隻)の順である。多くの「密航者」を出している済州島からは三隻に過ぎないが、それは済州島から直接日本に向かうケースはまれで、ほとんどが朝鮮半島の南海岸の港を経由地として乗り継ぐからであろう。(56)

済州島には終戦後に六万人余りが帰還した。一九四四年から一九四六年の人口変動は二五%に達したのである。それは貧しい済州島経済に過重の負担を課すことであった。(57) 済州島の帰還者の人口比率があらわすように、日本滞在者は島民の四分の一を占めていた。それは済州島経済の日本への依存度を示すものでもあった。「帝国の空

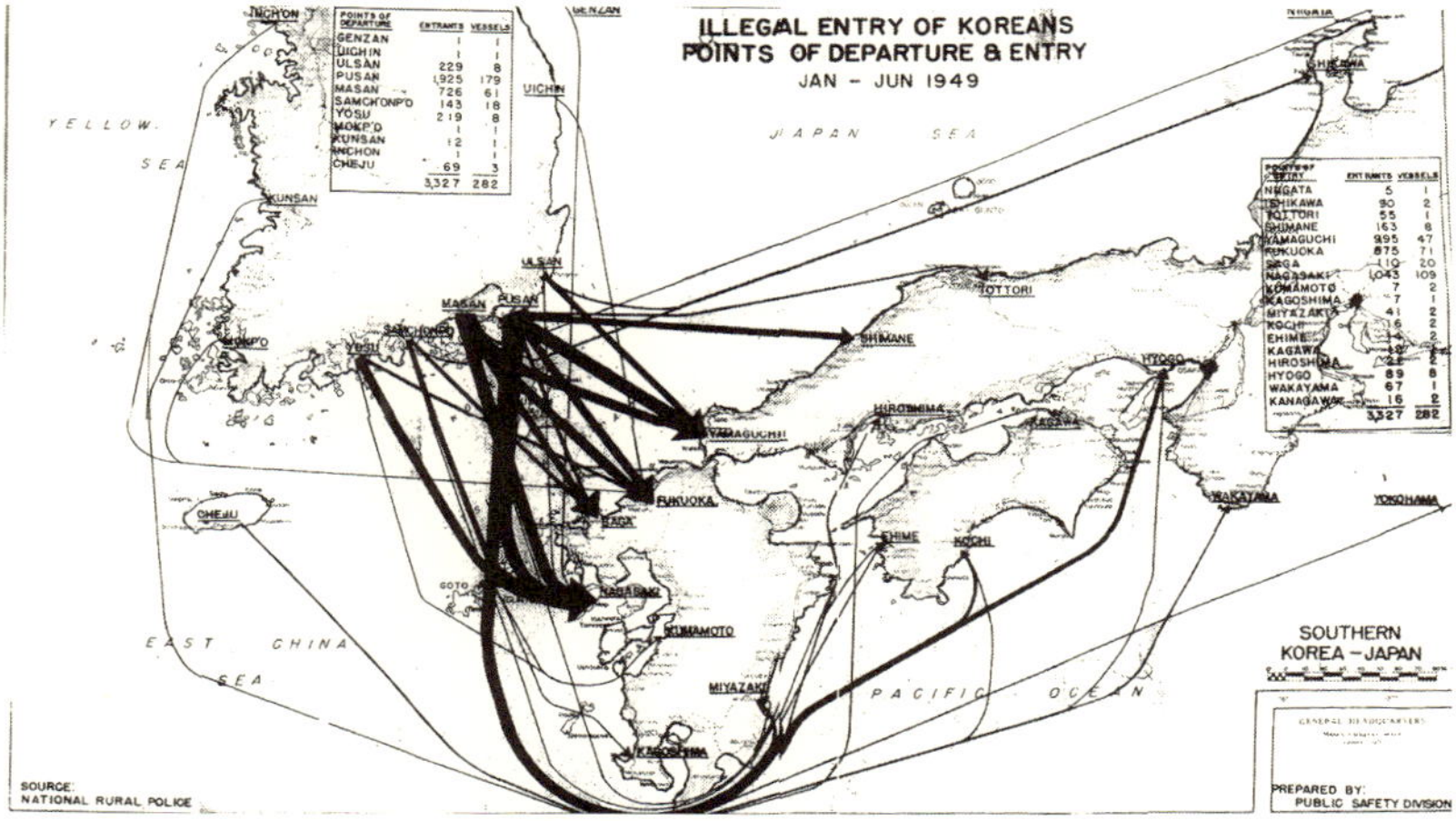

図 8-1　不法入国朝鮮人の出港地と到着地（1949 年 1〜7 月）

出典）Illegal Entry-Koreans redemonstration of aliens, Dec. 1949–Sept. 1950, General Headquarters/Supreme Commander for the Allied Powers.（韓国国立国会図書館データベース）

間」で、日本への出稼ぎにより「内地紙幣の流通が極めて潤沢であった(58)」済州島経済の日本経済からの離脱は、他の地域にもまして衝撃が大きかったことは想像に難くない。それに加えて再渡航には、四・三事件（一九四八年）に向かっていく不穏な政治情勢も絡んでいた。日本への再渡航が「不法入国」として取り締まりの対象になったとしても、一つの生活圏を形成していた済州島と大阪とを完全に遮ることはできなかった。

サンフランシスコ平和条約の発効（一九五二年）にともなって、法的には日本国籍を持つとされながらも、外国人登録令において外国人と見なされた在日朝鮮人（および台湾人）は、一律に日本国籍を「喪失」する。旧植民地出身者は名実ともに外国人となったのである。そしてポツダム政令であった出入国管理令が法律として効力を発するようになり、それによって出入国および退去強制の規定が明確に定められる。同時に外国人登録令は、登録に関する部分が法律化され外国人登録法に替わった。この出入国管理令と外国人登録法が、日本の外国人に対する管理統制の両輪として、戦後日本の入管体制の根幹をなすことになる。

ところが、外国人の出入国および在留資格、そして退去強制を定める出入国管理令に、「日本国籍を喪失した者」に適用される条件は現実的に整っていなかった。外国人一般を対象にする体裁をもって制定されたものであった同令は、在日朝鮮人に全面的に適用することができなかったのである。[59]そのため、終戦前から引き続き日本に在留している朝鮮人・台湾人に対しては「特殊事情を考慮」すべく、「別に法律で定めるところによりその者の在留資格及び在留期間が決定されるまでの間、引き続き在留資格を有することなく本邦に在留することができる」ようにした。それが「ポツダム宣言の受諾に伴い発する命令に関する件に基く外務省関係諸命令の措置に関する法律」、いわゆる「法律一二六号」である。一方、終戦後の帰還の流れに逆らって「不法入国」してきた者は、この出入国管理令と外国人登録法によって刑事処分および行政処分の対象となる。[60]

こうした在日朝鮮人のカテゴリー化は、「特殊事情を考慮」するとしながらも、実際には規制を強化するものであった。戦前からの在留者と戦後の「不法入国者」の位置は、外国人登録を徹底していくなかで振り分けられていくが、出入国管理令の退去強制を規定する二四条においては、詳細な退去強制事由が設けられたのである。たとえば、「貧困者、放浪者、身体障害者等で生活上国又は地方公共団体の負担になっている者」や「外国人登録に関する法令の規定に違反して禁錮以上の刑に処せられた者」「無期又は一年をこえる懲役若しくは禁錮に処せられた者」は、終戦前からの居住者であっても退去強制の対象となった。

5　「場違い」のヘゲモニー装置

こうして「朝鮮人残留者」や「不法入国者」に対応するため、入管体制が整えられていくことになるが、ここで集団的な強制送還の基地として大村収容所が成立していく過程を見てみたい。大村収容所から朝鮮人の集団強制送還が行われることになるのは、日本の入管体制の形成と密接に絡んでいるからである。

終戦後の「密入国者」は仙崎・博多の両援護局にも収容されたが、とくに一九四六年七月以降は佐世保引揚援護局に移送された。強制送還者の「送還基地」が佐世保引揚援護局の針尾収容所だったのである。[61] 佐世保引揚援護局は、日本人の引き揚げが一段落すると、その後は朝鮮への一般帰還者と、強制送還者の取り扱いが主な業務となった。佐世保引揚援護局針尾収容所に送り込まれた「密入国者」は、佐世保から一般帰還者とともに釜山へと送還された。強制送還者はこの「正規送還者」とは別の施設に収容され、給食など待遇も一般帰還者とは異なっていたが、送還は一般帰還者の輸送船を利用して実行されたのである。

とはいっても、「不法入国者」の強制送還を開始した一九四六年以降を見れば、佐世保引揚援護局からの強制送還者の数はむしろ一般帰還者の数を上回っていた。[62] 佐世保引揚援護局からは中国や台湾、沖縄への送還も行っていたが、朝鮮人に限ってみれば、正規送還よりも強制送還が主な業務だったのである。韓国への強制送還が集団送還として行われるのは、このように戦後の在日朝鮮人の帰還と強制送還が絡まっていたことによる。

一九四五年一一月の開局以来、朝鮮人の引き揚げおよび強制送還業務を遂行した佐世保引揚援護局が一九五〇年五月五日に閉局すると、正規の送還業務は舞鶴引揚援護局に継承されたが、強制送還業務のほうは、それを引き継ぐことになっていた新機構の発足が遅れたため、援護局の残務処理班が行った。[63] その新機構が、一九五〇年一〇月出入国管理庁の発足にともなう付属機関として、旧佐世保引揚援護局の一部を使用して設置された針尾入国者収容所である。だが、直後に駐留軍九州民事部から移転を命じられ、一二月末に大村市の旧海軍航空廠本館を改修して利用するようになった。[64] こうして大村収容所と呼ばれる、「密航者」から深い怨念が向けられること

になる「追放基地」が誕生する。なお、一九五〇年一一月までの強制送還者は四万六〇〇〇人余りであった。(65)

大村収容所からの最初の公式的な集団送還は、国家地方警察長崎本部警備隊が委託を受けて一九五〇年一二月一一日に行った第一次送還である。しかし、大村収容所で実質的に扱った最初の送還は、一九五一年三月二日の第二次送還であった。(66)大村収容所に収容された朝鮮人は、第一次送還からサンフランシスコ平和条約発効直前の一九五二年三月まで七次にわたって三六三三人が釜山に送還された。このなかには「不法入国者」だけでなく、外国人登録令や刑罰法令に違反した終戦前からの居住者四四五人も含まれていた。(67)日本が米占領下にあった当時は、朝鮮戦争中であったにもかかわらず、韓国はこれらの強制送還者をすべて受け入れていた。

ところが、一九五二年五月一二日に行われたサンフランシスコ平和条約発効後の最初の集団送還(第八次)では、送還船が釜山に到着したものの、「不法入国者」二八五人以外の、戦前からの居住者一二五人に対して韓国は受け入れを拒否した。送還船の出発前に、駐日韓国代表部が入国管理庁にその旨を伝えていたにもかかわらず、話し合いのつかないうちに送還船は出航してしまった。(68)案の定、一二五人は「逆送還」され、大村収容所に再収容されたのである。これは日韓会談の第一次本会談が決裂した直後のことであるが、韓国側は、「在日韓人」の法的地位が未確定で、それは日韓条約で定められるということを理由にして受け入れなかったのである。

当時、強制送還に反対する在日朝鮮人の抗議運動が激しく行われていた。そんななか、一九五二年五月の第八次送還で韓国が受け入れを拒否した「刑余者」「手続違反者」の「逆送還」が伝えられると、五月一九日に大村収容所には彼らの釈放を要求する人たちが集結して「奪還運動」を行った。「民戦系朝鮮人の九〇名」余りがデモを行い、一晩中収容所の周りをくるくる回って解散した。(69)

第一〇次の集団送還では、韓国への帰還を強く希望した在日朝鮮人七人が送還された。すると、日本は第一一次の集団送還で「刑余者」のなかから帰還希望者を募った。四〇人余りが帰還の意思を示したものの、韓国は彼らを受け入れなかった。こうして一九五二年一一月には大村収容所の「刑余者」の数が三五〇人に上るのであるが、長期間収容を余儀なくされるようになったこれらの戦前からの居住者たちは、収容者の即時釈放と帰還希望者の送還、共同記者会見と電話の架設などを要求して大村収容所長との面会を要求した[70]。それが拒否されると、三五〇人余りの「刑余者」は収容所側と対峙し、それに三〇〇人余りの「不法入国者」が加わることで、もみ合いから暴動に発展する。

収容者は板で囲まれていた塀を壊し、暴動は「集団脱走」状態になる。こうした事態に対して二五〇人の収容所の人員では対応できず、大村市警、長崎国家警察本部や消防団が応援に駆けつけ、消防用ポンプで水を浴びせ、催涙弾を投げるなどしてようやく鎮めることができた[71]。一九五二年一二月に大村収容所が鉄筋コンクリートの塀で囲まれるようになったのも、こうした事件の余波だったのである。

大村に収容所が設置されたのは、移転を迫られた針尾収容所の近辺に旧海軍の敷地があったという偶然の出来事からであった。しかし、「下関は地理的かつ、韓国人の出入の多い点などから考えて不適当」とされたように[72]、それは朝鮮人コミュニティから隔離できるという治安上の問題が考慮されたためでもあった。一九五三年の収容施設の新築の際に既存施設と地続きの場所が選ばれたのも、大村が治安上の関係から「非常に要害の地」であったことが考慮された結果であった。在日朝鮮人による「奪還運動」や収容者による「集団脱走」事件を経験した大村収容所にしてみれば、鉄道の幹線ではない大村線沿いに位置する大村は、それだけ朝鮮人が多数居住する北九州からの接近が容易ではなく、もし鉄道を利用する集団などがあれば目にもつきやすく、その情報が刻々と入るという「警備上からは最も好適な点」を有していたのである[73]。大村収容所を入管という国家主義のまなざしと植民地主義のまなざしとが交錯する場所として位置づけた挽地康彦が指摘するように、入国者収容所が佐世保や大村に位置した最大の理由は、旧植民地出身者の「追放」を企図するときに求められる地政学的な条件が、入管

にとって決定的な重みを有していたからである。(74)

開設当初の収容所は国籍や性別の区別のない大部屋で区切られた六九〇人収容の施設であったが、収容能力を高めるため一九五三年九月には一〇〇〇人収容の建物を新築し、旧収容棟は閉鎖された。新築の建物は一〇人単位の「ホテル式」の小部屋に区分けされ、各室内にトイレと洗面台が備え付けられたが、一九九六年に大村入国管理センターとして「近代的」な収容所が建てられるときにも踏襲される収容部屋の基本構図がここに作られた。

こうして大村収容所は、一九五九年に始まる北朝鮮への「帰国事業」を別にすれば、日本から韓国・朝鮮人を

図 8-2　大村収容所(1956 年 5 月)［ICRC・赤十字国際委員会］

図 8-3　大村収容所の女性・子供棟(1956 年 5 月)［同上］

送還する唯一の場所となる。しかし、ここには集団的な送還口となる「実在の場所」としての大村収容所が存在するだけではなかった。朝鮮人が恣意的に送還される対象である限り、「大村」は永続的に存在する必要があった。それは、朝鮮人における「在日」や「密航」を問わず、「場違い」な朝鮮人を帰還させるために国民国家の境界上に設けられた強制送還のシンボルとしての「非在の場所」でもあったのだ。

フーコーにとって、ヘテロトピアは物質的であると同時に非物質的な、社会的に規定される空間性であるように[75]、大村収容所は、退去強制者の追放の機能を果たす物理的な場所にとどまらない。それは、潜在的な「刑法違反者」や「不法入国者」の現実的な位置をあらわにするヴァーチャルな空間でもあることを意味する。在日朝鮮人の怨念が向けられる対象であったことを知らないまま数十年にわたり強制送還の基地の役割を担わされてきた大村は、地域や施設としての「大村」ではなく、「オオムラ」という強制送還される絶望のシニフィアンであった。「実在の場所」としての「大村」と「非在の場所」としてのヴァーチャルな「オオムラ」が一体となって、大村収容所は韓国・朝鮮人に対して日本に居住することが「場違い」であることを常に意識せしめるヘゲモニー装置として機能したのである。

大村収容所が在日朝鮮人、なかんずく「潜在居住者」にとって怨念の場所になったのは、開設以来一九八〇年代まで「不法入国者」の送還口として、強制送還者の落胆と悲観が入り混じった、もはや残るは送還船に乗るのみという絶望の終着点だったからであろう。そうした絶望の裏には、借金として残った莫大な密航費用の圧迫、家族との別れ、あるいはともに暮らすために再び「密航」を敢行しなければならない負担、生きる術もない地に生活が根こそぎ移される不安、再び戻ることが叶わないという諦念など、各々の人生によって複雑に絡まり合う境遇がある。辺境の地である済州島と高度成長が続く日本とのギャップは、それだけ絶望の溝を深く刻んだことであろう。

大村収容所は、公式的な説明として施設は拘置所ではなく船待ちの場所であり、安全上の問題がなければ収容者の自由をできるだけ保障し、各種娯楽施設や運動施設があることを強調するなど、収容者への人権の配慮に気を配っている。確かに刑罰施設とは様相を異にするが、逆に行政処分としての過酷な状況は「刑期のない刑務所」「日本のアウシュビッツ」とも表象され、収容者に対する人権問題がしばしば取り上げられてきた。大村収容所を取り巻いて、処遇の改善要求や内部の政治的対立、送還を悲観した収容者の自損行為、民族組織の抗議運動が一九五〇、六〇年代には頻繁に行われていた。一九七〇年代にも国会議員を含む調査団が派遣されることもあった。

朝鮮人の集団送還は、次節で述べるように、日韓の政治的関係のなかで波乱に満ちた展開となるが、それは一九八〇年代まで引き続き行われた。「密航」という「違法化された移動」が、移動が活発な「帝国の空間」と「グローバル化の空間」をつなぐ冷戦的な越境の空間においてなされるとき、とくに「トウロク」(登録=外国人登録証明書)を持たない「潜在居住者」は常に「オオムラ」と隣り合わせていたのである。

6　日韓会談と大村収容所

6-1　日韓会談のなかの「在日」

日本の占領期において、韓国が強制送還される者すべてを引き受けていた状況に変化をもたらしたのは、占領の終結よりもむしろ日韓の国交正常化交渉、いわゆる日韓会談であった。前述したように、一九五二年五月のサンフランシスコ平和条約発効後の最初の集団送還（第八次）では、「在日韓人」の法的地位が未確定であることと、それが日韓条約で定められるということを理由に、「密入国者」以外の戦前からの居住者について韓国側は受け入れを拒んだ。それは日韓会談の第一次本会談が決裂した直後のことであったことからも推察されるように、在日朝鮮人の強制退去問題は、彼らの法的地位をめぐる交渉と深くかかわっていたのである。では、日韓会談における在日朝鮮人の法的地位をめぐる議論の経過について見てみよう。

第一次日韓会談の予備交渉が始まったのは一九五一年一〇月であった。それには、主に在日朝鮮人問題の処理を目的として、日韓の関係改善を望む米国の強い意向が働いたといわれている。[76] しかし、近年公開された「韓日協定文書」によれば、会談は韓国の問題提起によって開始された様子が浮かんでくる。

駐日韓国代表部の金龍周公使は一九四九年五月三日、ＧＨＱに在日韓国居留民の法的地位の確認に関して会談を申し入れた。数回にわたる督促の末、ＧＨＱ外交局のウィリアム・シーボルトが駐日韓国代表部を訪問したのは一九五一年三月二六日であった。前年までは、日本の入国管理に決定的な影響を及ぼすことになる米国の移民政策の方向性が議論され、ここにきてようやく「望ましくない外国人」の強制送還を目的とした出入国管理令の草案が姿をあらわそうとしていた。[77] ただ、日本の出入国管理令が「一部不良分子に対してはこれを国外に強制退去せしめるという措置を講じたいという方針[78]」であったのと同様、駐日韓国代表部の思惑も在日韓国居留民の法的地位にあるというより、「悪質的共産系韓国人」の韓国への送還にあったのである。[79]

ところが、出入国管理令の草案が一九四五年九月二日以後に入国した朝鮮人に適用されるものであって、駐日韓国代表部が意図していたこととは必ずしも合致するものではないことが明らかになってくると、金公使は、「新入国管理法」では戦前の居住者と戦後の入国者を問わず適用の対象にすること、その帰還措置として「犯罪人取引条約」を締結して実施することを日本政府に要請するという交渉案をもって本国に指示を仰いだ。それを受けて韓国では関係部局間で「在日同胞の法的地位に関する会議」が開催されるのであるが、そこでは「在日悪質共産分子の強制送還問題」は保留され、在日朝鮮人の法的問題に主眼が置かれた。その代わりに外務部は駐日韓国代表部に、GHQと交渉してすべての在日同胞が韓国国籍を持つことを確認せしめることに努めるよう訓令した(80)。

それにもとづいて駐日韓国代表部はGHQに、戦前から日本に居住する在日朝鮮人の韓国国籍を認定し、法的地位と生活権が保障されるようにすることを提案したのである。「適当な手続きなしに入国したもの」に対しては、特別な権利は要求しないとしつつも、日本に滞在していたことが判明しており、生活を営む能力を持ち法律を遵守するのであれば引き続き日本に滞在できるようにすることを要請した。一方、朝鮮戦争開戦後の入国者にも国際的な難民救護の精神で処理するよう理解を求めた。

こうして韓国側はGHQに在日韓国居留民の法的地位をめぐる予備協議を申し入れることになる。それによって一九五一年八月二四日に駐日韓国代表部とGHQとの間で予備協議が行われた。しかしGHQの原則的立場は、本件は日本政府と直接交渉すべき問題であるとして、韓国側には近日中に日本と直接会談を行うことを希望すると述べた(81)。この会談結果を受けて、韓国政府は在日朝鮮人の国籍および居住権をめぐって日本との交渉における基本方針を樹立し、それを駐日韓国代表部に通達する。

一九五一年九月一四日の外務部から駐日韓国代表部への訓令には、在日朝鮮人の国籍の確認において戦前と戦後の渡日時期を区別しないようにすること、また、「共産分子追放」問題については、たとえ「追放」が制限されることになるとしても「善良な全体同胞の利益のために」確定判決による刑の言い渡しなしには追放されないように徹底して主張することの指示があった。そして七万人と推定される戦後の「不法入国者」については、「厳格に論ずれば彼らは同時に不法出国を犯した犯罪者であるので送還されるべきであるが、しかし現時下において重大な社会問題を惹起するので七万人の送還は韓国の現実的利益と合致しない。したがってこれらの不法入国者一切を含めた在日僑胞の安定した居住権を強力に主張する」こと、また国籍復帰の期限設定を削除することを求めるよう指示した。さらに、「日本の出入国管理令はその主な対象が韓国人であることは明白な事実であり、こうした法令により韓国人が受ける不利について十分な対策を樹立」することを追記している。[82]

しかし九月二六日に外務部は駐日韓国代表部に、本件は日本との基本的な諸問題の解決段階において同時に解決すべき問題であり、緊急ではないとして、日本政府との交渉は別途指示があるまで中止するよう通達した。[83] それには法務部の意向が影響したと考えられる。法務部は一〇月八日に国務会議議長あてに「在日韓僑」の国籍に関する協定要綱案を提示して審議を求めたが、そこでは、在日朝鮮人が一様に韓国国籍を取得することと、もう一つは国籍選択権を認めるという二つの案を提示した。[84] 法務部はそれに従って二通りの協定要綱案を作成した。

こうした二つの可能性をもって、韓国は日韓会談で在日朝鮮人の法的地位をめぐる交渉に臨むことになるが、その経緯を見る限り、在日朝鮮人の法的地位をめぐる問題は当初の思惑が「悪質共産分子」の送還にあって、それも韓国側のイニシアティブで交渉が開始されたことがわかる。この「共産分子追放」に関しては、一般の在日朝鮮人に与える影響が考慮され、法的地位問題は当初の保安上の問題から在日朝鮮人の居住権の問題に軸足を移すことになっていく。そして韓国が、予備会談が始まる前に法的地位問題を他の諸問題とむすびつけて協議する方針を固めていたことが窺われる。こうした事前準備を整えていたこともあって、在日朝鮮人の法的地位問題は予備会談の段階から本格的に議論が進められた。

一方、日本としてもサンフランシスコ平和条約発効前に在日朝鮮人の問題を解決する必要性があったので、法的地位問題の交渉には積極的であったが、その他の問題は主権の回復後に推進することが望ましいと思っていた。しかし予備会談では韓国側の要求によって、財産および請求権、漁業問題など六項目に議題が拡大されることになり、議題別の分科委員会が設置された。在日朝鮮人の法的地位と処遇を交渉する在日韓国人法的地位分科委員会の開催は、一九五一年一〇月三〇日から翌年の四月一日まで計三六回に及んだ。

基本方針に従って、一九五一年一一月二日と六日に、韓国側は、永住権の付与、強制退去をしないこと、内国民待遇、生活保護費の当分の間の支給、帰還者の動産携帯および送金に対する特別な措置をとることなどを要請した。しかし日本側は「内国民待遇の用意はない」と拒否し、「四〇年間の特殊な時期に発生した異例の既成事実を、これからも永久に波及させることはできない」と反駁した。韓国側は強く反発し、日本側は、戦前からの居住者に対して永住権を認めると回答せざるをえなかった。[85]

一九五二年二月に第一次本会議が開催されることになるが、韓国側の請求権要求に対して日本側が「逆請求権」を主張することで両者は激しく対立した。結局、請求権問題が主な原因となって第一次会談は決裂した。

ところが、日韓会談開始の動機であり口実でもあった在日朝鮮人の法的地位をめぐる問題では、意見の対立こそあったものの、一九五二年三月末に在日韓国人法的地位分科委員会では「在日韓国人の国籍及び処遇に関する韓日協定案」を討議、作成するなど、論点の調整はある程度進められていた。なによりも在日朝鮮人を「外国人」扱いしようとする日本の意図に対し、韓国は原則論として国籍の選択はありうるとしながらも、在日朝鮮人が韓国国籍を持つものとする前提に立つことで、[86]日本の主張を支える結果となったのである。この協定案には、「日本国及び大韓民国は、在日韓人が大韓民国国民であって、日本国民でないことを確認する」（二条一項）ことが盛り込まれたが、それは日本も望むところだったのである。マーク・カプリオが指摘するように、この時期の在日朝鮮人に対する法的地位において、日韓両政府は異なる立場から同一の結果に落ち着こうとしていたのである。[87]

このように、当初韓国側は在日朝鮮人が退去強制の対象になることには強く反対したが、協定案では、貧困者として地方公共団体の負担になる者に対する退去強制を規定した出入国管理令の項目について、条件付きであるがそれを認めていた。[88]一方、戦後の「不法入国者」の処遇については、日本側代表が「厳格にいえば不法入国者が相当数あらわれるだろう」としたことに対し、韓国側代表は、彼らを可能な限り保護し、一定期間日本に居住し生活が安定して法律を違反しない場合は居住できるようにすることを要請した。日本側代表もＧＨＱの権限委譲があれば出入国管理庁長官の特別許可として大幅の特例を設けることを考慮すると答えた。[89]そこでは「不法入国者」に対する一定程度の理解が示されていたのである。

したがって、在日朝鮮人の法的地位をめぐる問題は、日韓会談全体の流れを左右するものではなかったといえる。しかし、第一次会談の決裂が、第八次集団送還における在日朝鮮人の受け入れの拒否につながったように、それは在日朝鮮人に対する対応にも変化をもたらした。韓国側は、「在日韓人」の法的地位が未確定であることに加え、事前協議なしに強制退去を行わないとする協定案の項目をあげ、日本の一方的な送還は受け入れ難いとしたのである。[90]

6-2　交渉される強制送還

第八次送還で韓国側に受け入れを拒否された送還者は再び大村収容所に戻された。それ以後は「不法入国者」「不法上陸者」に限り送還が行われることになる。こうして一九五二、五三年はほぼ毎月、およそ二〇〇人余りが送還されることになるが、大村収容所に収容される戦前からの居住者は三〇〇人以上に増加し、全体の収容者数も五〇〇人前後に膨れ上がった。そして一九五四年六月の集団送還をもって韓国は「不法入国者」の受け入れまで中止することになり、収容者数はさらに増え、同年一〇月には一〇〇〇人を超えた。

韓国が日本からの集団送還の受け入れを全面中止したのも日韓会談の推移から考えることができる。一九五二年四月の第一次会談の決裂後、第二次会談が翌一九五三年四月に再開されたが、それも朝鮮戦争の休戦協定交渉が佳境に入ることで中断したままであった。韓国が「平和線」(李承晩ライン)を利用して日本漁船の締め出しを実質化していくと、日本は漁業問題だけの日韓会談の再開を申し入れるが、全般的な問題について扱うべきだとする韓国の主張を受け入れることで第三次日韓会談が開始された。(91)

しかし、一九五三年一〇月に始まる第三次会談は具体的な協議に入るまでもなく、日本の朝鮮統治が朝鮮人に恩恵を与えたとする、いわゆる「久保田発言」によって決裂してしまう。韓国は「李承晩ライン」付近の取り締まりを強化し、拿捕が頻発した。日本も巡視船を武装化するなど、対韓強硬策を打ち出すと、日韓の対立はさらに激化した。こうした状況で韓国は集団送還の受け入れを全面的に拒否するにいたる。これまでは拿捕された日本漁民が有罪判決を受けても、「特赦」で比較的短期間で帰されていたのが、一九五四年八月以降は「刑期満了者」でも抑留されたままの者が多くなっていった。(92)こうして大村収容所と、拿捕された日本漁船の船員が収容された釜山収容所の双方で「抑留者」が増えていったのである。

集団送還が滞ることによる収容所への影響は深刻であった。収容の長期化による不満や収容者の急増による処遇の悪化は、その改善を求める抗議活動を誘発するが、一九五二年末の「集団脱出」はこうした状況で発生したものであった。前述したように、入国管理局は収容所内の険悪な情勢への対処として、一九五二年一二月には鉄筋コンクリートの塀で収容所を囲み、翌年九月には一〇〇〇人収容の建物を新築した。収容者の増加にともなって旧収容棟を再開するが、一九五四年末に収容者数が一三〇〇人を超えると、同年一二月には浜松に横浜入国者収容所(後に川崎入国者収容所)の分室を開設し、大村収容所の一部を移して収容することになる。

こうした状況のなかで、戦前から居住する「刑余者」の釈放と「不法入国者」の引き受けを交換条件とする韓国側の提案に応じ、日本が一九五五年二月から四月にかけて二三二人を仮放免すると、韓国も強制送還者七〇七人を受け入れることになるが、それもこの間の三回のみで中断した。(93) 一九五六、五七年には集団送還はまったく行われなかった。(94)

大村収容所に収容されている在日朝鮮人の「刑余者」をめぐる問題は、集団送還の再開の重要なカギとなった。韓国は日韓で収容者が急増する状況を利用して、日本に対して大村収容所に収容されている戦前からの居住者の釈放を求めた。駐日韓国代表部の柳泰夏参事官が一九五五年九月に「日本が九州の大村収容所に抑留中の朝鮮《ママ》人一三〇〇人を釈放するならば、韓国は釜山に抑留中の日本人漁夫二〇〇人を送還する用意がある」としたことを日本のメディアが報じた。(95) さらに、一〇月には駐日韓国代表部の金溶植公使が話したように、「これを実現するには、まず日本政府が大村収容所に収容されている三七七人(戦前に入国した者)の即時釈放が前提条件である」と強気の姿勢を示した。(96) いずれにしろ、こうした発言が、およそ二年後に成立する大村収容所と釜山収容所の収容者の「相互釈放合意」の端緒を開くことになる。

一方、こうした韓国側の提案を受けて日本政府は対応を迫られることになるが、法務省と外務省の折衝は平行線をたどり事前調整は難航した。(97) 国会では、韓国側の提案にもかかわらず、日本人漁夫の釈放が実現しないことに対して追及があったが、それには法務省内部の反発が強かったのである。一九五五年一二月一四日の参議院予算委員会でも、入国管理局長は「悪質外国人は当然国外に退去できる」という立場を崩さなかったが、日韓双方における抑留者の増加、とくに日本人漁夫がまたしても抑留されたまま冬を越さなければならない状況で、法務省に対する圧力は増していった。こうして一九五六年四月二日には金溶植公使と重光葵外相との間で相互釈放に関する話し合いが行われることになる。

しかし李承晩大統領は、あくまでも日本に滞在する「反逆者」の送還を求めた。「在日」の権逸や親日実業家で日本に逃亡した金桂祚、李政権と対立して日本に亡命した金三奎など具体的なリストを提示して、彼らの送還を日本側に要求したのである。李承晩が頑なに「反逆者」の送還を求めたのは、日本が彼らを反韓工作に利用しようとするのではと危惧したためで、こうした連鎖を断ち切らなければならないと思っていたのである[98]。そうした駆け引きもあって、一九五七年一二月にようやく相互釈放の合意を具体化する覚書が作成された。

一九五七年二月に登場した岸信介内閣は日韓会談の再開に意欲を示した。交渉の末、同年一二月三一日に開かれた予備会談では金裕沢駐日韓国代表部大使と藤山愛一郎外相との間で、第三次日韓会談の中断の原因となったいわゆる「久保田発言」と「逆請求権」の要求を撤回し、大村収容所の在日朝鮮人（四七四人）と釜山収容所の日本人漁夫（九二二人）との相互釈放に合意することで、日韓会談の再開が決められた[99]。

「相互釈放合意」にもとづいて、一九五八年二月から集団送還が再開され、抑留された日本人漁夫の順次送還も始まった。ところが、同年二月三日に藤山外相が国会で北朝鮮行きを希望する大村収容所の収容者について、「韓国に送還されると処罰がまっている」として送還しない旨を表明したことに韓国側は猛反発した。このことが「相互釈放合意」に反するという抗議の口上書を日本側に手交し、日本が北朝鮮行きを希望する収容者を釈放するという計画について厳重抗議した[100]。しかし、日本は本人の希望しない地域への送還は行わないとして、七月五日には北朝鮮行きを希望する二五人を仮放免する意向を示す。これは「相互釈放合意」によって面子をつぶされた法務省の逆襲でもあっただろう。ようやく再開された大村収容所からの集団送還も一九五八年二月から五月までの四回のみで再び中断に追い込まれた。

それにともなって日韓会談も暗礁に乗り上げた。とはいえ、韓国はこうした日本の措置について厳しく批判しながらも、ようやく再開した第四次日韓会談を決裂に持ち込む意図はなかった。韓国は米国からの援助が減少し、政治的にも難しい局面を迎えている状況だったこともあって、日本との国交正常化は以前にもまして切実な問題となりつつあったのである。一九五九年二月、同年末に始まる北朝鮮への「帰国事業」の閣議了解が行われると日韓会談は再び一時中断することになるが、それも韓国側の要請によってまもなく再開された。一方、中断されていた相互釈放も米国の「強力な勧告」によって一九六〇年三月一六日に再開が合意された。こうして三月二七日に集団送還船が出航し、同三一日には残りの日本人漁夫も帰国した。

第四次会談は、一九六〇年四月一九日に本格化する韓国の市民革命によって、またもや中止を余儀なくされる。

以上のように、日韓会談と大村収容所からの集団送還は絡み合いながら進んできたが、学生が中心となって李承晩政権を倒した四・一九市民革命によって日韓会談が中断しても集団送還は続けられた。韓国外務部は政治的混乱のなかでも集団送還の受け入れを続けることを駐日韓国代表部に通達していた。実際に張勉政府は積極的に対日交渉を望んでいたこともあり、一九六〇年一〇月には第四次会談が再開される。こうして一九六〇年三月から再開された集団送還は、「李承晩ライン」をめぐる韓国の態度は依然として硬く拿捕も続けられたものの、その後は安定してコンスタントに進められた。

それ以降の集団送還は、送還時期が定例化・安定化するだけではなく、その手続きも日韓当局の協議のうえで行われるようになる。その後二〇年間続く集団送還の仕組みがここにきて整えられるのであった。日本が韓国に送還対象者の名簿および調査票を送付すると、韓国はそれにもとづいて送還者の身元を調査し、大村収容所に駐日韓国代表部の職員を派遣して収容者を面接する。面接調査の結果、送還対象者に終戦前からの居住者が含まれていたり、また在留する権利があると認められたりする場合は、日本側に再審議や退去強制の保留を要請した。それは、日韓会談の交渉過程および相互釈放の実務者協議の場でなされた、日本が一方的に退去強制を実行してはならないという韓国側の主張が反映された結果だといえよう。しかし駐日韓国代表部の面接には、後述するように思想的に疑いのある者を仕分けるという思惑もあった。

在日朝鮮人の法的地位および処遇をめぐる問題は、第一次日韓会談ですでに互いの協定案を出し合ってすり合わせる段階にあった。分科委員会も最も頻繁に行われた。しかし全体会談が長引くにつれ、在日朝鮮人をめぐる問題も変化するようになり、協定案も新たな状況に対応する必要があった。在日朝鮮人の定住化により退去強制が非現実的になる一方、二世、三世など子孫の永住権問題が現実問題となり、分科委員会でもそれらの問題をめぐって争われた。やがて法的地位および処遇をめぐる交渉は、軍事クーデターで政権を掌握して日本との国交正常化を急ぐ朴正熙政権の下で、日韓基本条約に付属する「在日韓国人の法的地位及び待遇に関する大韓民国と日本国との間の協定」として妥結を見ることになる。

7　順応と反乱——転覆される国民国家化のプロジェクト

大村収容所は、日本にとってはいうまでもなく、韓国にとっても領域からはみ出した者を排除し同化する場所、つまり国民国家を確立するための権力装置であった。ただし、収容者はたんに二つの権力のはざまで押しつぶされ、国民国家の枠にはめられるだけの存在ではない。大村収容所は、一定の空間に北と南が共存しぶつかり合う意味でもヘテロトピアであった。そこでの抵抗は、ときにはハンガーストライキという集団行動として表出し、また韓国支持者と北朝鮮支持者の直接的な争いにも及んだ。

それは収容所が有する機能を超える状況を演出することで日韓の双方を当惑させた。収容者たちは、権力の反発し合う空間、あるいはその隙間を利用して、どちらにも回収されることを拒むことで、ポストコロニアルな国民国家の境界の設定が一筋縄では行かないことを示したのである。

大村収容所で南北の対立が表面化するのは、一九五五年七月、韓国支持の収容者が反共大会を開き、北朝鮮支持の収容者との同じ棟への収容に反対して他棟への移動を要求する座り込みを行ったのがきっかけである。[101] 同年一二月には、北朝鮮行きの希望者四二人が連名で金日成首相あてに血書嘆願書を出した。[102] とくに、集団送還が中断された大村収容所では、長期収容者が政治的勢力を形成したほか、収容所内は韓国支持と北朝鮮支持の両派が対立する様相を呈し、一九五六年一月からは北朝鮮帰国希望者を別棟に収容する措置がとられていた。

全面中断していた集団送還が再開する矢先に、日本が北朝鮮行き希望者の送還をほのめかしたことで、韓国は不意打ちを食らった。しかしそれ以上に、これまで攻勢的であった韓国にとって、北朝鮮支持者がハンストを打って北朝鮮への送還を要求し、仮放免が認められたことはショッキングな出来事であった。だからこそ、大村収容所に収容された者としては、思想的な疑いを晴らすためにも北朝鮮支持者と対決する姿を示す必要があった。

一九五八年六月に、「大村収容所韓国人抑留者」の名義で韓国政府に出された陳情書もそうした心情をにじませている。韓国支持の収容者は、六月二五日、「国民としての自尊を汚した罪を良心的に反省」しつつ、「国法を犯した身であっても、無期限に異国の鉄窓のなかで果てしない恐怖に包まれた」過酷な状況を訴え、早期の帰国実現への善処を求める陳情書を書き、捺印付きの署名を添付して本国政府に提出した。[103] その翌日に北朝鮮支持者およそ八〇人が、北朝鮮への送還と、帰国先選択の自由、朝鮮赤十字会代表の入国許可を要求してハンストに突入した。一〇日間のストの末、日本が要求を呑み、三年以上の収容者二六人を仮放免することを表明することで事態は収束した。

こうした措置に対して、韓国支持者も対抗ストに打って出た。彼らは北朝鮮行き希望者の釈放反対と、自らの送還の早期実施を要求したのであるが、在日本大韓民国居留民団(以下、民団)もそれに呼応して抗議集会を開催し、決議文を採択するなど、釈放反対運動を展開する。ハンスト開始後、その中止を勧告するという名目で大村収容所に入った民団の代表団は、実際は代表者に最後までハンストを貫くよう慫慂していた。[104] ところが、内部の雰囲気はハンストが日本に向けられたものというよりも、むしろ本国に早期送還を求める気配が強く、民団の期待とはズレがあった。収容所側も切り崩しに入ることで、ハンストは状況を覆すまでにはいたらなかったが、その目的は達成されたといえよう。この対抗スト参加者の名簿が韓国政府に送られたのである。

　北朝鮮行き希望者の仮放免は、韓国にとって到底容認できることではなかった。日本からすると「強制送還基地」であった大村収容所は、韓国にとっては帰還する「密航者」をふるいにかけて思想を識別し、あるいは転向させる装置であった。韓国が日本から渡された強制送還者の名簿をもってそれらの身元を徹底的に調べたように、大村収容所は国内の保安対策において重要な施設だったのである。こうした大村収容所が、逆に北朝鮮行きの窓口になり、工作員の意のままの往来にむすびつくことを韓国は極度に憂慮していたのである。

　もちろん日本が北朝鮮行き希望者の情報すべてを韓国に提供していたわけではない。韓国はその後もしきりに北朝鮮への送還希望者の人数など情報提供を求めるが、正確な情報を日本は提供しなかった。しかし、駐日韓国代表部は北朝鮮行きを希望する二六人の仮放免予定者の名簿を秘密裡に入手して本国に報告していた[105]。

　ところで、一九五〇年代後半からは、これまでのように小型船舶を利用した「密航」だけでなく、外航船舶に乗って船員手帳を利用し、あるいは船員を装って「不法上陸」するケースが増える。日本は彼らを出入国管理令五九条の規定により[106]、当該船舶海運会社の船舶で「自費出国」させた。いわゆる「令五九条送還」である[107]。一九五八年に入り、こうした情報を察知した韓国は、これが一方的送還だとして抗議するが、上記の送還者に対する措置を日本は出入国管理令によるものだとして突っぱねた。韓国側からすれば、警察が「被送還者たちの思想的動向に至大な関心の下で厳重な審査と不純系列の索出に努力[108]」してきた状況下で、事前通告のない送還者の入国は「不純分子の索出に莫大な支障を来す」由々しき事態であった。その一方で、「日韓両国抑留者送還及び引受対策に関する各部関係官会議」(一九五九年三月二三日)では、大村収容所からの送還者で「密航事実」が確認された「単純密航者」については「一切不問に附す」ともされた[109]。

大村収容所は社会の内部で厳密に決定された機能を有している。日本は戦前からの居住者を含め、「不法入国者」を送還する「基地」として大村収容所を設け、そこから退去強制を執行した。フーコーは「歴史において、社会は、存在しまた常に存在しつづけようとするヘテロトピアをまったく異なった様相で機能させることができる」とした[110]。韓国からすると、大村収容所に収容されることで「密航者」の身元を調査することができ、調査が不可能な「在日」を押し返すことで、逆に日本の国民国家化のプロジェクトに支障を与えることになった。そういう意味で、「韓国の出島としての大村収容所」[111]という位置づけは、まんざら言い過ぎではない。

だとするならば、日韓両国の意図に反して、大村収容所という存在は、はみ出した者を排除し馴致することで国民国家の境界を確立することがそもそも不可能であるという現実を突きつけるものだったといえよう。大村収容所をめぐる日韓の意図が衝突するときに、日本は「悪質な外国人」の釈放を迫られ、韓国は「自国民」の北朝鮮行きを阻止できなかった。大村収容所では、数々の暴動や「奪還運動」、ハンストや騒擾事件、脱走や自損行為が頻発し、それに対処すべく施設の増築と移管が繰り返された。所内では収容者の自治会が運営され、ひそかに濁酒も密造された。こうした異議の申し立てはやがて日本の入管体制のあり方を浮き彫りにし、それを転覆するかのように大村収容所解体闘争が展開されていく。ヘテロトピアであるからこそ大村収容所は、国家権力による暴力的な移動に順応しながら反乱する場所だったのである。

そして、なによりもすべての収容者が絶望とともに大村収容所に閉じ込められたのではない。そこは、多くの「不法入国者」にとって絶望の場所であり、また退去強制命令の取り消しを求め裁判を起こす抵抗の場所でもあった。その一方で、帰国を決意した者にはむしろ故郷に向かう再出発の場でもあり、軽い気持ちで済州島を飛び出して「密航」を繰り返す「リピーター」にとっては遊戯の空間でもあったのだ。

よう。

8 「密航」のネットワーク

済州島人は「密航」という「違法化された移動」をとおして、移動が活発な「帝国の空間」と「グローバル化の空間」をつなぐ冷戦的な越境の空間を築き上げてきた。この「冷戦の空間」の非公式的なネットワークから、国境の管理や統制に抗いながら生きる済州島人の越境の実践と、それをとおして空間を創造する意味を問うてみよう。

大村収容所からの集団送還が全面中断され、収容人数がピークに達していた時期、一六〇〇人を超える収容者のうち、およそ一〇〇〇人が済州島人であったとされる。もちろん全員が「密航者」ではないにしても、そこには多くの済州島人が含まれていたことは確かであろう。たとえば、一九五八年一月に釜山を出航した小型漁船で福岡県宗像郡に上陸して捕まった「密航者」二一人のうち一七人が済州島人であった(112)。そうした状況は一九七〇年代になっても変わりはなく、一九七二年一一月に実施された第七一次の集団送還では一六八人中一三〇人が(113)、そして一九七四年九月の第七五次では二二六人の強制送還者のうち一九五人が、済州島に本籍を置く者であった(114)。

この時期の「密航」を時期的に区分するのであれば、一九六五年の「日韓条約」締結を一つの境目として考えることができる。なによりもこの年を境に「密航」の摘発件数が急減しているからである。一九六六年度における「集団不法入国者」の検挙数を見ると、前年度と比較して件数は四一％、逮捕人数は二一％減少した。入国管理局はその理由として、日韓国交正常化により正規入国への期待が広まり、日本からの経済援助やベトナム戦争特需により経済が好転して失業者が減少したこと、さらに韓国で密航の徹底的な取り締まりが行われるようになったことなどをあげている。[115]

確かにこうした状況は「密航」の減少につながっただろう。一九五〇年代の済州島は、停滞と疎外のなかにあって、いびつな工業化さえも叶わなかったが、一九六〇年代は政府の観光開発政策によるインフラ整備や飢饉からの解放という、大きな転換期に入りつつあった。[116] しかし、開発の波が実生活の改善にまでは及ばず、杏原里を中心に済州島と大阪の生活世界を研究した伊地知紀子が指摘するように、農村地域で「生活に余裕が出てきた」と感じるのは一九八〇年代になってからである。[117] だとするならば、こうした地域ではまだ生活のために済州島を出るプッシュ要因があり、それを導く場所は、経済的に跳躍を始めようとする韓国の都市部よりも、多くの人にとっては依然として「既知の地」である大阪であり、憧れの地である日本だったのである。

また、日韓国交正常化により正規入国の道が開けたとしても、手続きが煩雑であるだけでなく、事実上「密航者」のほとんどを占める十代後半から二十、三十代が家族再会や就労目的で日本に入国できる方法は閉ざされていた。こうした状況で、家族のむすびつきという意味は薄れ、その数は減っても、親類を頼った就労目的の「密航」が一九八〇年代まで途絶えることはなかった。

図8-4　検問される密航船(大阪港, 1968年)(『アサヒグラフ』1970年8月21日号)［札幌中央図書館］

それでは、ここで一人の済州島「密航者」の手記から、実際に「密航」がどのような経路をたどって行われていたのかを見ることにする。Hが大村収容所で任意提出した「百四十時間の密室生活」と題する手記で、入国管理局が参考資料として内部資料『入国管理月報』八七号(一九六八年二月)に掲載したものである。こ

の手記には済州島からの典型的な「密航」の様子が描かれている。(118)

Hは、済州島で農業高校を卒業し、兵役を終えて、大阪に居住する親を頼りに一九六七年一二月二四日、釜山で「密航船」に乗った。済州島を出たのは一二月六日であった。当時、済州島と釜山をむすんだ連絡船トラジ号を利用して、翌七日に到着する。知人宅で世話されながら密航船を手配したHは、「安全に日本に行ける」というブローカーを信じて先払い金五万ウォンを払い、日本に到着して一〇万円を支払うことにして「密航船」錦永号に乗り込んだ。錦永号は五〇トン級の鮮魚運搬船で、船内には密室が設けられていた。こうして男性四人、女性二人の計六人の「密室生活」が始まった。

「密航船」は強風の影響で一度避難した後に、三千浦を出発した。食事としておにぎりが二個ずつ配られた。「密航」の目的は、出稼ぎに行く者、日本に憧れて行く者、会いたい人を訪ねて行く者、親とともに暮らすために行く者などさまざまであったが、密室では無事に目的地にたどり着くことを願う思いで一つだった。下関での検査は無事通過するが、すでにそのときは気力が尽きた状態であった。目的地の宇野港では海上保安庁のサーチがあったが、それもなんとか潜り抜けることができた。しかし船は接岸できず、貨物の陸揚げ後に再検査するということになり、結局調査員に密室を発見されてしまう。一行は目の前が真っ暗になり、死ねるならば死にたい悲痛な心情を漏らした。最終的には五〇日間拘留されながら裁判を受けることになるが、Hは大阪から駆けつけてきた両親に顔を合わせるのが恥ずかしい気持ちでいっぱいだった。裁判では一年の懲役が求刑されたが、執行猶予が言い渡され、広島入国管理事務所に移される。そして大村収容所に送られた。

これは船上のサーチで「密航」が発覚したケースであるが、Hの「密入国」の過程は、「密航」に失敗した場合のごく一般的な流れを示すものである。

まず、「密航」の動機が、Hの場合、大阪の年老いた両親を訪ねての渡日であることがわかる。両親が裁判を傍聴していたことから、おそらく「トウロク」を持っていたと考えられる。こうした引き裂かれた家族の再会や、出稼ぎを目的にした場合でも親類を訪ねていくことが多かった。大阪と済州島のネットワークが、「帝国の空間」で形成された生活圏の延長線上にあることが見えてくる。

なお、「密航者」の引き渡し方法においては、日本に親類がいる場合、上陸後に連絡をとって隠れ場所まで引き取りに来てもらうことが多い。あるいはブローカーが親類のところまで連れていき、そこで「密航者」と引き換えに残りの代金を受け取ることもよくあった。近しい親類がいたからこそ可能な方法であるが、これは確実な引き渡しと代金の受け取りができる点で、成功さえすれば両者において最も安全な方法であったといえよう。

Ｈが乗った「密航船」の錦永号は鮮魚運搬船であった。密航船とは、厳密にいうならば、もっぱら「密入国」のために、多数の人々を乗せて上陸させる一〇トン以下の小型木造船のことである。初期の「密航」はこうした小型船が主流であった。しかし、日本の海上警備が強化され、韓国でも密航船を取り締まるようになると、鮮魚運搬船や貨物船に密室を作り、比較的少人数を運ぶケースが増えてくる。錦永号がこれに該当するだろう。一方、船員を装って不法上陸することも頻発するようになった。寄港地の上陸許可証を持って船を脱け出すほか、安全な上陸をねらって船員手帳を入手する、いわゆる「ナイロン(偽)船員」も少なくなかった。貨物船に密室を作って「密航」する場合、船員全員が「密航」を知っていることもあるが、発覚すると密航幇助で取り調べを受けるなど、海運会社の打撃が大きいため、大抵二人程度の下級船員を買収する方法がよくとられた。

Ｈは出航地と上陸地に分けて密航代金を支払うことにしているが、密航料については出発前に韓国ウォンでの先払いや日本円での着払い、ないしはその混合型という各種の形態があり、金額もまちまちで一定の相場というものは認め難いと入国管理局は認識していた。Ｈが密航した当時の相場を見れば、先払いの場合は六万ウォン以下が最も多い。ちなみに当時の為替のレートは一ウォン＝一円三〇銭であった。後払いの場合は、一〇万円以下が多いが、成功後に支払われるということもあって、かなり高額に及ぶケースも見られる。[119] ちなみに、当時の釜山―下関間の旅客運賃は五〇〇〇円程度であった。

「密航船」の出航地としては釜山など南海岸が主に使用されたため、済州島から日本行きを希望する者は基本的に釜山に出るのが普通である。Hの場合、強風に見舞われてはいるが、一度の乗船で出航できたのは幸いであったといえよう。済州島から釜山に出て連絡を待っても、悪天候や取り締まりのゆえ出航できず、長期間の待機を強いられたり、あるいは済州島に引き返したりすることもまれではなかった。また、改造部屋であるだけに身動きすらまともにできない状況での一四〇時間の「密室生活」は究極の苦境だっただろうが、順調な航海だったとしても、「暗室」で襲われる恐怖や不安は同じく耐え難い経験だったに違いない。

9　済州島の街で

「在日」の済州島の人々は、村あるいは親類単位のネットワークを駆使しながら、常に新来者を受け入れてきた。いうまでもなく、「密航者」に対する取り締まりの統計の数よりも実際には多くの者が警備網を潜り抜けて「密航」に成功していたことは入国管理局も認識するところであった。済州島の出身者が多数を占める「密航者」は、目的地にたどり着くと、在日一世のもとで仕事を習い、技術を覚え、日本社会に適応していった。「トウロク」がない限り、「密航者」の生活は不安定極まりないものであったが、大阪の猪飼野という「済州島の街」は、そうした「密航者」が日本の生活に慣れ親しんでいく格好の場所であった。

猪飼野は韓国・朝鮮人住民のうち、八五％が済州島出身者といわれている。日本の高度経済成長のなかにあって、最盛期には日本全体の生産高の六〇％を占めた猪飼野のヘップ（ケミカルサンダル）産業の担い手が「密航者」であった。このヘップ産業に従事するため、済州島から多くの人々がやってきたのである。[120] 多くの「密航者」は、強制送還と隣り合わせとなりながらも、生活の基盤を築き、そこで結婚して子供をもうけ、地域社会に溶け込んでいった。

『朝日新聞』で一九七六年二月から連載された記事「六五万人――在日韓国・朝鮮人」によれば、一九七五年に逮捕された「密入国者」のうち「水際」で逮捕されたのは一割程度で、そのほかは数年間生活を営んでいた人々の出頭者や逮捕者であった。大阪入国管理局に在留特別許可を期待して自首＝出頭した一五〇人を対象に調査した結果を見れば、滞在期間の平均は一四年であった。[121] それが意味するところは、「密航」で入国した人々はもはや「密航者」ではなく、すでに定住者のような状況になりつつあったということである。

しかし、子供の成長にともない、「不法滞在」という法的権利から除外された無国籍状態を脱するために、在留特別許可を期待して「自首」することを迫られる。それが認められ在留特別許可＝「トウロク」を得ることもあったが、多くの場合は認められず退去強制処分となった。[122] それは、就学中の子供がいても、あるいはその子供が成人近くに成長しても、親の「密航」が発覚すれば、家族そろって退去強制の対象となり、大村収容所に送られた。それゆえ、大村収容所は常に子供たちであふれていた。日本では、就学を理由とする在留権はいまでも認められていない。[123] 済州島の「既知の地」である大阪で生まれた子供たちにとって大村収容所は、未知なる世界への旅立ちの始まりであった。

近年、中国朝鮮族が多数居住する延吉の空港では、涙ぐむ家族の「再会」の場面をよく見かける。韓国で出稼ぎする親が、自主帰国するか、強制退去させられることで、延吉空港で子供と「再会」するのである。子供たちにしてみれば、はじめての「出会い」であることもあるだろう。それは、延吉空港の日常的な風景であるのと同じように、かつて済州島の空港や港の日常的な風景でもあった。もはや日韓の往来に不自由はない。しかし人が移動し、それを規制する権力が働く限り、家族が引き裂かれる風景は幾度となく繰り返されることだろう。

そうしたなかでも、家族が引き裂かれる「密航」は、はからずも済州島と日本の「済州島の街」の新たなネットワークを築き上げた。「在日」の済州島人社会において、絶えず補充される新移住者は、それ自体が「故郷」として、常に在日済州島人に済州島を意識せしめる存在だったのである。

一九六〇年代には済州島出身者の団体が相次いで組織された。一九六一年に東京で在日済州開発協会（現・在日本済州道民協会）が、そして一九六三年には大阪で在日済州道民会が結成された。これらの在日済州島人の団体は、「在日僑胞という人的資源」を積極的に活用し、開発事業に在日済州島人の資本誘致をもくろむ韓国政府の政策転換によって促されたものであった[124]。しかし、「在日」の済州島出身者は故郷の済州島に対して長年にわたってさまざまなかたちで「寄贈」を行うことで、済州島と在日済州島人社会との間に人的・物的交流や情報のやりとりが活発に行われるようになったのである[125]。

一九六六年に済州市長が市の広報誌で、在日済州島人に向けて「郷土開発の原動力になる金品物資などを寄贈していただき、九万済州市民を代表して深く敬意と感謝[126]」を表したように、こうした「愛郷のしるし[127]」は済州島の風景を大きく変貌させるものであった。一九七二年六月には僑民担当機関として済州道文化広報室内に僑民係が設置された[128]。一九九四年には、「済州島が貧しかった時期に故郷の発展のために物心両面から援助してくれた在外済州道民のご恩に少しでも報い……故郷訪問時には各種便宜を提供するため」、済州道庁に在外道民相談室が設置された[129]。

新移住者はオールドカマーとニューカマーとの区別を曖昧にし、実際「在日」の済州島民会や村の親睦会にはニューカマーの人たちも多数参加している。在日本済州道民協会の新年会にも新来者が参加し、済州島からの道知事や済州出身の国会議員の参加が恒例になっている。

済州島と「在日」の済州島人社会は、いまも一つの生活空間を共有しているのである。

［小　括］

第八章では、戦後における「帝国の空間」との移動の連続性から、「密航」をとおして成り立つ済州島と大阪のネットワークを、大村収容所を中心にして考察した。「密航」は移動の行為の形態であるとされるため、これまでは移動自体を表象する隠喩や象徴としては顧みられることがなかった。そこで「密航」は、それが否応なく内包する「不法」というイメージと、また実定法による「密航者」の不可視性により、これまでは生活史のレベルや、インタビューという方法による体験にもとづいた記述のみが行われてきた。しかし本章では、韓国の外交資料や日本の入国管理局の内部資料および国会議事録を使用して、戦後日本の入管体制の下で繰り広げられた「密航者」の強制送還の状況と、そうした強制送還者をめぐる日韓の政治的な交渉過程を考察することで、実証性にもとづいた「密入国」の歴史的・国際政治的分析を行うことができた。同時に「密航」をメタファーとして用いることで、移動する主体のさまざまな経験として「密航」を概念化し、冷戦の状況下で展開された済州島と大阪のネットワークを明らかにした。

（1）　テッサ・モーリス゠スズキ（伊藤茂訳）「冷戦と戦後入管体制の形成」『前夜』第Ⅰ期、三号、二〇〇五年四月。

（2）　ミシェル・フーコー『ミシェル・フーコー思考集成Ⅹ――倫理・道徳・啓蒙：一九八四―八八』筑摩書房、二〇〇二年、二八〇頁。

（3）カレン・カプラン（村山淳彦訳）『移動の時代――旅からディアスポラへ』未來社、二〇〇三年、二四六頁。
（4）フーコー『ミシェル・フーコー思考集成Ｘ』二八一頁。
（5）エドワード・Ｗ・ソジャ（加藤政洋訳）『第三空間――ポストモダンの空間論的転回』青土社、二〇〇五年、二〇七頁。
（6）「密航」は、それが内包する「不法」のイメージと、また実定法により「密航者」は不可視な存在とされるため、これまでは生活史のレベルや、インタビューという方法による体験にもとづいた記述のみが行われてきた。こうした方法でアプローチした済州島から日本への「密航」に関する研究として、高鮮徽『20世紀の滞日済州島人――その生活過程と意識』明石書店、一九九八年がある。近年の「密航」に焦点をあてた論考としては、挽地康彦「占領期の〈九州〉と密航・密貿易――海防からみる移民管理史」松本常彦・大島明秀編『九州という思想』花書院、二〇〇七年、福本拓「「密航」に見る在日朝鮮人のポスト植民地性」蘭信三編『帝国崩壊とひとの再移動――引揚げ、送還、そして残留』勉誠出版、二〇一一年がある。大村収容所に関しては、挽地康彦「大村収容所の社会史（一）――占領期の出入国管理とポスト植民地主義」『西日本社会学会年報』三号、二〇〇五年四月がある。
（7）フーコー『ミシェル・フーコー思考集成Ｘ』二八三頁。
（8）市場淳子『ヒロシマを持ちかえった人々――「韓国の広島」はなぜ生まれたのか（新装増補版）』凱風社、二〇〇五年、二七頁。戦前、多くの朝鮮人が出稼ぎあるいは強制動員によって広島と長崎で生活しており、それぞれ五万人と二万人が被爆したとされ、そのうち被爆死した人は三万人・一万人に上ると推定されている。
（9）中島竜美『朝鮮人被爆者・孫振斗裁判の記録――被爆者補償の原点』在韓被爆者問題市民会議、一九九八年。
（10）「七三次強制送還」一九七三年一一月二六日、外務部発、韓国外交安保研究院所蔵『在日本韓国人強制退去（送還）一九七三』（P-0012）。孫振斗の記録上の名前は孫振鴻。
（11）鶴見俊輔「金東希にとって日本はどういう国か」同『日常的思想の可能性』筑摩書房、一九六七年。
（12）金東希（金建柱訳）「私の記録（上）」『展望』一二二号、一九六九年二月。四・三事件は、一九四八年四月三日に済州島で、南朝鮮の単独選挙に反対する左翼の武装蜂起に端を発し、その武力鎮圧の過程で三万人近くの島民が犠牲になった事件である。
（13）岡正治『大村収容所と朝鮮人被爆者』「大村収容所と朝鮮人被爆者」刊行委員会、一九八一年、一〇頁。
（14）「日本密航者に関する情報提供」一九六六年二月二三日、外務部長官より駐日韓国代表部大使あて、韓国外交安保研究院所蔵『在日韓人強制退去（送還）一九六六』（P-0004）。

(15)「専売庁職員李世永及び家族一行の北送企図の件」一九六七年三月一八日、駐日韓国代表部大使より外務部長官・中央情報部長あて、韓国外交安保研究院所蔵『在日韓人強制退去(送還) 一九六七』(P-0005)。
(16)「李世永密航」一九六七年三月二七日、駐日韓国代表部大使より外務部長官あて、同右。金東希が大村収容所に収容された一九六七年二月一九日には、朝鮮総連、日朝協会など革新団体が面会の許可と北朝鮮への亡命を要求して抗議を行った。六月末までに五四回訪問し、抗議電報六八九通、手紙五三八通、激励電報など一五五八通を送った。法務省大村入国者収容所『大村入国者収容所二十年史』一九七〇年、九一―九二頁。
(17) 小田実編『ベ平連とは何か――人間の原理に立って反戦の行動を』徳間書店、一九六九年、二二一頁。
(18) 同右、二二五頁。
(19)『朝日新聞』一九六八年一月二六日付。
(20) 徐京植「怪物の影――「小松川事件」と表象の暴力」岩崎稔ほか編『継続する植民地主義――ジェンダー／民族／人種／階級』青弓社、二〇〇五年、三五七頁。
(21) ジョン・アーリ(吉原直樹監訳)『社会を越える社会学――移動・環境・シチズンシップ』法政大学出版局、二〇〇六年、八六頁。
(22) カプラン『移動の時代』二二頁。
(23) 同右、五八頁。
(24) 同右、二〇四頁。
(25) エドワード・W・サイード(大橋洋一ほか訳)『故国喪失についての省察1』みすず書房、二〇〇六年、一七五―一七六頁。
(26) カプラン『移動の時代』二一六頁。
(27) サイード『故国喪失についての省察1』一八五頁。
(28) カプラン『移動の時代』二一八頁。
(29) 同右、二四〇頁。
(30) 同右、二四五頁。
(31) 同右、一九一頁。
(32) 同右、二〇〇頁。

(33) 同右、二〇〇―二〇一頁。
(34) 姜尚中『オリエンタリズムの彼方へ――近代文化批判』岩波書店、一九九六年、二三九頁。
(35) カプラン『移動の時代』一八六頁。
(36) 姜『オリエンタリズムの彼方へ』二一一頁。
(37) ジェイムズ・クリフォード(毛利嘉孝ほか訳)『ルーツ――20世紀後期の旅と翻訳』月曜社、二〇〇二年。
(38) 佐世保引揚援護局編『局史(下巻)』一九五一年、一九六頁。
(39) 同右、二二六頁。
(40) アーリ『社会を越える社会学』二三七頁。
(41) 同右、二三八頁。
(42) 泉靖一『済州島』東京大学出版会、一九六六年、一一六頁。
(43) 桝田一二『桝田一二地理学論文集』弘詢堂、一九七六年、一〇八―一〇九頁。
(44) 同右、一一〇頁。
(45) 杉原達『越境する民――近代大阪の朝鮮人史研究』新幹社、一九九八年、八一―八二頁。
(46) 一九二七年には日本に在住する済州島出身者が三万人を超え、そうした現実を背景に、翌一九二八年四月、済州島民は朝鮮郵船および尼崎汽船部の二社に対して船賃の値下げを訴えた。さらに済州島民は、大阪の天王寺公会堂で島民大会を開催して、当時一二円五〇銭の運賃の値下げと乗客待遇改善の要求を決議して交渉にあたるが、それも拒否された。この闘争は、「われらはわれらの船で」というスローガンを掲げた済州通航組合準備会によって組織されたもので、在阪朝鮮人および済州島在住民の合計五〇〇〇人(一株三〇銭の組合費)をもって、東亜通航組合の結成へと発展した。一九三〇年一一月に蛟龍丸を、片道六円五〇銭の画期的な運賃で阪済航路に就航させると、朝鮮郵船・尼崎汽船部・鹿児島郵船の三社は、船賃を一二円から六円五〇銭に下げ、さらに三円にまで値下げして対抗した。蛟龍丸の傭船契約が切れると東亜通航組合は官憲の妨害をはねのけて伏木丸を獲得し就航させることになる。月三便体制の第二君が代丸(尼崎汽船部)や京城丸(朝鮮郵船)に対して、伏木丸は月二便の就航であったが、大阪から済州島行きでは際立って多い乗客を獲得し、大阪行きのほうでも官憲の妨害にもかかわらず他社とほぼ互角の乗客を運んでいる。しかし、東亜通航組合は、度重なる官憲の弾圧と負債の累積などのために、一九三三年一二月一日より伏木丸が就航停止へと追い込まれた。同右、一二〇―一二四頁。

(47)　桝田『桝田一二地理学論文集』一一〇頁。東亜通行組合が伏木丸を廃航してからは、朝鮮郵船の京城丸(一〇三九トン)、尼崎汽船部の第二君が代丸(九一九トン)の二船が交互に月三回ずつ就航した。料金も阪済間八円、一六円の二クラスの均一制が採用されるようになる。
(48)　同右、八六―八七頁。
(49)　梶村秀樹「定住外国人としての在日朝鮮人」『思想』七三四号、一九八五年八月、二六頁。
(50)　金賛汀『異邦人は君ヶ代丸に乗って――朝鮮人街猪飼野の形成史』岩波新書、一九八五年、九三頁。
(51)　金澤良雄「外国人の出入国」日本管理法令研究会編『日本管理法令研究』一五号、有斐閣、一九四七年、三八頁。
(52)　越境編集委員会編『出入国管理体制の成立過程Ⅰ　一九四五―一九四八』大逆文庫、一九七〇年、一三一頁。
(53)　法務省入国管理局『出入国管理とその実態　昭和三四年版』一九五九年、一四頁。
(54)　大沼保昭『在日韓国・朝鮮人の国籍と人権』東信堂、二〇〇四年、二一〇頁。第一次会談法的地位分科委員会における田中光男日本代表の発言。
(55)　テッサ・モーリス＝スズキ(辛島理人訳)「占領軍への有害な行動――敗戦後日本における移民管理と在日朝鮮人」岩崎ほか編『継続する植民地主義』。
(56)　ブルース・カミングス(鄭敬謨・加地永都子訳)『朝鮮戦争の起源　第二巻　解放と南北分断体制の出現』シアレヒム社、一九九一年、五三七頁。
(57)　文京洙『済州島現代史――公共圏の死滅と再生』新幹社、二〇〇五年、三一頁。
(58)　桝田『桝田一二地理学論文集』一一六頁。
(59)　大沼『在日韓国・朝鮮人の国籍と人権』二三四頁。
(60)　法務省入国管理局『出入国管理とその実態　昭和三四年版』五八頁。
(61)　長崎県では、一九四六年六月ＧＨＱの「日本への不法入国抑止に関する指令」にもとづき、密航朝鮮人取締沿岸警備隊設置要綱を制定し、佐世保引揚援護局の構内に既設の建物を利用して、「不正入国の第三国人収容所」を設けたのである。検疫、滞留中の給食、送還用船舶に対する糧食の補給についても、佐世保引揚援護局が担当することになった。佐世保引揚援護局編『局史(下巻)』一九六頁。
(62)　佐世保引揚援護局が開局して在日朝鮮人の送還業務を開始した一九四五年一一月から閉局する一九五〇年五月までの朝鮮

への送還者数は、「一般」が七万三〇八九人、「密航」が三万八三三六人である。しかし一般送還者のうち四万六四七六人が一九四五年の送還であり、一九四六年以降は、強制送還者の数が一般帰還者のそれを上回っている。同右、「方面別送還人員図表」を参考。

(63) 同右、一八三頁。

(64) 法務省入国管理局『出入国管理とその実態 昭和三九年版』一九六四年、一〇五―一〇六頁。

(65) 法務省入国管理局『出入国管理とその実態 昭和三四年版』一五―一九頁。

(66) 法務省大村入国者収容所『大村入国者収容所二十年史』一―二頁。

(67) 法務省入国管理局『出入国管理とその実態 昭和三九年版』九三頁。

(68) 『朝日新聞』一九五二年五月一四日付。

(69) 法務省大村入国者収容所『大村入国者収容所二十年史』八四頁、参議院法務委員会、一九五二年一二月一二日、法務省入国管理局長鈴木一の説明(国会会議録検索システム)。

(70) 同右。

(71) 同右。

(72) 法務省大村入国者収容所『大村入国者収容所二十年史』一二〇頁。

(73) 同右。

(74) 挽地「大村収容所の社会史(一)」九四―九五頁。したがって挽地は、大村収容所が近代日本という国民国家の中央集権的な地政学というよりも、むしろ東アジアのポスト植民地主義的な環という地政学のなかで構想されていると指摘する。

(75) Benjamin Genocchio, "Discourse, Discontinuity, Difference: The Question of 'Other' Space," in Sophie Watson and Katherine Gibson (eds.), *Postmodern Cities & Spaces*, Blackwell, 1995, p. 38.

(76) 高崎宗司『検証 日韓会談』岩波新書、一九九六年、二二―二三頁。

(77) モーリス=スズキ「冷戦と戦後入管体制の形成」。

(78) 参議院本会議、一九五一年一月三一日、油井賢太郎議員の質問に対する大橋武夫法務総裁の答弁(国会会議録検索システム)。

(79) 「一部悪質的共産系列人物の強制送還問題に関する件」一九五一年五月一六日、駐日韓国代表部公使より外務部長官あて、

韓国外交安保研究院所蔵『韓日会談予備会談（一九五一・一〇・二〇―一二・四）在日韓人の法的地位問題事前交渉　一九五一・五―九』（C1-0001）。

(80)「在日同胞中一部悪質分子強制送還問題及び在日韓国人の法的地位問題に関する件」一九五一年七月九日、外務部長官より駐日韓国代表部大使あて、同右。

(81)「在日韓人法的地位の決定に関する会議結果報告の件」一九五一年八月二四日、駐日韓国代表部大使より外務部長官あて、同右。

(82)「在日僑胞の国籍及び居住権問題に関する件」一九五一年九月一四日、外務部長官より駐日韓国代表部大使あて、同右。

(83)「在日僑胞の国籍及び居住権に関する件」一九五一年九月二六日、外務部長官より駐日韓国代表部大使あて、同右。

(84)「在日韓僑の国籍に関する協定の要綱審議の件」一九五一年一〇月八日、法務部長官より国務会議議長あて、同右。法務部は二案を提示してそれぞれの問題点も示した。前者の場合、日本国籍を希望する場合は帰化の手続きが必要で、それは結局日本が「望ましい韓国人」だけに選択的に帰化を認め、そうでない者は一方的に追放される可能性があると指摘した。後者の場合は、在日朝鮮人に日本国籍を認めることは不当に思われるが、それが国際的な論理であるとしつつも、真に祖国愛がある者だけが韓国国籍を選択するだろうと推測している。

(85)高崎『検証　日韓会談』二七頁。

(86)「第三次韓僑法的地位分科委員会経過報告の件」一九五一年一一月四日、対日講和会談韓国代表団団長より外務部長官あて、韓国外交安保研究院所蔵『第一次韓日会談（一九五二・二・一五―四・二一）在日韓人の法的地位委員会会議録、第一―三六次、一九五一・一〇・三〇―一九五二・四・一』（C1-0001）。

(87)マーク・カプリオ（樋口謙一郎訳）「旧植民地出身者の処遇――占領日本における韓国・朝鮮人居住者の政治的地位形成」マーク・カプリオ／杉田米行編『アメリカの対日占領政策とその影響――日本の政治・社会の転換』明石書店、二〇〇四年、二五三頁。

(88)「第三五次及び三六次在日韓僑法的地位分科委員会経過報告の件」一九五二年四月四日、駐日韓国代表部公使より外務部長官あて、『第一次韓日会談（一九五二・二・一五―四・二一）』（注86）。

(89)「第三次韓僑法的地位分科委員会経過報告の件」（注86）。

(90)「韓日会談第一次国籍及び処遇分科委員会会議に関する報告の件」一九五三年一〇月一四日、駐日韓国代表部公使より外

務部長官あて、韓国外交安保研究院所蔵『第三次韓日会談(一九五三・一〇・六―二一) 国籍及び処遇分科委員会会議録、第一次、一九五三・一〇・一〇』(C1-0002)。

(91) 加藤晴子「戦後日韓関係史への一考察(上)――李ライン問題をめぐって」『日本女子大学紀要・文学部』二八号、一九七八年三月、二四頁。

(92) 同右、三一頁。

(93) その理由として、韓国は強制送還者に「在日韓人」が含まれていたことを問題にした。日本が第八次送還で「逆送還」された一二五人のうち七七人を不法入国者として強制送還したことを、駐日韓国代表部は非難している。法務省大村入国者収容所『大村入国者収容所二十年史』九五頁。後に李承晩大統領は金公使への電文のなかで、「われわれは日本が一九四五年以前からの居住者を数人含めて騙そうとするまでは、数回にわたり船ごと彼ら〔「不法入国者」〕を引き受けた」と怒りを示しているが、これが重大な問題だったことは想像に難くない。From the President to the Minister (of the Korean Diplomatic Mission in Japan), April 4, 1956、韓国外交安保研究院所蔵『第四次韓日予備交渉、五六―五八(V.1 景武台と駐日代表部間の交換公文、一九五六―五七)』(C1-0002)。さらに日本のメディアで釜山収容所の日本人漁夫が不当な扱いを受けていると報じられた。それに対応すべく、韓国は大村収容所の収容者の処遇問題を持ち出したのであるが、これもまた集団送還の中断に影響したと考えられる。

(94) ただし、その間に強制送還がまったく行われなかったわけではない。韓国が本人の自由意思による帰国を受け入れていたこともあって、日本は自己負担によって帰国を希望する者を仮放免し強制送還したのである。

(95) 『朝日新聞』一九五五年九月一三日付夕刊。

(96) 日韓漁業協議会『日韓漁業対策運動史』一九六八年、一七二頁。

(97) 法務省としては、釜山に抑留中の日本人漁夫の釈放と大村収容所に収容されている朝鮮人の釈放を交換条件にすることは「筋が通らない」ことであって、それが「朝鮮人を出入国管理令という法律によって強制退去にすること自体を否認すること」につながるとして危惧したのである。しかし法務省は、韓国の日本人漁夫の抑留という措置はなんら法的根拠がない、全く恣意的な行為であるとしながらも、「大村に収容中の朝鮮人を釈放して国内治安に影響を及ぼさないめどがつき」、「今回限りの措置として将来の措置に影響がないという見通しがつけば何とか考えるだけの余裕は持ちたい」として一歩引くことになる。衆議院農林水産委員会、一九五五年一二月一日(国会会議録検索システム)。

(98)　From the President to the Minister (of the Korean Diplomatic Mission in Japan), April 4, 1956; April 19, 1956'『第四次韓日予備交渉、五六─五八』(注93)。
(99)　相互釈放合意の正式名称は「日本内に抑留された韓国人及び韓国内に抑留された日本人漁夫に対する諸措置に関する大韓民国及び日本政府間の了解覚書」。
(100)　「北韓行きを希望する韓人日本国内釈放報道に対する日政外務省に発送した抗議文に関する件」一九五八年七月七日、駐日韓国代表部大使より外務部長官あて、韓国外交安保研究院所蔵『在日韓人北韓送還及び韓・日両国抑留者相互釈放関係綴、一九五五─六〇(V.1 大村収容所に収容中の北送希望者の釈放問題、一九五八)』(C1-0010)。
(101)　法務省大村入国者収容所『大村入国者収容所二十年史』八五頁。
(102)　同右。
(103)　「在日韓国人抑留者現況に関する件」(日本大村収容所韓国人抑留者一同による「陳情書」)一九五八年七月二日、駐日韓国代表部大使より外務部長官あて、韓国外交安保研究院所蔵『在日韓人北韓送還及び韓・日両国抑留者相互釈放関係綴(V.9 大村収容所に収容中の日本密入国韓国人の強制送還及び拿捕日漁船追放に関する件、一九五五─六〇)』(C1-0010)。
(104)　「大村収容所一般密航収容者達の断食ストに関する報告の件」一九五八年七月一八日、駐日韓国代表部福岡事務所所長より駐日韓国代表部大使あて、同右。
(105)　「所謂北韓送還希望者中日本国内仮放免名簿入手報告の件」一九五八年七月二三日、駐日韓国代表部大使より外務部長官あて、『在日韓人北韓送還及び韓・日両国抑留者相互釈放関係綴、一九五五─六〇』(注100)。
(106)　出入国管理令五九条は、上陸を拒否された者や退去強制処分を受けた者に「該当する外国人が乗ってきた船舶を運行する運送業者は、当該外国人をその船舶又は当該運送業者に属する他の船舶により、その責任と費用で、すみやかに本邦外の地域に送還しなければならない」とする。
(107)　「令五九条送還」は一九五四年一月から一九七一年までに一一九回、七〇七人に達している。とくに集団送還が全面中止になっていた一九五七、五八年に集中しているが、これは収容者数の一大緩和策となったことで、「入管が放ったヒットである」と礼讃されたという。法務省大村入国者収容所『大村入国者収容所二十年史』九七─九八頁。
(108)　「一方的に送還される在日僑胞に関する件」一九五九年四月二二日、内務部長官より外務部長官あて、『在日韓人北韓送還及び韓・日両国抑留者相互釈放関係綴』(注103)。

(109)「抑留者相互送還に関する関係者連席会議録送付の件」一九五九年三月二四日、外務部長官より駐日韓国代表部大使あて、同右。なお、「一切不問に附す」は後に「寛大に処理する」に修正された。
(110) フーコー『ミシェル・フーコー思考集成X』二八二頁。
(111) 朴正功『大村収容所』京都大学出版会、一九六九年。
(112)「我国密航者に関する報告の件」一九五八年一月九日、駐日韓国代表部福岡事務所所長より駐日韓国代表部大使あて、『在日韓人北韓送還及び韓・日両国抑留者相互釈放関係綴』(注103)。
(113)「第七一次強制送還者名簿及び送還船日程」一九七二年一一月一四日、駐日大使館より外務部長官あて、韓国外交安保研究院所蔵『在日国民強制退去(送還)一九七二』(Re-0037)。
(114)「第七五次強制送還者名簿送付」一九七四年九月一九日、駐日大使館より外務部長官あて、韓国外交安保研究院所蔵『在日国民強制退去(送還)一九七四』(Re-0037)。
(115) 法務省入国管理局『入国管理月報』七六号、一九六七年三月、一頁。
(116) 文『済州島現代史』。
(117) 伊地知紀子『生活世界の創造と実践――韓国・済州島の生活誌から』御茶の水書房、二〇〇〇年、一〇三―一〇四頁。
(118) 法務省入国管理局『入国管理月報』八七号、一九六八年二月。
(119)「昭和四三年上半期における集団不法入国の概況」法務省入国管理局『入国管理月報』九三号、一九六八年八月、九頁。
(120) 金徳煥「新・猪飼野事情」『済州島』(耽羅研究会)、創刊号、一九八九年四月、六三頁。
(121) 在留特別許可は非正規滞在者に、「特別に在留を許可すべき事情があると認めるとき」法務大臣が個別的に行う正規化の制度である。
(122) たとえば、父を頼って「密航」し、東京で婦人靴製造業を営んでいた洪有珍はその数年後、夫婦で入国管理局に在留特別許可を求めたものの、退去強制処分とされ、日本で生まれた一男二女とともに大村収容所に収容された。『朝日新聞』一九七六年三月三日付。
(123) 二〇〇二年一月三〇日、不法滞在状態にあるペルー人一家が、「強制送還させられると子供の教育に支障が出る」として法務大臣らを相手に在留特別許可の不許可処分取消を求めた訴訟で、名古屋地裁は、「子供が一定期間学校に通っていれば在留を認めるという解釈は、国益や社会常識に合わず、児童の福祉のみを特別に重視はできない」として請求を棄却する判決を言い渡した。『朝日新聞』二〇〇二年一月三〇日付夕刊。

(124)　夫万根『光復済州三〇年』文潮社、一九七六年、四二七頁。

(125)　小川伸彦・寺岡伸悟「在日社会から「故郷」済州島への寄贈」『奈良女子大学社会学論集』二号、一九九五年三月、七八頁。

(126)　姜泰植「在日僑胞へ」済州市『済州市』三号、一九六六年一二月、一〇六―一〇七頁。

(127)　「愛郷のしるし」は済州道が発行する「在日同胞寄贈実績」の目録書の書名である。『愛郷のしるし』は一九八二年に初版が、一九八三年、一九九〇年、二〇〇七年に増補版が発行された。

(128)　康昌洙「済州道の僑民行政」済州道『済州道』五七号、一九七二年一二月、四四頁。

(129)　済州道『二〇〇三　在外済州道民便覧』二〇〇三年、二〇三頁。

終　章　東アジアの新世紀とコリアン・ネットワーク

――リベラル・ナショナリズムからの問い――

1　論点の整理と課題

本書は、二〇世紀において東アジアで展開された領域横断的な朝鮮民族の紐帯をネットワークとして捉え、その越境性をあらゆる角度から把握し、「本国」とコリアン・ディアスポラの多層的な関係およびコミュニケーションの歴史と現在について考察した。

第一部では「メディアのコリアン・ネットワーク」をテーマにして、朝鮮半島の植民地期や冷戦期における各種イベントやマスメディア、そして近年のインターネットなどのコミュニケーション手段にいたるさまざまなメディア領域から、東アジアで越境的に展開したコリアンのネットワークの意味を問いただそうと試みた。歴史的には朝鮮半島から海外への移動が本格化し、また植民地化の過程に突き進むナショナリズムの形成期から植民地の時代、そして戦後の冷戦期と脱冷戦のグローバル・メディアの時代まで、大雑把ながら歴史と現在を行き来するようにして考察を行った。地域的にも朝鮮半島、済州島、日本、中国東北部、沿海州、サハリンを駆け巡り、つながり合う空間像を浮き彫りにし、ネットワークという視点から対象領域を眺めた。

第二部では、越境する人に焦点をあてた。帝国の崩壊は、支配領域の空間的な縮小のみならず、帝国臣民の解体をも意味した。物理的で法制度的な国境管理が施される脱植民地の空間では、とりわけ東アジアの場合、帝国世界における日常の生活は国家に寸断され、冷戦構造は再編された国境線を揺るぎなく補強していった。そうした国境の線引きによって公式的な移動が制限されながらも、越境する民は非合法的なネットワークをとおして国境の統制管理に対抗して生活空間を創造したのである。さらに、冷戦崩壊後、中国朝鮮族や旧ソ連の高麗人社会が、ホスト社会と新しく発見された「故国」との間の緊張がもたらしたエスニック空間の揺らぎのなかで「故郷」を再生する過程に着目した。

このようにさまざまなメディアの領域と人の移動を歴史と現在から比較対照し、東アジアの空間を重層的に交差するコリアン・ディアスポラのコミュニケーションの状況を考察すると、そこにはコリアン・ネットワークの意義をめぐる重要なポイントが浮かび上がってくる。

第一に、コリアン・ネットワークが歴史的に形成され、二〇世紀にかけて引き続き存在してきたことである。コリアンのネットワークは、朝鮮半島における移民の時代が幕を開け、「在外同胞」が誕生する時期に姿をあらわした。それは、近代的な国民国家の成立を試みる状況において活性化し、朝鮮が日本の植民地となる時期に、植民地統治に抗うナショナリズムを朝鮮の「内地」と「外地」が相互作用的に構築することで最盛期を迎えた。

ところが、帝国主義への抵抗手段としてのみ在外コリアン社会を捉えると、植民地期における朝鮮半島の「内地」と「外地」のさまざまな関係が見えなくなる。それは、植民地時代における在外コリアン研究が、主に抗日闘争や独立運動に集中してきたことに帰着した。だが、朝鮮半島における「在内」と「在外」の相互作用のなかには、帝国主義の文化を「流用」していくプロセス、すなわち植民地統治者と交渉しつつもそのなかで生じるズレや差異をもってアイデンティティの確立の契機にしようとする、支配と被支配の対抗関係が存在したのである。さらに抵抗ナショナリズムからの視点だけでは、コリアン・ネットワークは領域的支配への対抗手段以上の意味を持たなくなり、朝鮮半島の解放とともにその役割は終わりを告げることになる。しかし移動するコリアンを民族的抵抗運動だけでなく、社会経済的な日常生活の営為とその実践過程から捉えた場合、戦前と戦後は決して断絶したものではなく、むしろ連続性が見えてくる。そこには、「冷戦の空間」において展開された済州島と大阪の生活圏のネットワークや、サハリン―東京―大邱をむすんだ離散家族のネットワークがあったのである。

この「帝国の空間」と「冷戦の空間」におけるコリアンのネットワークが、一方では韓半島(朝鮮半島)中心主義的な集中型に収斂されながらも、他方でそれとせめぎ合いながら遠心的に拡大する今日の「グローバル化の空間」における「本国」とコリアン・ディアスポラのさまざまな紐帯にむすびついている。本書は、コリアン・ネットワークが歴史的に存続してきたという仮説をもって、二〇世紀全般にわたるコリアンの移動とメディアを考察してきたが、それはこのようなネットワークの歴史性によって支持されるだろう。

第二に、このように歴史的に形成されたコリアン・ネットワークは、さまざまなメディアを媒介にしてきたことである。本書で取り上げたメディアのコリアン・ネットワークは、観光訪問、講演会、映画上映会、音楽公演などの各種イベントおよび新聞やラジオ、衛星放送などのマスメディア、そしてインターネットというコミュニケーション手段にいたるさまざまなメディアの領域を含んでいる。

こうしたメディアとコリアン・ネットワークを考える場合、メディアの技術決定論を批判的に考察することが重要である。電子的に媒介されたヴァーチャルな空間が、身体的な近接性や地域的な密接度をこれ以上必要としないコミュニケーションをもたらすという期待が「韓民族ネットワーク共同体」の議論に拍車をかけた。確かに、情報交換の即時性と双方向性、そして情報の蓄積性を特徴とするインターネットは、コリアン・ネットワークにおいてもこれまでのメディア状況を凌ぐ画期性を示唆している。

とはいえ、メディア・テクノロジーが、新たな関係構築によって構成される民族同士のコミュニケーションおよびそれからなる相互性を必ずしも保障するものでないことが明らかになった。こうしたテクノロジーを無視することはできないが、逆に、手紙や新聞、ラジオなどオールドなメディア、あるいは観光訪問団や楽劇団などの「巡り」がむしろネットワークとしてそれなりの役目を果たしてきたことも見えてきた。その限りにおいては、テクノロジーそのものが文化にインパクトを与えるのではなく、小さいが生々しい人々の出会いと対話の場がコリアン・ネットワークにおいて意味ある空間になることも理解できるだろう。

第三に、コリアン・ネットワークがある種の脱国家的なアクターの連帯として機能してきたことである。日本の植民地統治への対抗ネットワークからは、朝鮮の独立だけではなく、それを超える東アジアの地域連帯の地平が見えてくる。それは「冷戦の空間」や「グローバル化の空間」において、東アジアの市民的連帯の前兆を切り開くものであった。

ベトナム戦争に反対する韓国軍兵士や韓国人被爆者が「密航」の末に大村収容所に送られたことが、日本の市民社会に与えた影響は大きかった。日本の市民運動団体が大村収容所の解体運動や反入国管理体制運動を展開したことには、在日朝鮮人の権利状況もさることながら、こうした「密航」による問題提起を無視することはできない。また、サハリン残留韓国・朝鮮人の帰還をめぐる運動が日本の市民社会を巻き込み、やがてアジアに対する戦後補償問題を提起するさきがけになったのも、コリアン・ネットワークが民族のバウンダリーに閉じたものではなく、目的を異にする他のネットワークと新たにネットワークを形成する開放性を備えていることを物語っている。そしてそうした問題提起は、今度はサハリン残留韓国・朝鮮人問題や韓国人被爆者問題をなおざりにしてきた韓国社会に跳ね返ってくるのである。

さらに、極東ロシアの沿海州で韓国のＮＧＯが展開する中央アジアから「帰還」した高麗人への支援は、市民運動とエスニック運動の結合したネットワークとして、韓国の民主化の力量を東アジアのレベルで試すものであろう[1]。国家的なレベルでのプロジェクトではない、民主化の経験をとおして生まれ、市民社会を土台とした連帯の観点から推進していく作業が市民性を示している。このような特徴を持つコリアン・ネットワークを東アジアの地域統合という視点から捉えることで、そこからは越境的な市民的ネットワークの可能性を見出すことができるのである。

第四に、ディアスポラのコリアンは彼らを取り囲もうとする勢力のはざまで常に揺れながらも、それを逆手にとってアイデンティティの複合性を保持することで接近可能性としてのネットワークを支えている。その勢力のはざまとは、今日の中国朝鮮族社会が位置するようなホスト社会や「本国」との緊張関係だけを意味するのではない。植民地化の過程においては、日本は在外朝鮮人を代表＝表象しようとし、在外朝鮮人はそれを拒んだ。植民地のなかにあっても、「朝鮮内地」では帝国側と民族側がそれぞれ言説として在外朝鮮人を必要とした。在満朝鮮人のように、重層的に構成された権力の下では一層複雑になった。

戦後、分断の状況下で南北両政府はそれぞれ在外同胞をめぐって角逐した。それが日本では「総連」と「民団」の対立として顕在化してきた。大村収容所においても「北組」と「南組」が激しく攻防し、サハリンをめぐっては、韓国と北朝鮮が在外同胞を政治的な取り引きの材料にすることで、それがサハリン残留韓国・朝鮮人の帰還を遅延させる一因にもなった。こうしたコリアン・ディアスポラに対する「奪還の政治」は、結局、分断によるいびつな国民国家を中心とする在外コリアンの手段化としてあらわれた。

そうしたねじれが韓半島中心主義として在外コリアンを周辺化してきたのであるが、しかしコリアン・ネットワークから見た場合、このような同化・排除・奪還のポリティクスに対抗する場所の政治はどちらにも包摂されないアイデンティティの戦略でもあった。すなわち、コリアン・ネットワークは、その歴史性から眺めると、民族共同体としての意味を超えた東アジアにおける脱国家的な実践として存在してきたのである。その接近可能性としての特徴が、コリアン・ネットワークをポストコロニアルの市民連帯から、東アジアにおけるリージョナルなネットワークへと転換する方法論的基盤となっている。

ただし、こうした展望はコリアン・ネットワークが比類のないものであるというのではない。むしろこの地域には連帯のバックボーンとして、華人系や日系の越境的ネットワークが存在しなかったことを意味する。そもそもコリアン・ネットワークはその生成過程から見ても華僑ネットワークとは性格を異にする。「韓民族共同体」の議論ではしばしば華僑ネットワークが引き合いに出され、それが未来像として理想化される。しかし、華僑・華人に比べて比較的移住の歴史の浅いコリアンは、東南アジア方面に進出した華人系とは違って、日本や中国、極東ロシアなど朝鮮半島より進んだ資本主義システムのなかで商業資本を形成することができず、また移住形態も農業移民や労働移民が中心であった。それゆえ経済的交流から成り立つ華僑ネットワークに比べると、コリアン・ネットワークはむしろ政治的・社会的ネットワークとしての潜在性を秘めるようになったのである。

本書を通じて明らかになったコリアン・ネットワークの特徴は、一方では内戦と冷戦という激動の地域であった朝鮮半島を取り囲む四つの大国に挟まれた地政学的な条件と、経済の目覚ましい発展、そして民主化という内外の要素によって裏づけられる。しかし他方では、「帝国の空間」のなかで離散することになった人たちが、朝鮮半島を囲む日本、中国、ロシア、そして米国に居住しながら、「冷戦の空間」のなかでそれぞれ独自のコリアン・マイノリティの文化を形成し、そしていま多様な国籍と文化を合わせ持つコリアンとして顕在化していることにあろう。翻っていえば、コリアンが東アジアにおける地域協力体形成のアクターとして顕在化しているならば、それはこの地域にこうした特徴を持つコリアンのネットワークが存在するからなのである。

本書で概念化を試みたコリアン・ネットワークについては、コリアンの紐帯の歴史的軌跡を追い、韓半島中心主義的な立場ではなく、多国籍で多言語的な、多層的アイデンティティにより構成された在外コリアンの現実が反映される関係として捉えた。それは、近年の「韓民族共同体」の議論や実践では見えてこないネットワークの意味の根幹にかかわる部分である。共同体ではなく、ネットワークとしての朝鮮民族という発想に立つことによって、植民地のなかで忘れ去られ、冷戦下においてほとんど顧みられることのなかったコリアン・ディアスポラの姿と向き合うことができるのである。

以上のように、本書をとおしてコリアン・ネットワーク研究の領域と特徴を示すことができた。しかし、歴史から現在への時間軸からさまざまな地域の人とメディアのネットワークを考察した本書が、コリアン・ネットワークの諸相を十分に捉えるには限界があった。一つは、対象とする領域や時代が幅広く設定されたため、ネットワークとしてのコリアンの姿を限定的にしか示せなかったことである。

本書が帝国ネットワークを「流用」するプロセスから生み出される対抗ネットワークを提示したものの、それを一つのメカニズムとして把握するためには、「方法としてのネットワーク」から「実体としてのネットワーク」につながる、より多くの歴史的・現実的事象の考察が欠かせない。それには、「抵抗と交渉と協力が連続する同一のスペクトラム」(2)として植民地朝鮮における支配と被支配の関係を見直す作業が求められる。もちろん、そうしたプロセスが、最終的に「日本帝国主義に抵抗しようと試みつつ、暴力の連鎖にひきこまれてしまう矛盾」(3)に行き着いたことも看過できない。

冷戦期においては、北朝鮮と中国・ソ連との間にもさまざまなネットワークが存在したことを忘れてはならない。最近研究成果が出されている在日朝鮮人の「帰国事業」(4)やそれが生み出した交流も、当時の状況としてはある意味「冷戦の空間」におけるコリアン・ネットワークの拡張といえるだろう。また、北朝鮮の建国過程においては、「ソ連派」といわれた「朝鮮系ソ連人」が果たした役割は大きかった。さらにソ連は、サハリンに取り残された朝鮮人の統制管理のために中央アジアに強制移住させた多数の「朝鮮系ソ連人」を送り込んだ。他方、朝鮮戦争において、中国では抗日戦争や共産党系列で解放戦争に参加した在満朝鮮人部隊が北朝鮮の人民軍に編入されて最前線に配置された。いまや北朝鮮からの「脱北者」が中国東北部の朝鮮族社会に身を寄せているが、その背景には、一九六〇年前後の中国の大飢饉の際には逆に北朝鮮の人たちが朝鮮族の人々を支援した「貸し」があったのである。

日韓関係に目を転じても、韓国の反独裁民主化闘争の過程で在日コリアンや日本の知識人および市民社会の果たした役割について、あまり問われることはなかった。今日の歴史認識をめぐる諸問題においても、市民的ネットワークの領域でさらなる検証が求められるであろう。

このように北朝鮮側の視点や日韓関係をも含めた、「冷戦の空間」と「グローバル化の空間」におけるコリアン・ネットワークの検討も今後の研究課題として意味があるだろう。

だが、コリアン・ネットワークのまばらな網の目を密にして線を面に転換するさまざまな事例の考察よりも重要なのは、今後のコリアン・ネットワーク論の理論的・実践的課題を見据え、脱領土的なコリアンの連帯として南北朝鮮の統一過程の基盤をなし、さらに東アジアの地域協力体を形成する下地になる存在としてコリアン・ディアスポラの位置を問い直すことであろう。それは、コリアンのネットワークが一体性の空間ではなく、複数の人々の「間」として、言語・行為による表現とそれに対する一定の応答のある親密圏を形成することの可能性とかかわってくるが、(5)こうした課題に取り組むためのコリアン・ネットワークを形成することの学問的意義を示せるかどうかが研究領域の拡張性を担保してくれる。そうした展望を、政治理論の分野で近年活発になっている「リベラル・ナショナリズム」の議論を援用して探ることにしたい。

2　リベラル・ナショナリズムとしてのコリアン・ネットワーク

2-1　リベラル・ナショナリズムの射程

コリアン・ネットワークは、「コリアン」という民族単位の同質性を特権化する「特殊主義のメディア」ではなく、開かれたディアスポラの公共圏を志向する開放性・脱中心性・流用性によって特徴づけられる接近可能なネットワークとして、その政治思想的意味をどのように持ちうるのだろうか。

その手がかりになるのが、序章で示したリベラル―コミュニタリアン論争が、一方では多文化共生という内部における差異の存在からの問題提起によって、他方ではこれらの思想的脈絡が依って立つ国家という単位がグローバル化により外部との相互浸透を促されることによって、修正を迫られてバージョンアップした図式で展開される「コスモポリタン―コミュニタリアン論争」において、両者の対立的構図を架橋する視座として注目されるリベラル・ナショナリズムの理論である。

今日、究極のリベラリズムによる新自由主義の世界的席巻は国民国家という政治的単位を貫通しながらグローバルなレベルで経済格差を深化させ、これまで政治的な共同体のなかで機能した社会正義(平等)が破壊されるようになった。それは、リベラル・デモクラシーの政治が安定したネイションを前提にしてきたことを浮き彫りにし、平等的な資源の再配分には責任と義務を共有する帰属意識の区切りとなる政治的境界が必要であるという、「ナショナリズム」の有用性・不可避性と向き合うことを促す。

このようにグローバル化の現象、およびその負の影響を人々が意識するようになるにつれて、政治理論・哲学の分野においても新しい問題意識が高まり、リベラル・デモクラシーと安定したネイションや国民国家との関係性を再検討しようとするのが、リベラル・ナショナリズムの視角である。(6) リベラル・ナショナリズム論は、一九九〇年代初頭に登場し、英語圏の政治理論の分野で現在活発に論じられているが、日本でも近年、その紹介やそうしたアプローチからの分析があらわれつつある。(7)

もちろんリベラル・ナショナリズムは、グローバル化への反動としてたんなる過去の閉鎖的なナショナリズムへの回帰ではなく、「あくまでも「リベラル」であり、公正さの確保のため、ナショナリスト的側面は必然的にリベラリズムの要請する公正性の制約を重視する立場」である。(8) つまり、施光恒がいうように、リベラル・ナショナリズム論は、グローバル化の進展のなかでナショナリティの規範的意味をリベラル・デモクラシーの観点から肯定的に評価しつつ、他のネイションや少数者に対する公正さに配慮する議論なのである。(9)

したがって、ナショナリズムをコスモポリタニズムによって克服するというアプローチではなく、その生命力と効用に向き合い存在意義を確認したうえで、そこで修正されたナショナリズムをリベラリズムと接合していこうというのがリベラル・ナショナリズムだといえよう。もちろんリベラル・ナショナリズムも一様ではなく、その批判あるいは擁護においては「リベラル基底的」なのか、それとも「ナショナル基底的」なのかという、どの次元のナショナリズムを論じているのか明確にする必要がある。(10) ここでは前者の「リベラル基底的」な次元を想定している。それは順次明らかになる。

2-2　コリアン・ネットワークの境界の構成原理

それでは、コリアン・ネットワークをリベラル・ナショナリズム論の射程に置くため、まず朝鮮民族がネットワークとして連帯する場合の境界線を確認することにしよう。というのも、リベラル・ナショナリズム論の立場は、「リベラリズムにおいて重要な価値である民主主義と社会正義に焦点を当て、それが円滑に機能するうえでナショナリティの共有が重要な役割を果たしている」ため、[11]「境界線を設けある程度の閉鎖性を確保することが重要」と見なしているからだ。[12]

ただし、政治学者の杉田敦は、政治について考えるなかで、なんらかの単位に言及することは避けられないとしながらも、ある単位を選ぶことがどのような帰結をもたらすのか可能な限りノミナリスティックな立場から検討したうえで判断し、その選定に対しても実践的な意味を絶えず問い続けることが必要だと説く。[13]コリアン・ネットワークが、共同体ではなくネットワークを志向するとしても、それが「われわれ」という同質性を前提にする限り、なんらかの境界線を設けることになるのはいうまでもない。

だとすると、コリアン・ネットワークが歴史的に形成され、東アジアにおいて脱領土的なコリアンの連帯として浮上するなかで、その政治的意味を問い直すためには、南北朝鮮のみならずディアスポラ社会を含めたコリアンの境界線をひとまず設定し、そして境界線の内側がなにを連帯の条件にして同質性を保っているのか、その構成における諸次元を探らなければならない。そうすることでコリアン・ネットワークという「境界」をどのように「開放」できるのか、その道筋を示すことができるのである。

二〇世紀のコリアンの移動は、帝国主義とナショナリズム、そしてイデオロギーにあおられることで、領土から追放され、また包摂されるという同化・排除・奪還をめぐる政治に巻き込まれ、そして生きることで促された。その結果、コリアンは多様なかたちのナショナル／エスニックな存在として、各地に根を下ろしている。こうした多様性を特徴とするコリアン・ネットワークは、次のような構成で成り立っている。

ロジャース・ブルーベイカーは、冷戦終結後のヨーロッパにおける「国民国家への回帰」を、「ネイション化を推進するナショナリズム」「外部にナショナルな祖国をもつ者のナショナリズム」「国内マイノリティのナショナリズム」の間の相互作用が織りなす世界として描写している(14)。これをコリアン・ネットワークの同心円状の境界線に重ね合わせれば、三つのナショナルな志向性はそれぞれ、その実践形態として「統一コリア」「コリアン・ディアスポラ」「コリアン・マイノリティ」に対応させることができるだろう。そしてこれらは密接に絡みながら、ときには拮抗し、ときには支え合うことで、コリアンという境界線を構成しているのである。

一方、グローバル化によるリベラル・デモクラシーの変容・修正がリベラル・ナショナリズムへの関心を呼び起こしたわけであるが、その場合に想定される境界の政治学におけるベクトルは二つある。カナダの政治学者ウィル・キムリッカは、民族共同体ないしエスニック共同体の安定性を保護するために集団が行う可能性のある権利要求には二種類あるという。一つは、内部の異論のもたらす不安定から集団を保護する「対内的制約」(internal restrictions)と、いま一つは、外部の決定による衝撃から集団を保護することを意図する「対外的防御」(external protections)である(15)。

この軸を移してコリアン・ネットワークという境界の国際社会論的な意味を考えれば、コリアンという境界線を設定することによる国際関係やホスト社会におけるコリアン・ディアスポラの位置にかかわる「対外的防御」と、コリアンとしての不安定要因に対する反応としてあらわれる韓半島中心主義をめぐる「本国」とディアスポラの確執という「対内的制約」の二つのベクトルが見えてくる。

さらに、ヤエル・タミールがいうように、ネイションを選択することと文化への権利に関する議論において重要なリベラル・ナショナリズムの本質をなす二つの視点、すなわち、一方では、リベラリズムから個人の自律性と個人への傾度を引き出し、他方ではナショナリズムから、一般的にいえば人類共同体の、特殊的にはナショナルな共同体の一員たることが有する重要性についての正しい認識を引き出すことの両断面が見えてくる。(16) すると前者が「リベラル基底的」、後者が「ナショナル基底的」といえるだろう。

リベラル・ナショナリズムは、シティズンシップの共有をアイデンティティの根源に据えるシヴィック・ナショナリズムを改定したものと見なせることからわかるように、「血と地」を直接連帯の基礎にしようとするエスニック・ナショナリズムには批判的である。むしろ、エスニシティの多元性を積極的に承認しようとする点で「リベラル」であることを標榜するナショナリズムなのである。(17) するとコリアン・ネットワークが「血と地」を直接連帯の基礎にして拡大された民族共同体を目指すならば、それは「ナショナル基底的」に映るかもしれない。しかし、それが共同体としてではなくネットワークとして、すでに多国籍で多言語化した多様なコリアンのあり方を認めるという点では、「血と地」に収斂するよりも、むしろその解体の方向性を示していることから「リベラル基底的」と見ることができるのである。

2-3　コリアン・ネットワークの「境界の政治」

以上、コリアン・ネットワークの境界構成における諸側面を確認しえたところで、こうした「境界の政治」が具体的にどのように拮抗と相互依存の関係として展開しているのかを見てみよう。

コリアン・ネットワークという境界線から見た場合、これに限らず華僑ネットワークにおいても、ディアスポラの存在意義は、その拡張性を示すトランスナショナルな表象によって彩られている。あるいはその異種混淆性に注目する場合も、移住先のホスト社会における「内なるマイノリティ」の位置からであって、それらを結合した視点、つまりトランスナショナルなネットワークにおける「外なるマイノリティ」としての「対外的防御」や

「対内的制御」をめぐる境界の意義についてはあまり問われることはなかった。

コリアン・ネットワークの場合、韓国という朝鮮民族最大の民族的コミュニティがコリアンのナショナリズムを占有するとともに、韓半島中心主義によってその同質性の不安定性を除去しようとすることで、在外同胞としての「外なるマイノリティ」が生じた。そうすると、この「外なるマイノリティ」という立場から、国家という共同体としての政治的枠組みを必ずしも共有するわけではない「外部にナショナルな祖国をもつ者のナショナリズム」が、コリアン・ネットワークにおいてどのような位置にあるのか問うことができる。

「外なるマイノリティ」はそのディアスポラのトランスナショナルな特性のゆえ、多文化主義論やリベラル・デモクラシーの死角に置かれてきたといってよい。リベラル・ナショナリズムは、これまで顧みられなかった「外なるマイノリティ」という本国からのディアスポラへのまなざしをすくい上げるのである。したがって、コリアンの全体性を相対化するうえで、「内なるマイノリティ」のみならずコリアン・ディアスポラという「外なるマイノリティ」も「コスモポリタン—コミュニタリアン論争」において重要な政治的意味を有する。

こうしてコリアン・ネットワークは、「帝国の空間」や「冷戦の空間」では、帝国／民族とホスト国／本国の双方から包摂と排除のはざまにある「二重のマイノリティ」の存在によって、そうした空間に亀裂を入れ、「グローバル化の空間」では国民国家の特権性に抗うことができる。コリアン・ネットワークは(想像的な)文化的・血統的な同質性をもとにして境界を設定しながらも、さらにそれが「多国籍・多言語的共同体」であることで、そうした同質性の解体をもくろむのである。一言でいえば、コリアン・ネットワークは「コリアン」という境界線の解体的創造を意味する。

一方では、杉田が「内なるマイノリティ」が国民国家の特権性を相対化する意義を持ちうるとしても、それが国民国家の依拠してきた政治のあり方を変えることには必ずしもならないと指摘するように、コリアン・ネットワークは、ある種の人為的な単位として同質性を求めた場合に必然的に外部に対してあらわすことになる暴力性をも想定しなければならない。すなわちコリアン・ネットワークにおける「対外的防御」である。

コリアン・ネットワークがはらむ「対外的防御」の問題は、東アジアの場合、ディアスポラ社会がその外部にある大きな民族共同体との連帯によって、将来的にそのむすびつきが強まるのではないかという憂慮を生み出すことであろう。中国朝鮮族に対する韓国の在外同胞政策を牽制する中国政府の対応がその象徴的事例である。中央政府レベルの対応だけでなく、地域レベルでも特定のマイノリティが「外部にナショナルな祖国をもつ者のナショナリズム」ということで恩恵を受けるなら、社会的な不和が生じることもありえなくはない。実際、高麗人が韓国の支援を受け入れながらも常に地域社会との多文化共生を打ち出すのも、そうした周囲からの憂慮を払拭するためである。

「対外的防御」の問題は韓国社会の「内部における対外的な境界線」にも波及する。つまり韓国の多文化政策が、エスニックな出自をともにしない、つまり「同胞」ではない外国人との共生を目指すよりも、「同胞」の外国人を優遇することで発生する国内の差別構造を放置してしまうことである。韓国への就労目的の入国に韓国語の試験を課すという試みがそれにあてはまる。

他方では、「外部における対内的な境界線」、つまり「外部にナショナルな祖国をもつ者」のホスト社会における境界線の脆弱化を導くことも無視できない。朝鮮族の再移動は、中国国内の都市部や日本などにも向かうように韓国だけではないが、韓国在住の朝鮮族が「帰韓同胞」(韓国国籍回復者・帰化者)を含めて五〇万人に達することは従来の二〇〇万人とされた人口の四分の一に相当し、すでに朝鮮族社会を支えてきた教育や文化の自治的基盤が崩れかけていることを意味する。それが当事者の選択であっても、一定の人口規模と自治区域によって支えられてきた中国朝鮮族の位置が今後大きく変容することは避けられない。

コリアン・ネットワークは、優越的な政治的共同性に求められる資源や福祉の共有を義務づけられていないことから、その「対内的制約」がさほど強くないようにも見えるが、韓国の韓半島中心主義が民族内部の差別構造を生み出すように、コリアン・ネットワークという内部に対しての暴力性が存在する。そして「対内的制約」だけでなく、「対外的防御」も制限されなければならないことが見えてきた。こうした暴力性に対抗する「外なるマイノリティ」の復権が導き出す、国民国家の特権性を相対化する可能性が、そこにはあるのである。

コリアン・ネットワーク論は、「境界線の存在を意識することによって、境界線を相対化する」(杉田敦)ことにむすびつく新たな問題領域を提供する。それをリベラル・ナショナリズムから照射することでコリアン・ネットワークの理論的課題の展望を示したが、こうした規範理論は現実のなかでどのように作用しうるのだろうか。

それでは最後に、コリアン・ネットワーク論における在日コリアンあるいはコリアン・ディアスポラの立場から、果たして「文化への権利は共同体の権利か」(タミール)を問うことで、その実践的課題を示すことにしたい。

3　コリアン・ネットワークの現実と課題

3-1　「統一コリア」とコリアン・ネットワーク

まずは、現在のコリアン・ネットワークが、今後の南北統一の過程においてどのようなロードマップを提示し、また東アジアの地域統合にはいかなるかたちで批判的にコミットしていくことができるのかという実践的な課題がある。

朝鮮半島は「真の国民国家」を成し遂げる前に脱民族という新たな潮流の渦に巻き込まれている。ナショナリズムに対する内在的な批判があがる一方で、東アジア共同体という地域統合の動きも浮上している。両者はグローバル化への対応という点において共通するのであるが、統一という「民族的な課題」もまたこのような時代の流れに従うことを迫られているのである。すると「脱民族の時代」におけるコリアン・ネットワークとしての統一コリアの志向はどうあるべきか。

そこで求められるのは、一つの国民国家としての統一への欲望を克服することであろう。それはたんに、一方的な統一が引き起こすことになる統一の費用負担という現実的問題への危惧からだけではない。統一によってグローバルシステムに適応できない北朝鮮地域が内部の植民地になりうることも無視できないのである。もちろん、国民国家ではないその他の創意的な方法で漸進的な統合を進めていくとしても、南北が互いの信頼を回復するには多くの困難が予想される。なによりも冷戦崩壊後、ソ連・中国との国交が樹立することで交流可能となった韓国本土の国民と在外コリアンとの関係が、言語的・経済的差別による序列構造によって規定される現実に照らし合わせてみた場合、韓国が「同胞愛」だけで北朝鮮の住民を同等の共同体の一員として受け入れるとは思われない。それは現に韓国に定着した、いわゆる「脱北者」の社会的位置を見ればよい。

こうした問題に対応するヒントをユルゲン・ハーバーマスの議論から得ることができる。ハーバーマスはソウル大学での講演で、朝鮮半島の統一をめぐり、同胞としての「エトノス」(ethnos)を市民としての「デモス」(demos)に優先すべきではないと主張した。(18) いまや、朝鮮半島の統一はたんに拡大した国民国家の形成を目指すのではなく、新しいアイデンティティと連帯のネットワークとしての朝鮮半島の共存と平和を模索するという方向性が示されている。しかし、当時はまだ単一の国民国家としての願望が根強い状況もあって、ハーバーマスの提案は議論を巻き起こすものであった。

近年の統一論議が南北朝鮮に加えて在外コリアンを包括する新たな民族統合を目指しているとするなら、朝鮮半島の統一過程は、コリアン・ネットワークと密接に絡んでいることがわかるだろう。白楽晴はハーバーマスのアドバイスが問題の核心に触れることに失敗しているとしながらも[19]、その後、白は血統にこだわらない「韓民族共同体」のあり方として「多国籍・多言語的民族共同体」を提唱する[20]。だとすると、ハーバーマスのいうエトノス／デモスの構図を、民族的連帯における韓民族共同体／多国籍・多言語的民族共同体、韓民族ネットワーク共同体／コリアン・ネットワーク、韓半島中心主義／リベラル・ナショナリズムに置き換えることも可能であろう。

そこで最近は「過程としての統一」が現実的な方向として提示されるようになった。また、近年の統一論議が在外コリアンを視野に入れた民族統合のかたちを志向するならば、韓国と在外コリアン社会が出合ったときからすでに統一に向けた途上に入ったともいえるだろう。とはいえ、在外コリアンが「韓民族共同体」の構成員としてその社会的・歴史的な位置が認められない限り、そのような統合過程はその足元から揺れているといえる。

それでは、社会的・歴史的場所を共通の土台にする、ディアスポラの存在が否定されない関係はどのように構築できるのか、その実践を在日コリアンのリベラル・ナショナリズムから考察する。

一九九〇年代に入り、「在日」社会では、日本における「在日」、あるいは本国との関係における在日同胞という従来の範疇を超え、東アジアのリージョナルな存在として新たに自らを再定義することでポジティブな意味を与えようとする試みが見られるようになった[21]。

実際、在日コリアンの位置は東アジアという視点から考察することで、より明確になってくる。なによりも在日コリアンは日本の市民社会と連帯できる立場にある。そして今日、日韓連帯を超え、アジア連帯として在日コリアンの意味が注目を浴びている。それはマイノリティや在外同胞としての「在日」ではなく、英国での「ブラック」という概念が特定のエスニック集団の意味を超え、移民者の連帯を形成する際に用いられるように、旧植民地出身者として定住国との妥協にとどまらない、より普遍的な人権としての権利概念を広めていくことが期待されているからである。

コリアン・ネットワークとしての「在日」は、日本社会で育んできたマイノリティ性とエスニックな市民運動的力量をもって本国へも向かっている。たとえば、二〇年以上の歴史を刻むワンコリア・フェスティバルには、近頃韓国からもゲストが招待されたり、「在外同胞団体」も参加者を募って参加したりしている。しかし韓国の参加者たちは、「在日」の目指す「ワンコリア」に対しては違和感をあらわすこともしばしば見られる。彼らには、沖縄文化や日本の祭文化などを取り入れたワンコリア・フェスティバルが異質的なものとして映るのだろう。そこには期待した「韓民族固有の文化」は存在しないのである。

しかし、在日コリアンが民族教育や文化活動をとおして民族的に生きることとは、韓民族という共同体的な実体を具現しようとするためではなく、韓国、朝鮮人としての主体的なアイデンティティを持って生きていくためなのである。個人的に自立することと民族的に生きることが矛盾していないことを在日コリアンは見せてくれる。これがリベラル・ナショナリズムの実践であろう。主流文化や他のエスニック・マイノリティと多文化的に共生することによって民族的に生きられるという「在日」の叫びは、たんに日本の主流社会にだけ向けられているのではない。

韓国における異質なものに対する排他的な風潮は、官僚的な政策だけでなく一般人の意識構造にも深く根づいている。中国朝鮮族には言語的・文化的同質性を要求しながらも、他方では政治的に違和感をあらわす二重性を見せてきた。柔道選手として韓国の国家代表になるために「祖国」を訪れたものの、閉鎖的な風土のため、結局日本に帰化して国家代表となったある在日コリアンは、「日本に帰化してからようやく韓国人として認められた」と語った。民族と国家が同一視される本国では、ナショナルなアイデンティティは自然に身につくものであろう。

しかし在外コリアンにとって、アイデンティティの獲得は自分との格闘の過程なのである。
上記のワンコリア・フェスティバルをめぐるエピソードが示すのは、在日コリアンの自律的で自由な個人としての「民族性」をあらわす基本的権利を、「韓民族共同体」としての「集団的権利」に置き換えようとすることであろう。マイノリティの権利は個人の自由と矛盾しないという点でキムリッカはリベラル・ナショナリストであるが、「集団的権利」を自由主義の立場から正当化するキムリッカにおいても「対外的防御」のために「対内的制約」を課すことは認めていない。

つまり、このエピソードは、「韓民族共同体」を確認するために、「在日」が表出する多文化共生よりもより民族的であることを求めた結果である。しかし、そもそもキムリッカが、民族的アイデンティティへの承認の必要性を主張するのは、個人の有意味な選択を可能にしたり自己アイデンティティを支えたりするという個人の自由を確保することが重要だからである。民族の成員は、道徳的価値や伝統的生活様式をもはや共有してはいないけれども、自分たち自身の言語や文化への深い愛着は依然として持っている。民族的アイデンティティが諸価値の共有に依拠していないからこそ、それは、個人の自律や自己アイデンティティの確固たる基盤を提供するのである。[22]

南北朝鮮の統合がどのようなかたちでなされるかは予測し難い。それが国民国家ではなく、複合国家・連邦国家を目指すものであるならば、強固なアイデンティティはかえってこれらの構想には逆に作用する可能性がある。アイデンティティは固定されたものではなく構築されていくものであるということを在外コリアンは実践的に見せてくれた。コリアン・ネットワークにはこうしたアイデンティティの多数性と柔軟性をどのように受け入れるかという課題が、本国と在外同胞との関係においてはいうまでもなく、朝鮮半島の統一を展望する過程においても浮上してくる。

いずれ実現されるであろう統一後の朝鮮半島は、グローバル経済に統合された韓国が主導する可能性が高い。そうなれば、統一後の国家制度はグローバル・スタンダードに適する韓国を中心として再構築されることも容易に予想できる。国旗・国歌などの統一コリアのシンボルは新たなアイデンティティの創造を意味するが、韓国の保守団体では南北の共同行事で統合を象徴する「統一旗」よりも「太極旗」(韓国国旗)を重視している。国家シンボルの再創造、すなわち、新たなアイデンティティの構築は決して容易ではないことが窺われる。

だとするならば、南北の統合という課題をどのようなかたちであれ進めていかなければならない状況下で、在外コリアンとの関係設定が多文化的な風土に不慣れな韓国人に与える意味は少なくない。もちろん在外コリアンを南北統一のリトマス試験紙のように考えたり、あるいは在外コリアンをとおして多文化主義のレッスンを期待したりするのは、本書で批判的に考察しようとする韓半島中心主義的な「韓民族共同体」の議論を繰り返すことと変わらない。

脱領土的なコリアンの連帯が、統一過程の基盤となり、さらには東アジアの地域協力体づくりに役立つためには、それが閉鎖的な民族概念を超えて、外部に開かれていく推進力を持つことが求められる。しかし「対内的制約」に目を向ければ、コリアン・ネットワーク論における重要な政治哲学的意味は、「内部の対等な対話と水平的な関係」と切り離すことはできない。それでは、こうした「内部の対等な対話と水平的な関係」はどのように獲得することができるのだろうか。

3-2　熟議のディアスポラ・ネットワークへ

本国とディアスポラとの間のコミュニケーションの溝は、革新的な情報テクノロジーによってもそう簡単に埋められるものでないことが、本書をとおして明らかになった。にもかかわらず、コリアン・ネットワークがそれなりに境界線を持つ政治的枠組みとして共通のアイデンティティを求めるのであれば、連帯意識や信頼感を醸成するコミュニケーションが必要になる。リベラル・ナショナリズムの論者が、そうした審議的民主主義を可能にする最善の政治的枠組みとしてネイションの重要性を指摘するのは、ネイションこそが諸利害の対立を民主的意思決定に導くことのできる言語という共通の土台を有しているからである。

コリアン・ネットワークがその構成要件からして、利害、イデオロギー、社会的理想、教育程度、社会階層に加え、国籍まで異にすることから、必ずしも高度なレベルの民主的意思決定を必要としないことは確認した。また、「多言語的共同体」であるがゆえ言語的な一体感が求められるわけでもない。しかしながら、一定程度同質の歴史的・文化的状況に置かれている同胞同士が、コリアンという境界線を構成するのであれば、それぞれ自律的主体として思考し行為できる機会が整備されていることは、構成員各自にとって望ましいといえる[23]。しかし現実にはそれを阻む権力構造が働いている。

そうした自律的主体としての思考と行為をとおして同胞同士の対話を可能にするには、韓半島中心主義的で国民国家的な枠を超え、多国籍で構成された多様な言語が権力性を持たずに流通する「対話や熟議における開放性・非排除性」(白川俊介)が必要になるのである。

英語の帝国主義が批判されて久しいが、言語の帝国主義を朝鮮民族の内部で考察すると、そこにも「韓国語」の駆使能力による言語的な支配―従属関係が形成されていることは、中国朝鮮族や旧ソ連の高麗人、あるいは在日コリアンの異議申し立てに見られるように、本書をとおして確認したとおりである。このように同化主義が作用する社会では、同化の拒否は差別に導く。それは言語的差異をもって民族内部を序列化する新たな権力関係の生成を意味する。

こうした民族内部に見られるポストコロニアルの状況は、たんに朝鮮半島内の北朝鮮をめぐる問題や外国人労働者の問題に限るものではない。中国朝鮮族のような経済的に格差をつけられた地域の同胞に対する亜-帝国主義的な属性もそうであるが、母国語の習得能力によって在日コリアンを排除する言語的差別、あるいは一九七〇年代以降、貧困・独裁・戦争の危機から米国へと移住した在米コリアンに対する感情的差別が複雑に絡んだ民族内部の序列構造を形成することになった。コリアン・ネットワークは、その階層構造の脱構築と水平的な関係構築を実践する試みである。

韓国の韓半島中心主義が望むような朝鮮民族の同質性は、現実としても願望としてもすでに崩れ落ちている。それによってアイデンティティや帰属意識もさまざまである。中国の朝鮮族社会では朝鮮語が日常的に使用されているが、国籍は中華人民共和国であり、在日コリアンはその大多数がいまだに本国の国籍を維持しながらも日常語は日本語で、朝鮮語を駆使できる人は非常に限られている。もちろん民族言語の能力がアイデンティティの尺度になりうるわけではない。にもかかわらず、日本以上に根強い単一民族神話の歴史的アイデンティティを共有する韓国の人々は、言語や民族性を共有しない「在外同胞」を受け入れることに戸惑いを見せてきた。こうした「対内的制約」を乗り越えてこそ「対話や熟議における開放性・非排除性」は可能となるのである。

コリアン・ネットワークの多国籍・多言語的状況は、そういう意味でリベラル・ナショナリズムの条件である。民族共同体の形成や維持のためのものとしてではなく、むしろ多国籍・多言語的状況のためにコリアンの連帯が形成されることを意味する。言い換えると、それは民族共同体の統合のための多様性というよりも多様性を求めた紐帯であり、だからこそコリアンという境界線の「解体的創造」にむすびつくのである。そういう意味でコリアン・ネットワークにおける多言語主義は、葛藤の歴史のなかで作り上げられてきたカナダの、あるいは地政学的な条件からなるオーストラリアのそれとも異なる、もう一つの新しい多言語・多文化主義の意味を生み出すことになるだろう。

西川長夫は、多文化・多言語主義が、結局、植民地主義の後遺症の問題であって、それはポスト植民地時代における支配の再編がグローバリゼーションという第三の植民地化をとおして進行しつつあるなかで、新たな統合の原理と形態をめぐる闘争が存在することを示すとした[(24)]。ところが、それとは異なる地理文化的空間を形成するコリアンにおいて、その境界線の内部における多言語主義は、民族内部の抑圧構造の清算であり、やがてそれは外部にも開かれることになるだろう。したがって、同化から多文化主義を経て「統合」へと向かうEU(欧州連合)の移民・言語政策の段階とは異なる意味での、コリアン・ネットワークの境界の政治における「多文化主義」が求められるのである。

リベラル・ナショナリズムにおいて、共有する言語がその政治的単位における「民主的審議のフォーラム」を稼働させるうえで「外的排除」は防いだとしても、韓半島中心主義による諸種の差別構造のゆえ「内的排除」がおのずと消え去るわけではない。そこで重要なのが国籍や「帰属意識などナショナル(民族的)な構成員資格によって対話や熟議への参加が妨げられず、理性的な熟議という手続きに同意するものはみな、議論に参加できる」ようになる[(25)]、「民族の語り合い」である。

長らく空間的・心理的、またはイデオロギー的断絶によって隔てられてきた民族には、生活・風習・言語にしても多くの変容が見られ、異質化している部分も少なくない。そのなかでいかにして互いの主体性を認め、そして自らの主体性を認識し、対等な語り合いができるのかがコリアン・ネットワークにつながるのである。「グローバル化の空間」において離散した民族がネットワークとして存続・再発見される前提とは、とくにその境界内部が血族神話によって想像を強いられるアイデンティティではなく、グローバル化が進むなかで相対化され複合化するディアスポラ的なアイデンティティからなる場合、それは民族の構成員が互いに対等な立場で語り合うことであろう。

したがって「民族の語り合い」はコミュニケーションだけを意味するのではない。これは意思の疎通であると同時にアイデンティティの交通でもある。そしてアイデンティティの交通は、異質な空間を一方の力で同質化するのではなく、異質な空間の不安定性そのものになじむことから始まり、対等に向かい合うことで可能になるのである。

ホスト社会の言語が圧倒的な状況下で「クレオール化」された朝鮮語は、一種の方言なのか誤った言葉遣いなのかはさておき、必ずしも本国人との語り合いのなかで、また離れた地域のコリアン系の人々との間で、均質なコミュニケーション空間を形成するとは限らないことは、旧ソ連の高麗人が「韓国語」は話せないが「コレマル」なら話せるという表現に凝縮されている。敬語表現が「磨滅」している中国朝鮮族社会の朝鮮語や旧宗主国の「訛り」を帯びた在日コリアンの朝鮮語は、異質な空間を回避しようとする本国の人々との対話のなかでは二流言語に転落してしまう。

コリアン・ネットワークにおいて多言語主義が承認されたとしても、言語の「純粋型」と「不純なもの」との区別は、標準韓国語を公用語とする言語間の階層秩序を生み出すことにもつながる。つまり、本国人と在外コリアンとの語りのなかで発生するコミュニケーションのズレの原因は、全面的に「不純なクレオール化された朝鮮語」の側に還元されてしまいかねないのである。その意味でクレオールの朝鮮語は、多言語的共同体のなかで本国中心的な標準語の権力構造から排除されたり、周辺化されたりすることもありうる。しかし、逆にいえば、そうしたクレオールの朝鮮語は本国中心の標準韓国語の支配を揺るがす可能性を秘めている。

言語コミュニケーションの空間における話し手同士の関係性がどうあるべきかという規範的な予測に対して、その予測を裏切るような逸脱や不確実性を認める視座は、自国中心の標準語に疑いを持たない本国の人々にとって重要な意味を持つであろう。そしてそれは、南北の統一の過程においても、さらに衛星放送など大衆メディアによる標準韓国語が支配する「韓民族共同体」を構築しようとする試みにおいても十分に考慮されなければならない視点である。

しかし、均質性＝純粋性という図式のなかで居心地のよさを満喫してきた韓国の人たちには、言語的な逸脱性は矯正されるべき逸脱性に過ぎず、それは「浄化」の対象となった。とくに中国朝鮮族に対する言語的な同質性に寄りかかった語りかけは、言語コミュニケーションにおいて同質性を押し付けながらも、他方では政治的な違和感をあらわにする二重性を内包していることを示すが、その解体がいまこそ求められる。

二〇世紀を特徴づけるナショナリズムが、グローバル化の時代においてこれまでのように影響力を発揮することはないとしても、「集団的権利」においても自己アイデンティティにおいても引き続き強烈な磁力を放ち続けるだろう。そうしたなかで、将来予想される南北朝鮮の統一を、国民国家を乗り越える理念をもって臨むとしても、ナショナリズムが動員されてこそ成し遂げられる「民族の課業」には、「対外的防御」と「対内的制約」がともなわずにはいられない。

そこで、コリアン・ネットワークが強固な「本国」のアイデンティティに多数性と柔軟性をもたらし、目的を異にする他のネットワークにむすびついていくのであれば、過去から未来、帝国から共同体へと向かう東アジアの地域統合という空間のなかで「統一コリア」の時代に備えることができるであろう。こうした理念を共有する政治的単位としてのコリアン・ネットワークの成員は、各々の属する社会のなかで多様な可能性と個性を備えた存在として生きることができるのである。

(1) ただし、これまで「一国民主主義」として閉鎖的であった韓国の市民運動が、東アジア連帯運動をとおして外部に開かれてきたと評価されながらも、一方ではそうした連帯運動が、民主化闘争のモデルを民主化の遅れた国に伝播するべきだとする過剰な使命感に駆られた輸出論的連帯運動論であると批判されていることも指摘しておくべきであろう。

(2) 並木真人「植民地期朝鮮における「公共性」の検討」三谷博『東アジアの公論形成』東京大学出版会、二〇〇四年、二〇九頁。

(3) 米谷匡史「ポスト東アジア――新たな連帯の条件」『現代思想』三三巻六号、二〇〇五年六月、七五頁。

(4) 高崎宗司・朴正鎮編『帰国運動とは何だったのか――封印された日朝関係史』平凡社、二〇〇六年、テッサ・モーリス＝スズキ(田代泰子訳)『北朝鮮へのエクソダス――「帰国事業」の影をたどる』朝日新聞社、二〇〇七年。

(5) 齋藤純一『親密圏のポリティクス』ナカニシヤ出版、二〇〇三年。

(6) 施光恒「リベラル・デモクラシーとナショナリティ」施光恒・黒宮一太編『ナショナリズムの政治学――規範理論への誘い』ナカニシヤ出版、二〇〇九年、六八頁。

(7) 施・黒宮『ナショナリズムの政治学』、富沢克編『「リベラル・ナショナリズム」の再検討――国際比較の観点から見た新しい秩序像』ミネルヴァ書房、二〇一二年、白川俊介『ナショナリズムの力――多文化共生世界の構想』勁草書房、二〇一二年。

(8) 施「リベラル・デモクラシーとナショナリティ」六九頁。

(9) 同右、八〇頁。

(10) 竹島博之「リベラル・ナショナリズムの教育論――D・ミラー、W・キムリッカ、Y・タミールを比較して」富沢編『「リベラル・ナショナリズム」の再検討』一三五―一三六頁。

(11) 白川『ナショナリズムの力』五八頁。

(12) 同右、一二七頁。

(13) 杉田敦『境界線の政治学』岩波書店、二〇〇五年、五二頁。

(14) 富沢克「「リベラル・ナショナリズム」の問題圏――「ルソー問題」の視角から」同編『「リベラル・ナショナリズム」の再検討』一三頁。

(15) ウィル・キムリッカ(角田猛之・石山文彦・山崎康仕訳)『多文化時代の市民権――マイノリティの権利と自由主義』晃洋書房、一九九八年、五一頁。

（16）ヤエル・タミール（押村高ほか訳）『リベラルなナショナリズムとは』夏目書房、二〇〇六年、一一二頁。
（17）黒宮一太「「リベラル・ナショナリズム」という問題」富沢編『「リベラル・ナショナリズム」の再検討』四〇頁。
（18）Jürgen Habermas, "National Unification and Popular Sovereignty," *New Left Review*, No. 219, Oct. 1996, p. 10.
（19）白楽晴（愼蒼健訳）「ドイツと朝鮮における国家統一論の差異――ハーバーマスのソウル講演に応答する」『批評空間』第II期、一七巻、一九九八年四月、三一頁。
（20）白楽晴『ゆれる分断体制』創作と批評社、一九九八年、一八八頁。
（21）ワンコリア（One Korea）・フェスティバルは、二〇〇〇年の大阪大会において「二一世紀のワンコリアと東アジア」をメインテーマとし、翌年の東京大会でも「アジア共同体」を標榜するなど、在日コリアンと東アジアをめぐる本格的な論議がなされ始めた。知識人層からも在日コリアン問題を考える際、東アジア的な視点が必要だという声があがっている。二〇〇四年に「境界から共生へ」をスローガンにして設立されたコリアNGOセンターは、民族教育の拡大とコリアン・ネットワークの形成、そして東アジア共同体の構築を目指している。一方「在日論」のレベルでは、一九九〇年代に入り「アジア市民」としての「在日」が問われてきたが（徐龍達先生還暦記念委員会編『アジア市民と韓朝鮮人』日本評論社、一九九三年）、本格的になったのは二〇〇〇年代に入ってからのことであろう。尹健次は、「在日」が東アジアという認識枠組みを確立していく必要性を求め（『「在日」を考える』平凡社、二〇〇一年）、李恢成も「東アジア共同体」の視点から「在日」の役割を強調している（『可能性としての「在日」』講談社、二〇〇二年）。
（22）キムリッカ『多文化時代の市民権』一五九―一六〇頁。
（23）施光恒「リベラル・ナショナリズムの世界秩序構想――D・ミラーの議論の批判的検討を手がかりとして」富沢編『「リベラル・ナショナリズム」の再検討』一五一頁。
（24）西川長夫「「多言語主義」の背景」『言語』一九九八年八月号、二一頁。
（25）白川『ナショナリズムの力』七一―七二頁。白川はアイリス・ヤングの議論を引用して、熟議からの排除には「外的排除」（external exclusion）と「内的排除」（internal exclusion）の二種類があることを示した。「外的排除」は熟議のプロセス自体から特定の個人や集団が排除されてしまうことである。「内的排除」は、熟議のプロセスには形式的には組み入れられているが、熟議におけるコミュニケーションの様式が特定の人々に有利であったり、そこで使われる用語を全員が共有していないなどの理由で、ある集団の権利要求が軽く扱われるといった、熟議のプロセス内部における排除である。

資料・参考文献

未刊公文書

外務省外交史料館所蔵『ソ連地区邦人引揚関係（中共地区を含む）第一―八巻』（K'7-1-2-1）

外務省外交史料館所蔵『太平洋戦争終結による旧日本国籍人の保護引揚関係雑件――朝鮮人関係 第一―五巻』（K'7-2-0-1/1）

外務省外交史料館所蔵『不逞団関係雑件――朝鮮人ノ部――在西比利亜（一九一〇―一九二六）』（韓国国史編纂委員会編『韓国独立運動史資料36』二〇〇〇年・CD-ROM）

法務省入国管理局『入国管理月報』七六号、一九六七年三月（東京大学法学部図書室所蔵）

法務省入国管理局『入国管理月報』八七号、一九六八年二月

法務省入国管理局『入国管理月報』九三号、一九六八年八月

拓殖局『朝鮮外ニ於ケル朝鮮人状況一般』一九一八年（韓国国会図書館データベース〈海外所在韓国関連資料〉）

末松吉次『朝鮮人の間島琿春及同接壌地方移住に関する調査』一九二六年（韓国国会図書館データベース〈海外所在韓国関連資料〉）

Illegal Entry-Koreans redemonstration of aliens, Dec. 1949-Sept. 1950, General Headquarters/Supreme Commander for the Allied Powers（韓国国会図書館データベース〈海外所在韓国関連資料〉）

Repatriement des Coréens de Sakhalin, URSS 10/03/1958-28/11/1975（ジュネーブ赤十字国際委員会資料室所蔵）

Repatriation of Korean from Sakhalin (G-3 Repatriation), Jan. 1946-June 1949, GHQ Record G3 GIII-00104（国会図書館憲政資料室所蔵）

МИКРОФОННАЯ ПАПКА, КОМИТЕТ ПО ТЕЛЕВИДЕНИЮ И РАДИОВЕЩАНИЮ САХАЛИНСКОГО ОБЛИСПОЛКОМА, Фонд н 1044 Описи н 1-5 1952-1984-1990（サハリン州文書館所蔵）

韓国国会図書館所蔵『サハリン僑胞帰還問題 一九五七―六五』(P-0003)

韓国国会図書館所蔵『サハリン僑胞帰還問題 一九六七』(P-0005)

韓国国会図書館所蔵『サハリン僑胞帰還問題 一九六七―六八』(P-0006)

韓国国会図書館所蔵『サハリン僑胞帰還問題 一九六九』(P-0007)

韓国国会図書館所蔵『在サハリン同胞帰還問題 一九七一―七二』(P-0011)

韓国国会図書館所蔵『在サハリン同胞帰還関係陳情書 一九七二』(P-0011)

韓国外交安保研究院所蔵『サハリン僑胞帰還問題 一九六六』(P1-1/2～2/2)

韓国外交安保研究院所蔵『在サハリン僑民孫致奎帰還 一九六五―七一』(P-0013)

韓国外交安保研究院所蔵『在サハリン同胞帰還交渉 一九七四―七五』(P-0013)

韓国外交安保研究院所蔵『在日本韓国人強制退去(送還) 一九七三』(P-0012)

韓国外交安保研究院所蔵『在日韓人強制退去(送還) 一九六六』(P-0004)

韓国外交安保研究院所蔵『在日韓人強制退去(送還) 一九六七』(P-0005)

韓国外交安保研究院所蔵『在日国民強制退去(送還) 一九七二』(Re-0037)

韓国外交安保研究院所蔵『在日国民強制退去(送還) 一九七四』(Re-0037)

韓国外交安保研究院所蔵『韓日会談予備会談(一九五一・一〇・二〇―一二・四) 在日韓人の法的地位問題事前交渉 一九五一・五―九』(C1-0001)

韓国外交安保研究院所蔵『第一次韓日会談(一九五二・二・一五―四・二一) 在日韓人の法的地位委員会会議録、第一―三六次、一九五一・一〇・三〇―一九五二・四・一』(C1-0001)

韓国外交安保研究院所蔵『第三次韓日会談(一九五三・一〇・六―二一) 国籍及び処遇分科委員会会議録、第一次、一九五三・一〇・一〇』(C1-0002)

韓国外交安保研究院所蔵『第四次韓日予備交渉、五六―五八(V.1 景武台と駐日代表部間の交換公文、一九五六―五七)』(C1-0002)

韓国外交安保研究院所蔵『在日韓人北韓送還及び韓・日両国抑留者相互釈放関係綴(V.9 大村収容所に収容中の日本密入国韓国人の強制送還及び拿捕日漁船追放に関する件、一九五五―六〇)』(C1-0010)

韓国外交安保研究院所蔵『在日韓人北韓送還及び韓・日両国抑留者相互釈放関係綴、一九五五―六〇(V.1 大村収容所に収容中の北送

希望者の釈放問題、一九五八）』（C1-0010）

公刊資料

外務省外交史料館所蔵『不逞団関係雑件――朝鮮人ノ部――新聞雑誌』（韓国国史編纂委員会編『韓国独立運動史資料37』二〇〇一年）
韓国史料研究所編『朝鮮統治史料 第3巻 韓日合邦』一九七〇年
韓国史料研究所編『朝鮮統治史料 第7巻 独立運動』一九七一年
韓国史料研究所編『朝鮮統治史料 第10巻 在外韓人』一九七二年
姜徳相編『現代史資料27』みすず書房、一九七〇年
金正明編『朝鮮独立運動Ⅲ』原書房、一九六七年
金正明編『朝鮮駐箚軍歴史』巌南堂書店、一九六七年
栗谷憲太郎編集・解説『資料 日本現代史2 敗戦直後の政治と社会①』大月書店、一九八〇年
韓国国史編纂委員会編『統監府文書5』一九九九年
韓国国史編纂委員会編『統監府文書8』一九九九年
韓国国史編纂委員会編『韓国独立運動史1』一九六五年
韓国国史編纂委員会編『韓国独立運動史資料34』一九九七年
韓国国史編纂委員会編『韓国独立運動史資料36』二〇〇〇年
韓国国史編纂委員会編『韓国独立運動史資料37』二〇〇一年
高麗文化学術財団『ロシア国立極東歴史文書保管所 韓人関連資料解題集』二〇〇四年
朴慶植編『朝鮮問題資料叢書 第九巻 解放後の在日朝鮮人運動Ⅰ』アジア問題研究所、一九八九年
朴慶植編『在日朝鮮人関係資料集成〈戦後編〉第二巻』不二出版、二〇〇〇年
朴鍾涍編訳『ロシア国立文書保管所所蔵韓国関連文書要約集』韓国国際交流財団、二〇〇二年

日本語文献

青木孝平『コミュニタリアニズムへ――家族・私的所有・国家の社会哲学』社会評論社、二〇〇二年

秋月望「朝露国境の成立と朝鮮の対応」『明治学院論叢 国際学研究』(明治学院大学国際学部)、八号、一九九一年三月

浅野豊美監修・解説/明田川融訳『故郷へ――帝国の解体・米軍が見た日本人と朝鮮人の引揚げ』現代史料出版、二〇〇五年

アジアにたいする戦後責任を考える会『戦後責任』創刊号、一九八三年

アパデュライ、アルジュン(門田健一訳)『さまよえる近代――グローバル化の文化研究』平凡社、二〇〇四年(Arjun Appadurai, *Modernity at Large: Cultural Dimensions of Globalization*, University of Minnesota, 1996)

蘭信三編『中国残留日本人という経験――「満洲」と日本を問い続けて』勉誠出版、二〇〇九年

新井佐和子『サハリンの韓国人はなぜ帰れなかったのか――帰還運動にかけたある夫婦の四十年』草思社、一九九八年

荒井信雄「ロシア極東地域――「補助金削減」と「規制緩和」の狭間で」『国際問題』(日本国際問題研究所)、三八六号、一九九二年五月

アーリ、ジョン(吉原直樹監訳)『社会を越える社会学――移動・環境・シチズンシップ』法政大学出版局、二〇〇六年(John Urry, *Sociology beyond societies: mobilities for the twenty-first century*, Routledge, 2000)

安秉直(宮嶋博史訳)『日本帝国主義と朝鮮民衆』御茶の水書房、一九八六年

アング、I(大久保桂子訳)「中国語を話さないことについて――ポストモダン・エスニシティとディアスポラの政治学」『思想』九〇三号、一九九九年九月(Ien Ang, "On not speaking Chinese: Post-modern ethnicity and the politics of diaspora," *New Formations*, 24, 1994)

アング、イエン(小沢自然訳)「ディアスポラを解体する――グローバル化時代のグローバルな華人性を問う」テッサ・モーリス=スズキ/吉見俊哉編『グローバリゼーションの文化政治』平凡社、二〇〇四年(Ien Ang, "Undoing Diaspora: Questioning global Chineseness in the era of globalization," in id. *On Not Speaking Chinese: Living between Asia and the West*, Routledge, 2000)

アンダーソン、ベネディクト(白石隆・白石さや訳)『定本 想像の共同体――ナショナリズムの起源と流行』書籍工房早山、二〇〇七年(Benedict Anderson, *Imagined communities: reflections on the origin and spread of nationalism*, Verso, 1983)

イシ、アンジェロ「もう一つのエスニック・メディア――日伯両国における日系ブラジル人のカレンダー」国立民族学博物館中牧研究室『マルチカレンダー文化の研究』二〇〇六年
石尾喜代子「延辺朝鮮族自治州の経済状況と展望」『中国21』(愛知大学現代中国学会)、三巻、一九九八年四月
石川亮太「二十世紀初頭の沿海州における朝鮮人商人の活動――崔鳳俊を中心に」今西一編『北東アジアのコリアン・ディアスポラ――サハリン・樺太を中心に』小樽商科大学出版会、二〇一二年
伊地知紀子『生活世界の創造と実践――韓国・済州島の生活誌から』御茶の水書房、二〇〇〇年
市場淳子『ヒロシマを持ちかえった人々――「韓国の広島」はなぜ生まれたのか(新装増補版)』凱風社、二〇〇五年
泉靖一『済州島』東京大学出版会、一九六六年
李燦雨「中国延辺朝鮮族自治州の経済発展と韓国投資の役割」『ERINA REPORT』(環日本海経済研究所)、三一号、一九九九年一二月
伊藤藤太郎「在外鮮人団の祖国観光」『朝鮮』(朝鮮総督府)、七二号、一九二一年二月
イ・ヨンスク『「国語」という思想――近代日本の言語認識』岩波書店、一九九六年
ウェルマン、バリー(野沢慎司・立山徳子訳)「コミュニティ問題――イースト・ヨーク住民の親密なネットワーク」野沢慎司編・監訳『リーディングス ネットワーク論――家族・コミュニティ・社会関係資本』勁草書房、二〇〇六年(Barry Wellman, "The Community Question: The Intimate Networks of East Yorkers," *American Journal of Society*, 84, 1979)
牛丸潤亮・村田懋麿編『最近間嶋事情――附露支移住鮮人発達史』朝鮮及朝鮮人社出版部、一九二七年
臼杵陽「「方法としてのディアスポラ」の可能性」臼杵陽監修/赤尾光春・早尾貴紀編『ディアスポラから世界を読む――離散を架橋するために』明石書店、二〇〇九年
江下雅之『ネットワーク社会の深層構造――「薄口」の人間関係へ』中公新書、二〇〇〇年
越境編集委員会編『出入国管理体制の成立過程Ⅰ 一九四五―一九四八』大逆文庫、一九七〇年
大阪商船三井船舶株式会社編『大阪商船株式会社八〇年史』大阪商船三井船舶、一九六六年
大澤真幸「電子メディアの共同体」吉見俊哉ほか『メディア空間の変容と多文化社会』青弓社、一九九九年
太田好信『民族誌的近代の介入――文化を語る権利は誰にあるのか』人文書院、二〇〇一年
大沼保昭『サハリン棄民――戦後責任の点景』中公論社、一九九二年
大沼保昭『在日韓国・朝鮮人の国籍と人権』東信堂、二〇〇四年

大沼保昭『東京裁判、戦争責任、戦後責任』東信堂、二〇〇七年
岡奈津子「朝鮮人の復権」(付録4) アナトーリー・T・クージン(岡奈津子・田中水絵訳)『沿海州・サハリン近い昔の話――翻弄された朝鮮人の歴史』凱風社、一九九八年
岡奈津子「ロシア極東の朝鮮人――ソビエト民族政策と強制移住」『スラヴ研究』(北海道大学スラヴ研究センター)、四五号、一九九八年三月
岡正治『大村収容所と朝鮮人被爆者』「大村収容所と朝鮮人被爆者」刊行委員会、一九八一年
岡野弁『演歌源流・考――日韓大衆歌謡の相異と相似』学芸書林、一九八八年
岡本雅享『中国の少数民族教育と言語政策』社会評論社、一九九九年
小川伸彦・寺岡伸悟「在日社会から「故郷」済州島への寄贈」『奈良女子大学社会学論集』二号、一九九五年三月
小田実編『ベ平連とは何か――人間の原理に立って反戦の行動を』徳間書店、一九六九年
外務省『わが外交の近況』一三号(資料)、一九六八年
外務省特別資料部編『占領及び管理重要文書集 第一巻 基本編』東洋経済新報社、一九四九年
梶田孝道「ナショナル・マルチナショナル・トランスナショナル――欧米・日本における外国人労働者をめぐる三つの文脈」青井和夫・高橋徹・庄司興吉編『現代市民社会とアイデンティティ――二一世紀の市民社会と共同性：理論と展望』梓出版社、一九九八年
梶村秀樹「定住外国人としての在日朝鮮人」『思想』七三四号、一九八五年八月
鹿島守之助『日本外交史 7巻 日露戦争と三国干渉』鹿島研究所出版会、一九七〇年
加藤聖文監修・編集『海外引揚資料集成(国外篇)第一七巻』ゆまに書房、二〇〇二年
加藤晴子「戦後日韓関係史への一考察(上)――李ライン問題をめぐって」『日本女子大学紀要・文学部』二八号、一九七八年三月
金澤良雄「外国人の出入国」日本管理法令研究会編『日本管理法令研究』一五号、有斐閣、一九四七年
金子郁容『ネットワーキングへの招待』中公新書、一九八六年
カプラン、カレン(村山淳彦訳)『移動の時代――旅からディアスポラへ』未來社、二〇〇三年(Caren Kaplan, *Questions of travel: postmodern discourses of displacement*, Duke University Press, 2000)
カプリオ、マーク(樋口謙一郎訳)「旧植民地出身者の処遇――占領日本における韓国・朝鮮人居住者の政治的地位形成」マーク・カ

プリオ／杉田米行編『アメリカの対日占領政策とその影響――日本の政治・社会の転換』明石書店、二〇〇四年
カミングス、ブルース（鄭敬謨・加地永都子訳）『朝鮮戦争の起源 第二巻 解放と南北分断体制の出現』シアレヒム社、一九九一年
（Bruce Cumings, *The origins of the Korean War: liberation and the emergence of separate regimes 1945-1947*, Princeton University Press, 1981）
川勝平太編『グローバル・ヒストリーに向けて』藤原書店、二〇〇二年
川村湊『海を渡った日本語――植民地の「国語」の時間』青土社、一九九四年
姜尚中『オリエンタリズムの彼方へ――近代文化批判』岩波書店、一九九六年
姜尚中・玄武岩『興亡の世界史18 大日本・満州帝国の遺産』講談社、二〇一〇年
姜在彦『朝鮮の開化思想』岩波書店、一九八〇年
貴志俊彦編『近代アジアの自画像と他者――地域社会と「外国人」問題』京都大学学術出版会、二〇一一年
金友子「民族と国民のあいだ――韓国における在外同胞政策」臼杵陽監修／赤尾光春・早尾貴紀編『ディアスポラから世界を読む――離散を架橋するために』明石書店、二〇〇九年
金史良『光の中に』講談社文芸文庫、一九九九年
金賛汀『異邦人は君ヶ代丸に乗って――朝鮮人街猪飼野の形成史』岩波新書、一九八五年
金賛汀『検証・幻の新聞「民衆時報」――ファシズムの台頭と報道の原点』三五館、二〇〇一年
金太基『戦後日本政治と在日朝鮮人問題』勁草書房、一九九七年
金徳煥「新・猪飼野事情」『済州島』（耽羅研究会）、創刊号、一九八九年四月
金東希（金建柱訳）「私の記録（上）」『展望』一二二号、一九六九年二月
キムリッカ、ウィル（角田猛之・石山文彦・山崎康仕訳）『多文化時代の市民権――マイノリティの権利と自由主義』晃洋書房、一九九八年（Will Kymlicka, *Multicultural citizenship: a liberal theory of minority rights*, Clarendon Press, 1995）
姜信子『安住しない私たちの文化――東アジア流浪』晶文社、二〇〇二年
吉翔・片山道夫『サハリン物語――苦難の道をたどった朝鮮人たちの証言』リトル・ガリヴァー社、二〇〇〇年
クージン、アナトーリー・T（岡奈津子・田中水絵訳）『沿海州・サハリン近い昔の話――翻弄された朝鮮人の歴史』凱風社、一九九八年（Анатолий Т. Кузин, Дальневосточные корейцы: жизнь и трагедия судьбы, Южно-Сахалинск Дальневосточное книжное

издательство Сахалинское Отделение Литературно-издатеьское объеиние «ЛИК», 1993)
グラーウェ、ウエ（南満洲鉄道株式会社庶務部調査課訳）『極東露領に於ける黄色人種問題』大阪毎日新聞社・東京日日新聞社、一九二九年（В. В. Граве, Китайцы, корейцы, и японцы в Приамурье. Труды командированной по высочайщему повелению Амурской экспедиции Выпуск 11. 1912）
グラノヴェター、マーク・S（大岡栄美訳）「弱い紐帯の強さ」野沢慎司編・監訳『リーディングス　ネットワーク論――家族・コミュニティ・社会関係資本』勁草書房、二〇〇六年（Mark S. Granovetter, "The Strength of Weak Ties," *American Journal of Society*, 78, 1973）
クリフォード、ジェイムズ（毛利嘉孝ほか訳）『ルーツ――20世紀後期の旅と翻訳』月曜社、二〇〇二年（James Clifford, *Route: Travel and Translation in the Late Twentieth Century*, Harvard University Press, 1997）
クルマス、フロリアン（山下公子訳）『言語と国家――言語計画ならびに言語政策の研究』岩波書店、一九八七年（Florian Coulmas, *Sprache und Staat: Studien zu Sprachplanung und Sprachpolitik*, W. de Gruyter, 1985）
黒宮一太「「リベラル・ナショナリズム」という問題」富沢克編『「リベラル・ナショナリズム」の再検討――国際比較の観点から見た新しい秩序像』ミネルヴァ書房、二〇一二年
権香淑『移動する朝鮮族――エスニック・マイノリティの自己統治』彩流社、二〇一一年
小井土彰宏「グローバル化と越境的な社会空間の編成――移民研究におけるトランスナショナル視角の諸問題」『社会学評論』（日本社会学会）、五六巻二号、二〇〇五年九月
厚生行政研究会『厚生時報』一巻一号、一九四六年九月
厚生省援護局編『引揚げと援護三十年の歩み』一九七七年
国立国会図書館調査立法考査局『外国の立法』二一三号、二〇〇二年
高鮮徽『20世紀の滞日済州島人――その生活過程と意識』明石書店、一九九八年
小林英夫「植民地経営の特質」『近代日本と植民地3　植民地化と産業化』岩波書店、一九九三年
小林知子「戦後における在日朝鮮人と「祖国」――朝鮮戦争期を中心に」『朝鮮史研究会論文集』（朝鮮史研究会）、三四集、一九九六年一〇月
小針進「中韓国交樹立後の朝鮮族社会と意識の変容」『東亜』三七二号、一九九八年六月

駒込武『植民地帝国日本の文化統合』岩波書店、一九九六年

権安理「開かれたコミュニティの可能性――コミュニティ論の新たな視座」田村正勝編『蘇るコミュニティ――哲学と社会科学の対話』文眞堂、二〇〇三年

在外朝鮮人事情研究会『在外朝鮮人事情』一号、一九二一年

サイード、エドワード・W（大橋洋一ほか訳）『故国喪失についての省察1』みすず書房、二〇〇六年（Edward W. Said, *Reflections on exile and other essays*, Harvard University Press, 2000）

斎藤純一「表象の政治／現われの政治」『現代思想』二五巻八号、一九九七年七月

齋藤純一『公共性』岩波書店、二〇〇〇年

齋藤純一『親密圏のポリティクス』ナカニシヤ出版、二〇〇三年

サヴェリエフ、イゴリ・R『移民と国家――極東ロシアにおける中国人、朝鮮人、日本人移民』御茶の水書房、二〇〇五年

酒井直樹『死産される日本語・日本人――日本の歴史-地政的配置』新曜社、一九九六年

サハリン残留韓国・朝鮮人問題議員懇談会編『サハリン残留韓国・朝鮮人問題と日本の政治――議員懇談会の七年』一九九四年

佐世保引揚援護局編『局史（下巻）』一九五一年

嶋田道彌『満洲教育史』文教社、一九三五年

ジョルジオウ、ミリヤ（田中東子監訳）「メディアとディアスポラのためのトランスナショナルな十字路」『放送メディア研究』（ＮＨＫ放送文化研究所）、六号、二〇〇九年七月（Myria Georgiou, "Introduction: Transnational Crossroad for Media and Diaspora: Three Challenges for Research," in Olga G. Bailey, Myria Georgiou, Ramaswami Harindranath (eds.), *Transnational Lives and the Media: Re-Imagining Diaspora*, Routledge, 2007）

白川俊介『ナショナリズムの力――多文化共生世界の構想』勁草書房、二〇一二年

白水繁彦『エスニック・メディア研究――越境・多文化・アイデンティティ』明石書店、二〇〇四年

申奎燮「日本の間島政策と朝鮮人社会――一九二〇年代前半までの懐柔政策を中心として」『朝鮮史研究会論文集』（朝鮮史研究会）、三一集、一九九三年一〇月

菅（七戸）美弥「人の移動をめぐるトランスナショナル・ヒストリー（越境史）――日本における研究動向」『アメリカ史研究』（日本アメリカ史学会）、三〇号、二〇〇七年七月

杉田敦『権力の系譜学――フーコー以後の政治理論に向けて』岩波書店、一九九八年
杉田敦『境界線の政治学』岩波書店、二〇〇五年
杉原達『越境する民――近代大阪の朝鮮人史研究』新幹社、一九九八年
杉山伸也／リンダ・グローブ編『近代アジアの流通ネットワーク』創文社、一九九九年
鈴木久美「在日朝鮮人の帰還援護事業の推移」一橋大学大学院社会学研究科修士論文、二〇〇六年
スピバック、ガヤトリ・チャクラヴォルティ「サバルタン研究――歴史記述を脱構築する」R・グハほか（竹中千春訳）『サバルタンの歴史――インド史の脱構築』岩波書店、一九九八年（Ranajit Guha and Gayatrt Chakravorty Spivak (eds.), *Subaltern Studies,* Volumes I, II, III, Oxford University Press, 1982, 1983, 1984）
施光恒「リベラル・デモクラシーとナショナリティ」施光恒・黒宮一太編『ナショナリズムの政治学――規範理論への誘い』ナカニシヤ出版、二〇〇九年
施光恒「リベラル・ナショナリズムの世界秩序構想――D・ミラーの議論の批判的検討を手がかりとして」富沢克編『「リベラル・ナショナリズム」の再検討――国際比較の観点から見た新しい秩序像』ミネルヴァ書房、二〇一二年
関根政美「グローバル・メディアとしてのエスニック・メディア――グローバル・メディアとエスニシティ」『KEIO SFC REVIEW』（慶應義塾大学湘南藤沢学会）、三号、一九九八年一〇月
ソジャ、エドワード・W（加藤政洋訳）『第三空間――ポストモダンの空間論的転回』青土社、二〇〇五年（Edward W. Soja, *Thirdspace: journeys to Los Angeles and other real-and-imagined places,* Blackwell, 1996）
孫安石「一九二〇年代、上海の朝鮮人コミュニティ研究」東京大学大学院総合文化研究科博士論文、一九九八年
徐京植「怪物の影――「小松川事件」と表象の暴力」岩崎稔ほか編『継続する植民地主義――ジェンダー／民族／人種／階級』青弓社、二〇〇五年
徐龍達先生還暦記念委員会編『アジア市民と韓朝鮮人』日本評論社、一九九三年
セン、アマルティア（細見和志訳）『アイデンティティに先行する理性』関西学院大学出版会、二〇〇三年（Amartya Sen, *Reason before Identity,* Oxford University Press, 1999）
園田節子『南北アメリカ華民と近代中国――19世紀トランスナショナル・マイグレーション』東京大学出版会、二〇〇九年
宋安鍾『在日音楽一〇〇年』青土社、二〇〇九年

宣一九『サハリンの空に流れる歴史の木霊』韓日問題研究所・出版会、一九九〇年
宋恵媛「南朝鮮の新聞に見る在日朝鮮人――一九四五年～一九五〇年」『在日朝鮮人史研究』(在日朝鮮運動史研究会)、三四号、二〇〇四年一〇月
大韓赤十字社『離散家族白書』一九七七年
高尾新右衛門編『元山発展史』一九一六年
高木健一『サハリンと日本の戦後責任』凱風社、一九九〇年
高崎宗司『検証 日韓会談』岩波新書、一九九六年
高崎宗司・朴正鎮編『帰国運動とは何だったのか――封印された日朝関係史』平凡社、二〇〇六年
竹島博之「リベラル・ナショナリズムの教育論――D・ミラー、W・キムリッカ、Y・タミールを比較して」富沢克編『「リベラル・ナショナリズム」の再検討――国際比較の観点から見た新しい秩序像』ミネルヴァ書房、二〇一二年
竹前栄治『占領戦後史』岩波書店、二〇〇二年
多田井喜生『朝鮮銀行――ある円通貨圏の興亡』PHP新書、二〇〇二年
田中東子「ディアスポラとメディア――調査研究のための視角とフィールド」『放送メディア研究』(NHK放送文化研究所)、六号、二〇〇九年三月
タミール、ヤエル(押村高ほか訳)『リベラルなナショナリズムとは』夏目書房、二〇〇六年(Yael Tamir, *Liberal Nationalism*, Princeton University Press, 1993)
チャガイ、ゲ・デ編(井上紘一訳)『朝鮮旅行記』平凡社、一九九二年(Г. Д. Тягай, По Корее: путешествия 1885-1896 гг.)
崔吉城『樺太朝鮮人の悲劇――サハリン朝鮮人の現在』第一書房、二〇〇七年
張在述『〝獄門島〟サハリンスクに泣く人々――「在樺太韓国人」置き去りにされた無告の民は訴える』樺太抑留帰還韓国人会、一九六六年
張錠寿『在日六〇年・自立と抵抗――在日朝鮮人運動史への証言』社会評論社、一九八九年
趙景達「大韓帝国期の民衆運動」『歴史学研究』(歴史学研究会)、六七七号、一九九五年一〇月
朝鮮総督府『第三次施政年報 明治四十二年』一九一一年
朝鮮総督府『朝鮮ノ保護及併合』一九一八年

朝鮮総督府内務局社会課『満洲及西比利亜地方に於ける朝鮮人事情』一九二八年
朝鮮総督府内務局社会課『朝鮮社会事業』六巻七号、一九二八年七月
朝鮮駐箚憲兵隊司令部『明治四十五年六月調 露領沿海州移住鮮人ノ状態』一九一二年
陳天璽『華人ディアスポラ——華商のネットワークとアイデンティティ』明石書店、二〇〇一年
鄭雅英『中国朝鮮族の民族関係』アジア政経学会、二〇〇〇年
槻木瑞生「日本旧植民地における教育——「満洲」および間島における朝鮮人教育」『名古屋大学教育学部紀要 教育学科』二一号、一九七四年三月
筒井淳也・秋吉美都「新しい公共空間への展望——電子ネットワーク空間における公共性の相互行為論的分析」『社会学評論』(日本社会学会)、五一巻四号、二〇〇一年三月
角田房子『悲しみの島サハリン——戦後責任の背景』新潮社、一九九四年
鶴嶋雪嶺『中国朝鮮族の研究』関西大学出版部、一九九七年
鶴見俊輔「金東希にとって日本はどういう国か」同『日常的思想の可能性』筑摩書房、一九六七年
出水薫「戦後日本の博多港における朝鮮人帰国について——博多引揚援護局『局史』を中心とした検討」『法政研究』(九州大学法政学会)、六〇巻一号、一九九三年三月
デランティ、ジェラード(山之内靖・伊藤茂訳)『コミュニティ——グローバル化と社会理論の変容』NTT出版、二〇〇六年(Gerard Delanty, *Community*, Routledge, 2003)
統監官房『韓国施政年報 明治三十九年明治四十年』一九〇八年
統監府『第二次韓国施政年報 明治四十一年』一九〇九年
統監府外務部『露領極東ニ於ケル韓国人の状態』一九〇七年
富沢克編『「リベラル・ナショナリズム」の再検討——国際比較の観点から見た新しい秩序像』ミネルヴァ書房、二〇一二年
富沢克「「リベラル・ナショナリズム」の問題圏——「ルソー問題」の視角から」同編『「リベラル・ナショナリズム」の再検討——国際比較の観点から見た新しい秩序像』ミネルヴァ書房、二〇一二年
内藤正中「戦後期朝鮮人の母国送還と島根県の対応」『北東アジア文化研究』(鳥取女子短期大学北東アジア文化総合研究所)、一号、一九九五年三月

内藤正中「朝鮮人帰還事業と朝鮮人対策」『北東アジア文化研究』（鳥取女子短期大学北東アジア文化総合研究所）、一七号、二〇〇三年三月
中島竜美『朝鮮人被爆者・孫振斗裁判の記録――被爆者補償の原点』在韓被爆者問題市民会議、一九九八年
中野克彦「エスニック・メディアとグローバル・コミュニケーション――中国語エスニック・メディアを中心に」小野善邦編『グローバル・コミュニケーション論――メディア社会の共生・連帯をめざして』世界思想社、二〇〇七年
長野朗『満洲問題叢書　第三巻　満洲問題の関鍵間島』支那問題研究所、一九三一年
長原豊「本質主義」『現代思想』二八巻三号、二〇〇〇年二月臨時増刊
中村賢二郎「（研究ノート・調査・資料）最近のロシア連邦の新移民政策動向と新移民法制資料（三）――二〇〇七年一月一五日付発効の新移民登録手続法および国外同胞の自発的帰還促進に関する大統領令等」『高松大学紀要』四七号、二〇〇七年二月
中村泰三「ロシア極東地方の人口移動とその特性」『東アジア研究』（大阪経済法科大学アジア研究所）、二九号、二〇〇〇年八月
並木真人「植民地期朝鮮における「公共性」の検討」三谷博『東アジアの公論形成』東京大学出版会、二〇〇四年
成田龍一「都市空間と故郷」成田龍一ほか『故郷の喪失と再生』青弓社、二〇〇〇年
西川長夫「「多言語主義」の背景」『言語』一九九八年八月号
日韓漁業協議会『日韓漁業対策運動史』一九六八年
日本管理法令研究会編『日本管理法令研究』九号、有斐閣、一九四六年
日本管理法令研究会編『日本管理法令研究』一五号、有斐閣、一九四七年
日本国際問題研究所『平成九年度外務省委託研究報告書　ロシア・極東地域情勢研究』一九九八年
バウマン、ジークムント（森田典正訳）『リキッド・モダニティ――液状化する社会』大月書店、二〇〇一年（Zygmunt Bauman, *Liquid modernity*, Polity Press, 2000）
博多引揚援護局編『局史』厚生省引揚援護院、一九四七年
朴容寛『ネットワーク組織論』ミネルヴァ書房、二〇〇三年
朴燦鎬『韓国歌謡史――一八九五―一九四五』晶文社、一九八七年
朴慶植「解放直後の在日朝鮮人運動」『在日朝鮮人史研究』（在日朝鮮人運動史研究会）、創刊号、一九七七年一二月
朴亨柱（民濤社編）『サハリンからのレポート――棄てられた朝鮮人の歴史と証言』御茶の水書房、一九九〇年

バード、イザベラ（時岡敬子訳）『朝鮮紀行』講談社、一九九八年（Isabella L. Bird, *Korea and her neighbours: a narrative of travel, with an account of the vicissitudes and position of the country*, John Murray, 1898）

バーバ、ホミ・K（本橋哲也ほか訳）『文化の場所――ポストコロニアリズムの位相』法政大学出版局、二〇〇五年（Homi K. Bhabha, *The location of Culture*, Routledge, 1994）

濱下武志編『東アジア世界の地域ネットワーク』山川出版社、一九九九年

原暉之『シベリア出兵――革命と干渉　一九一七―一九二二』筑摩書房、一九八九年

原暉之『ウラジオストク物語――ロシアとアジアが交わる街』三省堂、一九九八年

バリバール、エティエンヌ（須田文明・若森章孝訳）「人種主義とナショナリズム」エティエンヌ・バリバール／イマニュエル・ウォーラーステイン（若森章孝ほか訳）『人種・国民・階級――揺らぐアイデンティティ』大村書店、一九九七年（Etienne Balibar and Immanuel Wallerstein, *Race, Nation, Classe: les identités ambiguës*, la Découverte, 1988）

東尾和子「琿春事件と間島出兵」『朝鮮史研究会論文集』（朝鮮史研究会）、一四集、一九七七年三月

挽地康彦「大村収容所の社会史（一）――占領期の出入国管理とポスト植民地主義」『西日本社会学会年報』三号、二〇〇五年四月

挽地康彦「占領期の〈九州〉と密航・密貿易――海防からみる移民管理史」松本常彦・大島明秀編『九州という思想』花書院、二〇〇七年

樋口雄一『日本の朝鮮・韓国人』同成社、二〇〇二年

玄武岩「グローバル時代における「ナショナル・メディア」の台頭――エスニック・メディアの発展と変容」『東京大学社会情報研究所紀要』五九号、二〇〇〇年三月

玄武岩「多国籍民族共同体の模索――転換期の韓国ナショナリズムの変容とその行方」西川長夫・姜尚中・西成彦編『二〇世紀をいかに越えるか――多言語・多文化主義を手がかりにして』平凡社、二〇〇〇年

平岩俊司「朝鮮半島への関与をめざす「大国」ロシア」『東亜』四〇〇号、二〇〇〇年一〇月

福本拓「「密航」に見る在日朝鮮人のポスト植民地性」蘭信三編『帝国崩壊とひとの再移動――引揚げ、送還、そして残留』勉誠出版、二〇一一年

フーコー、ミシェル『ミシェル・フーコー思考集成X――倫理・道徳・啓蒙：一九八四―八八』筑摩書房、二〇〇二年（Michel Foucault, *Dits et écrits IV 1980-1988*, Gallimard, 1994）

藤田結子「グローバル時代におけるエスニック・メディアの社会的機能――ニューヨーク市の日系新聞読者調査から」『マス・コミュニケーション研究』(日本マス・コミュニケーション学会)、六四号、二〇〇四年一月

藤田結子『文化移民――越境する日本の若者とメディア』新曜社、二〇〇八年

古田和子『上海ネットワークと近代東アジア』東京大学出版会、二〇〇〇年

ブルデュー、ピエール(田原音和監訳・安田尚ほか訳)『社会学の社会学』藤原書店、一九九一年(Pierre Bourdieu, *Questions de sociologie*, Minuit, 1984)

ブルーベイカー、ロジャース(赤尾光春訳)「「ディアスポラ」のディアスポラ」臼杵陽監修/赤尾光春・早尾貴紀編『ディアスポラから世界を読む――離散を架橋するために』明石書店、二〇〇九年(Rogers Brubaker, "The 'diaspora' diaspora," *Ethnic and Racial Studies*, Vol. (28) 1, 2003)

白楽晴(愼蒼健訳)「ドイツと朝鮮における国家統一論の差異――ハーバーマスのソウル講演に応答する」『批評空間』第II期、一七巻、一九九八年四月

法務研修所編『在日朝鮮人処遇の推移と現状』(一九五一年)、湖北社、一九七五年(復刻版)

法務省大村入国者収容所『大村入国者収容所二十年史』一九七〇年

法務省入国管理局『出入国管理とその実態　昭和三四年版』一九五九年

法務省入国管理局『出入国管理とその実態　昭和三九年版』一九六四年

朴正功『大村収容所』京都大学出版会、一九六九年

細井肇『鮮満の経営――朝鮮問題の根本解決』自由討究社、一九二一年

細川周平『サンバの国に演歌は流れる――音楽にみる日系ブラジル移民史』中公新書、一九九五年

細川周平『シネマ屋、ブラジルを行く――日系移民の郷愁とアイデンティティ』新潮社、一九九九年

北海道新聞社編『祖国へ!――サハリンに残された人たち』北海道新聞社、一九八八年

ホール、ステュアート(小笠原博毅訳)「文化的アイデンティティとディアスポラ」『現代思想』二六巻四号、一九九八年三月臨時増刊(Stuart Hall, "Cultural Identity and Diaspora," in Jonathan Rutherford (ed.), *Identity: community, culture, difference*, Lawrence & Wishart, 1990)

ホール、ステュアート(大熊高明訳)「ニュー・エスニシティズ」『現代思想』二六巻四号、一九九八年三月臨時増刊(Stuart Hall,

"New Ethnicities," in David Morley and Kuan-Hsing Chen, *Stuart Hall: critical dialogues in cultural studies*, Routledge, 1996)
ホール、スチュアート／ポール・ドゥ・ゲイ編（柿沼敏江ほか訳）『カルチュラル・アイデンティティの諸問題――誰がアイデンティティを必要とするのか?』大村書店、二〇〇一年（Stuart Hall and Paul Du Gay (eds.), *Questions of cultural identity: who needs identity?*, Sage, 1996)
桝田一二『桝田一二地理学論文集』弘詢堂、一九七六年
水嶋一憲「境界のポリシング、境界のポリティクス」『現代思想』二六巻四号、一九九八年三月臨時増刊
水野直樹「国籍をめぐる東アジア関係――植民地期朝鮮人国籍問題の位相」古屋哲夫・山室信一編『近代日本における東アジア問題』吉川弘文館、二〇〇一年
宮崎章「占領初期における米国の在日朝鮮人政策」『思想』七三四号、一九八五年八月
宮本勝浩「ロシア極東と日本の経済関係――現状と展望」『立命館経営学』（立命館大学経営学会）、三八巻五号、二〇〇〇年一月
武者小路公秀監修／浜邦彦・早尾貴紀編『ディアスポラと社会変容――アジア系・アフリカ系移住者と多文化共生の課題』国際書院、二〇〇八年
文公輝「占領初期・大阪府と在日朝鮮人――占領期の強制送還事業と朝鮮人登録を中心に」『大阪人権博物館紀要』八号、二〇〇四年一二月
村井忠政「現代アメリカにおける移民研究の新動向（上）――トランスナショナリズム論の系譜を中心に」『名古屋市立大学人文社会学部研究紀要』二〇号、二〇〇六年三月
文京洙『済州島現代史――公共圏の死滅と再生』新幹社、二〇〇五年
毛里和子『周辺からの中国――民族問題と国家』東京大学出版会、一九九八年
毛里和子・森川裕二編『東アジア共同体の構築4――図説ネットワーク分析』岩波書店、二〇〇六年
本橋哲也『ポストコロニアリズム』岩波新書、二〇〇五年
モーリス=鈴木、テッサ（大川正彦訳）『辺境から眺める――アイヌが経験した近代』みすず書房、二〇〇〇年
モーリス=スズキ、テッサ（伊藤茂訳）「冷戦と戦後入管体制の形成」『前夜』第I期、三号、二〇〇五年四月
モーリス=スズキ、テッサ（辛島理人訳）「占領軍への有害な行動――敗戦後日本における移民管理と在日朝鮮人」岩崎稔ほか編『継続する植民地主義――ジェンダー／民族／人種／階級』青弓社、二〇〇五年

モーリス=スズキ、テッサ（田代泰子訳）『北朝鮮へのエクソダス――「帰国事業」の影をたどる』朝日新聞社、二〇〇七年
森田芳夫『朝鮮終戦の記録――米ソ両軍の進駐と日本人の引揚』巌南堂書店、一九六四年
安田敏朗「「満州国」の言語計画――「五族協和」のなかの言語」『東京外国語大学アジア・アフリカ言語文化研究所 通信』七九号、一九九三年二月
安田雪『ネットワーク分析――何が行為を決定するか』新曜社、一九九七年
ユ・ヒョヂョン「利用と排除の構図――一九世紀末、極東ロシアにおける「黄色人種問題」の展開」原田勝正編『「国民」形成における統合と隔離』日本経済評論社、二〇〇二年
劉孝鐘「極東ロシアにおける朝鮮民族運動――「韓国併合」から第一次世界大戦の勃発まで」『朝鮮史研究会論文集』（朝鮮史研究会）、二二集、一九八五年三月
劉孝鐘「在ソ高麗人社会の歴史と現状――「民族自治」をめぐって」現代語学塾『レーニン・キチ』を読む会編訳『在ソ朝鮮人のペレストロイカ』凱風社、一九九一年
尹健次『「在日」を考える』平凡社、二〇〇一年
吉田純『インターネット空間の社会学――情報ネットワーク社会と公共圏』世界思想社、二〇〇〇年
依田憙家「満州における朝鮮人移民」満州移民史研究会編『日本帝国主義下の満州移民』龍渓書舎、一九七六年
米谷匡史「ポスト東アジア――新たな連帯の条件」『現代思想』三三巻六号、二〇〇五年六月
米山裕・河原典史『日系人の経験と国際移動――在外日本人・移民の近現代史』人文書院、二〇〇七年
李恢成『可能性としての「在日」』講談社、二〇〇二年
リップナック、ジェシカ／ジェフリー・スタンプス（社会開発統計研究所訳）『ネットワーキング――ヨコ型情報社会への潮流』プレジデント社、一九八四年（Jessica Lipnack and Jeffrey Stamps, *Networking, the first report and directory*, Doubleday, 1982）
ロシア科学アカデミー極東支部歴史・考古・民族学研究所編（村上昌敬訳）『ロシア沿海地方の歴史――ロシア沿海地方高校歴史教科書』明石書店、二〇〇三年
ロシア科学アカデミー極東研究所「極東――アジア太平洋地域諸国との協力の可能性」『ロシア・ユーラシア経済調査資料』（ユーラシア研究所）、七六九号、一九九六年六月
ロビンス、ケビン「トルコ／ヨーロッパ、干渉するアイデンティティ」スチュアート・ホール／ポール・ドゥ・ゲイ編（宇波彰監

訳・解説／柿沼敏江ほか編）『カルチュラル・アイデンティティの諸問題——誰がアイデンティティを必要とするのか？』大村書店、二〇〇一年（Hall Stuart and Du Gay Paul, *Questions of cultural identity: who needs identity?*, Sage, 1996）

ワグナー、エドワード・W（外務省アジア局東北アジア課訳）『日本における朝鮮少数民族 一九〇四—一九五〇』（一九六一年）、龍渓書舎、一九八九年（復刻版）（Edward W. Wagner, *The Korean minority in Japan*, 1904-1950, Institute of Pacific Relations, 1951）

和田春樹「日露犯罪人引渡条約附属秘密宣言書」『社會科學研究』（東京大学社会科学研究所）、二七巻四号、一九七六年二月

和田春樹「ロシア領極東の朝鮮人 一八六三—一九三七」『社會科學研究』（東京大学社会科学研究所）、四〇巻六号、一九八九年三月

韓国語文献

梶村秀樹（金仁徳訳）『在日朝鮮人運動——一九四五～一九六五』玄音社、一九九四年（가지무라 히데키（김인덕 옮김）『재일조선인운동——1945～1965』현음사、1994）

姜東遠「沿海州における南・北・ロ農業協力方案研究」慶熙大学校政治専門大学院博士論文、二〇一〇年（강동원「연해주에서의 남・북・러 농업협력 방안 연구」경기대학교 정치전문대학원 북한학과 박사학위논문、2010）

姜泰植「在日僑胞へ」済州市『済州市』三号、一九六六年一二月（강태식「재일교포에게」제주시『제주시』3호、1966년12월）

康昌洙「済州道の僑民行政」済州道『済州道』五七号、一九七二年一二月（강창수「제주도의 교민정책」제주도『제주도』57호、1972년12월）

キム・ゲルマン「ソ連邦崩壊以後のロシア高麗人の移住現況」在外同胞財団・在外韓人学会共同主催国際学術会議『高麗人の歴史一四〇年、省察と新しい模索』資料集、二〇〇四年（김게르만「소연방 붕괴 이후 러시아 고려인의 이주 현황」재외동포재단・재외한인학회 공동주최 국제학술회의『고려인의 역사 140년、성찰과 새로운 모색』자료집、2004）

金光玉「ムグンファ衛星放送の編成戦略に関する研究」KBS放送文化研究所『放送文化研究』七号、一九九五年（김광옥「무궁화위성방송의 편성전략에 관한 연구」KBS방송문화연구소『방송문화연구』7호、1995）

金圭煥『日帝の対韓言論・宣伝政策』二友出版社、一九七八年（金圭煥『日帝의 對韓言論・宣傳政策』二友出版社、1978）

金南植・李庭植・韓洪九編『韓国現代史資料叢書12』トルベゲ、一九八六年（김남식・이정식・한홍구 편『한국현대사자료총서12』돌베개、1986）

金度勲「共立協会(一九〇五～一九〇九)の民族運動研究」韓国独立運動史研究会編『韓国民族運動史研究４』知識産業社、一九八九年(김도훈「공립신보(１９０５～１９０９)의 민족운동 연구」한국독립운동사연구회편『한국민족운동사연구４』지식산업사、１９８９)

金明中「国際衛星放送の社会文化的影響と対応方案」衛星放送推進協議会・二一世紀放送研究所『アジア衛星放送の動向及び我が対応方案』一九九七年(김명중「국제위성방송의 사회문화적 영향과 대응방안」위성방송추진협의회・21세기방송연구소『아시아위성 방송 동향및 우리들의 대응방안』１９９７)

金珉煥『韓国言論史』社会批評社、一九九六年(김민환『한국언론사』사회비평사、１９９６)

金炳善「韓国インターネット文化共同体の形成方案」在外韓人学会『在外韓人研究』一二巻二号、二〇〇二年一二月(김병선「한국인터넷 문화공동체의 형성방안」재외한인학회『재외한인연구』12(2)、２００２년12월)

キム・セイル「崔高麗自叙伝研究に対する解説」国学研究振興事業推進委員会編『韓国学資料叢書５ 韓国独立運動史資料集——洪範図篇』韓国精神文化研究院、一九九五年(김세일「최고려 자서전 연구에 대한 해설」國學研究振興事業推進委員會編『韓國學資料叢書五 韓國獨立運動史資料集——洪範圖篇』韓國精神文化研究院、１９９５)

金容浩・劉載天編『民族統合の新たな概念と戦略(上)』翰林大学校出版部、二〇〇二年(김용호・유재천 편『민족통합의 새로운 개념과 전략(상)』한림대학교출판부、２００２)

キム・ウォンヨン『在美韓人五〇年史』一九五九年(김원용『在美韓人五十年史』１９５９)

金仁寧編『民族統合の新たな概念と戦略(下)——世界化と情報化時代の民族統合』翰林大学校出版部、二〇〇二年(김인영 편『민족통합의 새로운 개념과 전략(하)』한림대학교출판부、２００２)

金中生『朝鮮義勇軍の密入北と六・二五戦争』明志出版社、二〇〇一年(김중생『조선의용군의 밀입북과 6・25전쟁』명지출판사、２００１)

金昌石「在中同胞の出入国および滞留管理に関する研究」江原大学校経営行政大学院修士論文、二〇〇〇年(김창석「在中同胞의 出入國과 滯留管理에 關한 研究」강원대학교 경영행정대학원 석사논문、２０００)

金鉉東「沿海州における南・北・ロ三角協力と農業」東北亜平和連帯『ミル』五号、二〇〇六年三月(김현동「연해주에서의 남・북・러 삼각협력과 농업」동북아평화연대『미르』5호、２００６년3월)

大韓民国『施政月報』一、一九四九年一月(대한민국『施政月報』1、１９４９)

李洪迂「中国朝鮮族の持続と発展問題」金東和・金承哲・李洪迂編『中国朝鮮族文化現況研究』黒龍江朝鮮民族出版社、一九九五年（리홍우「중국조선족의 지속과 발전문제」김동화・김승철・리홍우편『중국조선족문화현황연구』흑룡강조선민족출판사、1995）

朴振煥「市場経済以後の極東ロシア農業生産の減少と統一韓国への穀類供給可能性」北方農業研究所『北方農業研究』六号、一九九八年一二月（박진환「시장경제 이후의 극동러시아 농업생산의 감소와 통일 한국에의 곡료공급 가능성」북방농업연구소『북방농업연구』6호、1998년12월）

朴烜『ロシア韓人民族運動史』探求堂、一九九六年（박환『러시아 한인민족운동사』탐구당、1996）

朴烜「鄭在寛——米州の共立協会総会長からロシアの革命家へ」韓国民族運動史学会編『米州地域の韓人社会と民族運動』国学資料院、二〇〇四年（박환「정재관——미주의 공립협회 총회장에서 러시아의 혁명가로」한국민족운동사연구회 편『재미지역의 한인사회와 민족운동』국학자료원、2004）

潘炳律「露領沿海州韓人社会と韓人民族運動（一九〇五～一九一一）」韓国近現代史学会編『韓国近現代史研究』七号、ハヌル、一九九七年（반병률「노령 연해주 한인사회와 한인민족운동（1905～1911）」한국근현대사학회편『한국근현대사연구』7호、한울、1997）

白楽晴『ゆれる分断体制』創作と批評社、一九九八年（백낙청『흔들리는 분단체제』창작과비평사、1998）

ブガイ、ニコライ／オ・ソンファン『時間の試練——一九九〇年韓ロ関係樹立以後二〇〇四年まで』時代精神、二〇〇四年（니콜라이 부가이・오성환『시간의 시련——1990년 한・러 외교관계 수립 이후 2004년까지 한・러 외교사에서 발췌한 러시아 한인 발전사』시대정신、2004）

夫万根『光復済州三〇年』文潮社、一九七六年（夫萬根『光復濟州30年』文潮社、1976）

スミス、マイケル・P（ナム・ヨンホほか訳）『超国的都市理論——グローバル化の新しい理解』ハヌル、二〇一〇年（마이클 P. 스미스（남영호 외 옮김）『초국적 도시이론——지구화의 새로운 이해』한울、2010）(Michael P. Smith, *Transnational Urbanism: Locating Globalization*, Blackwell, 2001)

愼鏞廈『韓国近代先駆者と民族運動』集文堂、一九九四年（신용하『한국 근대선구자와 민족운동』집문당、1994）

峨山社会福祉事業財団編『韓国の社会福祉』峨山社会福祉事業財団、一九七九年（峨山社會福祉社業財團編『韓國의 社會福祉』峨山社會福祉社業財團、1979）

呉世昌「申采浩の海外言論活動——一九一〇年代露領を中心に」丹斎申采浩先生記念事業会編『申采浩の思想と民族独立運動』蛍雪出版社、一九八六年（오세창「신채호의 해외언론 활동——1910년대 노령을 중심으로」단재신채호선생기념사업회편『신채호의 사상과 민족독립운동』형설출판사、1986）

外務部『樺太僑胞関係資料』一九八一年（外務部『樺太僑胞關係資料』1981）

ウリ民族助け合い運動『ウリ民族助け合い運動』二一号、二〇〇〇年（우리민족서로돕기운동『우리민족서로돕기운동』21호、2000）

元佑鉉ほか「衛星放送の国際的環境変化と対応方案」放送委員会『放送研究』四三号、一九九七年（원우현 외「위성방송의 국제적 환경변화와 대응방안」방송위원회『방송연구』43호、1997）

劉寛之「中共のなかの韓人」海外僑胞問題研究所『韓民族』一九八〇年夏号（劉寛之「中共속의 韓人」해외교포문제연구소『한민족』1980년 여름호）

尹乙洙「ブラジル移民の基礎確立」高麗文化社『民声』三三号、一九四九年三月（윤을수「부라질 移民의基礎確立」고려문화사『民聲』33호、1949년3월）

李奎粲「サハリン僑胞の現況と問題点」国会図書館資料局『海外事情』六号、一九七七年（이규찬「사할린교포의 현황과 문제점」국회도서관자료국『해외사정』6호、1977）

李尚根『韓人露領移住史研究』探求堂、一九九六年（이상근『한인 노령이주사 연구』탐구당、1996）

李相禧「放送キャンペーンの社会的効果——離散家族捜し運動の理論的意義」ソウル大学校社会科学研究所『社会科学と政策研究』六巻一号、一九八四年（이상희「방송캠페인의 사회적 효과——이산가족찾기 운동의 이론적 의의」서울대학교 사회과학연구소『사회과학과 정책연구』6(1)、1984）

李盛煥「サハリン韓人問題に関する序論的考察」啓明大学校国際学研究所『国際学論叢』七巻、二〇〇二年（이성환「사할린 한인문제에 관한 서론적 고찰」계명대학교 국제학연구소『국제학논총』7권、2002）

李淵植「解放直後の海外同胞の帰還と米軍政の政策」ソウル市立大学校国史学科『典農史論』五輯、一九九九年（이연식「해방직후 해외동포의 귀환과 미군정의 정책」서울시립대학교국사학과『전농사론』5집、1999）

林永尚ほか『ソ連解体以後高麗人社会の変化と韓民族』韓国外国語大学校出版部、二〇〇五年（임영상 외『소련 해체 이후 고려인사회의 변화와 한민족』한국외국어대학교출판부、2005）

林采完・田亨権『在外韓人とグローバル・ネットワーク』ハヌルアカデミー、二〇〇六年（임채완・전형권『재외한인과 글로벌 네트워크』한울아카데미、2006）
張敏求編『サハリンからの手紙』韓国放送公社、一九七六年（장민구 편『사할린에서 온 편지』한국방송공사、1976）
張敏求「ソ連・中共居住同胞たちの実態と離散家族問題」寛勲クラブ『新聞研究』三七号、一九八四年（張敏求「蘇聯・中共거주교포와 離散家族문제」寛勳클럽『신문연구』37호、1984）
鄭信哲「中国の開放と朝鮮族の人口流動」東北朝鮮民族教育出版社『文化山脈』四号、一九九九年（정신철「중국의 개방과 조선족의 인구유동」동북조선민족교육출판사『문화산맥』4호、1999）
鄭東柱『カレイスキ、もう一つの民族史』ウリ文学社、一九九三年（정동주『카레이스키、또 하나의 민족사』우리문학사、1993）
鄭栄薫「韓民族共同体の理想と課題」韓国現代史研究会『近現代史講座』一三号、二〇〇二年（정영훈「한민족공동체의 이상과 과제」한국현대사연구회『근현대사강좌』13호、2002）
済州道『愛郷のしるし』一九八二年（제주도『愛郷의 보람』1982）
済州道『二〇〇三 在外済州道民便覧』二〇〇三年（濟州道『2003 在外濟州道民便覽』2003）
朝鮮通信社『朝鮮年鑑 一九四八』一九四七年（朝鮮通信社『朝鮮年鑑 1948』1947）
崔明国「中共居留同胞に対する宣教放送効果に関する研究――僑胞手紙の分析を中心に」延世大学校大学院新聞放送学科修士論文、一九八二年（최명국「中共居留同胞에 대한 宣教放送效果에 關한 研究――僑胞便紙의 分析을 中心으로」연세대학교 대학원 신문방송학과 석사논문、1982）
崔永鎬『在日韓国人と祖国光復――解放直後の本国帰還と民族団体活動』クルモイン、一九九五年（최영호『재일한국인과 조국광복――해방직후 본국귀환과 민족단체활동』글모인、1995）
韓国放送公社『KBS年鑑 一九八〇』一九八〇年（한국방송공사『KBS 연감 1980』1980）
韓国放送公社『KBS年鑑 一九八一』一九八二年（한국방송공사『KBS 연감 1981』1982）
韓国放送公社『KBS年鑑 一九八四』一九八四年（한국방송공사『KBS 연감 1984』1984）
韓鎮万「衛星放送の編成と制作方向」放送委員会『放送研究』四三号、一九九七年（한진만「위성방송의 편성과 제작방향」방송위원회『방송연구』43호、1997）

玄圭煥『韓国流移民史（上巻）』語文閣、一九六七年（玄圭煥『韓國流移民史（上巻）』語文閣、１９６７）

欧米語文献

Aksoy, Asu and Kevin Robins, "Banal Transnationalism: the Difference that Television Makes," in Karim H. Karim (ed.), *The Media of Diaspora*, Routledge, 2003.

Alonso, Andoni and Pedro J. Oiarzabal (eds.), *Diasporas in The New Media Age: Identity, Politics and Community*, University of Nevada Press, 2010.

Bailey, Olga G., "Transnational Identities and the Media," in Olga G. Bailey, Myria Georgiou and Ramaswami Harindranath (eds.), *Transnational Lives and the Media: Re-Imagining Diaspora*, Routledge, 2007.

Barker, Chris, *Television, Globalization and Cultural Identities*, Open University Press, 1999.

Basch, Linda, Nina G. Schiller and Cristina S. Blanc (eds.), *Nations Unbound: Transnational Projects, Postcolonial Predicaments, and Deterritorialized Nation-States*, Routledge, 1994.

Bickers, Robert and Christian Henriot (eds.), *New Frontiers: Imperialism's New Communities in East Asia, 1842–1953*, Manchester University Press, 2000.

Boczkowski, Pablo J., "Mutual Shaping of Users and Technologies in a National Virtual Community," *Journal of Communication*, Vol. 49 (2), 1999.

Brinkerhoff, Jennifer M., *Digital Diasporas: Identity and Transnational Engagement*, Cambridge University Press, 2009.

Dayan, Daniel, "Media and Diaspora," in Jostein Gripsrud (ed.), *Television and Common Knowledge*, Routledge, 1999.

Elkins, David J., "Globalization, Telecommunication, and Virtual Ethnic Communities," *International Political Science Review*, Vol. 18 (2), 1997.

Gane, William J., *Repatriation: from 25 September 1945 to 31 December 1945*, Headquarters United States Army Military Government in Korea, 1947.

Genocchio, Benjamin, "Discourse, Discontinuity, Difference: The Question of 'Other' Space," in Sophie Watson and Katherine Gibson (eds.), *Postmodern Cities & Spaces*, Blackwell, 1995.

Georgiou, Myria, "Diasporic Media Across Europe: Multicultural Societies and the Universalism-Particularism Continuum," *Journal of Ethnic and Migration Studies*, Vol. 31 (3), 2005.

Georgiou, Myria, *Diaspora, Identity and the Media: Diasporic Transnationalism and Mediated Spatialities*, Hampton Press, 2006.

Gillespie, Marie, *Television, Ethnicity and Cultural Change*, Routledge, 1995.

Habermas, Jürgen, "National Unification and Popular Sovereignty," *New Left Review*, No. 219, Oct. 1996.

Haller, Dieter, "Let it flow: Economy, Spirituality and Gender in the Sindhi Network," in Waltraud Kokot, Khachig Tölölyan and Carolin Alfonso (eds.), *Diaspora, Identity and Religion: New Directions in Theory and Research*, Routledge, 2004.

Hassanpour, Amir, "Diaspora, Homeland and Communication," in Karim H. Karim (ed.), *The Media of Diaspora*, Routledge, 2003.

Kolar-Panov, Dona, *Video, War, and the Diasporic Imagination*, Routledge, 1997.

Karim, Karim H. (ed.), *The Media of Diaspora*, Routledge, 2003.

Lie, John, "From International Migration to Transnational Diaspora," *Contemporary Sociology*, Vol. 24 (4), 1995.

Morris-Suzuki, Tessa, *Borderline JAPAN: Foreigners and Frontier Controls in the Postwar Era*, Cambridge University Press, 2010.

Naficy, Hamid, "Narrowcasting in Diaspora: Middle Eastern Television in Los Angeles," in Karim H. Karim (ed.), *The Media of Diaspora*, Routledge, 2003.

Ong, Aihwa, *Flexible Citizenship: the Cultural Logics of Transnationality*, Duke University Press, 1999.

Ong, Aihwa and Donald M. Nonini (eds.), *Ungrounded Empires: The Cultural Politics of Modern Chinese Transnationalism*, Routledge, 1997.

Patterson, Wayne, *The Korean Frontier in America: Immigration to Hawaii, 1896–1910*, University of Hawaii Press, 1988.

Silverman, Max and Nira Yuval-Davis, "Jews, Arabs and the Theorisation of Racism in Britain and France," in Avtar Brah, Mary J. Hickman and Marirtin Mac an Ghaill (eds.), *Thinking Identities: Ethnicity, Racism and Culture*, Macmillan Press, 1999.

Soja, Edward W., *Postmodern Geographies: Reassertion of Space in Critical Social Theory*, Verso, 1989.（エドワード・W・ソジャ（加藤政洋ほか訳）『ポストモダン地理学――批判的社会理論における空間の位相』青土社、二〇〇三年）

Vertovec, Steven, *Transnationalism*, Routledge, 2009.

Wasserman, Stanley and Katherine Faust, *Social Network Analysis: Methods and Applications*, Cambridge University Press, 1994.

新聞・雑誌

朝鮮総督府『朝鮮』七〇号、一九二〇年一一月、七二号、一九二一年二月、九三号、一九二二年六月
モダン日本社『モダン日本』一九四〇年三月号
三千里社『三千里』一九三五年六月号、一九三六年四月号
高麗文化社『民声』五巻四号、一九四九年三月
民心社『民心』二号、一九四六年三月
『朝日新聞』(縮刷版)
『読売新聞』(縮刷版)
МОСКОВСКИЙ КОМСОМОЛЕЦ ВО ВЛАДИВОСТОКЕ, 14. 09-21. 09. 2000Г.
『独立新聞』(影印本) 独立新聞影印刊行会、甲乙出版社、一九八一年
『皇城新聞』(影印本) 韓国文化刊行会、景仁文化社、一九八一年
『大韓毎日申報』(影印本) 韓国新聞研究所、一九七六年
『万歳報』(影印本) 韓国学文献研究所、亜細亜文化社、一九八五年
『韓人新報』(影印本) 翰林大学校アジア文化研究所 資料叢書16 第二巻、一九九五年
『満鮮日報』(影印本) 韓国学文献研究所、亜細亜文化社、一九八八年
『海朝新聞』(影印本) 翰林大学校アジア文化研究所 資料叢書15、一九九五年
『大東共報』(影印本) 国家報勲処、一九九三年
『勧業新聞』(影印本) 翰林大学校アジア文化研究所 資料叢書16 第一巻・第二巻、一九九五年
『共立新報』(影印本) 景仁文化社、一九九一年
『新韓民報』(影印本) 亜細亜文化社、一九八一年
『京城日報』(影印本) 韓国統計書籍、二〇〇三年

『毎日申報』（影印本）景仁文化社、一九八六年
『朝鮮日報』（マイクロフィルム）
『東亜日報』（縮刷版・マイクロフィルム）
『（上海）独立新聞』（マイクロフィルム）
『民主衆報』（マイクロフィルム）
『自由新聞』（影印本）先人文化社、一九九六年
『中外新報』（影印本）先人文化社、一九九六年
『民衆新聞』（マイクロフィルム）
『新朝鮮報』（影印本）先人文化社、一九九六年
『民報』（マイクロフィルム）
『朝鮮中央日報』（影印本）先人文化社、一九九六年
『ハンギョレ新聞』（한겨레신문）
『延辺ラジオ・テレビ新聞』（연변라지오텔레비신문）
『黒龍江新聞』（흑룡강신문）
『朝鮮文報』（조선문보）
『セコリョ新聞』（새고려신문）
『レーニンの道へ』（레닌의길로）
『高麗新聞』（고려신문）

あとがき

本書は、二〇〇七年三月に東京大学大学院人文社会系研究科より博士学位(社会情報学)を得た論文「東アジアにおけるコリアン・ネットワーク、その歴史と現在――人の移動とメディアのネットワーク」をもとにしている。論文の執筆からは月日が経っており、現在の状況を扱った部分、とくに第六章については追加調査を実施して加筆した。また、序章および終章については既発表論文や近年発表した論文を活用するなど大幅に加筆・修正を施した。全体の構成／章立ては博士論文のままである。

各章の初出および既発表論文は以下のとおりである。

序　章　「東アジアとコリアン・ディアスポラ」『創作と批評』一三一号、二〇〇六年三月、「コリアン・ネットワークから見るディアスポラ・メディア研究の地平」『マス・コミュニケーション研究』(日本マス・コミュニケーション学会)、七九号、二〇一一年七月

第一章　「東アジアのなかのコリアン・ネットワーク――その歴史的生成」青木保ほか編集『アジア新世紀3 アイデンティティ――解体と再構成』岩波書店、二〇〇二年

第二章　「越境するエスニック・メディア――極東ロシアの沿海州を中心にするコリアンのメディア・ネットワーク」『東京大学大学院情報学環紀要　情報学研究』七二号、二〇〇七年五月

第三章　「サハリン残留韓国・朝鮮人の帰還をめぐる日韓の対応と認識――一九五〇～七〇年代の交渉過程を

中心に」『同時代史研究』（同時代史学会）、三号、二〇一〇年一二月
第四章　「浮遊するディアスポラ――「延辺チョンガ」をめぐる中国朝鮮族のアイデンティティ・ポリティクス」『東京大学大学院情報学環紀要　情報学研究』六九号、二〇〇五年三月
第五章　「越境する周辺――中国延辺朝鮮族自治州におけるエスニック空間の再編」『現代思想』二九巻四号、二〇〇一年四月
第六章　「極東ロシア高麗人における「故郷」の再生」『トヨタ財団レポート』九八号、二〇〇二年四月
第七章　書き下ろし
第八章　「密航・大村収容所・済州島――大阪と済州島を結ぶ「密航」のネットワーク」『現代思想』三五巻七号、二〇〇七年六月
終　章　「コリアン・ネットワークと「在日」」『環』一一号、二〇〇二年一〇月、「多国籍民族共同体の模索――転換期の韓国ナショナリズムの変容とその行方」西川長夫・姜尚中・西成彦編『二〇世紀をいかに越えるか――多言語・多文化主義を手がかりにして』平凡社、二〇〇〇年

本書をとおして、東アジアにおけるコリアンの移動とメディアの歴史と現在を駆け巡りながら、日本に留学してコリアン・ディアスポラに目を向けるなかで抱いていた問題意識に舞い戻った。「民族の語り合い」という、当時まだ「熟議民主主義」や「リベラル・ナショナリズム」への理解もないまま展開した未熟な議論であるが、コリアンのネットワークをたどった二〇世紀全般と東アジアの時空の旅を経て最終的に当初の問題意識に行き着いたのである。そうした過程は無駄ではなく、コリアン・ディアスポラへの理解を深めながら、自らの問題意識を追い求めることができたと慰める次第である。

コリアン・ネットワーク研究という領域から見れば、「韓半島中心主義」への批判的視点からの考察が本書の全体を貫くライトモティーフになるわけであるが、済州島と大阪の「「密航」のネットワーク」をテーマにした第八章がなければ、本書は完成しなかっただろう。大村収容所とは一体なんだったのか、たんにひとつの研究テーマとしてではなく、自己のアイデンティティ形成に大きな転換点となったその白くて高くそびえ立つ壁の意味を、そして「オオムラ」が「在日」の済州島人に意味作用することの意味を問わずして、本書が終わることも、そもそも始まることもなかったからだ。

筆者が一九九六年一〇月に東京大学大学院人文社会系研究科に研究生として入学した際、指導教員になっていただいたのが東京大学社会情報研究所（現・大学院情報学環）にご着任されたばかりの姜尚中先生であった。来日してまもない筆者は、すでに名声を得ていた先生のことはなにも知らず、「よりによって「在日」の先生か」と思ったものだ。先生との出会いは、筆者の研究計画が在日コリアンのアイデンティティに関するものであったことによる偶然の出来事であった。その出会いがなければ、筆者がコリアン・ディアスポラをテーマにして研究の道に進むことはなかっただろう。

大学院での研究テーマには、「韓半島中心主義」的なものに対する問題意識が込められていたが、それは初歩的なものに過ぎなかった。来日して通っていた日本語学校のスピーチコンテストでは「独島は韓国の領土」と唱えたものである。おそらく典型的な韓国の「三八六世代」として「民族主義」に凝り固まった筆者の指導に先生は苦慮したことだろう。姜尚中先生の指導をとおして、自らを覆う「民族主義」の鎧を解除し、体験的なものを言葉にする方法や意義について学ぶことができた。そうした過程を通じて、韓国のナショナリズムを批判しつつコリアンのネットワークを追うという、近年の「韓民族ネットワーク共同体」論とは違う自分なりのスタイルを築くことができたと思う。

研究に取り組む際の姿勢についても先生の指導は忘れられない。博士論文の提出期限が刻々と迫り、追い詰められた筆者は第八章を省いて論文を提出することを相談したところ、先生から厳しい叱りを受けた。第八章がなければ論文が完成しないことを忘れかけたとき、それを書くことの意味を気づかされた。そのとき妥協していたならば、博士論文のかたちも筆者の達成感も著しく損なわれ、今日出版にいたることもなかっただろう。

本書の個別論文テーマが多様であるだけに、多くの方々からの批判や助言があってここまでこぎ着けることができた。こうしたさまざまな領域において多方面でご指導をいただいたのがオーストラリア国立大学のテッサ・モーリス＝スズキ先生である。本書のテーマであるサハリン残留韓国・朝鮮人や大村収容所にかかわる分野では最新の研究を推し進められているモーリス＝スズキ先生には、多くの示唆を受けただけでなく、貴重な資料や写真もご提供いただいた。

ほかにも東京大学大学院情報学環の諸先生、共同研究および研究会でお世話になった先生や研究仲間など、多くの方々に助言やコメントをいただいて研究を進めることができた。沿海州やサハリン、延辺では、民族団体やメディア機関の方々、そして温かく迎えてくれた多くの方々を忘れることはできない。韓国や日本のＮＧＯにも大変お世話になった。

一つの対象に迫り掘り下げていくことが苦手な筆者の論文は、テーマとなる時代や地域がバラバラで、その学際性に着目していただけなければ学位論文としての評価は厳しいものだっただろう。論文の審査においては、和田春樹先生、吉見俊哉先生、三谷博先生、文京洙先生のご寛容により、無事博士号を取得することができた。

本書のいくつかの論文の発表においては、『現代思想』(青土社)や岩波書店、平凡社の編集部の方々にお力添えをいただいた。とくに集英社の落合勝人さんには、初の自著を手がけていただいて以来、公私にわたり研究生活を応援していただいた。友人の韓興鉄さんは博士論文の原稿に丹念に目をとおしてくれただけでなく、筆者の最も苦しい時期に再会してからは常にそばで支えてくれた。こころより御礼を申し上げる。

大学院在学中には、トヨタ財団の助成を受けた姜尚中先生が研究代表者の共同研究(二〇〇〇〜二〇〇一年度「東アジアにおける越境的ネットワークの形成」)に参加させていただき、海外調査に出かけることができた。また東京三菱銀行(現・三菱東京UFJ銀行)の奨学金がなければ、学業を続けることは厳しかったに違いない。

本書の出版にあたり、日本学術振興会より平成二四年度科学研究費補助金(研究成果公開促進費)の交付を受けている。学位の取得とときを同じくして現在お世話になっている北海道大学に移ることになり、新しい地での生活に追われ拙稿の出版がずるずると遅れたが、幸い、北海道大学出版会が引き受けてくれた。

出版作業においては、同出版会の今中智佳子さんに大変お世話になった。厳しい日程のなかでも可能な限り筆者の都合を優先していただき、焦らず作業に取り組むことができた。校正作業は、自らの力無さを日々感じさせられたが、円子幸男さんの丁寧で親切なご指導が拙い書に読み物としての命を吹き込んでくれた。こうした支援がなければ、拙著が日の目を見ることはなかっただろう。あらためて感謝申し上げたい。

第八章をもって本書の締めくくりにしたが、肝心の第八章の「密航」の物語はまだ終わっていない。五人の子を携えて大阪から済州島に向かう両親は大村収容所のなかでなにを思っていたのか、そして「密航船」の闇のなかでなにを見ていたのか。最も身近な研究対象は話すことなく世を去り、第八章は未完のままである。悔い改めながら、本書を亡き両親(父・玄弁玉、母・愼乙花)に捧げたい。

二〇一三年一月

玄　武　岩（ヒョン・ムアン／Hyun Mooam）

1969年生まれ，韓国済州島出身。東京大学大学院人文社会系研究科博士課程修了。博士（社会情報学）。東京大学大学院情報学環助手を経て，2007年より北海道大学大学院メディア・コミュニケーション研究院准教授。著書に『韓国のデジタル・デモクラシー』（集英社新書，2005年），『統一コリア――東アジアの新秩序を展望する』（光文社新書，2007年），『興亡の世界史18　大日本・満州帝国の遺産』（姜尚中との共著，講談社，2010年）など。

コリアン・ネットワーク
――メディア・移動の歴史と空間

2013年2月28日　第1刷発行

著　者　玄　武　岩

発行者　櫻　井　義　秀

発行所　北海道大学出版会
札幌市北区北9条西8丁目 北海道大学構内（〒060-0809）
Tel. 011（747）2308・Fax. 011（736）8605・http://www.hup.gr.jp

アイワード／石田製本

ISBN978-4-8329-6775-5

事 項 索 引

あ 行

か　行

さ　行

た　行

な　行

は　行

ま　行

や　行

ら　行

わ　行

人 名 索 引

あ 行

アクソイ，アシュ　192
アパデュライ，アルジュン　28
藺信三　23
アーリ，ジョン　352
アーレント，ハンナ　214
安在鴻(アン・ジェホン)　305, 318
安重根(アン・ジュングン)　93, 95, 112
安昌浩(アン・チャンホ)　94, 100, 103
安鶴彬(アン・ハクピン)　162
アング，イエン　197, 202, 203
アンダーソン，ベネディクト　58
李甲(イ・ガプ)　100, 110
李剛(イ・ガン)　94
李相卨(イ・サンソル)　103
李在明(イ・ジェミョン)　112
李珍宇(イ・ジヌ)　345
李鍾河(イ・ジョンハ)　163
李鍾浩(イ・ジョンホ)　100, 103, 104
李承晩(イ・スンマン)　110, 314, 317, 371, 373
李斗勲(イ・ドゥフン)　159, 167, 173
李徳林(イ・ドクリム)　160
李蘭影(イ・ナニョン)　63
李羲八(イ・ヒパル)　135, 156
李恢成(イ・フェソン)　248
李勲求(イ・フング)　317
李範允(イ・ボムユン)　97, 100, 103, 108
李明博(イ・ミョンバク)　270, 273
李完用(イ・ワニョン)　112
イシ，アンジェロ　27
伊地知紀子　379
伊藤博文　91, 93, 95
インゴール，ティモシー　353
ウェルマン，バリー・S.　12, 31
内田康哉　109
ウンテルベルゲル，パーヴェル　79, 84, 89, 98, 100, 101
エルキンズ，デイヴィド　191
大島富士太郎　100, 109
大沼保昭　356
厳仁燮(オム・インソプ)　104
オング，アイワ　22, 23, 201

か 行

梶村秀樹　320, 354
桂太郎　109
金子郁容　11
カプラン，カレン　345-347
カプリオ，マーク　320, 368
河原典史　23
カン・エフゲニー　281, 287, 291
姜尚中(カン・サンジュン)　349
姜性吾(カン・ソンオ)　161
カン・ソンボム　203, 204, 215
貴志俊彦　24
岸信介　137, 372
金日成(キム・イルソン)　162, 375
金桂祚(キム・ゲジョ)　371
金史良(キム・サリャン)　65
金三奎(キム・サンギュ)　371
金石範(キム・ソクポム)　248
金性洙(キム・ソンス)　317
金大中(キム・デジュン)　246
キム・テルミル　264, 284, 287
金道一(キム・ドイル)　47
金東成(キム・ドンソン)　61
金東希(キム・ドンヒ)　343-345
キム・ニコライ　263
金学万(キム・ハクマン)　103
金鉉東(キム・ヒョンドン)　270
金秉学(キム・ビョンハク)　108
金花春(キム・ファチュン)　153, 154
金虎雄(キム・ホウン)　248
金裕沢(キム・ユテク)　372

さ　行

た　行

な　行

は　行

ま　行

や　行

ら　行

わ　行